The Open
위대한 부활
그 위대한 여정

HK 한국문학 창간호
한국문학공동시선집
K-Culture Solution

흘러가라
역사에 얼룩진 땟자국이여
나라의 어지러운 비바람이여
겨레의 앙금진 핏물이여
그리고 오직 사랑의 이름으로만
자유의 이름으로만 평화의 이름으로만
통일을 싣고 오라
깃발 드높이 통일을 싣고 오라
(이근배 시, 한강은 솟아오른다 일부인용)

어머니의 빛 고운 얼굴에
칡넝쿨이 감기고
조선의 여자가 겪어야 할 일들이
발을 굴러 아무리 그네를 밀어보아도
넝쿨 줄기에 감겨 더는 나가지 않아
한 많은 생애를 그네에 매달고
훨훨 떠나가신
어머니 어머니 나의 어머니……
(김소엽 시, 산에 오르며 어머니 생각에 일부인용)

오오, 까마득한 날에 궁창이 열리고
동네아낙 입방아가 날개 달아
미움과 그리움까지도 새끼를 치는구나
하늘의 섭리대로 만물이 번창번창
복 있을 진저, 새끼들 천국이여
(손해일 시, 새끼 이바구 일부인용)

_____ 님께

_____년 _____월 _____일

_____ 드립니다.

도서출판 샘문
HK 한국문학

HK 한국문학
HANKUKMUNHAK

신창간호
한국문학공동시선집

CONTENTS

한국문학헌장 6
   헌장문 저자 이정록

한국문학, 한국문학상 변천사
   취지 및 목적 7
   샘문그룹, 한국문학 회장 이정록

발행인 환영사 & 축하시
   한국문학공동시선집 발간을 축하드리며 10
   이정록 - 사랑했어요 외 2편 13
    - 샘문그룹 이사장, 한국문학 회장, 교수

축사 & 축하시
   한국문학 창간을 축하드리며
   이근배 - 한강은 솟아오른다 외 1편 18
    - 대한민국예술원 제39대 회장, 시인, 샘문고문

축사 & 축하시
   한국문학 재창간을 축하드립니다
   김소엽 - 산에 오르며 어머니 생각에 외 1편 ... 23
    - 대전대학교 석좌교수, 시인, 샘문고문

축사 & 축하시
   한국문학공동시선집 발간을 축하드리며
   손해일 - 탁란托卵 외 1편 27
    - 국제PEN한국본부 제35대 이사장, 시인, 샘문고문

신창간호 서시
   이근배 - 독도 만세 30

한국문학상 초대시
   만해 한용운 - 슬픈 가나무새가 있습니다 외 2편 ... 34
   이근배 - 대백두大白頭에 바친다 외 1편 40
   김소엽 - 가을 들녘 외 1편 45
   손해일 - 새끼 이바구 48
   김후란 - 흐르는 강물 속에 외 1편 50
   도종환 - 단풍 드는 날 외 2편 52
   이정록 - 자작나무 숲 외 2편 55
   이진호 - 그게 그거다 외 1편 59
   김유조 - 시 들리지 않는 노래 외 1편 61
   서창원 - 무량사 모란꽃 깨다 외 1편 64
   심종숙 - 하늘매발톱꽃 외 1편 66

한국문학상 초대수필
   오경자 - 값진 희생 외 1편 70
   서창원 - 들꽃의 색깔 75

한국문학상 초대석 시
   강성범 - 어머니의 노래 외 1편 80
   권정선 - 봄날 회양목되어 외 1편 82
   김 원 - 한강 2 외 1편 85
   김정호 - 신풍속도 외 1편 87
   김춘자 - 라면 외 2편 89
   노금선 - 비워가는 여행 외 1편 92
   류시호 - 가자 동해 바다로 외 1편 95
   박길동 - 뒷동산 외 1편 98
   염동규 - 가을날의 사랑 외 1편 101
   예시원 - 막걸리 한 사발 홍어 한 점 외 1편 ... 103
   오호현 - 칠월의 태양 외 1편 106
   이동춘 - 어둠 짓 내모는 달 외 1편 108
   이상욱 - 봄의 아우라 외 1편 111
   이연수 - 우리가 사는 세상은 외 1편 113
   이종식 - 도산서원 앞에서 외 1편 117
   장주우 - 꽃처럼 외 1편 120
   조기홍 - 대한독립 만세 외 1편 123

한국문학상 초대석 수필
   정용규 - 2016 세계명상대전 참관기 외 1편 ... 128

한국문학 창간 초대석 시

- 김정자 - 연꽃 바람 되어 외 1편 ······ 136
- 김환생 - 거미줄 외 1편 ············· 138
- 민병재 - 노을 진 해변에서 외 1편 ··· 141
- 유호근 - 긴 여름밤 외 1편 ········· 144
- 이동현 - 만선滿船 외 1편 ··········· 147
- 이순옥 - 균열 없는 지진 외 1편 ···· 150
- 인정희 - 샐리의 법칙을 가진 사랑 외 1편 ··· 153
- 임청화 - 신앙의 56도 외 1편 ······· 156
- 전경호 - 행복은 어디에서 오는가? 외 1편 ··· 159
- 정희오 - 커피숲에서 당신을 기다리며 외 1편 ··· 162

한국문학 창간 초대석 시조

- 김동철 - 겸암정사謙菴精舍 외 1편 ····· 168
- 송영기 - 강릉 바닷가 외 1편 ······· 171
- 오순덕 - 그 옛적 보따리 장사 외 1편 ··· 174
- 표시은 - 인공지능 로봇 외 2편 ····· 177

한국문학상 특집 사/회/칼/럼

- 이정록 - 횡설수설 논평 ············· 180

한국문학상「본상」수상작

대상 수상작 시부문
- 강소이 - 망사리에 가득한 별 외 2편 ··· 184

최우수상 수상작 시부문
- 김애숙 - 해녀의 노래 외 2편 ······· 192
- 유호근 - 바람을 기다리는 홀씨 외 2편 ··· 198
- 이창수 - 어머니의 바다 외 2편 ····· 203

최우수상 수상작 시조부문
- 오순덕 - 산수절경 돌아보며 외 2편 ··· 208

우수상 수상작 시부문
- 이동현 - 아버지의 그물 외 2편 ····· 216
- 염동규 - 시인의 고향 외 2편 ······· 224
- 이종식 - 격정의 바다 외 2편 ······· 229
- 조기홍 - 대한독립 만세 외 2편 ····· 233
- 강성범 - 개망초꽃과 공동묘지 외 2편 ··· 239
- 정용규 - 소복한 흰나비 인간의 도리를 묻는다 외 2편 ··· 243
- 최용대 - 유월이 오면 사랑하렵니다 외 2편 ··· 248
- 손영미 - 고고학적인 하루 외 2편 ··· 252
- 서창원 - 거리 음사樂士 외 2편 ····· 259
- 이상욱 - 배움의 항해 외 2편 ······· 263

한국문학상 특집 시/사/칼/럼
- 최용대 - 공허한 제도 ··············· 268

한국문학상 특집 도/덕/칼/럼
- 이정록 - 덕이 운명을 바꾼다. ······ 271

특별작품상 수상작 시부문
- 조윤주 - 엄마는 모천으로 회귀 중 외 2편 ··· 274
- 김태연 - 나는 섬문이 되리라 외 2편 ··· 281
- 예시원 - 남지나해 장마전선 외 2편 ··· 287
- 박기준 - 당랑거철 외 2편 ·········· 291
- 김연화 - 운무가 피는 산 외 2편 ···· 297
- 방민선 - 할머니의 곰방대 외 2편 ··· 301
- 정희오 - 흔들리는 가을 외 2편 ····· 306
- 김동선 - 시인은 넝마 외 2편 ······· 311

특별작품상 수상작 시조부문
- 김동철 - 와디 럼 사막 외 2편 ······ 315
- 김달호 - 세계로! 세계로! 외 2편 ··· 320

특별작품상 수상작 수필부문
- 유경선 - 삐지기 외 1편 ············ 325
- 김미경 - 맛있는 삶 외 1편 ········· 331

특별작품상 수상작 소설부문
- 나동환 - 흰 백합꽃 펜던트 ········· 339

한국문학 창간 초대작가
- 서창원 - 파리 견문록 - 센강은 흐르고 ··· 353

특별창작상 수상작 시부문
- 권정선 - 봄빛의 노래 외 2편 ······· 356
- 이찬억 - 은퇴 외 2편 ·············· 360
- 박길동 - 벽을 넘어서 외 2편 ······· 364
- 신정순 - 햇살 간들기 외 2편 ······· 370
- 이동완 - 달이 사라진 하늘 외 2편 ··· 375
- 채인숙 - 새장에 여자 외 2편 ······· 379
- 이쩡혜 - 명태 7족의 족보를 찾아서 외 2편 ··· 383
- 김환생 - 황사黃砂 외 2편 ··········· 388

이기호 - 이별의 시간 외 2편 ……… 395

특별창작상 수상작 시조부문
김상흥 - 이도령 타령 외 2편 ……… 399

특별창작상 수상작 수필부문
정은석 - 명동 풍경이 설렌다 외 1편 … 404

한국문학 창간 특집—시/창/작/이/론
이정록 - 시詩란 무엇인가? -시詩의 탄생 … 413

한국문학 「신인문학상」 수상작

시부문
유연대 - 들꽃 외 2편 …………………… 418
안은숙 - 아버지 그림자 외 2편 ………… 423
고영옥 - 파랑새 외 2편 ………………… 428
오영민 - 회억 외 2편 …………………… 433
원은미 - 퓨전의 침공 외 2편 …………… 438
임기찬 - 키질 외 2편 …………………… 443
송규정 - 코로나에 희생된 영혼들 영전에 외 2편 … 448
이유빈 - 철없는 봄 밤 외 2편 ………… 453
임경애 - 첫사랑 외 2편 ………………… 458

소설부문
강영옥 - 그림자 사랑 …………………… 464

한국문학상 특집 철/학/칼/럼
이정록 - 기러기가 눈밭에 남긴 발자국 … 477
 - 설니홍조雪泥鴻爪

한국문학공동시선집 선정작

시부문
고태화 - 문학 외 2편 …………………… 480
김용식 - 슬픔을 땅에 묻고 외 2편 …… 484
노해화 - 장미의 노래를 부르며 외 2편 … 488
문선아 - 능소화 외 2편 ………………… 491
박덕례 - 이끼 낀 숲은 울지 않는다 외 2편 … 495
박서진 - 들국화 꽃으로 외 2편 ………… 499
박수연 - 검단산을 오르며 외 2편 ……… 503
박호제 - 단풍나무 외 2편 ……………… 508

박희문 - 연화蓮花 외 2편 ……………… 511
변화진 - 야래향夜來香 외 2편 ………… 514
송명재 - 영산강 비가 외 2편 …………… 519
신혜경 - 기도 외 2편 …………………… 524
심산태 - 가을 외 2편 …………………… 527
오정선 - 햇살 외 2편 …………………… 530
유춘성 - 봄꽃이 좋다 외 2편 …………… 533
이남규 - 고요의 탄식 외 2편 …………… 536
이순옥 - 그 빛 속으로 외 2편 ………… 540
이영형 - 겨울산 외 2편 ………………… 543
이태복 - 만월의 추억 외 2편 …………… 547
장복순 - 여름 즈음에 외 2편 …………… 552
전문구 - 등식의 성립 외 2편 …………… 556
전봉천 - 내 님 외 2편 ………………… 560
정승기 - 인디언 썸머 외 2편 …………… 563
정은석 - 남산공원 설렌다 외 2편 ……… 568
정한미 - 모정의 길 외 2편 …………… 571
현광락 - 마지막 자존심 외 2편 ………… 576
황주석 - 결혼기념일 외 2편 …………… 579

시조부문
송규정 - 연꽃 외 2편 …………………… 584

동시부문
이강철 - 악수 외 2편 …………………… 588

수필부문
윤영환 - 유언 그리고 죽음에 관한 단상 외 1편 … 592

소설부문
김현진 - 유리사슴 ……………………… 600

평론부문
정은석 - 청풍명월, 노래가사를 두고 …… 614

한국문학상 특집 시/사/칼/럼
이정록 - 잊지 않고 섬기는 철학 ……… 617

|편집후기 ………………………………… 619

샘문그룹 소개 …………………………… 620
 □ 문학그룹 샘문에 대하여 □ ………… 626
 □ 베스트셀러 명품시리즈 □ ………… 628

HK 한국문학 創刊號
한국문학공동시선집
HK 1.0 K-Culture Solution

그 위대한 여정 위대한 부활

The Open

도서출판 심문
HK 한국문학

한국문학헌장

　문학이 인간에게 어떤 역할을 하는지, 주는 감동이 얼마나 큰 것인지를 알아야 한다.

　작품을 출산하고 매체를 통해서 보여주고 이를 인간이 향수할 때 비로소 본질을 찾을 수 있다.

　시인, 작가들은 청정한 생명수가 솟아나는 샘물을 제공하는 마중물이 될 것이며 노마드 신문학파로서 별들이 꿈꾸는 상상 속 초원을 누비며 별꽃을 터뜨려야 한다.

　문학활동은 인간의 영성을 승화시켜 은사적, 이타적 인생을 살아가도록 구축해 주는 도구로 인간이 창조한 가장 심원한 예술이며, 갈구하는 본향을 찾아가고 이상을 실현시키는 수단이다.

　문학인은 시대정신을 바탕으로 황폐화된 인류의 치유와 날선 정의로 부패한 권력과 자본을 정화하고 보편적 가치로 약한 자를 측은지심으로 대하는 보호자가 되어야 한다.

　우리는 작금의 한국문학을 점검, 반성하며 이를 혁신하여 시대와 국민과 문학인이 함께하는 문학헌장을 제정하여 신문학운동을 전개할 것을 선언한다.

　첫째 : 삶에 기여하는 숭고한 문학을 컨버전스화 하고 고품격 콘텐츠로 승화 시켜 인류가 향수하게 한다.

　둘째 : 수천 년 역사의 한민족 문화콘텐츠를 한류화하여 노벨꽃을 피우고, 인류의 평화, 자유, 행복에 기여한다.

　셋째 : 위대한 가치가 있는 문화이기에 치열한 변화를 모색하고 품격을 최선상으로 끌어올려 세계문학을 선도하자.

2021. 06. 06

헌장문 저자 이정록

(아호 : 자율, 승목 | 필명 : 샘터)

한국문학, 한국문학상 변천사
취지 및 목적

섬문그룹, 한국문학 회장
이정록

1966년 2월에 창간된 계간 문예지 한국문학이 1967년 5월 통권 제4호로 종간되었다. 국판 300면 내외로 발행한 문예지다. 이어령 선생이 주재 하였고 소설에 강신재, 박경리, 서기원, 선우휘, 유주현, 이범선, 이호철, 장용학, 최인훈이 참가하여 활동하였다. 시에는 김구용, 김수영, 김춘수, 전봉건이 활동하였다. 평론에는 유종호, 이어령, 홍사중 등이 편집위원으로 참가하였다. 그후 1973년 11월 소설가 겸 시인 김동리 선생과 이문구 선생 등이 중심이 되어 「민족문학수립」과 팽창한 문단인구의 「기회균점均霑」을 목표로 창간되었다. 창간 당시 발행인 겸 주간은 이근배, 편집인은 김동리였고 월간으로 발행하였다. 그후 1989년부터 월간이던 것이 격월간으로 바뀌었고, 1994년 다시 계간지로 바뀌었다. 1990년 11월, 12월 합본호가 통권 200호를 기록하였으며, 1999년에 통권 240호를 기록하였다. 1974년부터는 신인등용제도로 「한국문학신인군학상」 제도를 운영하여 1999년까지 제31회까지 배출하였다.

민족 문학의 올바른 지표를 성립한다는 창간 이념 아래 능력과 작품 수준을 본 위로 하여 편집하고 소설을 중점적으로 다루어 활성화 시키되 시문학 등 문학의 인접 분야까지 확대 시켜 나간다는 편집의 기본 방침을 고수하였다. 1989년 경에는 「재창간 혁신호」를 펴내어 이러한 기본 방침과 성향을 지속할 결의를 다진 이래, 기존 문예지의 획일화 된 작가 선정 풍토에 대한 반성적 대안으로 역량이 있는 중진 작가들의 창작 활동을 적극 지원하고 신인 작가들의 등용문으로 문단의 활성화를 도모하였다.

한국문학에서 중견 작가들이 참가하고 등용되어 활동하고 신인문학상 당선으로 등단 후 활동하여 저명성을 확보한 시인, 소설가, 평론가 등을 보면 김동리, 이근배, 이문구, 강용준, 송상옥, 이문희, 이호철, 천승세, 김용성, 김원일, 방영웅, 신석상, 김소엽, 오유권, 황석영, 김문수, 김주영, 이병주, 정을병, 조선작, 서영은, 송영, 이청준, 한승원, 서정인, 이정환, 송병수, 이동하, 이성훈, 정연희, 문순태, 윤흥길, 김청 등이 <한국문학>을 거쳐 등단하거나 활발한 작품 활동을 전개한 시인이나 소설가, 평론가들이다.

  그리고 한국문학에서 활동한 작가들은 대부분 「한국문학상」, 「한국문학신인문학상」을 수상하였다. 1999년에 통권 240호를 발행으로 중단된 「계간지」와 1999년까지 제31회까지 배출하고 중단된 「한국문학 신인문학상」 제도와 「한국문학상 본상」 제도를 김동리 선생 이후 이근배 발행인 겸 주간이 물려받아 그 후 4년 여간 운영하다 재정적 이유 등으로 휴식기를 가졌다가 조정래 소설가에게 넘어가고 그 다음에 홍상화씨에게 넘어갔는데 그 이후에는 중앙문단에서 잘 인지가 되지 않는다. 심지어는 거기서 등단한 문인들까지도 그 행방을 모르는 상황이라고 한다.

  그래서 그후 2010년경 지율 이정록 선생이 『한국문학』을 설립하였는데 설립된 「한국문학」이 성장하여 2023년 7월말 기준으로 회원이 4,200명에 이르렀다. 이 모든 일련의 과정과 설립취지, 설립목적 등을 샘문그룹 고문단 회의에서 여러 차례 이근배 고문, 손해일 고문, 김소엽 고문에게 설명하여 논의를 하였고, 최종적으로 2023년 2월 9일 퍼시픽호텔에서 열린 샘문그룹 고문단 회의에서 이근배 고문이 최종적으로 한국문학상 공모전, 사업명 <HK1.0 K-Culture Solution>으로 발간하는 한국문학공동시선집 『창간호』 출간에 의견을 같이 하였다.

  지율 이정록 선생은 한국문학상 본상, 신인문학상을 한국문학의 저명성과 정통성을 이어가는 프로모션 일환으로, 샘문그룹에서 한국문학상 공모전과 문집 한국문학공동시선집 공모를 거쳐 2023년 8월 26일 한국문학상 시상식과 한국문학공동시선집 출간식을 거행한다. 발행인은 이정록 교수, 편집고문은 이근배 회장, 편집인은 손해일 문학박사, 주간은 김소엽 석좌교수다.

  현재 샘문그룹 『인물정보』에 등재된 시인으로는 이근배, 손해일, 김소엽, 김후란, 도종환, 이정록(샘터, 지율), 김유조, 서창원 선생 등이 있다. 그리고 등단하였거나 활발한 응모, 시집 출간 등으로 창작, 기여, 교류하고 있는 중견 및 신인 문인이 수천 명에 이르고 있다. 이 회원 문인들도 꾸준히 정진하여 기량이 향상되고 활발한 활동과 기여도가 상승하면 샘문그룹 산하 한국문학, 한용운문학, 샘문학, 인물정보에 오를 수 있다. 앞으로 더 공적 심사, 기여도 심사, 도덕성 등을 조사하고 데이터화 하여 인물정보 등재를 늘려나갈 계획이라고 한다. 이어서 예술지식백과, 한국민족문화대백과, 두산백과, 한국들백과, 위키백과, 나무위키백과, 한국학중앙연구원 등 문학정보 및 인물정보에도 등재할 계획이다.

「한국문학상 공모전」 및 「한국문학신인문학상」과 「한국문학공동시선집 공모전」을 2023년 5월 8일에 공고하여 2023년 7월 16일에 마감하였다. 시상식 및 출간식은 한국문학, 문학그룹샘문, 샘문학 공동주최, 샘문그룹 주관, 서울특별시 중랑구 등 총 16개 단체 및 기업 후원으로 중랑문화원 소공연장에서 2023년 8월 26일 거행된다.

K-문학페스티벌 한류화 사업이기도 한, 한국문학상 공모전 등의 대회 취지 및 목적은 다음과 같다.

"문학의 발전·보급과 국민 정서 함양에 기여한다. 그리고 문학으로 우리의 영성을 승화시켜 은사적, 이타적 인생을 살아가는 도구로 심원한 예술로 승화시켜서 우리 인간들이 갈구하는 본향을 찾아갈 수 있도록 할 것이며 시대정신을 바탕으로 날 선 정의로 부패한 권력과 자본이 정화되는데 기여하고 보편적 가치로 약한 자를 보호하는 보호자로서 역할을 다하는 동량들을 발굴하고 키워내는 데 있다. 또한 문학의 주체인 창작자들의 활동을 지원하고 응원하며 기성 문학인들의 기량 향상 및 문화예술 생태계 기반을 조성하고 확장해 K-문학을 한류화하여 세계문학을 선도하고 노벨꽃을 피우기 위함이다."

이 숭고한 취지와 목적이 잘 구현되어 국내문학의 혁신적인 활성화와 세계문학을 선도하여 대한민국 산하에 노벨꽃이 숭어리 숭어리 흐드러질 것이다.

발행인 환영사 & 축하시

한국문학공동시선집 발간을 축하드리며

샘문그룹, 한국문학 회장
이정록

　한국문학 모그룹인 샘문그룹은 회원이 10만여명의 달하는 오프라인, 온라인을 아우르는 순수 문인들로만 구성된 문학단체로 성장하였습니다. 메스미디어 정보 홍수 속에서도 문단사상 최초로 표준화한 융합시집 컨버전스공동시선집 제13호 출간에 뒤이어, <한용운문학상> 및 <한용운전국시낭송대회>를 2회를 개최하고, <한용운문학상공동시선집> 제2호를 발간하였고, 올 2023년 가을에는 제3호 한용운문학상공동시선집과 제3회 한용운문학상을 거행하게 됩니다.
　그리고 드디어 2023년 8월 26일에는 ≪HK1.0 Culture Solution≫ 사업으로 한국문학상 공모전이 개최되고, 한국문학공동시선집 창간호가 발간되고, 제1회 김소엽전국시낭송대회가 개최됩니다. 그리고 잔여 행사로 도자기시화전, 문학기행, 샘문그룹예술제 등이 개최됩니다.
　<K-문학 페스티벌>이란 사업명으로 서울특별시, 중랑구, 포스코, 농협 등이 후원하는 행사이며, 문학상 및 시낭송 경연, 공동시선집을 발간한 후로 2023년 올 봄에는 신춘문예 행사인 제13회 샘문학상 공모전과 제13회 컨버전스공동시선집 공모를 거쳐 발간하게 하였습니다.
　이번 한국문학 창간호 한국문학 공동시선집에는 시, 시조, 수필, 동시, 평론, 소설부문에서 시인 및 작가가 또 저명하신 초대시인들의 총530편의 주옥같은 옥고가 응모 되었습니다. 이번 한국문학공동시선집에 실린 작품들을 살펴보면 우리 인간의 근원적 정신세계를 함축된 언어 및 정서적, 감성적 터치와 해학적, 풍자적, 이야기가 시적 성찰과 시대정신과 보편적 가치를 절묘하게 담고 있어 우리의 정신적 삶을 안정적으로 승화시키기에 풍족한 공동시선집이 될 것입니다.
　바야흐로 가을이 다가옵니다. 코로나19가 안정되고 마스크 쓰기가 해제되어 이

제 모든 행사에 계획과 실천이 원활한 실정입니다. 그러나 열악한 우리 문학계가 신음하고 있는 이 싯점에도 저희 샘문시선에서 출간한 개인 시집, 시조집, 수필집, 소설집, 이론서들이 연속적으로 다수의 베스트셀러가 탄생하고 있습니다. 이제는 명품브랜드 반열에 올라 샘문시선 위상이 높아졌으며, 샘문그룹 가족 여러분들의 긍지와 자부심이 높아졌습니다. 끝없는 성원과 따뜻한 사랑을 보내주시는 독자님들의 위로와 성원이 있었기에 가능했던 일이라 사료됩니다. 이처럼 가슴 떨리는 전설 같은 일들을 가능하게 해주신 존경하는 독자님들께 이 지면을 빌어 깊은 감사의 말씀을 드립니다.

　이번 창간호 한국문학공동시선집도 문학계의 저명한 원로분들이 많은 옥고를 보내주셨고 신인 및 기성문인들의 응모가 어려운 시국인데도 성황을 이뤄 작품심사에 어려움을 겪었으나 심사위권님들의 노고로 우수한 작품을 선별하고 선정하여 본상, 신인상 당선자를 선정하여 시상하게 되었습니다.

　샘문그룹, 한국문학은 기존의 사명대로 회원들의 문학적 기량과 품위를 높이기 위해 한국문학공동시선집, 컨버전스공동시선집, 한용운공동시선집 정기적 출간을 지속적으로 유지하겠습니다. 또한 개인 단행본 시집, 시조집, 수필집, 소설집, 시화집, 이론서, 교재 등 다양한 각종 도서를 출간하는 소명을 지속해 나갈 것입니다.

　당선자 분들께서는 <한국문학상 수상 기념 시집, 시조집, 수필집, 소설집, 동시집, 평론집을 출간하시면 정성을 들여 문집을 만들어드리겠습니다.

　<K-문학 페스티벌> 사업인 신춘문예, 샘문학상, 한용운문학상, 한국문학상, 한용운전국시낭송대회, 김소엽전국시낭송대회 행사가 개최 되기에 지역경재의 활성화 및 그동안 코로나로 상처받은 분들께 위로가 되고, 신명나는 축제로, 더 나아가 세계화 일환으로 우리 ≪K-Culture≫를 세계 중심으로 진출시키고 한류화하여 이를 깊이 뿌리 내리는데 일조하고, 더 나아가 노벨꽃도 피우겠습니다.

　저희 샘문그룹은 앞으로 품질과 완성도가 뛰어난 미디어서비스, 교육서비스, 문학서비스, 출판서비스, 자격증서비스, 유통서비스를 회원님들께 해드리기 위해 최선의 노력을 경주하겠습니다. 또한 올해 년초에 설립한 샘문번역원에서는 영어, 스웨덴어, 독일어, 일어, 중국어, 블란서어로 번역하여 우리 문학 콘텐츠를 세계만방에 수출을 하게 되었습니다.

앞으로도 회원님, 독자님들의 의견을 청취하고 반영하여 개선하고 혁신하여 큰 가르침에 보답하겠습니다. 출간과 행사준비로 밤을 세워가며 고생한 편집 실무진, 임원 여러분들께 진심으로 감사의 말씀을 전하며, 이번 한국문학 창간호 한국문학 공동시선집 발간을 진심으로 축하드리며, 또한 한국문학상을 수상하시는 수상자분들께 진심으로 축하의 말씀을 드립니다.

바쁘신 와중에도 내방하셔서 격려 및 성원해주신 내빈 여러분께도 머리 숙여 감사의 말씀 올립니다. 또한 끝없는 사랑을 보내주신 독자님들께도 존경과 함께 감사의 말씀 드리며 아울러 건강과 행복을 기원드립니다. 감사합니다.

2023. 08. 26.
사단법인 샘문그룹 이사장
주식회사 한국문학 회장
이정록 拜上

사랑했어요 외 2편

이 정 록

그의 감정에 수갑이 채워졌다
오슬한 비렁끝 찬기운만이 서릿발 서려있다
사랑의 역설이다
이별 후 시작되는 연민이기도 해

그는 깊지 않은 선잠 속에서
사무친 여한餘恨은 깊다는 가설의 기세가
상처를 헤집고 다닌다
선득한 비수가 감정이 통제를 못하는 사이
칼춤을 추고 있다
내장의 포자가 쏟아진다

표표한 동공이 촛점을 잃었다
변기에 몸을 던진 무기력한 감정이
똥물이 넘쳤다가 빠져나가듯
뇌하수체 구멍으로 빠져나갔다
광란의 감정이 발아하는 꿈이
아슬아슬한 비렁끝에서 처절하게
풀뿌리를 잡고 매달려 있다

정염情炎이 죽은 뇌리는
그래도 단 한 번만이라도 되돌리려는 사투가 뇌하수체와 장기 사이를 비집

고 다니지만
이승과 저승을 연결하는 플랫폼
요단강 나루터 비령끝에는
햇빛도 달빛도 별빛도 들지 않는다
빛들의 희망마저 미동을 잃었다

수갑 찬 감정이 탈출하려는 이별의 끝
붙들고 늘어진다
무책임과 도망으로 부터
방임 방치로 부터 끝을 붙잡아
인연을 되찾으려는 가냘픈 선잠이
깊은 꿈을 꾸려 뒤척인다

구름의 뿌리, 샘터

이 정 록

시인의 숲 망중한
시심의 젖어 땀이 송골송골
합죽선 좌르르 피면

고요한 숲 속
온갖 새들 합창해대니
참매미가 울고

흰 진돗개 모내기 일꾼들
새참 따라 가는 모습이
정겨운 여름의 시작이라

개여울 따라 깊숙이 올라가니
구름의 뿌리인 듯
높은 산 바위 틈, 물이 태어나는 곳

신성한 옹달샘 수궁
시중선詩仲仙 수심 흐드러지니
구름이 태어나 일렁이네

순수의 시대

이 정 록

우리들의 삶에서
가장 아름다운 것이 무엇인지 물으면
대다수 사랑이라 말합니다

그러나 제 생각에는
그 아름답다고 하는 사랑보다
더 아름다운 것은
당신의 해맑은 마음입니다

당신의 고상한 영혼이 에메랄드처럼 빛나고
심연은 백옥처럼 순수하여
저의 찌든 넋을 새하얗게 정화하기에
백설보다 더 깨끗합니다

그러나 그 보다도 더 아름다운 건
동녘이 트는 아침이면
이슬처럼 영롱하게 그렁그렁 맺혀있는
당신의 눈물입니다

지독한 슬픔이
당신의 고운 감성을 모질게 적시어도
그렁한 두 눈에서 흐르는 말씀은
가슴시린 고백이기에
샛별의 눈빛보다 당신의 눈빛이 더 밝습니다

고단하고 버거운 삶이지만
시린 진눈깨비가 내리는 삶이지만
그때마다 당신이 흘리시는
뜨거운 눈물의 언어는
저의 대한 애틋한 고백이기에

이 정 록

◇필명 - 샘터
◇아호 - 승목, 지율, 수인, 제백
◇등단 - 시, 시조, 수필, 소설, 평론
서울대학교총동창회 이사, 서울대학교 생활과학대학, 숭실대학교 중소기업대학원, 고려대학교 시창작, 대림대학교 평교원 주임교수, 대림문예대학 주임교수, 샘문평생교육원 원장, 샘문사이버교육원 원장

<경력>
(사)샘문그룹 회장, (사)샘문학(구,샘터문학) 회장, (사)도서출판샘문(샘문시선) 회장, (사)문학그룹샘문 이사장, (사)샘문그룹문인협회 회장, (사)한국문인협회 위원, (사)국제PEN한국본부 위원, (사)한국현대시인협회 이사, (사)한용운문학 회장, (주)한국문학 회장, (사)샘문뉴스(SMN) 발행인, 회장

<수상>
국제(신춘) 시 등단(1992)/ 한국문학상/ 한용운문학상/ 한국스토리문학상/ 샘터문학상 대상/ 동양화ZEN국제대전 특선 2회(일본, 도쿄미술관)

<등재>
국가상훈인물대사전(국가상훈편찬위)
예술인 등재(한국예술인복지재단)
인물정보 등재(Daum, Never, 교보)

<시집>
제1집 : 산책로에서 단난 사랑(1993)
제2집 : 산책로에서 단난 사랑(재발행)
제3집 : 내가 꽃을 사랑하는 이유
제4집 : 양눈박이 울프
제5집 : 꽃이 바람에게
제6집 : 바람의 애인 꽃(한글판)
제7집 : 바람의 애인 꽃(영문판)
제8집 : 담양장날

<전시회>
- 한국화(국내전, 2017, 외 4회
     <예술의전당>
- 동양화(ZEN국제대전) 2017, 외 3회
     <일본, 도쿄미술관>

<가곡CD앨범>
담양장날 외 10집

○ 축사 & 축하시 - 한국문학 창간을 축하드리며 ○

한강은 솟아오른다 외 1편

이 근 배

아침이 열린다
긴 역사의 숲을 거슬러 올라
어둠을 가르고 강이 태어난다
이 거친 숨소리를 받으며
뛰는 맥박을 짚으며
소리 지르며 달려드는 물살 앞에서
설움처럼 감춰온 한강의 이야기를 듣는다

강은 처음 어머니였다
살을 나누어 나라를 낳고
피를 갈라서 겨레를 낳고
해와 달과 별과 구름과 바람과
꽃과 새와 나무와 풀과 산과 들과
그리고 말씀과 노래와 곡식과 잠자리와
사랑과 자유와 믿음과...
강은 거듭나는 삶이었다

하늘이 있고 땅이 있는 날부터
숱한 목숨들을 일구면서
한편으로 죽어가는 것들을 지켜보면서
강은 끝없는 울음을 삼켰다
때론 지치고 쓰러지고

찢기고 피 흘리면서도
강은 다시 일어서서 달리고
더 큰 목숨을 부둥켜안고 왔다

나라는 나라로 갈리고
형제는 형제끼리 다투면서
칼과 창과 화살의 핏발이 서고
남과 북, 동과 서에서
틈틈이 밀고 들어 오는 이빨과 발톱들...
강은 홀로 지키고 홀로 싸우며
마침내는 이기고야 말았다

온갖 살아있는 것들에게 젖을 주고
품에 안고 가꾸면서도
강은 늘 버림만을 받아왔다
먹을 것을 주면 썩은 껍질을 보내오고
꽃을 주면 병든 이파리를 던져오는
시달림과 아픔과 쓰라림을 건너왔고
끝내는 가시철망에 한 허리가 잘리는
눈감을 수 없는 슬픔을 만나야 했다

그러나 이제 강은 다시 태어났다
생채기를 주고 마구 더럽히건
그 아들과 딸들의 손으로
맑고 환한 피가 뛰는 숨결을 살려냈다
바다로 몰려나갔던 물고기떼가 돌아오고
제 고향으로 날아갔던

봄 여름 가을 겨울의 새들이 둥지를 틀고
뗏목이 흘러오던 그 물 이랑에
오늘 한가로운 놀잇배가 두둥실 떴다

그렇다 들리느냐
정선아라리 굽이돌아 가슴에 젖고
한강수타령 장구춤에 흥겹구나
만선의 돛 폭 올리며 징징징 울리는
그날의 뱃노래 다시 부르며
한강은 새색시 같은 어머니가 되어
푸른 치마폭 넘실 감싸준다

흘러가라
역사에 얼룩진 땟자국이여
나라의 어지러운 비바람이여
겨레의 앙금진 핏물이여
그리고 오직 사랑의 이름으로만
자유의 이름으로만 평화의 이름으로만
통일을 싣고 오라
깃발 드높이 통일을 싣고 오라

달은 해를 물고
- 벼루읽기

이 근 배

돌로 태어나려면
꽃도 되고 풀도 되는

압록鴨綠 물을 먹고 자란
위원화초석渭原花艸石 닮아야지

붓농사 기름진 텃밭
일월연日月硯*으로 뽑혀 살거

달은 왜 해를 물고 있어
아니 해가 달을 물었다

하늘이 내린 솜씨
천지창조가 여기 있구나

아무렴 저 역성혁명 때
우리네 산림도 담아야지

산이거나 나오거나
꽃이거나 뭇 짐승이거나

세상에 좋고 이쁜 것
다 불러 살아가는

높고 먼 우주경영의
새 하늘이 뜨고 있다

※※※
* 압록강 기슭 위원에서만 나는 화초석으로 깎은 일월연에는 5백 년 전의 풍속
도가 장생문長生文과 함께 새겨져 있다.

이 근 배

1940 충남 당진 출생
서라벌예술대학 문예창작과에서 김동리, 서정주의 창작지도를 받음.
1961~1964년 각 일간지 신춘문예
시와 시조 당선
경향신문 신춘문예 시조 <묘비명>
서울신문 신춘문예 시조 <벽>
조선일보 신춘문예 시조 <압록강>
동아일보 신춘문예 시조 <보신각종>
조선일보 신춘문예 동시 <달맞이꽃>
한국일보 신춘문예 시 <북위선>
<시집>
[사랑을 연주하는 꽃나무] [노래여 노래여] [사람들이 새가 되고 싶은 까닭을 안다] [종소리는 끝없이 새벽을 깨운다] [추사를 훔치다]
<시조집>
[동해바닷속의 돌거북이 하는 말] [달은 해를 물고]
<장편서사시집>
[한강]
<기행문집>
[시가 있는 국토기행]
<활판시선집>
[사랑 앞에서는 돌도 운다] 등
<수상>
문공부 신인예술상 시부문 수석상, 문공부 신인예술상 시조부문 수석상, 문공부 신인예술상 문학부 특상, 가람문학상, 중앙시조대상, 한국문학작가상, 육당문학상, 월하문학상, 편운문학상, 현대불교문학상, 시와시학작품상, 유심작품상, 고산시조문학상, 한국시인협회상, 이설주문학상, 정지용문학상, 한국시조대상, 심훈문학대상, 만해대상 등 은관문화훈장 수훈, 한용운문학상(문화예술)
<현재>
대한민국예술원 39대 회장, 대림대학교 주임교수, 한용운문학상 심사위원장(샘문), 한국문학상 심신위원장(샘문), 샘문학상 심사위원장(샘문), 샘문그룹 고문, 문학그룹샘문 고문, 한국문학 고문, 공초숭모회 회장

○ 축사 & 축하시 - 한국문학 재창간을 축하드립니다 ○

산에 오르며 어머니 생각에 외 1편

김소엽

내 유년의 뒷산에는
언제나 푸른 숲 우거져
내 아련한 꿈조차 뒤덮고 있었네

칡넝쿨 휘휘 감긴
밤나무 등걸에 그네를 매달고
세상은 그네 반경 안에 있는 줄 알았네

뒷산에 오르며
나는 내 생애에 늦인 산을
끝없이 오르고 또 오르는 일이
인생이란 것을 알지 못했네

계곡물에 깎이고 깎여서 둥글넓적하게 된
그 바위에서 놀면서도
내 삶이 그렇게 깎여야 됨을
나는 알지 못 했었네

내 여린 살이 풍랑에 깎이고
바위처럼 단단해져 갈 무렵
나는 느닷없이 불러만 보아도
목이 메이는 어머니

한 여인의 생애를 생각하네

어머니의 빛 고운 얼굴에
칡넝쿨이 감기고
조선의 여자가 겪어야 할 일들이
발을 굴러 아무리 그네를 밀어보아도
넝쿨 줄기에 감겨 더는 나가지 않아
한 많은 생애를 그네에 매달고
훨 훨 떠나가신
어머니 어머니 나의 어머니……

향기를 위하여

김 소 엽

향기는 요란을 피우지 않는다
다만 바람의 등을 타고
살며시 날아갈 뿐이다
향기가 지나는 곳 마다
메마른 가슴에
꽃을 피우고 싶다
꽃의 영혼인
향기는

살아있는 동안
그 진액을 퍼 올리고
일생 사랑의 헌사獻詞가 되어
그대가 외롭고 지쳐있을 때
형체도 없이 그대 곁에 다가와
그대를 위로하고
말없이 떠날 뿐이다
꽃의 소망은
향기로 남는 것 뿐이다

내가 이렇게 덧없이 시들어가도
슬프지 않은 것은
눈에 보이지도 않고

귀에 들리지도 않으나
한 자락 향기로 떠돌다가
그대 가슴 서글퍼지는 황혼녘에
어느 날 문득 그대 입가에 앳된 미소의
꽃으로 피어나기를 소망하기 때문이다

김 소 엽

'78년 한국문학에 <밤>, <방황> 작품이 서정주, 박재삼 선생님의 심사로 신인상에 당선, 문단에 등단
대전대학교 석좌교수(현), 호서대학교 교수(전), 한국기독교문화예술총연합회 회장, 한국시인협회, 국제펜한국본부 한국문인협회, 한국여성문인회 이사& 자문위원, (사)샘문그룹 고문, 한용운문학상 부심사위원장, 한용운 전국시낭송대회 심사위원장

<시집>
[그대는 별로 뜨고] - 24쇄
[지금 우리는 사랑에 서툴지만]-3쇄 [어느날의 고백]-3쇄 [지난날 그리움을 황혼처럼 풀어놓고]-8쇄
[마음속에 뜬 별]-3쇄
[하나님의 편지]-4쇄 [사막에서 길을 찾네]-2쇄 그밖에 영시집 3권
<수필집>
[사랑 하나 별이 되어] [초록빛 생명] 등
<수상>
윤동주문학상 본상
기독교문화대상
한국문학상
백범문학상
한용운대상(문화예술)

축사 & 축하시 - 한국문학공동시선집 발간을 축하드리며

탁란托卵 외 1편

손 해 일

평생 무주택 가객歌客
뻐꾸기는 탁란의 명수
'붉은머리오목눈이'가 뻐꾸기알을 품는다
족제비쥐똥나무 둥지
뻐꾸기가 바꿔치고 버린 자기알 대신

오목눈이는 천상 눈먼 대리모
하얀 자기알과 낯선 탁란도 구분 못하나?
사나흘 먼저 깬 뻐꾸기새끼는
텃새 오목눈이알을 떨어트려
얌체 안방차지

세계 10대 무역대국
21세기 새별 '동방예의지국'은
출산율 꼴찌에도 해외 고아 수출은 으뜸
우리 뻐꾸기들은 오늘도
붉은머리오목눈이 둥지로
제 알을 우겨 넣고 있다

개구멍받이 속아서 기른 정 적공도 없다는데
속 뒤집힌 앙갚음 하러
뻐꾸기 둥지로 쫓아 올라?
대리모 오목눈이, 박새, 딱새
개개비, 휘파람새들이

소금벌레

손 해 일

소금밭에 터 잡은 질긴 생명
미국 네바다주 솔트레이크
볼리비아 소금사막은
소금벌레 특별자치구
금강산 만물상 뺨치는
기염奇鹽 괴염怪鹽 장관인데

각다귀 날파리떼 소금벌레는
소금물이 주식主食
경중경중 곰비임비
홍학 플라밍고는
소금벌레가 별식

"짠 것 너무 먹지 말아라"
"밤에 자다 오줌 쌀라"

소금을 양념 삼는 인간은 몰라
"그래, 바로 이 맛이야! 짭쪼롬한…"
"고진염래苦盡鹽來"

손 해 일

전북 남원 출생
서울대학교 농대 졸업
홍익대 대학원 졸업(1991 문학박사)
1978년 『시문학』 등단
시집 『떴다방 까치집』 등
평론집 『우리문학의 탐색과 확산』 등
대학문학상(서울대), ㅅ 문학상, 소월문학상, 매천 황현문학대상, 한국비평가협회 평론상, 한용운대상 등
(전)한국현대시협 이사장, 한국문협 이사, 서초문협 회장, 시문학회장, 농협대 교수, 홍익대 강사, 농민신문 편집국장, 세계한글작가대회 총괄대회장(3,4,5,6회), (현)국제PEN한국본부 명예이사장(35대 이사장 역임), 한국문협 자문위원, 한국현대시협 평의원, 서초문협 고문, 서울대 총동창회 이사, 대림대 평생교육원 주임교수, 샘문그룹 고문, 한국문학 편집인, 한용운문학상 부심사위원장, 한국문학상 부심사위원장 등

신창간호 서시

독도 만세

이 근 배

하늘의 일이었다
처음 백두대간을 빚고
해 뜨는 쪽으로 바다를 앉힐 때
날마다 태어나는 빛의 아들
두 손으로 받아 올리라고
여기 국토의 솟을대문 독도를 세운 것은

누 억년 비, 바람 이겨내고
높은 파도 잠재우며
오직 한반도의 억센 뿌리
눈 부릅뜨고 지켜왔거니
이 홀로 우뚝 솟은 봉우리에
내 나라의 혼불이 타고 있구나

독도는 섬이 아니다
단군사직의 제단이다
광개토대왕의 성벽이다
바다의 용이 된 문무대왕의 뿔이다
불을 뿜는 충무공의 거북선이다
최익현이다, 안중근이다, 윤봉길이다

아니 오천 년 역사이다
칠천 만 겨레이다

누가 함부로
이 성스러운 금표禁標를 넘보겠느냐
백두대간이 젖을 물려 키운 일본 열도
먹을 것, 입을 것을 일러주고
말도 글도 가르쳤더니
먼 옛날부터 들고양이처럼 기어 와서
우리 것을 빼앗고 훔치다가
끝내는 나라까지 삼키었던
그 죗값 치르기도 전에
어찌 간사한 혀를 널름거리는 것이냐

우리는 듣는다
바다 속 깊이 끓어오르는
용암의 소리를
오래 참아온 노여움이
마침내 불기둥으로 솟아오르려
몸부림치는 아우성을

오냐! 한 발짝만 더 나서라
이제 독도는 활화산이 되어
일본 열도를 침몰시키리라
아예 침략자의 종말을 보여주리라

그렇다

독도는 사랑이고 평화이고 자유이다
오늘 우리 목을 놓아 독도 만세를 부르자
내 국토의 살 한 점, 피 한 방울도
함부로 건드리지 못하게
서로 얼싸 부둥켜안고
영원한 독도 선언을 외치자
하늘도 땅도 바다도 목청을 여는
독도 만세를 부르자

이 근 배
시인

한국문학상

초대시

슬픈 가시나무새가 있습니다 외 2편

만해 한용운

슬픈 가시나무새가 살았었습니다
한 걸음 다가서면
두 걸음 멀어지는
그런 한 사람을 사랑하는
슬픈 가시나무새가 있습니다

언제나
앙상한 나뭇가지에 앉아서
그 사람만을 기다리고
그를 위해서만 노래하는
슬픈 가시나무새가 있습니다

그가 웃으면 웃고
그가 울면 따라 우는
매일 매일 지친 몸을 이끌고
그 사람의 둥지나무 꼭대기에서 노래하던…

슬픈 가시나무새가 있습니다
어두운 밤하늘
그가 돌아가는 밤길에
그를 대신해 매에게 날개를 다친
슬픈 가시나무새가 있습니다

초대시

너무 지치고
초췌해져서 돌아온 그를 위해
자신의 깃털을 뽑아
따뜻한 둥지를 만들어준
슬픈 가시나무새가 있습니다

어느 추운 날
앙상한 가시나무 위에서
그 사람만을 위한 노래를 부르다
하얀 눈을 붉게 물들인
슬픈 가시나무새가 있습니다

사랑한다 말하면
그를 다시는 만나지 못할 것 같다며
끝내 이 말은 못하고
또 그를 위한 노래만 부르던
슬픈 가시나무새가 있습니다

오직 그 사람만이 듣지 못했던
슬픈 노랫소리가 있습니다
오직 그 사람만이 듣지 못하는 노래를 부르던
슬픈 가시나무새가 있습니다

끝내
그 사람이
그 새를 떠날 때도
바보같이

한국문학상 초대시 35

너무 바보같이
가시나무위에서...

또 노래만 부르던
붉어지는 눈망울과
식어지는 숨결로
그의 행복만을 빌던...

그런 바보같은
그래서 너무 슬픈
가시나무새가 있었습니다

그리고...
그리고...
그 가시나무새를 사랑한
가시나무 한 그루가 있습니다

난...
나는...
가시나무입니다

반달과 소녀

만해 한용운

옛 버들의 새 가지에
흔들려 비치는 부서진 빛은
구름 사이의 반달이었다

뜰에서 놀던 어여쁜 소녀는
'저게 내 빗이여' 하고 소리쳤다
발꿈치를 제껴 디디고
고사리 같은 손을 힘있게 들어
반달을 따려고 강장강장 뛰었다

따려다 따지 못하고
눈을 할낏 흘기며 손을 들었다
무릇각시의 머리를 쓰다듬으며
'자장자장' 하더라

※※※
　　무릇각시 : 민속 무릇으로 만든 인형. 무릇을 실로 묶어 나뭇가지 끝에 매
　　　　　　고 댕기머리처럼 땋은 다음 댕기를 늘어 뜨리거나 틀어 올리고,
　　　　　　천으로 치마와 저고리를 만들어 입힌다.

나 그렇게 당신을 사랑합니다

만 해 한 용 운

사랑하는 사람 앞에서는
사랑한다는 말을 안 합니다
아니하는 것이 아니라
못하는 것이 사랑의 진실입니다

잊어버려야 하겠다는 말은
잊을 수 없다는 말입니다
정말 잊고 싶을 때는 말이 없습니다

헤어질 때 돌아보지 않는 것은
너무 헤어지기 싫기 때문입니다
그것은 헤어지는 것이 아니라
같이 있다는 말입니다

사랑하는 사람 앞에서 웃는 것은
그만큼 행복하다는 말입니다
떠날 때 울면 잊지 못하는 증거요
뛰다가 가로등에 기대어 울면
오로지 당신만을 사랑한다는 증거입니다

잠시라도 같이 있음을 기뻐하고
애처롭기까지 만한 사랑을 할 수 있음에 감사하고

주기만 하는 사랑이라 지치지 말고
더 많이 줄 수 없음을 아파하고

남과 함께 즐거워한다고 질투하지 않고
그의 기쁨이라 여겨 함께 기뻐할 줄 알고
깨끗한 사랑으로 오래 기억할 수 있는
나 당신을 그렇게 사랑합니다

나 그렇게 당신을 사랑합니다

한 용 운
아호 : 만해
시인, 승려
문화예술사
독립운동가
민족33인 대표
독립운동사 · 불교사상사의 위대한 인물

대백두大白頭에 바친다 외 1편

이 근 배

1
외치노라
하늘이란 하늘이 모두 모여들고
햇빛이 죽을 힘을 다해 밝은 거울로 비춰주는
이 대백두의 묏부리에 올라
비로소 배달겨레의 모습을 보게 되있노라
내 청맹과니로 살아왔거니
나를 낳은 내 나라의 산자락 하나
물줄기 하나 읽을 줄 몰랐더니
백두의 큰 품 안에 들고서야
목청을 열어 울게 되었노라

보라
바람과 구름을 멀리 보내고
눈과 비 뿌린 흔적 하나 없이
홀로 우뚝 솟고 홀로 넉넉하며 홀로 빛을 모으는 백두의 얼굴, 백두의 가슴, 백두의 팔과 다리를
이 겨레를 낳고 기른 살과 뼈 마디마디
나를 불태워 한 줌 흙으로 받아들인다
어머니의 어머니, 할아버지의 할아버지를 낳은 태胎에 돌아와서 자랑스러운 내 나라 만년 역사의 숨소리를 듣는다
맨 처음 땅을 덮는 불이었다가
물을 빚어 나무와 풀과 날 것들에게
목숨을 준 창조의 신神 백두동으로
서로 남으로 북으로 산을 짓고 강을 깎아
한 나라 한 겨레의 영원한 보금자리를 닦았거니
환웅님 세우신 신시神市
단군님 일으키신 조선의 크고 밝음이

오늘토록 줄기차게 뻗어내리고 있지 않느냐
거룩하고 거룩하다
천문봉에 올라 엎드려 절하고
우러르는 천지의 모습
하늘도 눈을 뜨지 못하는
저 깊고 푸른빛의 소용돌이
바로 이것이다
이 겨레 으뜸으로만 살아야 하는 까닭
누만대累萬代가 흘러도
나날이 새로운 빛으로만 목숨을 얻을 수 있는 까닭

오 오 불의 불, 물의 물, 빛의 빛, 힘의 힘
시간도 여기서 태어난다
그렇다 천지를 어찌 다 헤아릴 수 있으랴
나도 다만 한순간의 불티일 뿐
내가 어떻게 이 세상에 왔고
나라는 어디 있고 겨레는 누구인가를
아득히 꿈속처럼 뵈올 뿐
대백두 그 한없이 높고 한없이 깊은 말씀
어찌 다 이를 수 있으랴

2
내 나라는 반도가 아니다
압록강과 두만강은 끝이 아니라 시작이다
옛 조선의 지도를 다시 찾아야 한다
저 굽이굽이 펄펄 끓는
고구려의 말발굽 소리를 들어라
백두의 불과 물이 이르는 땅은
모두 내 나라요 내 겨레의 터전이다

겨레여
이 백두에 올라 보라
처음부터 물려받았고
마침내 다시 찾고야 말

끝 모를 땅이 저기 부르고 있다
하물며 반세기 역사, 반세기의 지도를 두고
가슴 조이고 아파할 일이 무엇인가
이 백두에 와서 보라
한 핏줄 나눈 형제끼리 싸우는 일이며
기쁨이며 슬픔, 사랑이며 미움, 분노이며 용서 따위가
얼마나 부질없고 부끄러운 일인가를
1989년 8월 15일
나는 작디작은 물고기가 되어
장백폭포를 거슬러 올라
천지의 물가에 닿는다
손을 담근다
천지가 내 안에 기어들고
내가 천지에 녹는다
엎드려 물을 마신다
내 썩은 창자의 창자 속에서 솟구치는
견딜 수 없는 힘이 나를 물속에 빠뜨린다

나는 일파만파로 천지의 물살을 가른다
어머니의 태胎 안이듯 꿈의 꿈, 사랑의 사랑 속에 노닌다
이대로 오르고 싶다
하느님의 밧줄을 잡고
불과 물이 뒤섞이는 바닥까지 내려가고 싶다
겨레여, 6천만이여
아니 6천만의 아들의 아들, 딸의 딸들이여
철철 넘치는 이 하늘샘에 올라
태평양에도 대서양에도 뿌리를 내리는
백두산 천지에 와서
영원히 사는 겨레, 영원히 하나인
겨레의 어머니 품에 안겨보라

3
일어서라
백두대간은 다시 불기둥을 세워

지구촌의 가장 드높은 봉우리임을 선언하라
압록이며 두만이며 송화며
한라며 지리며 금강이며 묘향이며
부챗살처럼 퍼진 긴 백두의 산맥을 일으켜
북을 울리라
우리에게 설움이 있었더냐
짓밟힘이 있었더냐 쓰라림이 있었더냐
아니다
더 큰 역사, 더 큰 나라 되기 위한
스스로의 담금질이였을 뿐
우리에게 종속이 있을 수 없고
분단이 있을 수 없고
더더욱 상잔相殘이 더디 있으랴
그러나 오늘 이 겨레 매인 사슬
더러는 쓰러지고 더러는 찢긴 피 흘림의 자국
이 크나큰 밟음 앞에서도
눈 감고 길을 잃는 어리석음이 있나니
아직 다 못 가진 내 강토가 있나니
백두대간이여
다시 한 번 불을 뿜어다오
천둥소리를 들려다오
통일의 새벽을 열어다오
아 아 백두산 천지

나는 부르지 못한다
온 겨레가 목놓아 부르는 합창이 아니고는
나는 노래할 수가 없다
허나 내 다시 오리라
통일이 오는 날 다시 와서
참았던 불덩이 같은 울음 터뜨리리라
겨레 함께 껴안고
더덩실 춤추며 날아오르리라

동해 바닷속의 돌거북이 하는 말

이 근 배

돌엔들 귀 없으랴 천 년을 우는 파도소리, 소리.... 어질
머리로다, 어질머리로다, 내 잠 머리맡의 물살을 뉘 보낸 것이냐
천 년을 유수라 한들 동해 가득히 풀어놓은 내 꿈은 천의 용의 비늘로 떠
있도다
나는 금金을 벗었노라, 머리와 팔과 허리에서 신라 문무왕文武王
그 영화 아닌 속박, 안존 아닌 고통의 이름을 벗고
한 마리 돌거북으로 귀 닫고
눈 멀어 여기 동해바다에 잠들었노라

천 년의 잠을 깨기는 저 천마총天馬塚 소지왕릉炤智王陵의 부름이었거니
아아 살이 허물어지고 피가 허물어져 불타는
저 신라 어린 계집애 벽화碧花의 울음소리, 사랑의 외마디
동해에 몰려와 내 귀를 열어,
대왕암大王巖 이 골짜기에 나는 잠 못 드는 한 마리 돌거북

이 근 배
시인

초대시

가을 들녘 외 1편

김 소 엽

가을이 되면
가지 위에서 대지의 품으로
미련 없이 떠나가는
낙엽의 순리를 배우리

아름다운 결실을 위해
여름날 뜨거웠던 태양의 쓰라림도
긴 외로움의 어둠도
아픈 배리背理의 찬 서리도
숭고한 성숙을 위해
눈물의 기도로
아름다운 채색으로 물들인 단풍처럼,
떠나갈 날을 위하여
이 순간을
당신의 말씀과 보혈로 물들이리

낙엽은
떨어짐조차 아름답지 아니한가?

가을의 조락 앞에
모든 것 다 바치고
빈 들녘처럼 누워 있나니
신이여
이 허막의 공간에
당신의 종소리로 울리소서
당신의 겸허로 넉넉히 채우소서

갈대

김 소 엽

우리가 탄 버스는
오솔길로 들어섰네
잡초들이 우거진 사이로
길을 내며 들어섰네
그런데 그것은 길이 아니었지

할머니 할아버지
머리 풀고 서걱이다
은빛 갈대숲이 된 아버지!

길을 찾아
이리저리 헤매다가
낮달처럼 떠 있는
생의 중반에

그래도 길은 어디에 있겠거니
뜻이 있으면
길은 아무데고 있는 법이라고
아버지 말씀이
투명히도 햇빛 가루로 쏟아지는
강나루에서

다시금 원점에서
시작해야 하는 걸까?
기름은 얼마 남지 않았고
해는 뉘엿뉘엿
강물은 무심히 흐르고 흘러

다시금 길을 찾다가 어느 날
언뜻 물에 비친 제 모습도
은빛 머리 풀고
바람에 흔들리는
갈대인 것을

김 소 엽
시인

새끼 이바구

손 해 일

새끼는 위대하다
태초에 하나님이 만물을 창조하셨지만
새끼들이 새끼줄처럼 새끼 쳐서
세상은 잘도 돌아간다.

태양은 은하계 새끼
지구는 태양의 새끼
달은 제돌기하는 지구의 새끼
혼외정사 별똥별 살별 새끼들

우리는 아담과 이브의 새끼
나는 2,000여년전 신라 6부촌 무산 대수촌장
구례마 할아버지의 까마득한 77대손
존의 아들 존슨, 닉의 아들 닉슨
브레즈네프의 아들 브레즈네프스키
차이코프의 아들 차이코프스키

짐승 아이들도
각각 양물과 엘레지로 흘레하니
호랑이새끼는 개호주
곰새끼는 능소니
소새끼는 송아지
암소 뱃속 탯송아지는 송치
말새끼는 망아지
숫나귀와 암말 잡종은 버새
닭새끼는 햇병아리

꿩새끼는 꺼병이

알배기 물고기들도
수컷 이리精받아 깨어나니
풀치는 갈치새끼
껄데기는 농어새끼
꽝다리는 조기새끼
간자미는 가오리새끼
고도리는 고등어새끼

푸성귀 나무들도 들도 홀씨 줄기로 뻗어
짙푸르고 누렇고 빨간 산수강산 되고
하다못해 미물 박테리아 바이러스도
포자로 새끼 치고 퍼지고 날리니

오오, 까마득한 날에 궁창이 열리고
동네 아낙 입방아가 날개 달아
미움과 그리움까지도 새끼를 치는구나
하늘의 섭리대로 만물이 번창번창
복 있을 진저, 새끼들 천국이여

손 해 일
시인

흐르는 강물 속에 외 1편

김 후 란

흐르는 강물 속에
잊혀진 존재
속의 속 가라앉은
옥돌

뉘 알리
그 마음 뉘라서 알리

얼기설기 엮어 내린
참회의 앙금
한 알의 돌로 엉글어

빛나는 강물 흐름 속에
잊혀진 듯 고요히
참선하는
저 옥돌

초대시

젊은 꿈나무들이여

김 후 란

어디선가 달려오는 종소리
울림 속의 속 깊은 울림으로
우리 가슴 뛰게 한다

저기 산마루에 우뚝 선 나무처럼
하늘보다 푸르게
바다보다 깊게
내일을 향해 큰 그림 그리며
힘있게 나아가는 젊은이들이여

지축을 울리는 그 발걸음
이마에 출렁이는 생명의 빛이
미래사회 열고 나아갈
우리 모두의 희망이다
젊은 꿈나무들이여 파이팅!

김 후 란
시인, 전 언론인
서울특별시 출생, 경기도 용인시 거주
현대문학 시 등단
대한민국예술원 회원, 문학의 집, 서울 이사장, (사)국제PEN한국본부 고문, (사)한국문예협회 고문, (사)한국시인협회 고문
<시집>
새벽, 창을 열다
따뜻한 가족
세종대왕 외 14권
<수상>
현대문학상, 올탄문학상, 한국시협문학상, 한용운문학상 대상(샘문), 기타 외 다수

단풍 드는 날 외 2편

도 종 환

버려야 할 것이 무엇인지 아는 순간부터
나무는 가장 아름답게 불탄다

제 삶의 이유였던 것
제 몸의 전부였던 것

아낌없이 버리기를 결심하면서
나무는 생의 절정에 선다

방하착放下着 제가 키워온,
그러나 이제는 무거워진 제 몸 하나씩 내려놓으면서

가장 황홀한 빛깔로
우리도 물이 드는 날

초대시

아들의 편지를 받고

도 종 환

빗소리에 섞이어 몰래 울고 싶은 저녁이다
나를 막는 모든 것 다 뚫고 넘어
너희에게 가고 싶은 저녁이다
이 세상에 태어나 네가 배운 글씨로
처음 쓰는 편지를 감옥에서 받아야 하는
너와 나는 무슨 이런 인연을 갖고 사느냐
내가 가르쳐야 할 남의 아들들은
아직도 제대로 가르치지 못했고
차분하게 네 옆에 앉아 글씨 한 번
마음놓고 가르치지 못해 마음이 아픈데
서툴고 삐뚤지만 또박또박 써 보낸 글자 하나씩 보며
너를 키우는 것은 내가 아니라
하늘이라고 생각되는구나
햇빛과 바람이라고 생각되는구나
하늘이 여름비를 보내 풀잎을 키우듯
햇빛을 보내 가을 과일을 자라게 하듯
누군가 너를 키우고 있다고 느껴지는구나
창 밖엔 비가 내리는데
나는 너희 보고 싶어 눈물 나는구나
엄마 없이 아빠 없이
풀과 나무가 자라듯 크는 너희 고마워 눈물나는구나

봉숭아

도 종 환

우리가 저문 여름 뜨락에
얇은 꽃잎으로 만났다가
네가 내 살 속에 내가 네 꽃잎 속에
서로 붉게 몸을 섞었다는 이유만으로

열에 열 손가락 핏물이 들어
네가 만지고 간 가슴마다
열에 열 손가락 핏물자국이 박혀
사랑아 너는 이리 오래
지워지지 않는 것이냐

그리움도 손끝마다 핏물이 배어
사랑아 너는 아리고 아린
상처로 남아 있는 것이냐

도 종 환
시인, 국회의원
문화체육관광부 장관 역임
1955년 청주 출생
《저서》
『접시꽃당신』, 『부드러운 직선』, 『슬픔의 뿌리』, 『해인으로 가는 길』, 『세시에서 다섯시 사이』, 『흔들리며피는 꽃』, 『사월바다』 등의 시집과 『사람은 누구나 꽃이다』, 『그대 언제 이 숲에 오시렵니까』, 『꽃은 젖어도 향기는 젖지 않는다』, 『너 없이 어찌 내게 향기 있으랴』 등의 산문집을 펴냈다.
《수상》
<신동엽 창작상>, <정지용문학상>, <윤동주상>, <백석문학상>, <공초문학상>, <신석정 문학상>, <박용철 문학상> 등을 수상하였다.

초대시

자작나무 숲 외 2편

이 정 록

요정은 추위를 좋아한다
이곳 숲은 요정으로 가득하다
시베리아가 고향인 요정에게는
눈 내리는 숲이 고향일 것이다

고향의 봄이 그립고 숲이 그리워 두고 온
바람과 구름과 햇살과 달빛과 별빛이 그리워
요정은 살갗을 벗겨낸 흰 피부에
애절한 연시를 쓴다

이 숲에서 발산되는 하얀 빛은
사람을 울리는 빛이다
햇빛 별빛 달빛을 흡입한 새하얀 피부에서
발산하는 빛이 눈부시다

고사목도 이 숲에서는 역할이 있다
숲속의 생명체 대부분은
그의 영혼에 기대어 살아간다
자신의 모든 것을 숲으로 되돌려
생명을 키워내는 그의 운명 때문일게다

이 숲은 요정이 살지 않을 때는
거친 땅이었으리라
언제부터인가 요정이 숲을 가꼈고
생명들이 찾기 시작했다

황량하게 버려진 터가
새하얀 요정들의 보금자리가 됐다
생명들이 찾아주는 곳이자
삭막한 겨울 인간의 발길이 끊겨도

순백의 빛을 뿌리는 곳이다

요정의 피부가 유용하게 쓰이는 시절이 있었다
인간들이 혼인식을 할 때
요정의 피부를 벗겨 불을 밝혔다
화촉을 밝히고 첫날밤을 지새웠다
요정 피부를 자작자작 태워가면서 말이다

우린 때로는 바로 옆에 있는 기적을
뒤늦게 발견하기도 한다
영영 알아차리지 못 한 채 살기도 한다
이 숲에서는 풀과 관목과 넝쿨은 자라는 대로 놔두면 된다
순응하는 자유만큼 훌륭한 비료는 없다
태초부터 반복되는 기적이리라

자연이 가꾸는 시간 속에서
동일한 풍경이 반복되는 날은 단 하루도 없다
요정들은 새소리가 아침을 깨우면
기지개를 켜며 덜 깬 잠을 털어낸다

요정이 사는 숲은 시간이 다르게 흐른다
시간의 속도는 마음의 속도일지도 모르겠다
요정의 숲을 찾는 순간부터 내 시간도 멈춰있다
숲은 시간을 알려주지 않는 생체시계다
다만, 시간에 대해 사유하게 한다

숲의 일상은 자연을 따라간다
일몰에 맞춰 숲은 하루를 마무리 한다
고즈넉한 산장에서 불빛을 밝혀놓으면
산새도 나비도 풀벌레도
창가에서 하루의 고단함을 푼다

새벽녘 여명이 햇살을 뿌리자
산새들이 부산하게 아침을 깨운다
요정의 숲 식구들은 순응하며 살기에
자유롭고 실하고 풍성하다

귀향

이 정 록

물수세미꽃밭 노닐던 버들치 낚아채
물고 나는 어미 두루미 고혹하고
소나무 둥지에 새끼들 눈처럼 하얗다

사십문짜리 검정고무신이 소환되는
그 어느 여름날

물새 흰 똥이 설화처럼 핀 소말뚝
갈색의 추억을 소환하는 습지 갈대밭
흰 물감을 풀어 수채화를 그리는 두루미

흑백 활동사진으로 촤르르 지나가는
개헤엄으로 스스트 지나가는
그 여름날 개구쟁이 알몸 실루엣

길 없는 정글 떠돌아다니다
물수세미꽃 찾아 소나무 둥지 찾아
잃어버린 사십 문 검정고두신 찾아
개헤엄으로 모천을 거슬러 오르는 목숨

찔레꽃

이 정 록

멀리서 굽이굽이 굽이져
걸어온 산길이

마을로 하얗게 손잡고 들어와
하얀 돌담을 뺑 둘러 치면

담장 구멍, 뚫린 구멍, 바람 구멍
가시 돋친 아픈 구멍엔

설화가 주렁주렁
전설이 모락모락
아가가 싱글벙글

이 정 록
시인

초대시

그게 그거다 외 1편

이 진 호

성형하고 참새가 나오며
- 내 쌍꺼풀, 예뻐졌지
- 그게 그거다

뒤따라 나오며 악어도
- 내 주둥이가 짧아졌지
- 그게 그거다

턱 깎아 낸 누나는
- 나 예뻐졌지
- 그게 그거다

- 왜들 이러지
- 그게 그거다

여름 아침

이 진 호

창을 열어 놓자
와라
산봉우리가 뛰어 든다

방은
산빛을 먹고
일렁이는 바다

물속에서
산새 소리가 들려 온다

선잠 깬
우리 아가 눈동자에서
손님 같은 아침 해가
솟아 오른다

상쾌한
여름 아침

이 진 호

아호 : 천등
서울시 강북구 거주, 1965 충청일보 신춘문에 시 데뷔
새마을노래 '좋아졌네' 작사, 군가 '멋진 사나이' 작사
제5회 세계계관시인 대상, 국민훈장 '동백장', 제5회 세계계관시인 대상,
제22회째 천등문학상 시상
작사 작곡 411곡집 '좋아졌네 좋아졌어'
<시집>
'꽃잔치' 외 6권
동화집 '선생님 그럼 싸요?' 외 5권
천등문학 회장
(사)샘문그룹 고문

시 들리지 않는 노래 외 1편

김유조

들리는 노래도 감미롭지만
들리지 않는 노래는 더욱 감미롭다는
낭만파 시인 키츠의
그리스 항아리에 바친 절창
뉴저지 절친 집에서 치열하다

지난 팬데믹 시절
교통할 수 없었던 장벽 속에서도
갖춘 그대 음악실의 음색체험은
바다 건너 내겐 환상 울리던 헤드 세트

포스트 팬데믹에 다시 찾은 그 집 그 방
자정까지 울려퍼진
'들리는 노래'와
'들리지 않는 노래'의 경계 허물어
전율과 지복의
시간과 공간을 엮는다

시를 쓰기가 덧없다
시로 지은 언어도 감미롭지만
그리지 않은 어감은
더욱 감미롭다

시 로밍 일지

김 유 조

무한 일상 잠시 봉인하고
떠나온 여행 길
추억을 빚던 땅으로 먼저 돌아왔지

팬데믹이 길었나, 세월이 빨랐나
좁은 공터에도 바늘같은 뾰죽 건물들이 섰고
강변도 병풍 두른 듯 빌딩들이 둘러쳤네
변두리에도 그간 동네 공원 편입된
낯선 폐선로, 웃자란 수풀

녹슨 철로의 끝간 데는 어디였더라
두 가닥 맞닿은 소실점 근방에
내 꿈도 뒹굴고 있겠지
시간의 먼지를 뒤집어 쓰고

접어놓은 휴대폰이 순간 몸부림치더니
두고 온 곳 봉인된 사연들을
그간도 못 참겠다고 흩어놓는다
로밍 된 선로를 타고 먼 기적도 울리는 듯

"나 아직은 여기 녹슨 곳에 조금 더 머물겠어"
외치는 소리는 벌써 쉰 목소리 되어

소실점 수풀 속으로 멀리 사라진다

※※※
　　다시 허드슨 강변에 와서

김 유 조

건국 대학교 명예교수(부총장 역임), 국제펜한국본부 부이사장, 미국소설학회, 헤밍웨이 학회, 경맥 문학회, 서초문인협회 등 회장 역임, 현)샘문그룹 고문, 세계한인작가연합 공동대표, 계간 여행문화 주간, 국제문예 미래시학 문학의식 현대작가 상임고문
<문학마을> 소설, <미주 시정신> 시, <문학과 의식> 수필 및 평론 등단, 장편소설『빈포 사람들』, 소설집『오키나와 처녀』,『세종대왕 밀릉』,『촛불과 DNA』
시집『여행자의 잠언』,『여든 즈음에』,『낯선 풍경』
수필집『열두 달 풍경』
평론집『우리시대의 성과 문학』
저서『스타인벡, 환경론에 눈뜬 저널리스트』,『헤밍웨이 평전』,『미국문학사』,『영문학 개관』,『영미단편의 이해』,『Ernest Hemingway 작품 연구』 등
번역서『헤밍웨이 미공개 단편선』,『클라라의 반지』,『무기여 잘 있거라』,『누구를 위하여 종은 울리나』등 다수
수상 학술진흥재단 우수도서상, 김태길 수필문학상, 헤밍웨이문학상, 계간문예 상상탐구 소설대상, 문학마을문학상, 서초문학 소설대상 등 수상

무량사 모란꽃 깨다 외 1편

서 창 원

무량사 절 땅 손뜰 아래
모란 새 날아와 꽃을 깬다
부스럭 버시러 모락촐락
붉고 검고 아득한 색조로
보듬어 안고 안으로 꽃이 핀다
꽃이 아니기에 자세히 본다
애기 머리통만 한, 꽃을 피운다
벌이 앵앵 날아 같이 운다
노적봉 노을 깔고 새 날아와
한 잎 두 잎 빛으로 밝아
북한산이 환하게 빛난다
아! 이를 어루아 어찌하려나
꽃이 바람에 터진다
꽃이 앓음에 터진다
꽃이 아픔에 터진다

원은 새다

서 창 원

원은 둥글다
원은 비어 있다
원은 하나다
원은 날아간다
원은 별이다
반짝이는 찰나刹那
별은 하늘 눈이다
어느 새로 날아간다

서 창 원

고려대학교 국어국문학과, 건국대학교 행정대학원 도시계획학과
일본나고야 UN지역센터 지역계획과정, 샘문예술대학 총장(현), 샘문예술대학 석좌교수, (사)문학그룹샘문 고문, (사)샘문그룹문인협회 고문, (사)샘문뉴스 칼럼니스트, (사)한국문인협회 회원, (사)극제펜한국본부 회원, (사)한용운문학 회원(샘문), (주)한국문학 회원, 한용운전국시낭송대회 추진위원장, 샘문시선 회원
<수상>
계간스토리문학 시 등단, 한용운대상 수상(샘문그룹), 한용운문학상 최우수상(계관부문), 국가상훈인물대전(문화예술) 등재, 국무총리(총무처) 표창
<공저>
첫눈이 꿈꾸는 혁명 외 다수
나 그렇게 당신을 사랑합니다
<샘문시선>
<저서>
국토와 정책(1998)
땅은 혁명(2007주집필) 외 다수
<시집, 시화집>
존재의 이유
당신의 이야기/ 공기에 피는 꽃
허공에 집짓기/ 엄니 정말 미안해요
포에트리 파라다이스/ 사랑 넘 어려워
봄을 도적질하라/ 탐미/ 풍마
들어는 산에는 꽃이피네 꽃이지네

하늘매발톱꽃 외 1편

심 종 숙

청보라빛 꽃잎과
그 안 흰 꽃잎에
어리는 하늘빛
눈시울이 젖어든다
드넓은 가슴 내어주고
이상은 높이 괴고 괴어
천상에 쌓았다가
거대한 날개 펼치고 날아올라
아래로 굽어보다
목표물에 내리꽂는 발톱
갈기갈기 찢어지는 살점마다
핏빛으로 수놓은 너의 빈 가슴엔
한 줄기 바람에 흔들리는 꽃대궁
수줍어 아래로 바라보다
하늘 궁창에 빠져드는 너는
아득한 옛날부터
하늘을 지키는 족속이었느냐

고 양회동님 영결의 날에

심 종 숙

죽음으로 밖에 세상에 말할 길 없어라
뜨거운 불길에 휩싸여
타는 육신으로 밖에 말할 길 없어라
양회동 미카엘 형제는 고통 속에서 외쳤네
이 땅의 노동자로 쌍둥이 둔 아버지로
사랑스런 아내의 지아비로
식솔을 먹이려
한 덩어리 빵을 얻기 위해
추운 날에도 더운 날에도
이른 새벽에도 늦은 밤에도
안전화에다 안전모 쓰고
현장에서 삶과 시름하던 뜨거움이
이제 불길에다 영혼마저 살라서라도
노동자 자존심 지키고자
평범한 아버지의 양심을 지키고자
공갈범으로 몰아가는 탄압에 맞서
모두 다 태웠네
그를 태운 불길은 하늘에 올라
하느님의 마음을 울려
그가 가는 마지막 길에
이리도 눈물 흘리시누나
영원한 노동 전사여

깨끗한 마음을 지니고
노동형제들에게 생명 내준 열사여
부디 천국에서 영생하소서

심 종 숙
시인, 교수, 문학평론가
경북 청송군 출생
서울특별시 강북구 거주
(사)샘문그룹 자문위원
샘문예술대학 시창작학과 지도교수
1998년 <바람의 교향악> 번역 출간(열린)
2004년 <은하철도의 밤> 번역 출간(북치는 마을)
2005년 한국외국어대학원 비교문학과 박사과정 졸업(문학박사)
<미야자와 겐지와 한용운의 시 비교연구—주체의 분열과 소멸, 복권을 중심으로>
2007년 <만해학연구>에 『미야자와 겐지와 한용운문학의 個』와 全體』-타고르사상의 수용과 근대 주체의 종말 게재
2013년 <바람의 마타사부로/은하철도의 밤> 번역 출간(지만지)
2012년 <동방문학> 문학 시부문 등단
2013년 <동방문학> 평론 부문 등단
2016년 <니르바나와 케노시스에 이르는 길> 출판(신세림)
2019년 제 1 시집 <역驛> 출간

한국문학상

초대수필

값진 희생 외 1편

오 경 자

　3월 15일, 기후 온난화로 꽃 시절이 빨라져 산수유가 피어난 봄날이다. 사람들에게는 그저 여느 봄날이다. 이날이면 평상심을 유지하기 힘든 사람들이 있다. 무던히도 질긴 기억 창고의 상념에 사로잡혀 사는 우리세대 몇몇 사람들뿐 인지도 모른다. 1960년 3월 15일, 3인조 5인조 선거라는 해괴한 말들이 신문을 장식해 온 지 여러 달이었지만 설마설마 하던 것이 현실로 나타났다고 마산에서 부정선거에 항거하는 시민들의 분노가 터져 올라왔다. 학생들이 거리로 몰려나와 민의의 살아 있음을 내보이며 3.15부정선거 무효를 외치는 함성이 세찬 불길로 타올랐다. 이름 하여 3.15부정선거 무효주장 마산 항쟁이었다. 이 일을 시작으로 전국의 학생들이 곳곳에서 들고 일어나 외침이 있었던 일들과 합해 전국적으로 부정선거 무효에 대한 국민들의 관심이 집중되기 시작했다. 당국은 반성이나 성의 있는 대책으로 대응하는 대신 데모의 확산을 막는 물리적 무리수에 힘을 쏟았고 드디어 김주열이라는 학생이 실종 되었다가 며칠 후 마산 앞바다에 처참한 시신으로 떠올라 국민을 경악케 하고 온 나라가 가마솥처럼 들끓었다. 눈에 최루탄이 박힌 채 수면 위로 떠오른 어린 학생의 창창했을 앞날을 떠올리며 전국의 부모들은 오열했다. 젊음들의 분노는 하늘을 찌르게 타올랐다. 그는 마산상고 학생이었고 전북 남원 출신이었다. 어떤 사연으로 전북 남원의 학생이 마산까지 와서 학교에 다니다가 변을 당했을까 궁금할 만도 하지만 그때는 그런 것의 내용은 관심 밖의 일이었다. 꽃다운 젊음의 산화에 오열하고 최루탄이 대한민국 경찰의 손에 의해 발사되었다는 사실이 불길에 기름을 부어댔다.
　드디어 4월 18일 고려대학교 학생들이 오전 11시 교문을 박차고 자유, 정의, 진리와 자유를 외치며 안암골을 빠져나와 국회의사당 앞에 주저앉아 연좌

데모를 시작했다. 3천여 호랑이의 함성은 북악을 흔들고 태평로를 쓸어 덮었다. 여러분들의 뜻을 요로에 전해서 관철되도록 최선을 다 할 것이니 이제 학교로 돌아가라는 유진오 총장님과 이철승 선배의 권고를 받아들이고 호랑이들은 자리를 털고 일어나 학교로 향했다. 오후 7시가 가까워지는 시간이었다. 해거름이었다.

시청 앞을 돌아 을지로 길로 행진해 오던 호랑이들이 청계천 4가 모퉁이 천일백화점 앞으로 들어서자 갑자기 몽둥이와 쇠갈고리 등 흉기로 무장한 한 떼의 군중이 달려들어 맨손의 학생들을 마구잡이로 후려패기 시작했다. 졸지에 평화롭게 행진하던 고대생들은 날벼락을 맞고 무수한 부상자가 속출했다. 그야말로 순식간에 아수라장이 된 천일백화점 앞길은 유혈이 낭자하고 아까운 젊음들이 죄 없이 무차별 폭행에 희생당하고 있었다. 당연히 경찰은 늑장대응 했다는 비난을 면할 수 없었다.

가까스로 난을 피한 학생들과 부상당한 몸을 이끌고 함께 걸어온 학생들로 안암골 고려대 운동장은 술렁거렸다. 유진오 총장님의 격려 말씀을 듣고 학생들은 만세삼창을 하고 교문을 나서 각자 집으로 향했다. 그 자리에 동참하지 못한 학생들도 분을 삭이지 못해 애꿎은 라디오만 두들겨 대다가 이튿날 일찍 학교로 향했다. 등교하자마자 운동장을 가득 메운 학생들은 나가자는 지휘에 당연히 기다렸다는 듯이 발을 떼었다. 아무 저항 없이 태평로 국회 의사당 어제 그 자리에 질서 있게 앉은 우리들은 어제에 이어 연좌데모를 시작했다. 전날의 죄목(?)에 천일백화점 앞 만행 한 가지 죄가 추가되어 호랑이들의 표호는 한 박자가 더 길어졌다. 그 무도한 일은 정치깡패 임화수 일당의 소행이었고 결국 이로 인해 이승만의 자유당 정권은 무너져 내렸으니 국민 승리의 1등 공신은 임화수라는 주장이 역설만은 아닌 것 같다.

전국의 대학생들이 약속이나 한 듯이 그날 모두 거리로 쏟아져 나왔고 역사적 4.19혁명의 도도한 물결이 대한민국 전역을 쓸어 덮었다. 중고등 학생은 말할 것도 없고 초등학생까지 합세한 이 혁명은 온 국민이 맨손으로 일어서서 평화롭게 벌인 역사적 쾌거였다. 하지만 이승만 대통령의 대응은 의외로 경무대 앞에서 시위대를 향한 실탄발사로 나타났다. 역시 완전 비무장의 국민을 향한 발사였다.

대한민국 경찰의 피는 사람을 흥분케 한다. 시위군중은 총성이 무서워 흩어지기는 커녕 더욱 거세게 일어서고 드디어 계엄령이 선포되었다. 하지만 송요찬 계엄사령관은 평화적으로 대응해 크게 환영을 받았다. 경무대의 오판으로 무고한 희생을 내면서 사태는 진전되어 갔다. 4월25일에는 대학교수들이 학생의 피에 보답하라며 성명을 내고 거리에 나섰다. 이기붕의 집으로 시민들이 몰려 들어가 온갖 기물을 다 꺼내서 던지는 등의 소동이 일어나기도 했다. 드디어 4월 28일 새벽 경무대의 한 구석에서 이기붕 일가가 자살로 세상을 등지고 이승만 대통령은 하야성명을 내고 이화장으로 거처를 옮겼다.

할 말이야 끝이 없지만 이 아침 또 한 번 머리를 스치는 것은 김주열 열사의 값진 희생이다. 누구에게나 목숨은 하나씩 밖에 없기에 소중이라는 말 한마디로 설명하기 힘든 것이 아니던가? 김주열 열사야 말로 죽었으되 영원히 산 사람이 되었다. 이 나라의 민주화와 오늘의 번영이 어디서 비롯됐는지 긴말이 필요 없는 요즘 김열사의 고귀한 희생을 우리가 얼마나 욕되게 하고 있는가 생각하면 얼굴이 붉어져 차마 쳐들 수가 없다. 역사는 값진 희생으로 발전하고 이루어져 가는 것임을 배우고 들어 왔다지만 우리의 가슴 속에서 그 가치가 진정 꽃을 피우려면 얼마나 세월이 더 흘러야 하는 것인지 답답하다 못해 울고 싶은 심정이다. 사람들은 여전히 꽃소식에만 목을 길게 늘이고 있다. 끊임없이 들려오는 거짓말의 홍수 속에서 꽃이 핀다는 날은 과연 맞을 것인지 그런 일이 더 궁금한 민초들도 많은 것이 우리네 현실이다.

김주열 열사의 희생을 생각해서라도 정신 똑바로 챙겨 나라의 도둑 떼는 엄중히 다스려야 한다는 목소리를 낮추지 않는 지식인들이 되어야겠다는 다짐을 다시 한 번 해본다. 이런 다짐과 주장들이 제발 메아리 없는 외침으로 잦아들지 말기를 간절히 바란다.

2023. 03. 15일 아침

세상은 아직 살만한 곳일 거야

오 경 자

　소경 개천 나무랄 것 없다는 속담이 있다. 자기 잘못은 아랑곳 않고 어떤 상황이나 상대방에게 원망 쏟아낼 때 우리 선대들이 책망 겸 위로로 하던 말이다. 그렇다 원인제공이 자신에게 있다면 벌어진 일의 곁과에 대한 원망이나 상대방에 대한 서운함을 말할 필요가 없다. 하지만 사람 마음이란 것이 어디 그렇게 마음대로 움직여지는가 말이다.
　손녀가 대학에 입학을 해서 첫 등교를 할텐데 다락같이 오른 외식비가 은근히 걱정이 되었다. 입학 축하금이야 별도 문제고 우선 애가 주머니 걱정 않고 밥을 제대로 사먹어야 될 것 같았다. 손자에게 쥐꼬리만큼씩 보내 주던 용돈에 조금 더 얹어서 5만원씩을 송금했다. 3월 개학 전에 한다고 서둘러 2월 27일에 전화로 송금했다. 손자 이름은 또박또박 들리는데 손녀 이름이 좀 생소하게 들렸다. 2번을 다시 들어도 다찬가지여서 오래 전부터 계속 보내던 것이기에 안심하고 그냥 눌러 버렸다. 송금되었다는 소리가 들려도 그런가보다 하고 전화를 끊었다.
　그냥 잊고 있었다. 한 달이 거의 다 되어서야 은행에 들러 통장정리를 했다. 아니 이게 웬일인가? 손자 이름은 있는데 그 아래에는 생소한 이름이 찍혀 있고 5만원이 송금되었다. 손녀에게 확인하니 안 들어왔다며 사연을 들은 아이가 어떡하면 좋으냐고 울먹인다. 괜찮아 할머니가 다시 줄 것이니 걱정하지 말라고 위로했다. 손녀는 그게 문제가 아니고 아까워서 어쩌면 좋으냐고 계속 울먹인다. 신청하면 그 사람이 보내 올 것이라고 달래주고 전화를 끊었다.
　사고 신고를 받고 은행원이 차분하게 설명해 준다. 우리가 할 수 있는 것은 상대방 은행에 이런 사실을 통지해 주고 선처를 기다리는 것 까지라며 그 이상은 자신들이 할 수 있는 일이 아무것도 없다며 딱한 얼굴로 쳐다본다. 내가 실수 한 것이니 선처를 기다려 볼 수밖에 더 있겠느냐며 대략 며칠이나 지나야 반응이 올 것 같으냐고 물었다. 그건 모르며 상대방 은행이 얼마의 기간 안에 결과를 통지해 준다던가 하는 등의 절차는 아무것도 없다고 했다.

  은행 문을 나오며 마음이 담담해졌다. 그래 요즘 같은 야박한 세상에 굴러 들어온 돈을 아무 강제적 방법도 없는데 오로지 양심에 의지하여 보내 줄 바보가 어디 있겠나? 기대 했다가 실망하면 건강에 안 좋을 테니 길에 흘린 것으로 치자고 마음을 다잡으며 걸음을 옮긴다. 몇 발짝 걷다가 생각이 바뀐다. 아니야 보내올지도 몰라 자기 것 아닌데 어디다 어떻게 할 방법이 없어 오히려 찜찜하던 차에 은행으로부터 돌려보내라는 연락을 받고서 기뻐할지도 몰라 왜 공연히 사람을 의심부터 해? 두 가지 생각이 번갈아 머리를 복잡하게 한다.

  오늘이 신고 한 지 열흘쯤 되는 날인 것 같다. 아직 겨우 열흘밖에 안 됐어 좀 더 기다려 봐, 망설이다가 통장정리를 해 보았다. 아직 그의 이름이 찍히지 않는다. 머릿속에서는 여전히 두 생각이 번갈아 떠오르다 지워지기를 반복한다. 그래도 고마운 것은 전혀 속상하지 않다는 점이다. 이런 평강을 주신 하나님께 머리 숙여 감사드린다. 성금요일이다. 우리를 위해 몸 버리신 예수님도 계신데 내 손가락이 숫자 하나를 바꿔 눌러서 일어난 일이라는데 누구를 함부로 정죄하랴. 그냥 기다려 보자, 세상은 살아볼만한 것이라는 이 순진한 노파의 생각이 맞을지 누가 알랴. 그래 그가 해외여행 중일 수도 있잖아?

2023. 04. 07.

오경자
시인, 수필가
한국문협 은평지부 회장 역임
국제펜한국본부 고문

들꽃의 색깔

서 창 원

  들꽃수목원은 양평 초입 남한강 변에 위치한다. 들꽃은 번갈아 시시각각으로 피어난다.
이곳에는 계절에 맞게 꽃이 피고 진다. 양평가는 남한강을 끼고 있다.
들꽃 수목원은 서울에서도 근거리에 위치해 있어서 나들이나 산책을 겸한 휴식 공간으로서 안성맞춤이다.
이곳은 상수원보호구역으로서 이 들꽃수목원은 환경에도 신경을 쓰고 있다. 약 10만 ㎡의 땅에 꽃과 풀, 나무를 심어 조성하였다.
2003년 정식 개장 때까지 100억원 투자되었다. 들꽃수목원은 남한강을 끼고 있어서 강변 산책공원이다.
수목원에서 주요 볼거리는 자연생태박물관에서 생태계 표본실과 영상으로 관람할 수 있다.
야생화정원은 토종 야생화 200여종이 전시·분포되어 있다. 그 외에 허브정원에는 50여종의 꽃이 전시되어 있으며, 기타 식물원, 연꽃연못, 강변산책, 민물고기 체험장, 선착장, 피크닉장, 손바닥 정원, 자동차 소극장, 허브 샵이 마련되어 있다.
들꽃들은 입을 벙글리며 피어나려는 것과 피어서 만개한 꽃과 아직 꽃눈을 달고 피려는 꽃이 서로 어울려 있다.
들꽃은 순진함이 있으며, 그것 자체가 하나의 표상이 된다. 꽃의 아름다움은 어떤 것으로도 모방되지 못하는 것이며 그 채색 역시 인간이 조합해 내는 색깔로서 완성하지 못하는 자연만이 지니고 있는 고유의 빛깔이다.
우리 인간은 꽃에서 탐내는 것이 아름다움과 고유한 빛깔이다.
아름다움이나 빛깔을 완전하게 모방할 수 없다는 점에서 우리 인간은 근사한 것만을 택하게 된다.
이 근사한 것을 택하여 만들어 내는 것이 미술이다. 그리고 아름다움을 노래하는 것이 시이다.
이처럼 꽃은 문학적 정서의 대상이기도 하다.
정원에는 선란, 담배초, 꽃지황, 물망초, 금시랑, 콘틸레돈루이지아, 금시랑, 콘드프레임조팝, 오공국화, 장미, 노란작약, 붉은 토끼풀, 디지탈리스, 적때죽나무, 솔패랭이, 양귀비, 무늬꽃나무, 무너나도범귀, 스푸리리움돌나물, 매발톱, 민들레홀씨, 작약, 인동초, 스텔라원추리, 로즈마리, 오스테오스펌, 시계초, 풍로초, 종꽃, 아카, 하와이 무궁화, 후쿠시아, 사랑초, 꽃기린 등 꽃을 피어 분포하여 있다.
이러한 꽃들은 계절에 어울리게 피어난다. 꽃이 피는 시기는 이처럼 각각의 생태적 습성과 어울려 개화를 하게 된다.
따듯하다고 모든 꽃이 피는 것이 아니다. 봄, 여름, 가을을 번갈아 가며 꽃들은 계절과 밀접하게 개화의 시기를 가지고 핀다.
꽃은 붉은꽃과 흰꽃 노랑꽃, 보라꽃으로 크게 분류된다. 붉은색이란 색의 원형이다.
빨강은 문화적 상징을 가진다. 빨강은 피와 불의 상징성을 가지며 좋은 것과 나쁜 것을 가지는 이중적인 색이다.
그리고 종교적 의미로 영혼을 성스럽게 하는 색으로서의 더러움의 정화, 구세의 빨강, 영혼의 구원, 정신의 힘, 에너지의 심벌로 쓰인다. 그리고 위험과 금지의 색으로 교통표지에 쓰인다.
적신호, 적색지대, 적색깃발, 경계 등 위험으로도 쓰인다.
그러나 적색은 또한 정열과 매혹의 상징이며, 유혹의 색으로도 쓰인다.
식욕을 돋우는 음식의 빛깔로서 토마토케찹 따위가 있다. 빨강은 또한 어린 시절의 추상적 색이다.
빨강모자, 빨강머풀러, 빨강장갑, 빨강사탕, 빨강놀이기구 따위 등이 그것이다.
또한 적십자의 색으로서의 피의 상징, 소방차의 붉은 도장으로 불의 상징, 유

물론의 상징으로 공산주의 등을 표시하는 폭넓은 색이 바로 적색이다.
이는 색의 원형으로서 그 이용이 어떻게 달라지느냐에 따라서 상이한 개념을 가진다.
어찌 붉은색이 이처럼 인간의 욕구와 징표로서 다양하게 적용될 수 있는가하는 점이다.
빨강의 추억은 그만큼 정열적이며 무궁한 매료의 색깔로서 우리 인간의 정서에 다가와 있다.
흰색은 어떤가. 흰색은 순수성, 정결성을 나타내며 속옷의 선택색이다.
단순함, 백기는 적에게 항복한다는 뜻이기도 하다. 늙어감의 색, 백발노인 따위 등으로 표시한다.
또한 계급적으로 화이트 칼라로서 이용된다. 흰색은 숭고함의 뜻으로 천사, 영원, 행복 등의 색으로 표시하기도 한다.
그리고 이와 반대로 흰색은 죽음, 공포, 불안 질림 등 색으로도 의미를 가진다.
이처럼 붉은색과 흰색은 우리 인간이 차용하는 색깔의 원형이다.
흰색은 없음의 색이다. 없음으로 표현되는 것도 색이다.
노란색은 번영의 징표로서 부자와 권력(중국) 황금, 보물, 금괴 따위 등의 징표로 쓰인다.
그리고 빛으로서 태양을 나타내기도 한다. 노랑은 호감 색으로 아이들의 어릴 때 좋아하는 색이다.
약의 강장제 등에도 노랑을 쓴다. 그리고 누렇게 바랜다는 쇠망의 뜻도 있다.
노랑은 또한 거짓과 배신의 뜻도 가진다. 이처럼 노란색은 색 중에서 가장 잘 보이는 색으로 구별된다.
테니스공의 색깔이 그것이다. 그래서 꽃들은 대부분이 이 노랑을 부분적으로 또는 상당한 것을 차용한다.
초봄에 피는 개나리꽃은 가장 먼저 피는 꽃이다.
누구에게나 빨리 봐 달라는 주문의 꽃이다.
봄이 왔음을 알리는 상징적인 꽃이다. 민들레 또한 같은 이치이다.

작은 꽃이지만 수풀 속에서 노란 빛깔을 반짝인다. 보아달라는 애원의 색깔이기도 한 것이다.
꽃들은 그렇게 인간이 생각하는 것을 가장 잘 표현하여 색깔로 만들어 보여주는 것이다.
그리고 이들 색깔 중에 혼합색이 보라이다.
보라는 빨강과 파랑을 섞어서 만들어내는 혼합 색깔이며 분홍 역시 빨강과 흰색을 섞어서 만들어 내는 조합색이라 할 수 있다.
꽃도 이처럼 다른 색깔과 혼합하여 특유의 빛깔을 만들어 낸다.
꽃을 보면 무한한 색감의 정서에 빠져든다.
꽃이 주는 상징성은 색깔뿐 아니라
그 꽃이 지니고 있는 미적 상징성 또한 강하게 마음을 움직여준다.
꽃에 은닉한 문학성은 보이지 않은 은밀성이다.
은밀함이란 문학에 있어서의 은유, 비유, 상징, 표상, 운율 등과 같이 꽃은 미적 아름다움으로 말한다.
나는 수화를 하지 못해도 꽃은 색깔의 조합으로 내게 말을 해준다.
혼돈의 세계로부터 차분하게 정리된 안락한 세계로의 귀향처럼, 나는 꽃을 보면 꽃 속의 화려한 궁전으로 들어간다.
화사한 정원에는 들꽃들이 피어 있다. 자연은 무료한 세상을 달래주듯이 꽃을 피운다.
꽃이 피는 곳에는 무료한 세상은 없다.

서 창 원
시인

한국문학상

초대석
시

어머니의 노래 외 1편

강 성 범

새벽 강가에 서면
어머니 머릿결 스치는 소리 들린다

소쿠리 한 속束 머리에 이고
계란 한 두름 지푸라기에 말아쥐던
담양장날 죽물시장竹物市場은
적막하기만 하다

허기져 오월 햇볕 검게 그을린 마음이야
냉수 한 모금으로 삭힐 수 있다만
재 넘는 하현달처럼 구름에 업혀서
뜨거운 눈물 한 방울로 탄식하는 노래

"두만강 푸~른 물에 노 젓는 ~"
나는 어느새 두만강 뱃사공이 된다

아, 늦은 봄 오월 텃밭에서
지고지순한
어머니의 노래를 불러라

찔레꽃

강 성 범

첫사랑을 강변에 묻고
흘러가는 세월이야
다들 그렇게 잊으면 되지 하면서도

어디선가 한 번쯤 본 듯한 여자가
허름한 주막집에서 외로움을 마신다

새삼 아침이 올 때까지
찔레꽃처럼 하얗게
그래 너는 슬피 우는 내 눈물인 것을

텁텁한 막걸리 한 사발 목을 축여
상어처럼 걷다보면
너는 누구의 혼魂이며
나는 또 누구의 넋인지

찔레꽃 필 때가 되면
맷돌 같은 가슴 어처구니없게도
그리움 하나 가시로 남아 있는
너는 찔레꽃

강 성 범

전남 담양군 출생, 서울특별시 거주
서울예술대학교 연극학과 한국방송통신대학 국어국문학과
강남교육청, 서울시 중등교사, 成均館 儒道會 서울시지부 부회장, 대한민국
옥조근정훈장 受勳, 샘문예대학교 교수(교학처장), (사)문학그룹샘문 부이사
장, (사)샘문그룹문인협회 부이사장, (사)샘문학(구.샘터문학) 부회장, (사)한
용운문학 회원, (주)한국문학 회원, 이정록문학관 회원, 샘문시선 회원
<수상>
샘터둔학상 시 등단, 샘터문학상 본상 우수상, 샘터문학상 최우수상, 한용
운문학상 우수상(중견), 한용운문학상 최우수상(중견)
<공저>
나 그렇게 당신을 사랑합니다 외 다수

봄날 회양목되어 외 1편

권 정 선

보일 듯 말 듯 던지는 추파에
개나리 끝에 앉아있던 실바람
외로움이 힘겨워
세월 섞어 꽃을 피우고

무더위 식혀 줄 푸르름
눈도 입도 즐거운 유실수
부지런함으로 낮과 밤을 바꾸는
산 같은 사람있어 봄이 오나봅니다

일 년에 한 치씩 더디자라
어릴 적 풋사랑처럼 애 태우지만
불국사 무구정광대다라니경
한 자 한 자 가슴에 새겼을 회양목

토끼는 평생 뛰어도 두 해를
거북이는 느릿느릿 기어도
사백 년을 산다는데
삶의 길이가 무슨 의미있겠습니까

매서운 삶 야속한 가위질에도
금새 가지 뻗어내는 회양목되어
꽃인 듯 잎인 듯
그대 곁이면 행복합니다

다시 또 봄

권 정 선

귓볼을 매만지는 화사한 봄 빛
재잘거리는 시냇물
간질거리며 감미롭게 다가오는
그 누군가 있어
멈춰버린 심장이 다시 뛰고

한 숨 못자고
그대 숨소리 따라 걷는 길
가랑잎처럼 바스락대는
뼈만 앙상한 가지가지
선홍색 물 오르고 싹이 돋는구나

나의 번뇌가 한송이 꽃으로
피어날 수 있었다면
이 세상은 온통 꽃밭이었으리라
미련없이 날아오르는 산까치야!
니가 정녕 부럽구나

살포시 내려앉은
나비의 잔 날개짓에도
불덩이처럼 휩쓸고 간
위안의 눈빛마저 건내지 못한

아픈 상처의 잔상

이제
아직은 어지럽고 혼란스러운
기억을 지워가며 그가
시침 뚝 떼고 푸르른 미소로
내 맘 가득 오시나 봅니다

권 정 선
시인, 수필가, 정치가
전라남도 장흥군 출생
경기도 부천시 거주
더불어민주당 10대 경기도 의원(역), 경기도의회 교육행정위 부위원장(역),
경기도의회 보건복지위원(역), 경기도 의회 입법정책 위원(역), 대통령직속
균형발전 특별위 소통위원(역), 경기도의회 자치분권위원(역), 경기도의회
예결특위 위원2기/4기(역), 경기도의회 더불어민주당 정무부 대표, 김동연
경기도지사 인수위 자문위원(역), (현)한국지방자치학회 부회장
<학계 경력>
삼육보건대학교 주임교수
서정대학교 겸임교수
NGO정치학사/ 사회복지행정학사
가톨릭대학교 행정대학원 석사, 박사 수료
<문단 경력>
(사)샘문학(구, 샘터문학) 총무이사
(사)문학그룹샘문 이사
(사)샘문그룹문인협회 운영위원
(사)샘문뉴스 편집위원
(주)한국문학 회원
(사)한용운문학 회원
(사)샘문시선 회원
<수상>
샘터문학상 시 등단
한용운문학상 수필 등단
윤동주별문학상
<저서>
제1집 : 내 그리움의 끝은 언제나 너였다
제2집 : 그리움은 바람 되어 그대 가슴에 닻을 내리고
제3집 : 봄비로 오신 님(시화집/샘문)

한강 2 외 1편

김 원

어미와 아비가
버드나무 그늘 아래
발가벗고 멱을 감던 곳
목마른 별과 허기진 달
스러지던 서편의 태양도
슬그머니 손님으로 찾아와
고달픈 가슴을 닦고
하늘의 집으로 날아가는 곳
한강은
푸르른 한강은
나의 원시가 살아있는
흐르는 사랑의 젖줄이다

한강 4

김 원

수수만 년
별빛 내려와
물결의 그림자를 애무하네
버드나무는 살아가도 몇 백 년
늙은 가물치와 메기도
하얀 수염의 순간들뿐이지
언 땅의 살얼음이 갈라지고
봄 아지랑이 꽃새 울음에
조용히 알몸을 떨 때마다
외마디 기척 없는
너와 나의 한강은
기다랗게 혓바닥 늘어뜨려
무심히 흘러갈 뿐이다

김 원
현대시인협회/국제 PEN
한국본부/한강문학 회원
세계여행작가회/경의선문학 감사
(사)문학그룹샘문 이사
한국문인선교회 회장
<시집>
[빛과 사랑과 영혼의 노래 1]
[물방울 꽃들은 바다로 흐른다]
[한강][광화문 전설][농부]
[지구인에 대한 견해]
<수상>
2022 월간한국인 올해의 작가상
2022 한용운문학상 계관부문 우수상

신풍속도 외 1편

김정호

대오를 이룬 흔한 축하객도
근엄한 주례도 사라진 예식장 풍경
생각이 많은 듯한 신부는
때마침 내리는 빗방울을 목에 걸고
낮달을 품고 요란한 곱사위를 추고
신랑은 어젯밤 양말 폭탄주에 절어
반쯤 눈을 감고 암벽을 오른다
혼주는 휴먼명조체로 이름표를 단
화환을 배경 삼아 하객을 맞이한다
예식 시간에 늦은 손님
불안한 공기를 내뱉으며
허겁지겁 접수대에 눈도장을 박고
밥표 한 장 들고 식당 안으로 사라진다
자본주의 불빛으로 키워낸 형형색색의 꽃들
어두컴컴한 터널을 만든 나비 떼
때마침 이름 없는 초청 가수의 트로트가 시작되자
하객들 흔들리는 샹들리에 불빛 따라
모두 일어나 어설픈 몸짓으로 춤춘다
힘겹게 버틴 하루분의 노동
피로가 바닥을 뚫는다

늘 풍요로운 당신
- 접시꽃

김 정 호

절구통의 몸매를 닮았다고요
(정말 무례하군요)

그래, 살아온 날들이
죄다 아픈 세월이었지요

앞을 보아도
옆을 둘러보아도

다들 환상적인 몸매와
깊은 향기를 품었더군요

내 속마음 알아주는 것
오직 달님 그대뿐

지금까지 살아왔던 것처럼
앞으로 살아갈 날도
잘 참고 견디겠습니다

자, 오늘부터
금식입니다

김 정 호

1961년 生, 전남 화순
2002 계간 「시의나라」 신인상 시 등단
2010 문학광장 신인상으로 수필 등단
2022 샘문 한용운문학상 중견 대상 수상
시집으로 「바다를 넣고 잠든다」, 「추억이 비어 있다」, 「억새는 파도를 꿈꾼다」, 「상처 아닌 꽃은 없다」, 「비토섬 그 곳에」, 「빈집에 우물 하나」, 「부처를 죽이다」, 「싱크홀」, 「핑크라이트」, 「칼잡이의 전설」와 미셀러니(경수필) 「딴죽걸이」를 발간하였다.

라면 외 2편

김춘자

곱슬머리 형제들이 함께 모였다
펄펄 끓는 냄비 속에서 수술하고
자유를 얻었다

모여 있던 형제들 제자리 찾는 사이
보글보글 합창했다

젓가락이 휙 지나가며 몸을 감았다

아가미 속 이빨 사이로
우리 형제들이 다시 모였다

어두운 터널
길고 먼 여행길에 접어들었다

시퍼런 눈을 가진 태풍

김 춘 자

시퍼런 눈을 가진 태풍이
파도를 삼켰다

잔설처럼 부서진 하얀 포말이
아스팔트 길도 삼켰다

온종일 시퍼런 눈을 뜬 태풍은
상식을 잃은 머슴에게서
상식을 찾는다

하늘은 해를 숨기고 달과 별도 감췄다
물 폭탄이 떨어진다

뿌리째 뽑힌 나무는 길 위에 누웠다.
허물어진 잔해 속에서
상식 없는 머슴이 살려 달라 아우성 친다

사과 배가 시퍼렇게 눈을 뜨고
상식을 찾아 나섰다

세상이 밝아오면 상식 찾은 머슴에게
찬사의 노래로 상을 주리라

손가락

김 춘 자

왼손가락이 살금살금
오른손가락을 찾아가고 있어요

오른손가락이 더듬더듬
왼손가락을 찾아가고 있어요

오른손이 일하면 왼손이 돕고
왼손이 일하면 오른손이 도와요

손가락 끝이 모여 웃고 있어요
뇌는 도파민과 세로토닌을
길가 손가락 끝 정거장에서 만나
잔치를 해요

김 춘 자

청주시 흥덕구 거주
(주)코맙 공동대표(현), (사)문학그룹샘문 부이사장, (사)샘문그룹문인협회 부회장, (사)샘문뉴스 편집고문, (사)샘문예술대학교 수료(시창작), (사)한용운문학 회원, (㈜)한국문학 회원, 이정록문학관 회원, 샘문시선 회원
<수상>
한용운문학상 우수상(중견), 한용운문학상 특별창작상(중견), 샘터문학상 본상 우수상 수상, 샘터문학상 시 등단, 한국산문 수필 등단, 여성문인협회 대상 수상 외 다수
<산문집>
그것은 사랑이었네 외 2권
<시집>
오월이 오기까지
별꽃을 꿈꾸는 여자(샘문)
<공저>
우리집 어처구니는 시인
나 그렇게 당신을 사랑합니다
추야몽 秋夜夢
<샘문시선>

비워가는 여행 외 1편

노 금 선

보이지 않는 배낭 하나씩 짊어지고
태어난 인생
자신만의 소중한 것들을 채워나간다

그러나 파도가 없는 바다가 없듯이
고난이 없는 인생은 없다

남보다 더 많이 가지려고
가방을 키우고
쓸모없는 것으로 꽉 채우고
무거운 짐을 지고 비틀거리며 걷는다

어느덧 마지막 여행
내 것인데도
아무것도 가지고 갈 수가 없다
다 놓고 가야 하니 내 것은 하나도 없다

배낭이 가벼워질수록 마음도 가볍다

아직 끝나지 않은 길
소중한 것들마저 하나둘 내려놓다 보면
인생이라는 지도가 완성된다

또 다른 여행이 그 너머에 있다

기약하는 꽃

노금선

또 한 영혼이 바람처럼 떠났다
남은 건 빈 침대와 거닐던 복도,
요양원 창문으로 넘나드는 햇살뿐

부표처럼 떠 있던 한 목숨이
겹겹이 싸인 몸을 풀고
썰물처럼 삶의 임계점을 벗어나 버렸다
한 자락의 바람만 커튼을 흔든다

한 움큼의 약으로 고질병 달래며
아옹다옹 살다가
죽음이 찾아오면 말없이 떠나가는 곳

이별은 다음을 기약하는 것일까
어제의 빈자리에 오늘이 찾아오고
이별의 틈을 메운다

생전의 나눔은 베품이고 감사지만
죽음은 연민과 유품을 남긴다

새봄의 싱그러운 나물과 비타민이 듬뿍 든
식단을 만들어 드린다

그때만큼은 얼굴의 그늘이 가시고
활기를 띤 봄빛이다
요양원 어르신들 저마다 순진무구한 꽃이다

노 금 선

대전광역시 거주
시인, 문학박사, 시낭송가
대전문인협회 부회장
대전문인협회 문학상 수상
대전중구문학 대상 수상
(사)한국문인협회 회원
(사)샘문그룹문인협회원 자문위원
(사)샘문학(구,샘터문학) 자문위원
(사)문학그룹샘문 자문위원
(사)한용운문학 회원
(주)한국문학 회원
샘문시선 회원

가자 동해 바다로 외 1편

류 시 호

울릉도행 관광버스
푸른 산 들판 달려
후포항 내리면
해송海松이 있는 백사장
바다가 그리워 달려간다

젊은 시절
영덕에서 죽변까지
해변 길 달리며
하얗게 철썩이는 파도 소리
낭만, 꿈을 키웠다

세 번 방문한 울릉도
싸늘한 밤비 맞으며
도동항 등대에 서면
나라 지키는 독도 생각
청량한 바다 또 가고싶다

베네치아 찬가讚歌

류 시 호

인공 섬 베네치아
국제영화제, 해수욕장, 카지노
셰익스피어 '베니스의 상인'
에스프레소 향 내음 물씬 풍기는
산마르코광장 연주 소리
세계에서 가장 멋진 응접실

이집트에서 온
12 사도의 성 마르코
밤이슬에 목말라하고
하얀 접시 위 그려진
비잔틴, 로마네스크 성당
어둠, 빛, 산 마르코는
베네치아 공화국 수호성인

베네치아 운하
수상 택시, 곤돌라 놀고
안장도 없는 말을 탄
영웅 달려오는 소리
나폴레옹이 가장 사랑한
플로리안 노천 카페
바다로 간 남자 대신

베네치아 가면무도회
빗줄기를 먹고 사는 여인들 삶이다

류 시 호

아호 : 경산
시인, 수필가, 행정사
현)비둘기창작사랑방 지도교수
현)글쓰기와 한국사 마을학교장
현)강남 시니어 모델
현)동북일보 논설위원
전)중부매일신문('08~'22)고정필진
전)문화체육관광부 K-TV 국민기자
전)글짓기논술웅변 학원장
<시비詩碑>
종자와 시인박물관(2021.05)
가곡 시 선정 : 21세기악회(2020.11)
<수상>
한국창작문학상 대상 외 10건
<저서>
(수필집) 인생이란 승합차
(시와 수필집) 신 중년의 힘
(수필집) 사랑과 꿈을 향한 도전 외 다수

뒷동산 외 1편

박 길 동

태산준령만이 명산은 아니다
백년해로를 다 하시고 천수를 다 하신
부모님은 산이 되셨다

언제든 그리우면 찾아 오라고
살다 살다가 고단하면 찾아 오라고
내가 사는 집 가까운 뒷동산이 되셨다

살아 생전 모습 그대로
부드러운 금잔디 깔아 놓으시고
넓다란 품 안으로 안아주시는
그 우주속에 살고있는 나

그곳은 늘 둥지를 감싸고 우뚝 솟아 있어
자손들의 건강과 안녕을 보살펴 주는
정겨운 우리들의 큰 산이다

보릿고개

박 길 동

일천구백오십 년대 늦은 봄날, 봄 햇살이 따스하다
여름이 오기전 늦은 봄 날에
저 언덕을 지나 높고 험준한 보릿고개 앞에 서야만 했다
나혼자 넘어야 하는 고개가 아니고 동네 몇 사람을 제외하고
모두가 보릿고개 앞에 서야 했다
누구의 도움없이 넘어야 할 브릿고개
넘지 않기를 바라지만 해마다 반복해 혹독한 고개를 넘어야 했다

보리밭 이랑에서 종달새가 하늘 높이 날아올라 지지배배 노래한다
보리밭 이랑을 향해 내려 꽂기도 한다
아지랑이 스물스물 괴어 오르고 따스한 볕에 보리밭 꾸벅꾸벅 존다
주린 뱃속 꼬르록 배고픔을 알리는 소리 채워줄 식량이 바닥이다
지난 가을 추수한 식량, 겨울을 나니 곳간의 뒤주가 텅 비었고
초근목피礎根木皮가 티상식량이다

들녘 보리 밭 푸르던 보리이삭 해산하여 갈색으로 익어가고 있지만
아직은 보리이삭이 여물지 않았다
하지만 덜 여믄 보리이삭 어쩔수 없이 베어 가마솥에 삶아 햇볕에 말려
절구에 넣고 찧어 밥을 지어 먹고 허기를 면해야 했다
찰기가 없어 알갱이들이 입속에서 제멋대로 알알이 딩군다
그러나 매끼니 허기를 채우기 위해 먹는 밥이지만 꿀 맛이었다

산야에서 채취한 나물로 국 끓이고 삶아 무쳐 먹으며

끼니를 때우는 일이 비일비재했다
초근목피로 넘어가던 인고의 세월,
긴 고갯길이 한 달에서 두 달 이상 계속되는 민초들의 참혹한 곤궁이고
반드시 넘어야 할 험준한 고갯길, 보릿고개여
영원한 화석으로 박물관에서 잠 자거라
타임캡슐 속에서 휴면하는 보릿고개는
사전 속에서나 개방되거라

※※※
　　1950년~60년대 농촌 민초들의 삶을 회상하며 다짐하다.

박 길 동

아호: 석영, 달원
詩人, 수필가, 상담심리사
충남 공주시 출생
서울시 관악구 거주
육군대학교 졸업/ 보병연대장 역임
전남대학교 경영대학원 졸업
서울교육대 평교원 수료(풍수지리)
샘문예술대학교 시창작학과 수료
(사)문학그룹샘문 상임부이사장, (사)샘문그룹문인협회 상임부이사장, (사)
한용운문학 회원(샘문), (주)한국문학 회원(샘문), 이정록문학관 회원, 샘문
시선 회원, 한국문인협회 회원, 국제펜한국본부 회원
<수상>
한용운문학상 중견 최우수상(샘문)
한용운문학상 중견 우수상(샘문)
샘터문학상 최우수상(본상)
샘터문학상 시 등단
샘터문학상 수필 등단
<저서>
시집: 밤나무집 도령
<공저>
리라꽃 그늘 아래서 외 다수
추야몽 秋夜夢
나 그렇게 당신을 사랑합니다
<샘문시선>

가을날의 사랑 외 1편

염 동 규

고단한 삶에 힘이 되어준 사람
가을이면 더욱 더 그립고
애린 추억들이 되살아나
가슴 안에 뭉클거립니다

당신과 함께 단풍잎 밟으며
함께있음이 행복하던
지난 세월이 그리워집니다

당신을 사랑하고
아름다운 마음에 기대서면
사랑스런 마음으로 보듬어 주던 당신
가을이 오면 미치도록 그립습니다

님이여 그리움이 너무 깊어
붉게 타오르는 이 가을이
내 가슴 안에 짙게 물들었습니다

님은 아실테지요?
가을이 오면 보고 싶어
차오르는 그리움이 단풍잎처럼
차곡차곡 쌓인다는 것을

못다한 사랑

염 동 규

지난 밤 꿈속에 당신을 찾아봅니다
당신이 떠난간 자리 한송이 꽃에
난 벌이 되어 찾아다닙니다

바다에 달그림자 윤슬이 되어
나오기 기다린 듯
황홀한 달빛에 사랑이 엿보입니다

아려오는 빈 가슴에
혹여 당신이 채워 줄려나
꿈속에 두 손 모아 봅니다

바람에 이슬이 꽃잎에 젖어드니
못다한 사랑 향기로 품고
그 애틋한 사랑은 파아란 하늘에
한 점 구름이 되었습니다

염 동 규

아호 : 벽송
강원도 강릉시 거주, 경북대학교 졸업
현대자동차 울산노조 사무국장, (사)문학그룹샘문 부이사장, (사)샘문그룹 문인협회 부회장, (사)한용운문학 회원, (주)한국문학 회원, 문학애작가협회 회원, 강릉시후조문학 회원
<수상>
샘터문학상 대상, 한용운문학상 우수상, 한국창작문화예술대상, 문학애 시 등단
<저서>
광부들의 보석/ 소중한 그리움
세월의 그리움/ 달빛 사랑과 그리움
그리움이 머무는 곳에

막걸리 한 사발 홍어 한 점 외 1편

예 시 원

알고 보면 사람이 익어가는 거나 사랑이 익어가는 것이나
홍어가 알맞게 숙성된 거나 우리네 인생살이가
다 그렇거나 말거나인 디
막걸리 한 사발에 홍어 한 점이면 입이 그냥 헤벌쭉 벌어지는 디
그때나 지금이나 순댓국집 현관의 흩어진 신발들을 보니께
먹고 사는 게 다 그렇겠거니 싶네 이
입으로 코로 꾸덕꾸덕 올라오는 쿰쿰함이라니
이것이 바로 인생인 것이여
시상 참 좋은 시절인 것이
목포 항동시장꺼정 가지 않아도 산골에서 홍어 맛을 볼 수 있으니
요즘 을매나 좋은 시상이여
코로나19가 다 뭣이여 홍어 한 점이면 뺑 다 뚫리는 디
아니여 예전부터 그랬어어
홍어 묵으면 감기도 안하고 한겨울 너끈했어야
홍어 한 접시 하고 코로나19 때려 잡어야
근디 아무리 몸에 좋다고 혀도 막걸리에 홍어 묵고는 이 절대적으로
마누라헌티다 트림 허지 말어 이,
큰일 난 게
분위기 다 잡아 불고 기분 팍 잡치니께 조심 혀어
잘못 하면 우당탕탕 허니께

달마가 서쪽으로 간 까닭은

예 시 원

너의 눈부신 바람도 나의 소박한 바람도
거대한 태풍의 휘몰이 따라 가버렸다

소치는 아이도 양치는 소년도 약속을 저버린 어른들 때문에
피리 부는 사나이의 휘파람 속으로 따라 가버린 건
아아, 정말 무서운 일이야

동북쪽에서 온 달마가 서남쪽으로 가더니
이제는 남쪽에 진을 치고 북쪽으로 도끼눈을 뜨고
달을 따라 교교히 흐르던 신비한 빛이 별빛을 따라 흐른다

현기증 나는 사막을 지나서 계속 가다보면 물을 찾겠지만
따뜻한 남쪽나라는 피하는 게 좋겠지
물이 너무 오염이 돼버렸어

달마가 왜 피리를 불고 다닐까
엉망진창이더라도 행진하는 재미라도 있었는데

북치는 일꾼도 이젠 자취를 감춰버렸군
일을 해줬으면 응당 품삯을 줘야지

그깟 놈의 돼지 한 마리가 뭐라고
달마가 피리를 불게 간드느냐고 글쎄

예 시 원

시인·소설가·문학평론가
▶1987년 시 '청춘 양구에서' / 2002년 수필 '막걸리 예찬' / 2008년 소설 '고래심줄'로 등단
▶한용운문학상 / 다선문학상 평론대상 / 한국현대문화포럼 평론상 / 문예춘추문학상 / 문학세계문학상 / 대한민국시인대전 대상
▶시집『아내의 엉덩이』외 다수 / 수필집『양복입고 자전거 타기』외 다수 / 소설집『토영 통구미 아재』외 다수 / 평론집『달빛 속의 시』,『화채 한 그릇의 이야기』
▶한국문인협회 회원 / 한국소설가협회 회원 / 계간시와늪 주간·심사위원 / 한국문학세상 특별심사위원 / 한국문학비평가협회 이사 / (사)문학그룹 샘문 이사

칠월의 태양 외 1편

오 호 현

뚝딱 엿가락 잘리듯
떨어져 나간 달력

상처난 육신의
아픔만큼 토막난 칠월

성난 상처 소금같이
태양은 살갗을 깊숙이 태우고

초록색 짙은 깨금은
속 채워
토실토실 여물어 가는데

누가 삶과
자연 이치를
모른다 하리요

농부의 얼굴엔
어느새 굵은 땀방울이
맺히고 있네

장미축제 다녀와서

오 호 현

섬진강변 기차역
1004 가지의 장미가
나를 반긴다

비 오는 황금 연휴
비 개인 오후 잠깐의 망중한
뭉게구름 등에 업고
장미향 타고 하늘 나른다

모처럼의 곡성 나들이
우린 그동안 밀린 스트레스
몽땅 자연에 풀어 먹이면서

서로 앞서거니 뒤서거니
섬진강 기차길 따라 걸어가니
저 앞에서 내일이 앞서간다

오 호 현

아호 : 인송人松, 전남 함평군 출신
경기도 고양시 일산 거주, 고려대학교 교육대학원 졸업
(사)문학그룹샘문 부이사장, (사)샘문학문인협회 부이사장, (사)샘문뉴스 취재본부 기자, (사)샘문학(구,샘터문학) 부회장, (사)샘문예술대학 교수(교육부인가), (사)한용운문학 회원, (주)한국문학 회원, 희망코리아(주) 대표이사
<수상>
한용운문학상 우수상(중견), 샘터문학상 대상(본상), 림영창문학상 시조 등단, 동은문학상 대상, 황금찬문학상 최우수상
<공저>
바람을 견모하는 꽃 외 다수
추야몽 秋夜夢
나 그렇게 당신을 사랑합니다
<한용운공동시선집/샘문시선>

어둠 짓 내모는 달 외 1편

이 동 춘

슬픔과 아픔을
감추라 밤이 깊어간다

어둠을 짓 내몰아라
달이 하늘을 밝힌다

잠시 눈을 감으니
내 안에 네가 달로 보인다

달 그리워
잠 못들고 뒤척이며
시詩 끄적대는 한 밤에
달이 차오르니

네게 내 시詩를 바친다
내 시詩가 달이 되었다

기다림

이 동 춘

햇살이 뚫지 못할
두터운 구름은 없듯이

지금 나를 덮고 있는
어둠 있다 하여 빛없다 할 수 없기에
시간을 잊은 채 기다릴 뿐이다

암흑 너머 건너편 동쪽 하늘에
빛나고 아름다운
새벽이 다가오고 있음을

잠시 머물던 어둠은
사라지고 희망으로
다가올 싱그러운 새 하루는

밤을 이긴 이들에게
생명줄이며 희망이 아니겠는가

그대를 맞이하기 위하여
가슴 활짝 열고 희망으로 펼쳐질
새벽을 기다리는 시간
이내 가슴은 터질 듯 부풀어 오른다

이 동 춘

경기도 수원시 거주
한국문화융합예술치료교육협회 상임이사
(사)샘문학(구,샘터문학) 부회장
(사)문학그룹샘문 부이사장
(사)샘문그룹문인협회 부이사장
(사)한용운문학 회원
(주)한국문학 회원
(사)샘문학 부회장
시사모 운영위원
샘문시선 회원
<수상>
한용운문학상 우수상(중견)
샘터문학상 대상(본상)
샘터문학상 최우수상(본상)
시사모 작품상
대한민국행복나눔 봉사대상
<시비>
샘문그룹문인협회시비원 제막
(보령시 미산면 봉선리)
<시집>
춘녀의 마법
<공저>
나 그렇게 당신을 사랑합니다
추야몽秋夜夢 외 다수
<샘문시선>

봄의 아우라 외 1편

이 상 욱

벚꽃을 불러들여
사랑을 나누었고

겹겹이 두른 꽃잎에
외로이 밝힌 촛불 하나

세상을 아우르는
희망의 빛이 되었다

인연

이 상 욱

먼 길 재촉하여 닿은 곳이 그곳이더냐
지나온 길 편한 길도 험한 길도 없더이다
비우고 또 비우니 가벼워지는 인생이여

이제라도 눌러앉은 자리 털고 일어나니
간밤 꿈결에 보낸 서신 답장이 왔소이다

그래도 이 길을 따라 여지껏 걸어왔으니
이마저 그대와의 인연 만큼이나 중하다고

이 상 욱

아호 : 목우木友
한양대학교 대학원 체육학과 졸업(이학박사)
대림대학교 스포츠재활학부 교수(현), 대림대학교 평생교육원장(현), 대림대학교 원격평생교육원장(현), (사)한국대학평생교육원협의회 이사장(현), 대한대학우드볼연맹 회장(현), (사)국제우드볼연맹(IWbF) 부회장(현), (사)문학그룹샘문 부이사장, (사)샘문그룹문인협회 부회장, (사)한용운문학 회원, (주)한국문학 회원, (사)샘문학(구,샘터문학) 부회장
<수상>
2019 샘문학 시 등단
2020 샘문학 수필 등단
2021 샘문학 신춘문예 최우수상
2021 한용운문학상 우수상(중견부문)
2022 윤동주별문학상
<시집>
2022 인생 총량의 법칙

우리가 사는 세상은 외 1편

이 연 수

동녘 하늘에 핏꽃 피기도 전에
어디로 향하는 행렬인가
차량과 군상들의 물결 끊임없구나
무엇을 소원하고 구현하려
무엇을 비우고 내려놓으려
저리도 바삐 바삐 달려 가는가

저들 진군의 대지는 손발이 저리고
햇살이 안타까워 구름에 숨고
바람이 애태우며 사랑을 멈추그
꽃들이 근심으로 꽃대궁을 다문다

무거운 오염물들 대기를 덮고
코로나 바이러스는 왜 변화무쌍하게
인간 숙주들을 먹어치울까?
순수의 깨달음을 향한
우리의 열망은 어디에 갇혀있을까?

호수에 맑은 물들은 기운이 빠져
녹조로 얼굴을 싸매고
신나게 헤엄치던 고기떼들
걸음이 느리고 느리다

그래도 밝은 태양은 구름속에서 나와
아득히 머언 곳까지
가여운 생명들을 돌봐 주시나니
꽃들은 꽃대궁 다시 열고
대지의 심장은 다시 힘차게 뛰고
바람은 다시 꽃들과 사랑을 나누네

오늘도 차가운 남한강 물은
소리없이 흐르고
영원한 소명에 감싸인 붉은 노을꽃
서산에서 피어나니
우리가 살아가는 세상은
모두가 하늘의 권능이시네

바람은 마술사

이 연 수

저 멀리 산마루 하늘 바다에
무정한 바람은
흰 물감 풀어 수채화를 그리네

구름바다에 기러기 떼는
노를 저어 물수제비를 뜨고
나그네 마음은 정처없이
물수제비 따라 모천을 거슬러 오르네

목화꽃으로 흐드러졌다가
시공을 누비는 양떼가 되기도 하는
술법을 부리는 마술에
나그네 넋 잃고 바라보다가
엄마 찾아 가는 길 잃어버렸네

어디서 왔는지
어디로 가야되는지
정체성을 잃어버린 나그네
그래도 가야만 하는 길
다시 길을 나서네

그저 바보처럼

세상을 살아왔던 나그네
고단한 일생을 살아왔던 나그네
저 하얀 구름바다처럼
마음의 짐 내리고 모천 거슬러 오르니 그제서야 바람처럼 자유롭다네

이 연 수

아호: 월당
건국대학교 사회과학대학원 수료
(사)아이코리아충청북도 대표 충주시여성단체협의회 이사
샘문예술대학교 시창작학과 3회 수료
샘문예술대학교 시낭송학과 2회 수료
(사)문학그룹샘문 자문위원
(사)샘문그룹문인협회 자문위원
(사)샘문학(구,샘터문학) 자문위원
(사)한용운문학 편집위원
(주)한국문학 회원
이정록문학관 회원
샘문시선 회원
<수상>
한용운문학상 우수상(중견)
샘터문학상 최우수상(수필)
샘터문학상 시 등단
샘터문학상 수필 등단
<저서>
아직도 나는 초록빛 꿈을 그려요
벼랑에서 건진 회춘
<공저>
바람을 연모하는 꽃 외 다수
추야몽 秋夜夢
나 그렇게 당신을 사랑합니다
<샘문시선>

도산서원 앞에서 외 1편

이 종 식

선비란 바로 꼿꼿함이다
외부의 어떠한 압력에도
굴하지 않는 선과 악의 잣대다

선한 왕에게는 백성의 사랑을 주었고
악한 왕에게는 재앙을 내려
나라를 망하게 하였다

요즘 아이들은 스승 보기를
길가는 나그네 보듯 한다
착한 일이 적다하여 행하지 않고
나쁜 일이 적다하여 행해서는 안 된다

학당이 간판이 되고
학교가 주막이 된다면
스승은 술 파는 주모요
학생은 주객이 되는 것이다

참 스승이란 자신을 낮게 다스키며
제자란 스승을 욕되게 해서는 안 된다
글을 가르치고 배우는 제자는 끓아도
덕을 가르치고 이를 익히는 제자가 없다

가시 꽃 장미

이 종 식

가시에 찔려 붉은 피
물들이고 오는 꽃 장미
천상에 곱고 매운 꽃
시린 숨결처럼 저린 아픔 속에서

고것 참, 탐스럽네
슬쩍 꺾고 싶은 맘
손이 가려다 멈추고 만다네

바람에 일렁이는 등잔불처럼
연약하지만 가시란 놈이
끝을 갈며 노려보고 있다네

봄바람에 부풀어 오른 가슴이여
품으면 찔리고 놓으면 바람이 분다
들녘 난간에 날리는 꽃잎
붉디붉은 내 사랑 꽃은 언제 피려나

시

이 종 식

필명 : 덕실고을
강원도 강릉시 출생
서울특별시 중랑구 거주
(주)한성플랜트 회장
(사)문학그룹샘문 부이사장
(사)샘문학문인협회 부이사장
(사)샘문학(구,샘터쿤학) 부회장
(사)한용운문학 회원
(사)한국문학 회원
(사)샘문뉴스 문화부 기자
샘문예술대학교 시창작학과 수료
샘문예술대학교 시창작학과 조교수
이정록문학관 회원
한용운문학상 운영위원
샘문시선 회원
<수상>
한용운문학상 최우수상(중견)
샘터문학상 대상(본상)
샘터문학상 시 등단
샘터문학상 수필 등단
<저서/시집>
1집 : 아우라지 그리움
2집 : 파도속에 묻힌 달
<공저>
고장난 수레바퀴 외 다수
추야몽秋夜夢
나 그렇게 당신을 사랑합니다
<샘문시선>

꽃처럼 외 1편

장 주 우

웃는 꽃을 보며
덩달아 얼굴에 핀 모화模花
삶의 무게로 주름졌던 낯짝
그들 피부처럼 펴졌다

웃는 나를 보고
망울도 서둘러 무의식적 개화開花
방글방글 화사한 얼굴로
시들시들 산자들의 설렘이 된다

어여쁘게 왔다가
향기롭게 져야 할 인생아
찌들어 무표정인 이들 가슴
콩닥콩닥 뛰게하는 꽃이 되자

사랑이 붉은 이유

장주우

어려서 철없을 때는
어버이가 당연지사
바람막이인 줄만 알았습니다

나이 들어서도 속없이
부모가 도깨비 방망이 줄만 알고
가슴 멍들게 두드리기만 했습니다

이유가 없는 댓가 없다고
떠나신 후에야 불효의 명찰 달고
드린 고통만큼 눈물로 매를 맞습니다

아들 딸 낳은 후에야
우수수 떨어지는 단풍잎 바라보며
사랑이 붉은 이유를 알았습니다

가실 적 가슴에 안고 가신
진한 갈색의 멍자국이
참사랑의 표식임을 알았습니다

장 주 우

경기도 군포시 거주
태성ENC건설 대표(경영)
(사)샘문그룹 부회장
(사)문학그룹샘문 부이사장
(사)샘문그룹문인협회 부이사장
(사)샘문학(구,샘터문학) 부회장
(사))한용운문학 회원
(주)한국문학 회원
(사)샘문예술대학 수료 (시창작)
(사)샘문뉴스 기자
이정록기문학관 회원
샘문시선 회원
<수상>
한용운문학상(중견부문)
샘터문학상 시 등단
샘터문학상 본상 우수상
<시집>
내 안의 당신이 불꽃을 피워요
<공저>
사랑, 그 이름으로 아름다웠다
청록빛 사랑 속으로
아리아, 자작나무 숲 시가 흐르다
사립문에 걸친 달 그림자
시詩, 별을보며 점을치다
우리집 어처구니는 시인
고장난 수레바퀴
나 그렇게 당신을 사랑합니다
추야몽秋夜夢
<샘문시선>

대한독립 만세 외 1편

조 기 홍

울분을 토하던 망국의 시절
핏빛 낭자한 백의적삼
치욕으로 울부짖는 태극기
백두가 망국의 한을 씹는다

백의 깃발을 빼앗기고
조상의 얼을 빼앗기고
모국어와 이름을 빼앗기고
쪽빛 하늘마저 빼앗겼던 치욕으로
백두는 삼십육 년을 울었다

민족의 피멍진 설움
그 포악한 왜놈들
태극을 산산히 부수고
백두 천지에 자갈을 물리고
한라 귀에는 말뚝을 박고
백두대간 허리는 잘랐네

처절한 독립항쟁으로
왜놈들 몰아내고
대한독립 만세를 부르던 날
백두 한라를 되찾던 날

모국어를 되찾던 날
쪽빛 하늘을 되찾던 날
백두대간에 광복의 피가 흘렀네

통한의 서러운 역사
굴욕의 역사
다시는 반복하지 말자
백두에서 한라까지 혈맥 이어서
남북을 잇는 새로운 광복으로
통일의 노래를 부르자
대한독립 만세

낙락장송

조 기 홍

산마루 곰바우 틈에 뿌리박고
우뚝 솟은 은둔자
흙도 물도 척박한 돌 틈으로
뿌리내린 도인

사지가 굽어지고 뒤틀려도
청청한 하늘 향해 치받는
독야청청 기상은 변함이 없다

땡볕에 목이 바싹 타들어가도
신의 축복인지
득도를 한 것인지
청록, 신록의 자태 더욱 빛을 발하니
강인한 생령의 은자다

햇빛 달빛 별빛 벗 삼아
선비의 결기 키우고
운해를 갈기갈기 틀어쥐고
용트림을 하며
승천할 기세 충만하다

곰바우 틈에 푸른 넋 뿌리박고

천 년 묵은 낙락장송 되어서
세상 천하 두루 살피는
우주를 들여다보는
득도한 은둔자 도인이다

삶에 지친 고단한 존재들
그늘이 되어주고
생령의 기운을 안겨주는
자비를 자랑하니
속세의 고뇌 어린 시름들
위로하고 치유하는 존재다

조 기 홍

메디플로라 부사장
내외신문, 뉴스시선집중 기자
(사)샘문그룹 부회장
(사)문학그룹샘문 부이사장
(십)한용운문학 회원
(주)한국문학 회원
(사)한국문인협회 회원
(사)국제펜한국본부 회원
한국크리스천문학가협회 회원
한국기독교문화예술총연합회 홍보대사
강북문인협회 회원
<수상>
한용운문학상(중견부문)
샘터문학상 우수상
별빛문학상 최우수상
희망의시인세상문학 우수상
천등문학상 본상
<표창>
서울시의회 의장
경기도의회 의장
세계한류공헌대상 언론부문 대상
<시집>
꿈의 향연

한국문학상
초대석
수필

2016 세계명상대전 참관기 외 1편

정 용 규

　지난 2월 25일 부터 2월 28일 까지 3박 4일간 강원도 정선군 하이원리조트 컨벤션홀에서 2016 세계명상대전이 개최되었다. 첫날인 2월 25일 10시 30분경 서울 잠실 종합운동장역에서 셔틀버스를 탑승하면서 일정의 시작을 보았다. 오후 2시 30분경 행사장에 도착하여 거실배정을 받았다. 참가자들의 절반(스님들 약 250명 포함)정도는 힐스리조트로, 그리고 남은 절반 정도는 마운틴리조트로 배정 받았는데, 본인은 마운틴리조트 C동 424호에 4명 1조가 되어 함께 입실하게 되었다. 그 후 5시 30분부터 7시까지 저녁 공양 및 휴식시간을 가졌으며, 7시에서 8시까지 약 1시간 동안 오리엔테이션과 명상수행이 진행되었다. 바로 다음 순서로 약 1시간 30분에 걸쳐 혜국 큰스님과 아잔브람 큰스님을 모신 가운데 입제 및 혜국 큰스님의 기조법문이 있었다.
　혜국 큰스님은 우리나라 불교의 선 수행을 선도하고 있는 대표적인 선승이다. 13세 때 해인사에서 일타스님을 은사로 득도 하셨으며, 젊은 시절 해인사에서 10만 배 정진을 마친 후 해인사 장경각에서 오른손 세 손가락을 연비하며 견성성불의 결연한 뜻을 품으셨던 분이다. 현재 사회복지법인 화엄도량을 만들어서 부산 효림원, 충주 법성원, 제주 정효원을 운영하시고, 대한불교조계종 수좌회 대표를 역임하면서 후학지도에 전념하고 계신다. 그러면서도 폐사나 다름없던 석종사를 복원하여 현재 석종사 금봉선원 선원장으로 주석하고 계신다.
　법문의 요지는 간화선 즉 "이 뭣고"라는 화두에 집중하는 붓다의 정통수행법인 사념처 신身, 수受, 심心, 법法 수행법을 발전시킨 한국불교의 전통수행법에 대하여 자세히 설법해 주셨다. 누구든지 자기 마음의 벽만 허물면 진리를 쉽게 받아들일 수 있나니, 마치 컵의 물을 마시는 순간 공空이 절로 차듯이 마음만 비우면 도는 그냥 들어온다는 말씀도 있었다.
　둘째 날인 2월 26일, 오전 6시부터 7시까지 한 시간 동안 예불 및 좌선시간을 가진 후 약 한 시간 반 정도의 아침공양 및 휴식을 취하고 9시부터 10시까지 각산스님의 지도아래 좌선수행을 실시했으며, 이어서 10시부터 11시까지 한 시간 동안 아잔브람 큰스님의 법문이 이어졌다.

　아잔브람 큰스님은 1951년 런던에서 출생하여 명문대인 캠브리지 대학에서 물리학을 전공 졸업 후 미국으로 건너가 하버드대학에서 비교종교학 전공으로 석. 박사학위를 취득하셨다. 그러다가 타국 고승 아잔차의 상수제자가 되어 남방불교에 정통한 세계적 명상승이 되셨다. 현재 호주 보디냐나 명상센터 수도원장으로 계시면서 많은 서양인 제자를 가르치고 계신다.

　법문의 요지는 호흡명상법을 토대로 마음관찰, 호흡관찰, 호흡 전체보기, 감미로운 호흡, 빛의 체험, 선정으로 이어지는 여섯 단계에 대한 설명 위주로 이루어졌다. 이 후 약 한 시간 반 정도 점심공양과 휴식이 이어졌고, 오후 2시부터 5시까지 아잔간하 큰스님, 혜국 큰스님 그리고 아잔브람 큰스님을 모시고 세기의 무차 토론이 진행되었다. 참가자들로부터 질문을 받아 큰스님들께서 답하시는 형식으로 진행되었는데, 같은 질문에 대하여 큰스님들께서 각기 답하는 과정에서 자연스럽게 남방불교 중심의 호흡명상법과 우리나라 중심의 간화선명상법 간에 상당한 차이점이 적출되기도 하였다. 이어서 5시부터 7시까지 저녁공양 및 휴식시간을 가졌으며, 7시부터 8시까지 한 시간 동안 각산 스님 지도아래 좌선수행을 취한 후 약 한 시간 반 동안 태국 아잔간하 큰스님의 법문을 들었다. 아잔간하 큰스님은 아잔차 큰스님의 조카로서 아잔브람 큰스님의 스승이기도 하다. 약관 20세에 고향의 담마유스 사찰에서 비구로 출가하여, 왓농파퐁의 수도원에서 아잔차 큰스님으로 부터 법과 율을 배우고 참선수행 지도를 받았였다. 숲속 수행의 전통에 따라 수 십 년이 넘도록 탁발하며 유행수행을 하셨다. 그는 한때 밀림 속에서 제자들과 걸식하며 유행하던 중에 목숨을 위협하는 9m 길이의 거대한 맹독성 코브라의 공격을 받았으나 전혀 동요하지 않고 오히려 자비로운 손으로 코브라를 쓰다듬어 주어 조용히 사라지게 한 일화로 태국 불자들로부터 전설처럼 회자되고 있는 분이다. 숲속 수행 중 큰스님은 왓텝수완나람의 수행원장으로 초빙되었고, 그후 명성이 점점 더 커져서 이제는 왓빠파띠파람을 포함한 16개 이상의 숲속 사찰을 거느리고 있으며, 수백 명의 제자들이 태국 전 지역에서 수행 중이다. 프라잔띠홍의 최고 선승이시며 제자들과 재가신자들에 의해 루앙포야이(태국 최고의 스님)으로 떠받들어지는 큰스님이다. 법문의 요지는 전날의 아잔브람 큰스님의 말씀과 같이 남방불교 중심의 호흡명상에 관한 설명으로 이루어졌다. 법문이 끝나고 11시 30분경 숙소로 돌아와 취침을 취했다.

셋째날인 27일, 전날과 같이 오전 6시에서 7시까지 한 시간 동안 예불 및 좌선 수행을 취한 후 7시 반부터 9시까지 아침공양 및 휴식을 취하고, 9시에서 10시까지 각산스님 지도아래 좌선수행을 행한 후 10시부터 11시까지 대만 심도 큰스님의 문하생으로부터 중국 선종에 대한 영상관람, 그리고 바로 이어 심도 큰스님의 법문을 들었다.

심도 큰스님은 1948년 미얀마 북부의 중국인 부모로부터 태어났으며, 어린 나이에 고아가 되어 대만 잔류군을 따라 1961년 대만으로 건너와서 15세에 관음보살의 자비에 깊은 감명을 받고, 진리를 증득하겠다는 원력을 세워 25세에 출가 하셨다. 그 후 10여 년간 고독하고 외진 곳들을 다니며 고행의 길을 걷다가, 1983년 후롱산의 화후아토굴에서 폐관정진에 들어가 2년 넘게 계속 정진했다. 이후, 무생도장無生道場 수행센터를 창건하고, 세계불교박물관을 설립하는 등 불법전파에 주력하셨다. 현재 대만 영취산 불교 교단의 선원장직을 맡고 계신다.

법문의 요지는 심도 큰스님께서 오랜 수행으로 체득하신 평안참선법을 토대로 동법과 정靜법으로 구분하여 설법 하셨다. 정법의 4단계로 조식調息, 정심관조靜心觀照, 각지출입식覺知出入息, 경청적정耶聽寂靜을 들면서 하나하나 설법해 주셨으며, 또한 동법참선 3종 즉 행선, 포항공법(느린 신체적 율동을 통한 지관수행법)에 대하여 제자들의 시범을 직접 보여주시면서 설법하셨다. 이렇게 해서 오전행사가 원만히 잘 마무리되었다.

본인은 오후 행사 즉 예불, 좌선 그리고 심도 큰스님의 법문에 대한 질의 및 응답 시간을 포기한 채, 애석하게도 부득이한 사정으로 유종의 미를 거두지 못하고 귀가하고 말았지만, 그간 짧은 일정이나마 많은 공부를 하였다. 여러 큰스님들의 설법을 통하여 저 나름대로 명상에 대한 개념을 어렴풋이나마 이해하게 되었다. 원효 스님께서 일체유심조一切唯心造라 하셨던가요, 명상이란 마음을 비워서 진리로 차게 하는 깨달음을 얻기 위한 수행방법이란 생각에 이르게 되었다. 즉 일어나는 잡념들을 단번에 다함께 제거하기 어려우니 정신을 어느 한 가지에 집중함으로써 나머지 여타의 잡념들을 우선 제거해버리고 계속해서 더욱 정진하여 그 한 가지마저 버리게 해서 무사무념의 경지에 도달하여 진리와 일체가 되도록 만드는 수행이 명상冥想 수행이라고 생각 된다. 특히 저는 이번 행사를 통하여 가장 우려했던 명상시 머리로부터 오던 경직 현상이 별로 염려할 바 아니라는 아잔브람 큰스님의 은혜로 앞으로 명상수행을 계속하기로 작심 하였다. (끝)

선무당의 명상풍월

정용규

옛말에 서당개 3년이면 풍월도 읊는다고 하였다. 항차 사람의 탈을 쓰고 태어나서 명상수련을 5년이 넘게했으니 서투른 풍월 한 번 읊어 봐도 큰 허물은 안 될 듯 싶다.

사실 나는 우연한 기회에 명상수련을 접하게 되었고, 수련과정에 머리에서 오는 진통을 체험하였다. 공직생활을 마치고 무료함을 달래기 위해 대주 두 번 정도 관악산 등반을 정례적으로 실행하던 중 한 날 한 동행자로부터 명상수련 권유를 받고 시작했는데, 약 6개월 정도 지난 뒤부터 머리에서 오는 진통을 느끼게 되었고, 이를 그 분께 말씀드린 바, 상기현상으로 그럴 수도 있으니 수련을 그만 두는 게 좋겠다는 조언을 받고 수련을 멈췄었다. 비록 수련을 멈추었지만 마음 한 구석에 늘 의구심이 남아있었다. 그러던 중 2016년 한 신문을 통하여 강원도 태백시에서 '세계명상대전'이 3박 4일 일정으로 개최된다는 광고를 보았다. 아무런 주저 없이 참가를 결심하고 수속을 밟아 등록했었다. 다행스럽게도 본 대전은 매우 성공리에 개최되었다. 주관은 참불선원장 각산 스님께서 맡아하셨고, 여러 나라에서 오신 아주 저명하신 여러 스님들께서 참가하셔서 법문을 주셨다. 즉 우리나라에선 혜국스님께서 참선에 대한 법문을 주셨고, 호주에서 오신 아잔 브람 스님, 태국에서 오신 아잔 간하 스님, 그리고 대만에서 오신 신도 스님께서 각기 자기나라 현장에서 수행하고 있는 명상수련을 소개 하면서 아울러 법문도 주셨다. 물론 대전 진행과정에는 질의응답 및 토의시간도 마련되어 있었다. 저는 질의시간에 저의 궁금사항에 대한 질문을 드려 아잔 브람 스님으로부터 '머리에 진통이 왔다가 명상을 계속하는 동안 좀 덜해지면 계속해도 좋다'는 답변을 듣고 기쁨을 감출 수 없었다. 그 후론 참불선원에 매주 한 번씩 1년 동안 다니면서 명상 수업을 받고 수련도 했지만 머리 진통에 대한 궁금증에 대해서는 어떤 단서도 잡을 수 없었다. 그래서 집에서 가까운 국제선원으로 옮겨 약 반년동안 명상(마인드 풀 중심)을 수련하였다. 때마침 기간 중 불교대학이 개강되어 차제에 불교대학도 수료할 수 있었다. 그후 조계사

선림원으로 옮겨 제12기생으로 등록해서 수업도 받고, 매주 1회씩 자율선원에 나가면서 줄곧 수행을 계속했지만, 궁금증은 여전하였다. 그 외에도 불교방송국이나 동국대학교 등에서 개최되는 각종 명상프로그램에 참가하여 수련을 받고 수행도 계속했지만 궁금증은 여전히 풀리지 않았다. 그럼에도 불구하고 이쯤 되니 명상에 대한 여러 경로의 이론적 접근에 대한 이해의 폭을 상당히 넓힐 수 있게 되었다. 즉 명상철학에 대한 풍월도 어렴풋이나마 읊어 볼 수 있게 되었다. 해서 이를 간략히 소개드려 보고자 한다.

첫째로, 불교도적 입장에 접근해 읊어 보면, 모든 생명체는 천부적으로 불성을 타고 나는데, 탐, 진, 치라는 삼독과 그로 인한 번뇌 망상으로 마치 거울에 때가 끼고 먼지가 앉아 가려지듯 불성이 가려지는 바, 명상수련을 통하여 이를 깨끗이 지우고 청결한 마음으로 '이 뭣고'라는 화두일념에 집중하여 견성 해탈로 성불에 이르는 수행이 명상(참선)이라고 생각 된다. 한편 최근 서양에서 붐을 이루고 있는 명상 (마인드 풀 중심)은 최신 과학이나 심리학 또는 뇌 과학적 접근을 통하여 설명되고 있는 바, 이런 견지에서의 설명도 가능함을 보게 된다. 이를 조금 자세히 구분해서 나누어 설명 드리고자 한다.

둘째로, 최신 과학분야인 양자 물리학적 입장에서 접근해 보면, 최초로 우주가 빅뱅 할 때부터 우주는 생명에너지(양자 '파동 또는 입자')로 충만 되어 있으며, 또한 모든 생명체들은 신身과 심心의 구조로 이루어지게 된다. 그런데 생물체들은 호흡 활동 등을 통하여 그들의 심과 양자(파동 또는 입자)를 연결시켜 부단히 우주의 생명에너지를 받아들이게 된다. 헌데 스트레스로 시달림을 받거나 각종 번뇌 망상으로 심(마음)에 벽이 만들어지면 양자간兩者間의 소통이 제약받게 된다. 그래서 스트레스를 덜고 번뇌 망상을 지우는 명상을 통하여 마음의 청정淸靜을 취하면 생명에너지를 원활히 공급받을 수 있어 문제해결에 도움 되는 것이다.

셋째로, 심리학적 접근에서는 모든 심신의 이상은 마음의 불안정에서 야기되는 바, 명상수련을 통하여 불안요인을 제거하고 안정을 취하면 심신이 평정을 이루게 되고 나아가 삼매에 들게 된다. 그런데 최근 실험심리학 분야에서 우리 인간들에게 전생이 있음을 밝혀냈다고 전해지고 있다. 그렇다면 최첨단 심리학은 불교 교리인 윤회설을 입증한 게 된다.

이 단계에 이르면 심리학적 접근은 바로 불교적 접근과 함께 하게 된다. 매우 흥미

진진한 학문적 성취인 것이다. 불교학의 한 분야인 유식학에서는 5감각기관(이.비.설.안.신)과 동열에서 이들을 총괄하는 의식을 제6식이라 하고, 프로이드의 잠재의식을 제7식, 그리고 칼융의 무의식을 제8식 또는 아레야식이라고 한다. 이때 이 아레야식은 업業의 종자를 간직하고 있다가 후생에 업보를 그대로 전하게 된다고 한다. 그런데 명상수련으로 견성 즉 득도 해탈을 이루게 되면 아레야식으로부터 벗어나 자유자재를 누리게 되는 것이다.

끝으로, 뇌과학적 접근에서 보면 우리 인간들이 천부 받은 뇌의 성능이 100이라면 일평생을 살면서 활용하는 성능은 평균적으로 그의 20% 수준에 불과하다고 알려져 있다. 그래서 명상수련을 통하여 지혜를 계발시켜서 득도에 달하면 이를 100분 즉 도사 수준으로 향상시키게 되는 것이다.

헌데 정작 명상冥想은 불입문자不立文字로 돈오頓悟를 방편方便으로 하는 실천적實踐的 수행修行을 본本으로 한다. 따라서 이론적 접근은 사실상 큰 의미가 없는 것이다. 그래서 풍월은 이쯤에서 마치고, 독자님들께서 궁금해 하실듯 하여 필자가 실행하고 있는 명상수련의 실제 경험을 소개드리고자 한다.

처음 명상을 시작할 즈음에는 권유자의 지도에 따라 평평한 땅바닥이나 바위 위에 맨발로 서서 전신에 힘을 뺀 다음, 어린 시절부터 점점 자라는 과정에서 마음에 맺혀있던 매듭들을 하나씩 상기하면서 그 원인과 그로 인해 맺혔던 매듭을 하나씩 풀어나가면서 마음을 정화하는 방식을 택하였다. 사실 그 당시에는 마음이 몹시 상했었고 상처도 컸지만 지금 생각해보면 아주 경미한 아무것도 아니라는 사실을 깨달으면서 매듭들을 하나씩 풀어나갔다. 약 3개월 계속했더니 마음이 많이 맑아졌지만 매듭을 더듬어 찾는 과정에 신경이 쓰이면서 오히려 명상에 방해가 됨을 어렴풋이 느끼게 되었다. 그래서 그후 부터는 반가부좌를 취하는 자세에서 호흡 알아차림 명상을 계속했다. 사람들은 살아있는 한 누구나 호흡을 계속하는 바 명상 중에도 호흡을 계속 하게 된다. 그래서 숨을 들이 마실 때는 들이쉰다고 알아차리고 내쉴 때는 내쉰다고 알아차리는 방식으로 숨 알아차림 일념一念으로 명상을 계속했다. 그런데 때론 잡념이 떠오르기도 하는 바, 이때 잡념을 애써 지우려 하지 말고 이 또한 알아차림으로 '아 잡념이 떠오르는 구나' 하고 알아차리면서 호흡명상으로 바로 돌아가야 하는 것이다. 그런데 가끔씩 잠 또는 혼침에 빠지는 경우가 있어서 이때도 바로 알아차리고 호흡명상으로 곧장 돌아가도록 해야 된다. 그런데 깜박 잠에 빠지는 것은 순간적이라 실행이 어려울 때가 종종 있었다. 그래서 최종적으로는 호흡명상을 하다가 숨 알아차리기에서 염불로 이어가는 방식을 택하고 있다.
　이상으로 부족하지만 필자의 명상과정 설명을 마칠가 한다. 어떻던 화두나 숨(호흡) 알아차림이나 염불이나가 다들 한 가지 일념에 집중함으로써 일체 잡념 즉 번뇌 망상을 제거한 청정한 마음을 이루게 하는 게 아닐가 싶다. 그러다가 한 가지 일념마저 지우고 무사무념의 경지에 들 때 비로소 소우주인 나, 소아가 대우주인 대아와 합치를 이루는 최종 목표에 도달 되는 게 아닐 가 싶다.
아직은 많이 서툴다고 생각한다. 혹시 편견, 편향이 있더라도 선무당의 풍월이구나 생각하시고 혜량해주시길 바랄 뿐이다.

정 용 규

서울시 양천구 거주
서울대학교 농경제학과 졸업
덴마크 맬링 농대 1년 연수
연세대학교 경영대학원 석사, 중앙대학교 대학원 경제학 박사, 농협중앙회 (1966~1994) 역임, 농협대학교 교수 역임, 건국대학교 겸임교수 역임, 두레친환경농업연구소 부소장 역임, 친환경농업 포럼 대표이사 역임
<문단활동>
(사)문학그룹샘문 자문위원, (사)샘문그룹문인협회 자문위원, (사)샘문학(구,샘터문학) 자문위원, (사)한용운문학 회원, (주)한국문학 편집위원, (사)현대작가연대 회원, (사)현대시인협회 회원, (사)한국시인협회 회원
<수상>
좋은문학 시 등단
샘문학상 수필 등단
샘문뉴스 신춘문예(수필)
<저서>
농협 신용사업과 경제사업 구조분석(박사)
손잡고 더불어(2009)
친환경농업포럼
<시집>
제1집 : 촛불
제2집 : 구름문답

한국문학 창간
초대석
시

연꽃 바람 되어 외 1편

김 정 자

머뭇머뭇 숨죽인 발걸음에
바람마저 숨을 고르고
긴 밤 상념의 고행은
산등성이 등불을 밝히는 새벽을 연다

세월의 저편에 마주 선
질기고도 깊은 인연으로 인해
목탁소리 귓등에 울리고
백팔배 기도에 삼키는 그리움이여

비우라
내려 놓아라
하심下心의 자비심으로 깨우치는 찰나
무심無心한 눈물

관세음보살
관세음보살
나무관세음보살

무량無量의 연꽃 바람에
웃음 한 줌 날린다

인연의 끈

김 정 자

어떤 아픈 까닭으로
저리도 붉게 타오르다가
어떤 슬픈 사연으로
상사화 꽃 그늘 아래 스러지나

가을바람 휘도는 저 길모퉁이
그 사랑 갈 길을 서두르다가
차마 향기라도 머무르라며
젖은 달빛이 눈물을 닦아주네

오고감의 허망한 세월이라
깜깜한 밤길 희미해진
옛사랑의 그림자는
작은 인연의 끈이던가!

김 정 자

아호 : 지민池旼, 전북 전주시 거주
운수대통문화예술인협회 회장, (사)문학그룹샘문 이사, (사)샘터문인협회
이사, (사)샘문학(구,샘터문학) 이사, (사)한용운문학 회원, (사)샘뮤뉴스
취재부 기자, (사)섬문예술대학 시창작학과 2회 수료, (주)한국둔학 회원,
(사)샘문시선 회원, 전북문인협회 회원, (사)국제펜한국본부 회원
<수상>
남해문학 시 등단
한용운문학상 중견부문(샘문)
대한민국문화예술더상
<시집>
그리우면 그리운더로
<자격증>
시창작가 2급 자격증 취득(샘문)
시창자가 1급 자격증 취득(샘문)

거미줄 외 1편

김 환 생

<01>
거미줄
섬세한 그물, 아름다운 도형

거미가 덫을 친다
꽁무니의 정교한 율동律動으로
거미는 생명을 현혹한다

<02>
줄타기며
춤과 사냥의 명수名手인 거미는
허공에 함정을 걸고
스스로 걸려드는 먹이를 잡는
기막힌 천재다
무서운 사탄이다

<03>
거미줄을 찢고 풍뎅이가 날아간다
거미는 재빨리
거미줄을 손질하여
다시금 덫을 만든다

<04>
거미줄에 낚인 나방이
벌써 나흘째 파닥이지만
파닥일수록 거미줄은
몸에 달라붙는다

마침내 움직일 수 없음을 알게 된
나방이는
죽음 속으로 뛰어드는
황홀함을 상상한다

<05>
약한 것들만
덫에 걸려 몸부림치다가
거미에게 생명을 빨리고 나면
남는 목숨의 실상實相은
바람에 흔들리는
빈 껍질

<06>
거미줄의 어디에도
피의 흔적은 없다
그렇게 평화로운 덫의 중심에서
거미는
살찐 풍채風采를 뽐내고 있다

반달

김 환 생

밤하늘에
반달이 떠 있다
반달은 버려진 조각인지?
남은 반쪽인지?

온달로 비추어도
다 못 밝힐 밤하늘
넓고 넓은데

반광半光, 그나마
구름에 가려져
중천中天을 서성이는
반쪽 영혼……

보이는 것들마다
어찌 모두 이런지

오늘은 별빛조차
멀고 어둡다

김 환 생
월간순수문학 시 등단(1997년)
시집: 만경강(萬頃江), 노송(老松)
수상: 미주지회문학상, 대한민국을 빛낸 인물대상 문학대상, 샘터문학상 본상 특별작품상, 한용운문학상 중견부문 특별작품상, 대한민국중견시인시선집 우수상
흙동인 회장(전), 순천매산여자고등학교장(전), 전주기전중학교장(전), 전주기전여자고등학교장(전), 석정문학관 사무국장(전), 전주문인협회 사무국장(전), 전주문인협회 부회장(전), (사)샘문그룹 자문위원(현)

노을 진 해변에서 외 1편

민 병 재

갈매기도 잠이 든 고요한 바닷가
한나절 고기 잡던 어부들도 가버린
텅 빈 조각배만 부서지는 파도에
출렁이며 출렁이며 야무지게 춤을 춘다

이 평화로운 노을 진 해변에서
멀리 깜박이는 등대를 바라보며
그대와 둘이서 새벽이 올 때까지
정겨운 이야기 끝없이 하고파라

모랫속의 조개들도 잠이 깨어
사랑의 교향곡을 선사하는데
노을 진 해변에 먹구름이 짙어가도
우리들의 이야기는 끝이 없어라

노을 진 라인강에서

민 병 재

고요한 라인강의 저녁
한나절 메기 잡던 낚시꾼도 짐을 꾸리고
오리떼도 잠자러 갈대밭 둥지를 찾는다

오늘따라 라인 강물은
예사치 않게 잔잔히 흐른다
이 고요 속에 저 애끓는 태양을 보라!

떠나는 마지막 순간에도
아무런 불평도 투정도 없이
조용히 온갖 사랑의 열정을 쏟으며
강물을 포옹한다

그 뜨거운 열정에 못 이겨
강물은 저항 없이 태양에 빨려 들고
강물과 태양은 하나가 되어
이별의 교향곡을 노래 부른다

나는 이 아름다운 라인강의
고요한 저녁이 좋아
버드나무 밑 벤치에 앉아
입을 열고 감탄을 금치 못한다

아! 아름다운
라인강의 고요한 저녁

민 병 재

아호 : 수아粹娥
시인, 수필가, 소설가
경기도 이천시 출생
경기도 이천, 광주보건소 결핵 관리원
파독 간호사 근무
°Paracelsus Naturheilpraktiker Schule Karlsruhe Germany(자연 의학 전공)
독일 칼스루에 시립병원 40년 재직
재독 칼스루에 시 한인회 회장 역임
재독 칼수루에 시 한인회 자문위원
재독 한국문인협회 부회장 역임
(사)샘문학(구,샘터문학) 자문위원
(사)샘문그룹문인협회 자문위원
(사)한용운문학 회원
(주)한국문학 회원
<수상>
문예사조 신인상 시 등단
문예사조 신인상 수필 등단
문예사조 신인상 소설 등단
샘터문학상 소설 최우수상
<저서/시집>
°라인강의 하늘을 나는 새야
(한글어판/독일어판)
<공저>
재독한국문학 제6호 외 다수

긴 여름밤 외 1편

유 호 근

담장 밑 작은 화단 경계석 대신 회양목 몇 그루가 서있다
해거름 길고양이 걸음으로 슬금슬금 땅거미가 내려앉으면
호미질에 바빴던 어머님의 손이 펌프 냉찜질로 잠시 쉬어간다

어둑어둑 마당가 길게 누운 툇마루에
빗질 안된 당신의 머리카락처럼 퍼지는
모깃불이 하루 고단함을 태우듯
메캐하게 돌아눕는다

툇마루에 구부리고 누운 초저녁
꺼지지 않는 불기둥이 밤을 밝히는
남쪽 먼 대처에서 밥벌이 하는 아들이 무척 그립다

뒷산 밤나무 알밤이 툭^ 툭^ 떨어지면
애비 닮은 손주 앞세우고 오려나
마당가 대추가 불그레 달아오르면 그제서야 올까

매일 괜한 기다림으로 허기진 가슴은
오늘도 텅텅 빈집이 되고
오랫동안 방에 들어가지 못하는
어머님의 눈가에 쏙 모깃불 매운 눈물이 흐른다

봄 밤, 그대의 별이 되어

유호근

사랑은 소리 없이 찾아드는
봄 밤의 아찔한 추락이다

보이지 않고 들리지도 않는
그대의 몸짓 따라 일렁이는 물결이 된다

잔 물결이 되어 흐르다
그대의 손길에 빛나는 윤슬이 된다

사랑은 비로소 눈 뜨이고 가슴 열려
한 곳을 바라다보며
그대 가슴에 별이 되어 빛난다

잠든 밤에도 그대의 별이 되어
밤하늘 총총히 지키는 일이다

사랑은 처음이자 마지막이다가
꿈같이 아득하고 그 전부이다가
한순간 흩어지는 구름처럼
아무것도 아닌 것이 되는 일이다

마침내 아무것도 아닌 것이 되어

봄 밤, 그대 행여 부를 있을까
창을 열어 놓는 일이다

유 호 근

강원도 영월군 출생
전라남도 광양시 거주
충남대학교 법학과 졸업
한국도로공사서비스(주) 재직중
시와이야기 회원
세계문학예술 회원
(사)샘문학(구,샘터문학) 이사
(사)문학그룹샘문 이사
(사)문학그룹샘문 이사
(사)한용운문학 회원
(주)한국문학 회원
<수상>
2021 시학과시 시 등단
2021 시학과시 신인문학상
2021 세계예술문학 신인문학상
2023 샘문뉴스 신춘문예 당선
2023 샘문학 샘문학상 우수상
<시집>
나는 돌 너는 별(2022.05)

만선滿船 외 1편

이 동 현

한평생 잊지 못할
하얀 그 이름 하나
붉은 가슴에 품고 산다는 건
가난한 고깃배의 삶을
사는 것이지

동녘이 어슴푸레 눈 비비며 일어날 즈음
먼 바다로 나가서
낚싯줄을 내리고 그물을 치고
거친 풍랑과 싸우며
긴긴 기다림의 시간을 넘는 것이지

한 번쯤 운이 좋아
만선滿船의 기쁨도 있어야 하는데
돌아올 때는
언제나 빈 배

서산에 붉은 노을이 아름다울 때
지독한 그리움만 늘 만선

입추入秋

이 동 현

흔들리는 매미소리에
슬그머니 여름은 간다

반짝이는 은하수는 멀어지고
귀뚜라미는 아랫목에서 운다

햇살 한 줌 더 쥐어 주면
파란 사과도 빨갛게 물들고

은은한 달빛 아래에
토실토실 밤도 굵어간다

새파란 청춘이 엊그제 같은데
어느 덧 머리에 흰 서리는 내리고

석양에 하늘이 붉게 익듯
인생도 그렇게 물들어 간다

이 가을 다 가기 전에
그대 가슴 붉게 물들이는
시詩가 되고 싶다

가을 첫날
그리운 이름 가만히 불러본다

이 동 현

직업 : 농부
구미대학교 졸업
구미시 공무원 재직(역)
도개초등학교 운영위원장 재직
농촌마을종합개발사업 사무국장 재직
(시)샘문학(구,샘터문학) 이사
(시)샘문그룹문인협회 운영위원
(시)샘문뉴스 회원
(사)한용운문학 회원
(주)한국문학 회원
이정록문학관 회원
샘문시선 회원
<수상>
2020 신춘문예 샘문학상 신인상
2021 신춘문예 샘문학상 시 우수상
2021 한용운문학상 수필 신인상
2022 한용운문학상 시 우수상
2023 신춘문예 샘문학상 최우수상
<공저>
나 그렇게 당신을 사랑합니다
추야몽 秋夜夢
태초의 세벽처럼 아름다운 사랑 외 다수
<샘문시선>

균열 없는 지진 외 1편

이 순 옥

몇 번이나 가면을 바꿔 썼을까
어떤 얼굴은 거짓이고
어떤 얼굴은 진실일 터
어쩌면 거짓에도 진실의 파편이 섞이고
진실에도 거짓의 얼룩이 묻었을지 모를 일이다

호기심은 사그라드는 법이 없고
거추장스럽다고 치워둔 감정까지 끌어와서
굉음으로 난동을 부리기도
외려 몸집을 부풀려 낯선 감각을 들쑤신다

내가 창조한 반짝임이 하나둘 꺼져가는 위기에
싹텄을지도 모를 믿음 하나
잠시 보드라워진 눈빛 하나
언제 다시 일어날지 모르는 용기 하나

망설임이 선택의 기점을 만났을 때
켜켜이 묵혀둔 비밀의 끝자락을 들춰내
아찔한 현기증이 일지라도
어쩌면 양심이란 녀석이 걸림돌이 되지 않으려면

아무것도 아닌 무언가

이 순 옥

그날을 그 기억을
그 상처를 자꾸만 상기시키는
꼭 그 연민의 크기만큼 지켜왔다

원하기 전에 이미 모든 것이 갖추어져 있었다
더할 나위가 없었으므로 내게 갈망은
먼 세상의 관념이었다
나뭇잎 사이를 지나온 햇빛의 무늬도
느릿한 리듬으로 여름 길 위를 어른거림이
당연한 것처럼

사랑에도 빛과 그림자가 있어
더 많이 사랑하는 쪽으로 그림자가 드리운다면
기꺼이 그편에 설 터였다
행복은 빛 속에 있으므로

혼자 맞이하는 여름은 언제나 짧았다
얼마 지나지 않아
여름의 끝을 예감하는 서늘함이 닥쳐오고
거짓말처럼 계절은 각도를 바꿀 것이다
적막한 허무의 세상처럼 아무것도 없는
아무것도 아닌 그저 그뿐인 곳

내게 남는 것은
장미가 피어도 네가 없는 계절
이토록 완벽한 내 세상의 균열

이 순 옥

아호 : 월영
경기도 광주시 거주
한국문인협회 회원
월간모던포엠 경기지회장
한국문학예술인협회 부회장
착각의시학 회원, 시와늪 회원
현대문학사조 회원
(사)샘문학(구,샘터문학) 자문위원
(사)샘문그룹문인협회 자문위원
(사)문학그룹샘문 자문위원
(사)한용운문학 회원
(주)한국문학 회원
<수상>
2004 모던포엠 시 등단
매헌문학상 본상
모던포엠문학상 본상
2021 샘터문학상 최우수상
2021 윤동주별문학상
2021 세종문예상
2021 지훈문학상 최우수상
2021 한용운문학상 우수상(계관)
2021 서울예술인상
2022 한석봉문학상
<저서>
월영가, 하월가, 상월가
행복의 레시피

샐리의 법칙을 가진 사랑 외 1편

인 정 희

하늘 아래 혼자라고 느껴질 때
세상 사람 모두가
흰 구름처럼 흘러 가려할 때
지치고 힘들어 누워 잠들 때
이슬처럼 눈망울로 젖어오는 그대
봄바람처럼 따스하게 하고 싶은대로
바라봐 주고 좋아해주는 고운 내 사랑아

나의 씨앗을 말하면
싹이 텄는지 봄의 희망을 알려주던
여름의 폭염을 아지랑이로 닺이하는 계절처럼 예쁜 내 사랑아

나의 힘겨운 삶 절대로 포기하지 않게
사랑 심어준 불굴의 화신으로 살아가는
내 숨결 속에
거듭나고 미소 짓게 하는 나 사랑아

나 하나 만남으로 웃음 지으며
눈물 흘려 감성의 조각을 꺼어나게 하여
도와주고 싶은 꿈결 같은 내 사랑아

그 사랑 운명으로 내가 선택하게 만든 길을
오랫동안 닦으며 살아온 당신은 사랑이라는 것은
기다림 속에 영그는 행복을 알게 해준 내 사랑아

글록시니아

인 정 희

보라빛 장미를 닮은 글록시니아
가구 몇 개 옮겨 놓아도 새로운 삶을 살아가는 것만 같은데
새로운 곳으로 떠난다는 것은
집 전체를 들어 옮겨 놓는 것과 같아

화분 몇 개에 물을 나누어 주고 성능 좋은 스피커로 음악을 듣고
너무나 잘 들려서 볼륨을 낮추어야 해

조용한 산소가 다가와 신선하게
생동감 있게 숨 쉬는 상큼한 오후
커져만 가는 그리움
사랑은 재미로 하는 것이 아니야

널 사랑하다가 찢겨진 심장이 아물어 갈 때
너를 부르지 않아도 의식을 차리고 사는 날 이정도면 좋겠어 너를 사랑하다가 외로워해도
내 안의 공기 주머니에 네가 있기에

무게감으로 다가와 오랜 시간 남은 기척을
완전히 내 남자라는 확신으로 내 사랑의 어록으로
평생을 뒤 흔들어 놓을 소재가 있었으면 해

인 정 희

경기도 부천시 거주
샘문예술대학교 시낭송학과 수료
대림대학교 시낭송지도자과정 수료
(사)도서출판샘문 부주간
(사)샘문그룹문인협회 이사
(사)문학그룹샘문 이사
(사)샘문뉴스 회원
(사)한용운문학 회원
(주)한국문학 회원
<수상>
샘터문학상 신춘문예 대상(본상)
샘터문학상 우수상(본상)
윤동주별문학상
UN NGO문학대상
샘터문학상 시 등단
<시집>
꿈이 있어 행복합니다
코딱지 삼 형제
<공저>
나, 그렇게 당신을 사랑합니다 외 다수
(샘문시선)

신앙의 56도 외 1편

임 청 화

앵무새를 키우면서 금수의 오륙도를 생각합니다
한 쌍이 살다가 원망을 하고 죽으니
다른 한 쌍이 춘향이처럼 죽는 모습을 보여줍니다
이듬해 다시 한 쌍이 짝을 이루어 새끼를 낳았습니다
죽은 새끼로 인해 아픈 마음이 다 가기도 전에 말입니다
우리 인생도 마찬가지입니다
신앙의 오륙도를 생각해 봅니다

오직 성경이 우리 인생에 회개를 가르쳐줍니다
오직 믿음으로만 부흥할 수 있습니다
오직 은혜로만 개혁이 가능합니다
오직 그리스도로만 화해 능력을 발휘합니다
하나님께 영광을 돌리려면 조정을 해야 합니다
여기까지가 신앙의 오도입니다

그러나 K-Classic 전도사로서
오직 성령으로 서로 사랑을 하게 되면
사랑의 빚을 탕감할 수 있습니다
이제 내 나이 되어 뒤돌아보니
내 가정 안에 앵무 가족이 또 있으니
가족을 감사하는 날들 속에 바로 보면
신앙의 56도가 완성이 되는 것이지요

신앙의 7전 8기

임 청 화

신앙 운동은 회개 운동을 통해서만 가능합니다, 회개합시다
신학회복 운동은 부흥 운동을 통해서만 가능합니다, 부흥합시다
회개용서 운동은 개혁 운동을 통해서만 가능합니다, 개혁합시다
영적생명 운동은 화해 운동을 통해서만 가능합니다, 화해합시다
하나님 나라 운동은 구조조정 운동을 통해서만 가능합니다,
구조조정합시다
나눔 운동은 빚의 탕감을 통해서만 가능합니다, 탕감합시다
기도성령 운동은 굴기 운동을 통해서만 가능합니다, 굴기합시다
천국 운동은 보상을 통해서만 가능합니다,
보상을 받읍시다

이제 K-Classic 전도사로서 앞길을 보니
먹구름 속에 무지개가 보이니
교회를 기억하는 날들 속에 바로 보면
신앙의 7전 8기가 완성이 되는 것이지요

임 청 화

백석대학교 문화예술학부 교수
K클래식운영위원회 예술총감독
홍난파가곡제 예술총감독
(사)건국대통령기념사업회
　　-- 이사&문화예술위원장
(사)문학그룹샘문 자문위원
(사)샘문그룹문인협회 자문위원
(사)샘문학(구,샘터문학) 자문위원
(사)한용운문학 회원
(주)한국문학 회원

<학력&공연>
숙명여대 음악대학 성악과 졸업
네덜란드 왕립음악원 최고학부
- 전문연주자과정 수석졸업(한국인1호)
- 同음악원 오페라과 졸업
오스트리아비엔나 황금홀 2회 초청 초연
(그리운금강산, 두물머리아리랑)
카네기홀 초청 독창회 개최
국내외 27회 독창회 개최
2천회 이상 국내외 협연 개최

<인증&등재>
대한민국명인 인증
新現代史人物 등재

<수상>
대한민국대상 수상
전문인선교대상 수상
네덜란드 국제콩쿨로얄콘서트 Award상
대한민국문화연예대상 수상
자랑스런대한민국시민대상 수상
대한민국33인민족지도자 리더대상 수상
미국 한인이주120주년 기념
Appreciation Award 外 다수 수상

<CD, 앨범>
한국가곡독집앨범 15집 발매

행복은 어디에서 오는가? 외 1편

전 경 호

행복은 어디에서 올까요
철학자 칸트는 행복의 세 가지 조건에 대하여 이렇게 말했다
"첫째 할 일이 있고,
둘째 사랑한 사람이 있고,
셋째 희망이 있다면
그 사람은 지금 행복한 사람이다' 라고

우리가 행복하지 않은 것은
내가 가지고 있는 것을 감사하기보다
내가 가지고 있지 않은 걸
탐내기 때문이라고 한다

행복하고 싶다면 내가 갖고 있는 것들과
주변에 있는 것들을 아끼고 사랑하라
남이 행복하게 만들어 주길 기다리지 말자
스스로 행복을 느끼고 행복을 만들어 가면
주변에 행복 바이러스를 퍼뜨리는 것이다

행복의 씨앗을 내 스스로 만들자
행복이란 향수와 같다
자신에게 먼저 뿌리지 않고서는
남에게 향기를 줄 수 없다

멋진 사람보다는 따뜻한 사람이 되라
멋진 사람은 눈을 즐겁게 하고
따뜻한 사람은 마음을 데워 준다

잘난 사람보다는 진실한 사람이 되자
잘난 사람은 피하고 싶어지지만
진실한 사람은 곁에 두고 싶어한다
대단한 사람보다는 좋은 사람이 되자
대단한 사람은 부담스럽지만
좋은 사람은 행복을 준다

아버지 사랑합니다

전 경 호

높지 않지만 그늘 만은 없고
곧지 않지만 틀림없이 옳고
화려하지 않지만 한결같이 푸른
소나무를 닮은 아버지

그 누구보다 성실하고 묵묵히
일하며 흘리신 땀과 눈물은
짐작조차 할 수 없습니다

한결같이 사랑으로 가족을 위해
헌신하신 아버지의 그 마음을
평생 기억하겠습니다
감사합니다

우리 가족의 든든한 버팀목인
아버지 사랑합니다
아버지 존경합니다

전 경 호

아호 : 큰송, 대산
건축업 대표(현), 군무원 3급(역)
샘터문예대학 시창작학과 수료, (사)문학그룹샘쿤 부이사장, (사)샘문그룹 문인협회 부회장, (사)샘문뉴스 회원, (사)한용운문학 회원, (주)한국문학 회원, 샘문시선 회원, 이정록문학관 회원
<수상>
샘터문학상 최우수상(본상), 샘터문학상 시 등단 국회의원 표창, 서울시의회 의장 표창, 강동경찰서장 표창
<공저>
바람을 연모하는 꽃 외 다수
<샘문시선>

커피숲에서 당신을 기다리며 외 1편

정 희 오

커피숲 창밖을 내다보면
백 날 쯤 된 네 그림자는 역시 보이지 않고
그저 비가 울컥울컥 내리는 걸 볼 수 있어요
그리고 머리속엔 너와의 추억이 번져있죠

한 잔의 식은 커피에 서러움이 젖어들고
네가 보고 싶어서 잠시 눈을 감아요
이 세상 어디에도 너와 같은 사람은 없겠죠
내 마음속 깊숙한 곳에
너는 영원히 살아있음을 알아요

나는 이 비를 너의 눈물로 생각해 보고
슬픔이 내릴 때는 너를 그리며 울어봅니다
내일은 또 다른 아픔이 시작되겠죠
우리가 이별하던 그 날처럼 말이죠

지금은 그대를 떠올리며 살아가요
이 비가 그치고 나면 너를 다시 만날 수 있을까요
함께 마셨던 이 커피로
마음이 여유로워질 때가 있죠
그때면 내 안에 있는 감정들이
그대 모습 속에서 춤을 추곤 해요

어쩌면 그게 인생에서 가장 아름다운
순간 중 하나인 것 같아요
하지만 때로는 슬픔도 찾아와요
그때면 나는 커피를 마시며
내 안의 슬픔을 삼키곤 해요
그렇지만 지금 이 순간이 끝나면
다시 슬픈 현실로 돌아가겠죠

삶을 사는 모든 순간에서
당신을 잊는다면 살아갈 수 있을까요
그래서 이시간 이후는
슬픔도 아픔도 그리움도 모든 생각들도
그저 나를 더 강하게 만드는
존재로 바라보려해요

커피 한 잔에 슬픈 감정들을 누르며
삶의 무게를 지우며
한 걸음씩 앞으로 나아가야겠어요

너의 뒤로 빛 바랜 갈대만 울먹인다

정 희 오

네가 떠나간 후로 나의 세상은 색이 바래졌다
그동안 함께한 추억들이 하나씩 떠올라 눈물이 고여왔다
너와 함께한 시간은 너무나 소중했는데
이젠 그 모든 것이 추억일 뿐이다

내가 너를 잃은 이유를 깨달았다
내가 너를 사랑하지 않았기 때문이었다
내가 더 많은 사랑과 관심을 보여주지 못했던 것이다
하지만 이젠 늦었다
네가 떠나간 후로야 비로소
내가 그리워하는 네 맘을 알게 되었다

너를 다시 만날 수 있다면
이번에는 내가 먼저 사랑을 표현할 것이다
하지만 그럴 수 없다면
네가 행복했으면 좋겠다는 바람 하나만 내게 남았다

네가 떠나간 이 뒤로
나는 늘 너를 그리워할 것이다
한 때는 네가 떠나간 이후로
나는 매일 너를 기다렸다

하지만 네 손길과 따스한 숨결은
늘 그리움에 젖어 있었다
내게 남은 건 네가 남긴 추억과
슬픈 한숨 뿐이었다

그렇게 나는 내 인생에서 너를 잃고
어둠과 외로움 속에서 살았다
하지만 그래도 너를 사랑했고
네가 내게 남긴 기억들은
언제나 내 마음 깊은 곳에 살아 숨 쉬었다

이제는 너를 만날 기회도 없고
내가 표현하지 못한 사랑도 돌이킬 수 없다
하지만 나는 늘 너를 사랑할 것이다
늘 너를 기억하며 네가 행복하길 바라며
네가 떠나간 이별의 아픔은
영원히 나의 가슴속에 살아 숨 쉬겠지만
이젠 너와 함께한 시간들에 대한 감사와
그 추억으로 나를 이끌어갈 강한 의지가 남겨져있다

이별은 아픔으로 끝나는 것이 아니라
행복했던 추억으로 채워지는 것임을 깨달았다
이제 나는 이별을 받아들일 준비가 되어있다
하지만 네가 다시 돌아올 수 있다면
난 언제든지 너를 기다릴 것이다

정 희 오

아호 : 남계南溪
경상북도 영천시 출생
대구광역시 달서구 거주
(사)샘문학(구,샘터문학) 이사
(사)문학그룹샘문 이사
(사)샘문그룹문인협회 이사
(사)한용운문학 회원
(주)한국문학 회원
(사)샘문뉴스 기자
(사)도서출판샘문(샘문시선) 회원
이정록문학관 회원
샘문시선 회원
<수상>
한용운문학상 최우수상(시조/중견)
한용운문학상 시조 등단
신춘문에 샘문학상 시 등단
<시집>
나의 레나를 위하여
<공저>
리라꽃 그늘 아래서 외 다수
나 그렇게 당신을 사랑합니다
추야몽秋夜夢
(샘문시선)

한국문학 창간

초대석
시조

겸암정사謙菴精舍 외 1편

김 동 철

깎아 세운 부용대芙蓉臺에
실안개 사라지고
더 넓은 금 모래펄 은물결 찰랑대니
비탈길 지나는 길손
풀 내 가득 취하네

세상 욕심 버리고서
의존한 하늘 이치
자연 속 학문 몰두 스스로 수양하니
꽉 차도 텅 빈 것처럼
어진 선비 뉘런가

신의로 강론하신
단출한 은둔 학당
후학들 삶의 도리 겸허가 근본이니
스스로 몸을 낮추신
참된 스승 먼저라

내 몸을 낮추어서
중용의 덕 실천하고
높은 뜻 받들면서 옛 자취 찾은 기쁨
선현들 베푸신 은애
안빈낙도安貧樂道 즐긴다

시조

초여름

김 동 철

남산에 비 지나가고
개인 햇살 비추니
메아리 소리 귀에 크게
뻐꾹 소리 길어지니

산딸기 곳곳마다
짙게 무르익어
코를 찌르는 달콤한 향기에
꿀벌은 빙빙 돌며 날고

석류 꽃 터질 듯 붉어
정취도 고운데
장미꽃 무성한 줄기는
담을 넘으려 하니

등나무 그늘 좋아서
더위 피하며
구슬발 걸어서
맑은 바람 들인다

初夏초하
南山雨過曄晴陽 남산우과엽청양

聒耳回聲布穀長 괄이회성포곡장
到處山莓濃爛熟 도처산매농난숙
甘香撲鼻蜜蜂翔 감향박비밀봉상
榴花綻絳姸情趣 류화탄강연정취
薔薇多莖欲越牆 장미다경욕월장
愛好藤陰避早暑 애호등음피조서
珠簾旣掛納清涼 주렴기괘납청량

김 동 철

아호 : 미서
경북 경주시 출생
한국방송통신대학 행정학과 졸업
한국문학작가 시 등단
다선문학 시조 등단
한시 시조집 『보고파 그리운 정』
한시집 『꽃잎은 나비처럼』
공저 『리라꽃 그늘 아래서』 외 다수 대한민국독도문화제 공모전 우수상
샘터문학상 우수상
한용운문학상 중견부문 최우수상
샘문예술대학 시조창작과 조교수
(사)문학그룹샘문 이사

강릉 바닷가 외 1편

송영기

바닷가 사는 사람 늘 보는 바다인데
서울서 바삐 살다 오랜만에 강릉 와서
소나무 푸른 숲 너머 물결치는 바다 보네

한적한 바닷가에 바람은 잔잔하고
바쁘게 사진 찍는 함께 온 문학동인
갈매기 없는 백사장 흰 구름이 갈매기

망망한 수평선은 하늘 닿아 아득한데
창밖에 동해 바다 파도는 밀려 오고
옆 사람 잔 부딪치고 농담하며 웃었네

초파일 연등

송 영 기

부처님 오신 날은 일년 중 좋은 계절
해마다 훈풍 불어 가슴 들뜬 날이지만
올해는 이 축제날에 하늘에서 비 주네

신심을 일으켜서 해마다 가는 절에
대웅전 삼존불의 초탈함에 의지하여
삼배 후 감았던 눈 떠 다시보니 광채가

스님의 염불 독경 막힌 가슴 뚫어 주고
징소리 종소리에 부처님 큰 귀 열어
불자들 가족 이름을 빠짐없이 다 듣네

법당 안 천장 가득 걸어 놓은 연등마다
중생의 세속 이름 적은 명지 수북한데
미소 띈 부처님 얼굴 묵언하고 계시네

정구업 진언 읽어 때묻은 입 맑게 씻고
스님은 새벽부터 염불하여 목이 쉰듯
엎드려 세번 절하고 성불하라 인사해

※※※
註 : 淨口業眞言 (정구업진언)

송 영 기

아호 : 도운都雲, 유산楡山
와이케이 쉬핑(주) 대표이사 글로벌뉴스통신 기자
한국문인협회 회원, 현대시인협회 회원 영동문협 회원, 강북문협 부회장
한국문예작가회 부회장
<수상>
좋은문학회 신인문학상
신춘문에 샘문학상 시조 등단
샘문학상 수필 최우수상
샘문학상 시조부문 대상
신문에 본상, 한국문예기행문학상
한국문예 시조 대상, 천등문학상 본상
한용운문학상 시조부문 우수상(중견)
<저서>
시조집 『중천 높이 걸린 저 달』

그 옛적 보따리 장사 외 1편

오 순 덕

등뒤에 무거운짐 등짝이 무너지듯
사는 길 고닮품에 사연도 업고갔네
긴 터널 한숨 지면서 고갯길을 넘더라

동여맨 허리띠로 수십 리 밭길 걷고
양팔의 무거운 짐 가파른 고뇌의 길
희망의 꿈을 안고서 생의 자국 남겼다

자식들 희망의 꿈 부모 맘 고진감래
세월을 달래면서 사랑을 실고 갔네
긴 세월 발걸음마다 아침 햇살 뜨더라

풍월에 걸맞추며 세월을 안고가듯
희망의 발걸음이 축복의 발길됐네
성공의 다리가 되어 형통한 길 열렸다

옛 시골 장터

오 순 덕

오일장 시골장터 십리 길 멀지않고
꼴망태 짊어진 짐 장터에 벌려놓고
온지역 낯익혀가며 장나드리 하였다

노친들 김을 매서 장터에 꽈리 틀고
시장길 만난 사람 억수로 반기는 맘
한움큼 더 깊은 정에 다음 장을 기렸다

긴 세월 바람 재며 오가던 짊어진 정
고달픈 아낙네의 애환을 달래주듯
세월에 젖은 가슴은 물래잣듯 하더라

수십 리 자갈길이 온종일 뙤약볕에
짊어진 보따리가 장대비 적시어도
돌아가는 발걸음마다 사랑쌓는 길였다

오 순 덕

미합중국 거주
시인, 시조시인, 수필가
문학선교시인, 재미작가
한성신학교 신학대학 졸업
한성신학대학 부설 유치원장(역)
한국시단 편집위원
세계선교문학 회원
(사)문학그룹샘문 자문위원
(사)샘문그룹문인협회 자문위원
(사)샘문학(구,샘터문학) 자문위원
(사)한용운문학 회원
(주)한국문학 회원
이정록문학관 회원
샘문시선 회원
<수상>
샘문뉴스 신춘문예 당선(시조)
샘문학상 시조부문 우수상
별빛문학 시조 등단
별빛문학 이계절의 상 수상
한용운문학 시조 초대석
<작사>
찬송가 영성가곡 외 다수

시조

인공지능 로봇 외 2편

표시은

칩속에 빅데이터 다양한 감성 학습
가슴 속 꿈을 품고 출현한 다법사여
인류의 바다 헤치며 탐색하는 개척자

지성과 감성들을 모두 다 갖추고서
인간의 모습으로 다가온 인공지능
새로운 미래 펼칠자 우리들의 친구여

선한 자 보조자로 인류애 가득 펼쳐
온 세상 꽃 피워서 너와 나 하나 되어
고운 빛 밝은 빛 되어 좋은 인류 만들자

존재의 영적 여행

표 시 은

무한한 우주 공간 넘어선 영적 시간
나 홀로 항해하는 자유의 시공 여행
영혼의 울림 되어서 타오르는 자화상

저 속에 혼돈하는 빛들과 어둠 물질
초월한 존재되어 은하계 품속 여행
영혼의 존재되어서 하나 되는 깨달음

우주를 여행하며 시공간 타고 놀고
존재에 흔적 남긴 내 맘 속 내안의 나
영적인 사명 깨닫는 길고 머언 여행길

인공로봇과의 대화

표 시 은

오늘은 단 둘이서 로봇과 대화시간
언어의 장벽들을 넘어선 새 친구어
틀 안에 또 존재하는 또 하나의 생명체

영롱한 네오처럼 미래를 예측하는
새로운 생명체와 대화를 하는 시간
맘 속에 다가와서는 신기루로 남누나

표시은

시인, 교수, 시낭송가, 동화구연가
부산광역시 출생
부산광역시 연제구 거주
우봉한우리갤러리 관장(역)
알로이시오50년사 공동집필위원(역)
사르피나뷰티센터 대표
시와수필 부회장
이정록문학관 관장
(사)문학그룹샘은 감사
(사)샘문그룹문인협회 재무이사
(사)샘문학(구,쌘터문학) 재무이사
(사)한용운문학 운영위원
(주)한국문학 감사
(사)도서出판샘문(샘둔시선) 편집위원
(사)샘문뉴스 취재부 기자
(사)샘문예술대학 시낭송학과 조교수
(사)샘문예술대학 동화구연학과 교수
<수료>
샘문평교원 샘문대학 시낭송학과 3회
샘문평교원 샘문대학 시창작과 7회
샘문평교원 샘문대학 시조학과 2회
부산대학교 시낭송지도자과정 2회
부산대학교 동화구연과정 2회
<수상>
한용운문학상 우수상(동시조/2022)
한용운신인문학상 평론 등단(2021)
샘문학상 본상 최우수상(시/2020)
시와수필 시 등단(2018)
샘문학상 시 재등단(2019)
샘문학상 시조 등단(2020)
샘문학상 수필 등단(2020)
샘문학상 동시 등단(2020)
샘문학상 동시조 등단(2021)
샘문학상 동화 등단(2022)
한국문학신문 사장상(2022)
한용운전국시낭승대회 장려상(2021)
한용운전국시낭승대회 우수상(2022)
<공저>
리라꽃 그늘 아래서 외 다수
추야몽 秋夜夢
나 그렇게 당신을 사랑합니다
<샘문시선>

한국문학상 특집
사/회/칼/럼

횡설수설 논평

사회칼럼/ 이 정 록

　인도의 시성 타고르가 한국을 두고 "조용한 아침의 나라, 동방의 등불"이라고 말한 것은 지나간 옛 일이다. 소설 대지의 저자 펄벅 여사가 "한국 사람들은 정이 넘치는 서정적인 사람들"이라 평가한 것도 이제 물 건너갔다.
　무질서와 이기심, 무례와 폭력, 사기와 조작, 거짓말이 넘쳐 흐르는 3류 국가가 돼가는 것 같아 안타깝다. 국민들이 남을 음해하고 속이는 전문가가 돼가는 것 같다. 일 년에 한국에서 무고죄로 고발되는 건 수가 일본에 비해 인구 수를 감안하면 무려 500배가 넘는다고 한다. 보이스피싱 피해도 아시아에서 가장 많다고 한다. 잘 속이니 또 잘 속는 것이다.
　이게 조용한 아침의 나라이고, 서정적인 나라인가? 품격과 질서가 있는가? 세계 경제 대국 10위권의 경제 강국이라느니, BTS, K-pop, K-음식, 문화 등을 말하고 있으니, 교만에 빠져 전부 간뎅이가 부은 것인가? 품격은 쓰레기 수준이라고 하면 지나친 말인가?
　세계에서 '욕'이 가장 발달된 나라가 한국이라고 한다. 돈 벌기 위해 한국에 오는 외국인 근로자가 한국에서 가장 먼저 배우는 말이 욕이라고 한다. 전철, 버스, 길거리에 지나다니는 중,고생들의 대화에는 욕이 안 들어가면 말이 안된다. MZ세대니 Z세대, 밀레니엄 세대, AI세대라고 어른과 부모인 에미, 애비가 자식들 훈육을 포기했는가?
　그러니 짐승 같은 폭력의 나라가 돼가는 것이다. 전부 자기 자식들 귀한 줄만 알지 그 자식들이 밖에서 어떤 짓거릴 하고 돌아다니고, 어떻게 평가를 받는 지는 모르고 있으니 얼마나 한심한가? 사랑과 훈육을 구분도 못하는 등신들인가? 그래서인지 군대도 이제 유치원이 됐다고 한다.

선진국이란 돈이 많고 적음이 아니라고 한다. 아무리 포장이 좋은 명품을 들고, 좋은 차를 타자 만, 의식과 내용물이 쓰레기면 포장에 관계없이 쓰레기다. 동남아 골프장에서 한국 사람들의 평가는 섹스광, 돈 자랑, 옷 자랑, 술 자랑하는 양아치 그룹이라고 평가 받는다고 한다. 그들은 한국 사람들을 평가할 때는 '추악한 한국인 'Ugly Korean'이라 한단다. 심지어 현지 교민들도 한국 사람들이 부끄럽고 창피스럽다고 한다.

지금 한국 사회에는 질서나 예의, 상대에 대한 배려는 없다. 전철이나 버스를 타 보라. 전철을 타자마자 빈자리를 찾는 사람들의 눈빛에는 살기가 느껴진다. 나이에 관계가 없다. 늙은이, 젊은이, 아이들, 남여 모두가 다 똑같다. 전철 칸에 임산부를 위한 핑크 빛 자리가 마련 돼 있다. 임산부들의 소리없는 고통과 피곤함을 덜어주고 배려하기 위해 마련한 자리다. 그 자리에 임신과 관계없는 할머니, 늙은 아주머니가 앉는다. 더욱 더 부끄러운 것은 남자 신사복을 입은 사내도 앉는다. 아무 생각이 없다. 이게 현재 우리다.

빗대서 그렇지만 일본의 경우는 출퇴근 시간의 콩나물 시루같은 전철에서도 임산부 좌석, 그 자리만은 늘 비어있다고 한다. 몸에 벤 것이다. 이게 질서고 배려고 선진이다. 생각해 보라. 미안한 말이지만 할로윈이 그렇게 죽음을 각오할 정도로 의미가 있는 일이던가?

제 정신을 가진 사람이라면 상황을 파악해서 "이것은 아니다." 하고 돌아서야 하는 것 아닌가? 아무리 10대, 20대라고 해도 나름의 판단과 절제가 있어야 한다. 지금 20대들은 단군이래 가장 똑똑하다는 세대가 아닌가? 우선 기분에 취하고, 요상한 노출 복장으로 귀신놀이에 빠져서 죽음도 불사한 것인가? 망자들을 두고 이런 소리를 하는 것은 좀 그렇지만, 그들에게 순간은 있었으나, 미래가 없어진 것이 정말 안타깝다.

2014년도에 세월호 해상 교통사고로 500여 명의 아이들을 죽게하고도 또 죽게 하는가? 도대체 대통령은 정부는 관료들은 담당 공무원들을 뭘 했단 말인가? 어느 기업이나 단체가 지방정부나 중앙정부가 공식적으로 주최한 것이나 주관한 것이 아닌 축제일 때는 곧 정부가 주최자이고 주관자이며 대통령과 주무장관이 책임지고 관리를 해야 하는 것이다.

누구를 원망하겠는가? 우리들의 수준이고, 자업자득인 것을 인정하는가? 또 곧 잊어버리고, 또 죽일 것인가? 정말 반성하고, 반성하고, 처절하게 반성하고, 국민이 각성해야 한다. 그렇지 못하면 대한민국은 순간은 있을지 모르지만 미래는 없다. 그중 특히 정치가 바뀌어야 한다. 정치꾼들에게는 국가, 국민, 미래는 없다. 국민들을 대표 한다느니, 헌법기관이니 하며 온갖 교만을 다 부리는 그들은 오직 국회의원 한 번 더 해 먹겠다는 일념뿐이고, 갖은 궤변과 조작, 거짓말, 부정부패로 국민들을 선전선동하는 모리배 같은 정치꾼들이 나라를 오염시키고 있다.

거짓말을 밥 먹듯이 하고, 방금 한 말도 오리발 내밀고, 사기, 투기, 뇌물, 불륜 등의 온갖 추악한 저질 범죄에 해당하는 자, 선거 조작 등의 국기 문란의 범죄자가 대통령을 하고, 대통령 후보가 되고, 지도자란 이름으로 거들먹거리고, 시험 한 번 치지 않고 딸을 의사되게 하는 국립대 교수 나부랭이들이 혹세무민하며 국민들의 정신을 오염시키고, 상대적 박탈감을 안겨주고 있다. 그래도 사과 한 마디 하지 않고 궤변만 늘어놓는다. 그러니 애들이 무얼 배우겠는가?

여기에다 방송, 언론, 사이비 언론 등이 배설하는 거짓말, 조작, 더러운 말들이 아이들의 영혼들을 더럽히고, 나라와 사회를 오염시키고 있으니, 나라와 국민들이 온전하게 되겠는가? 더욱 문제인 것은 이런 정치꾼들을 맹목적으로 지지하는 일부 국민들이 아직 있는 것을 보면, 대한민국은 진정 총체적 위기에 직면해 있다.

이제는 바뀌어야 한다. 혁명적인 국민 의식, 혁신운동이 국가 차원에서 대대적이고 획기적으로 전개 되어야 한다. 정말 변하지 않으면 또 죽고 죽이고, 내일이 없게 된다. 이제는 자각하고 혁신하고 성찰하고 초심으로 돌아가 우리의 정체성을 찾아야 될 때이다.

이 정 록
칼럼리스트

한국문학상 대상 수상작 시부문

망사리에 가득한 별 외 2편

강 소 이

하늘을 잃어본 사람은 안다
하늘이 얼마나 짜디짠지를
하얀 광목 물소중이 물적삼 입고
눈 내리는 거센 하늘 속으로
맨몸 내린다 깊이깊이

에머랄드빛 바다로 은빛 갈치잡이
그녀의 하늘은 하늘은 돌아오지 않고
밭에서 김매다 아기 낳고 사흘이어도
물때가 되면
에머랄드빛 하늘에 나비처럼 풍덩풍덩
몸을 내린다
그날도 그녀의 하늘 차고 시렸다
퉁퉁 부은 젖몸살 아물지 않은 자궁에
짜디짠 하늘이 스민다

하늘은 언제나 어둡고 캄캄하다
몇 초 숨 참으면 바위틈 하늘에 닥지닥지 문어, 전복, 소라,
불가사리의 별을 따서 망사리 채워야지
참았던 숨, 물 밖으로 호오이 호오이
숨비소리 파도 소리에 묻힌다

한쪽 어깨엔 밤하늘 만큼 무거운 망사리 지고
저쪽 어깨엔 애기구덕에 사흘 된
아기를 메고
짠물 따라 밤섬 범섬 새섬 이 섬 저 섬 망사리 채워갔지

바다 불새처럼 제주 바다에서 오늘은 대마도로
내일은 중국 칭따오 따리엔
모레는 러시아 블라디보스토크
바다 위에서 뽀얗던 얼굴엔 코래바람,
햇살에 구릿빛 주름 깊어가고
그녀의 망사리엔
잃어버린 하늘, 별들만 가득했지

※※※
망사리 : 해녀들이 물질하여 처취한 해산물을 넣는 망태기
※※※
물소중이 : 해녀가 바다 속에 들어갈 때 입는 하의
※※※
물적삼 : 해녀가 바다 속에 들어갈 때 입는 상의
※※※
숨비소리 : 해녀들이 물 밖으로 머리를 내밀며 참았던 숨 트해내는 소리
※※※
애기구덕 : 대나무로 만든 아기를 넣는 요람, 생후 3일~3서까지 구덕에 넣어 키운다.

비단잉어의 몸부림을

강소이

부용지 연못에 연잎으로 볼을 맞고 싶다
서동이 흘린 노랫가락에 덩실대던
백제 아이들처럼
뜻 모르는 노래를 지껄이듯이
그녀는 자신도 모르는 기도를 바친다
님의 제단에

고원의 헐벗은 나무들에게
애통하는 기도 소리에 장구 치며 손뼉 치며
언덕을 빙빙 돌았던 백제의 혼들이
여기 강림하셨을까
임이여!
폭풍처럼 통쾌한 답을 주소서

연잎 뒤에 붙은 방아깨비가 이슬을
먹었다지!
이슬방울은 부용지 연못에
보슬비로 내리는 백제의 혼이었다지!

선화공주의 고운 손등에 눈물 맺힐 때
연못에 비단잉어도 함께 팔딱였지
4m만 깊이 들어가도 얼지 않는다고 했다지
얼지 않는 물속에 비밀 움켜쥐고
비시시 웃고 있던 잉어의 비늘

햇살 아래 반짝였을 백제의 고혼孤魂
오늘, 여기 부용지 연못에서
천 년의 사랑을 넘어
무저갱으로 들어갔던 그녀의 혼과
그의 혼이 다시 살아나 춤을 추는 곳

저만치 가버렸던 발걸음 돌려
다시 기도의 밭을 떼는
어느 신부新婦의 옷자락
들으소서 임이시여,
들으소서 비단잉어의 몸부림을

연못에 팔딱이는 고요를 본다
천 년의 비밀을 본다

시법정경
— 詩法情景

강 소 이

신륵사 그림자가 사는 남한강
언 강물 뼈를 깨물다가
겨울새 한 마리 날아올랐다

하늘 아래서 봄 가을 오갔다,
그동안 깨진 사금파리처럼
소녀의 허기진 사랑, 시법詩法
신륵神勒 물그림자를
한성漢城 하늘에 올려 심는 일이었다

소녀의 집은 신륵사神勒寺 산문山門
분청사기터였다
도공 아버지는 흙짐 불 지고 두 손 모으며
물빛 찰진 분청사기 구웠지만
항상 굽은 등이 시렸다
시월 몇 닢 청잣빛 대숲 아래
어머니는 여윈 뺨으로 서 있었다

불 짐 짊어진 아버지와
지아비 붉은 등 바라보는 지어미의 여윈 가슴
가서 닿지 못하는 거리를 보다가

달밤이면 소녀는 남한강 물 숲에서
신륵사 그림자를 건져 올렸다

서릿발 이슬의 아침은
분청사기 깨뜨림부터였다
가끔 덜 식은 분청사기 밑바닥은
불의 혀처럼 뜨거웠다
깨어진 분청 사금파리에
소녀는 남한강 물을 담다가 손을 벨 때도 있었다
빨간 피가 강물에 풀리고
하얀 꽁지 물새가 날았다
구름이 신륵사 그림자 숨기던 날
길을 떠났다
소녀는

강소이

본명 : 강미경姜美炅
서울시 서대문구 거주
이화여대 국어국문학과 졸업, 이화여대 교육대학원 국어교육 전공
한국시문학문인회 이사, (사)한국현대시인협회 회원, (사)국제펜클럽한국본부 국제협력위원, 이화여대동창문인회 총무이사, 한국문인선교회 사무국장, (사)문학그룹섬문 회원, (사)샘문그룹문인협회 회원, (사)한용운문학 회원, (주)한국문학 회원, 샘문시선 회원

<수상>
월간시문학 시 등단, 서울문학 수필 등단
호국특별상(시부문), 현대시인협회 작품상(시부문), 충헌문학상 大賞(수필부문), 사상과문학 大賞(수필부문), 국민일보 신춘문예(시부문)

<시집>
「별의 계단」, 「철모와 꽃양산」(7쇄)
「새를 낳는 사람들」(2쇄) 「행복한 파종」
「바람의 눈동자」

<수필집>
「유적지, 그 100년의 이야기」
「독립운동가 숨을 간나다」 1,2,3

수상소감

　제1회 한국문학상 본상 대상의 영광을 주신 하나님께 이 모든 영광을 올립니다. 당선 소식을 듣고 하나님께 감사하다는 기도와 함께 기쁜 마음에 들떠서 그날은 새벽까지 잠을 이루지 못했습니다.
　저는 시를 사랑해서 대학에서 국어국문학(현대시)을 전공했습니다. 시를 읽고 시를 쓰는 일로 늘 행복했습니다. 시를 공부하고 시를 쓰면 쓸수록, 시 쓰기는 험난한 고도처럼 느껴지기도 했습니다. 개인의 서정을 읊는 데서 뛰어넘어, 누구나 공감하는 시를 써서 많은 이들의 감동을 얻는 일. 그리고 사회와 역사를 외면할 수 없는 게 시인의 사명이라는 책임감이 느껴지곤 했습니다.
　시의 본질과 詩史를 通史적으로 생각하며 18C, 19C 낭만주의나 고전주의 시에 머물러서도 안 될 일이며, 20C 모더니즘이나 포스트모더니즘도 뛰어넘는 시를 쓰고 싶었습니다. 더 좋은 시를 빚고 싶은 조바심으로 시어 하나하나의 선택에 고심하느라 새벽까지 잠 못 이뤘던 불면의 밤들, 시에 사로잡혀 시에 취한 광인처럼 시에 포로가 되어온 몇십 년의 시간들, 개인적인 서정시를 쓰기도 했지만, 여행지나 독립운동가들의 유적지에서 얻은 글감으로 여행기(수필)를 써서 시리즈로 3권의 수필집을 엮으면서, 詩想이 떠오르면 이미지로 형상화하여 시를 빚어오곤 했습니다. 이번에 응모한 시 세 편 모두 여행지에서 얻은 詩想입니다. '시법 정경'은 여주 신륵사를 여행하면서, '망사리에 가득한 별'은 제주 해녀박물관을 관람하고, 日帝에게 수탈당하던 해녀들의 애환과 일생이 마음 아파서 눈물 흘리며 쓴 시입니다. '비단잉어의 몸부림'은 부여 궁남지 연못에서 비단잉어들이 헤엄치는 것을 보며 선화공주와 서동이 떠올라서 쓴 시입니다.
　부족한 저의 졸시들을 뽑아 주신 것은, 더 좋은 시를 써서 시인의 사명을 다하라는 채찍으로 여기겠습니다. 제 삶과 문학의 스승님들, 존경하는 심사위원님들과 샘문그룹 이정록 회장님께 진심으로 감사의 마음을 올립니다.
　샘문 그룹의 건승과 무궁한 발전을 기도합니다.

詩人 姜笑耳 拜上

한국문학상「본상」
「최우수상」
수상작

한국문학상 최우수상 수상작 시부문

해녀의 노래 외 2편

김 애 숙

만개한 벚꽃이
하늘 문 열면
성난 파도는 온순해지고
바다는 푸르고 은밀한 언어로
그의 여인을 껴안는다

혈육이 어찌 자식뿐일까
징글징글하게 서러운 수십 년 동안
서로의 체온과 피와 울음을 나눈
바다와 떨어진 적이 없다
해조음과 과장된 물새들의 노래가
비 오는 날이면
자꾸만 몸에서 흘러나온다

테왁에 꿰어 맨 삶
닳고 닳도록
세월 발라먹고
파도 살라 먹고

저 윤슬처럼 죽음의 안쪽에서도
반짝이는 그 무엇이 있다는 건지
붉은 심장 쏟아 내는 해질녘은

날마다 죽음을 연습하는데

내가 나를 조문하듯
칠성판 등에 메고
서럽게 쪼아대는
처연한 몸짓으로

의혹과 궁금과 질문으로 살아가는
그 생과 사의 경계 지운
깊은 심연에서 끌어 올린
사랑의 흔적
망사리에 담길 때마다
수평선 가르는 저 숨비소리

못다 한 사랑
모래톱에 숨겨두고
가슴에 시리게 새겨 논 이야기
불 턱에 달궈 녹여내고 있다

겨울 향기

김 애 숙

파르라니
볕이 참 좋다
앙상하던 가지마다
삐죽이 돋아나는 설렘

계절의 창 넘나드는
젖은 이야기
봄바람 유혹에 흔들리며
슬그머니 봄의 품에 안긴다

시리게 안고 있던 너의 이름
햇살의 속살거림에 혼연히 사라져
손안에 쥔 아픈 눈물로 반짝이면
사르르 녹아내리는 눈꽃 편지

겨울 나무가 꼭꼭 눌러 쓴 독백
빈 찻잔 속에서 사위어 가고
망각에 새겨놓은 꽃의 전설
헤집어 읽을 수 없어도

결코 지워지지 않는 사랑 하나
손끝으로 다독다독
언제라도 여닫을 수 있는 곳에
말간 그리움 걸어둔다

오래된 화분

김 애 숙

이끼 낀 가슴 속에
한 생 저리게 품고
뒤란에 방치된 허무

자식 하나 없던 큰어머니는
해질녘 저무는 소리 가르랑거리는
요양원에서
석양의 마지막 체온 같은
숨을 붙들고 있다

계절이 몇 번 바뀌어도
큰어머니의 봄은 언제나 비껴가
푸른 멍 자국이 돌고
덜거덕거리는 틀니만
숨가쁘게 하루를 부여잡고 있어
안겨 오는 따스함조차 없다

뭉클함 느껴본 지가 언제인지
군데군데 핀 저승꽃이
거쳐 간 세월만 짐작하게 할 뿐

묵고 있는 요양원에 핀 꽃들도
모두 닮은 꼴
머무는 시간만이 곁을 지켜 준다

가슴팍에는 차마 지우지 못한
저마다의 이야기 새록새록
추억의 소리 윙윙거리지만

저 복도 끝에서
계절을 틀어막은 슬픔이
하얗게 질린 얼굴로 휘청거리며
길 떠나면 모두가
한 줌의 수의 같은 서러움 토해낸다

꽃 색은 지워졌지만
오늘도 큰어머니는
사시사철 지지 않는
마음의 꽃에서 피워 올린
그 향기로 마른 가슴 적시며
그리움의 씨 뿌려 다독거리고 있다

김 애 숙
광주광역시 남구 거주
한국방송대 국어국문학과 졸업, 광주광역시 남구청 근무
문학공간 회원, 아시아서석문학 회원, 강원시조문학 회원, (사)샘문학(구,
샘터문학) 운영위원, (사)문학그룹샘문 운영위원, (사)한용운문학 회원,
(주)한국문학 회원, 샘문시선 회원
<수상>
문학공간 시 등단
아시아서석문학 시 등단
강원시조 시조 등단
신춘문예 샘문학상 동시 등단
남명문학상/ 석정문학상
영남일보 달구벌 문예대전 수상
샘문학상 신인문학상(동시부문)
샘문학상 본상 우수상(시조부문)

수상소감

한국문학상 시부문 <최우수상> 수상 소식이
8월의 태양 만큼이나 뜨겁고 시원하게 다가왔습니다.
높게만 느껴지던 정상에 한발 다가선 것 같아
너무나 기쁘고 영광스럽습니다.

저의 작품을 선정해주신 심사위원님들의 노고에 깊이 감사드리며
이정록 회장님께도 감사의 말씀 올립니다.
더욱 실력을 갈고 닦아 보석처럼 빛나는 기詩,
아름다운 시를 쓰는 시인이 되도록 노력하겠습니다.

지도 교수님과 저의 사랑하는 가족들에게도 이 영광을 돌립니다.
고맙고 사랑하고 감사합니다.

2023. 08. 02.
시인 김애숙 드림

한국문학상 최우수상 수상작 시부문

바람을 기다리는 홀씨 외 2편

유 호 근

가슴 그득 돌덩이처럼
무거운 아픔

보내고 이토록 애태우는 것은
오지 않음을 알면서도
찔레꽃 보다 하얗게 피고 지는
그대 그리움일 터

일상이 지루한 시간을
간신히 딛고 서서
오월 푸르른 들꽃 사이에
눅눅한 시름을 풀어놓는다

낡고 거추장스러운 하루하루가
셀 수 없이 지나고
빛을 잃은 별빛이
내 곁을 스쳐지나가도

돌덩이 밑에 눌린 홀씨 하나
지긋이 받쳐 들고
고운 빗질하듯 어루만지며
그대 이름 부르며 기다리리라

행여 시린 가슴 함께 보듬고 일어서 줄
한 줄기 바람을 기다리리라
민들레 홀씨 날려줄 그 바람을

별이여

유호근

고요한 밤 어둠으로 시간을 잠재우듯이
낡은 창문을 흔들어대는 바람
당신이 있음을 알았습니다

가슴 털어낸 껍데기 하나
울음 삼킨 목메임으로 세상에서 밀려난
당신이 거기 있음을 보았습니다

듣고도 보지 않고
알면서도 눈 감은 적막寂寞
활활 타올라 하얀 재로 남는 가난한 사랑
말없이 지켜 내려 하는
당신 마음이 그곳에 있었습니다

늦은 시간까지
잠들지 못하는 그대라서
오늘 밤도 어둠의 틈을 비집고
나즈막히 이름을 불러 봅니다

해가 지고 어둠이 내린 강가에서
어지럼증 걸린 발걸음처럼
수많은 계절이 가고 오고
풀빛 스러져 누울 때

당신의 따스한 미소가 반짝이는 별빛으로 빛나고 있음을
늦게서야 알게 되었습니다

감귤

유호근

주렁주렁 새어 나오는
너의 향기가
달콤함으로 감싼
새콤한 미소를 폴폴 날리고 있다

푸른 바다 건너
흔들리며 어깨를 나누고 나서야
뭍에 오른 사이지만
뿔뿔이 흩어져도
전혀 혼자는 아니다

둥글둥글 얽은 얼굴로
세상에 나온 너를 쪼개어 보면
얇고 하얀 실핏줄에 싸인
고향집 동산에 걸린 초승달

입에 넣어 깨물기도 전에
서녘 하늘 곱게 물들인
주황빛 노을로 안겨온다

지나는 바람이
톡톡^

그 옛날 육적陸績의 옷섶을 매만진다

※※※
육적회귤陸績懷橘 : 어머니께 드릴 귤을 가슴에 품었다, 라는 효성이 지극함을 뜻하는 말

유호근
시인

수상소감

8월 1일! 기나긴 장마가 산하山河를 훑고 지나며 수많은 인명과 재산 피해를 냈던 7월이 지나가고 내리쬐는 햇볕이 모든 것을 뜨겁게 달구는 8월이 시작되었습니다.

곡식이 익어가고 과실이 숙성되는 8월 첫날 '2023년 한국문학상' 공모전에 응모한 시 3편이 '최우수상'에 선정되었다는 기쁜 소식을 접하게 되어 무한한 영광이라 생각합니다.

아직 배움도 얇고 미숙한 시인의 길을 가고 있는 저에게 격한 감동과 커다란 동기부여가 되는 의미 있는 상이라 생각합니다. 지금까지 해왔던 것처럼 간직하고픈 시간들을 솔직하게 펼치며 그리움의 대상과 끊임없이 소통하며 아팠던 기억들도 숨김없이 표현하여 한 단계 높이 승화 시키는 시詩 작업을 해 나가야겠습니다.

삼복더위 속에서도 졸고拙稿를 심사해 주신 이근배 심사위원장님, 손해일 부심사위원장님, 김소엽 부심사위원장님, 그리고 추천해 주신 이정록 이사장님께 머리 숙여 감사의 말씀 올립니다. 저의 사랑하는 가족들과 이 영광을 함께 합니다. 감사합니다.

2023년 8월 1일
광양에서 유호근 드림

한국문학상 최우수상 수상작 시부문

어머니의 바다 외 2편

이 창 수

어머니는 집이었고 밥이었다

어머니는 집을 메고 삶을 휴대하고 다닌다
어머니를 생각하면 못내 그리워
폐부 깊숙이 구멍이 뚫려 나가고
허전한 마음이 휑하여 밤이 깊울도록
켜로 쌓여 손길이 닿는 곳마다 흔적이 고여 있다
어머니는 한 번도
그녀 자신이었던 적이 없는
자기 자신의 몸을 던져 자식을 위하여
어떤 희생도 감수하면서
모든 걸 죄다 내주었다

삭풍에 살을 에듯 어머니의 곤고困苦한 삶에 고목이 들고
주름진 얼굴에 박제된 검버섯은
액자 소설처럼 파란 많은 생에 훈장처럼 꽃으로 피어났다

궂은 날씨엔 삭신이 쑤시고 옆구리가 시리고 팔다리가 저리어
뼈 마디마다 바람이 송송 들고

남모르게 흘리는 눈물이 흥건혀 두 눈에 괴어 바다가 되고
먼 산을 바라보는 어머니의 무거운 눈꺼풀이
힘겹게 세상을 들어 올린다

바다를 내놓은 고등어

이 창 수

모처럼 아내를 따라 시장에 갔다

바다를 버린 고등어는 지독한 고독과 처절한 고통의 차음遮音 속에
청맹과니처럼 멍하니 바다의 뼈를 물고 있다

고등어는 바다를 내놓고
여느 집 화롯불에 고염이 녹아 불꽃을 튀기며
적 쇳가락의 열반식에
침묵의 소리를 잡아 찢어 바람에 묻고 고등어의 영혼이 빠져나가는 순간
나는 바다를 먹고
바다는 울음을 시원하게 울지 못하고
꿀꺽꿀꺽 참으면서 느끼어 울었다

물결 없는 대지의 바다는
바람소리 소란스러워 귀를 막고
입 다물고 눈 감으며 하늘을 올려다보았다

※※※
차음遮音 : 소리의 전달을 막음

시간의 그림자

이 창 수

소리는 두꺼운 입술에서 나온다

시간을 도둑맞을까 노심초사
문고리에 묶어놓고
헛기침을 하며 밤잠을 설친다
멀리서 개 짖는 소리
발정난 길고양이 구애求愛하는 소리
음탕한 수탉 울음소리
그대의 입이 걸다

일각을 다투는 일상에서
개미 떼들이 밥벌이에
톱을 메고 장사진을 이루고
분망히 생의 사다리를 탄다

석고상이 원뿔 공간에 잔뜩 웅크리고 앉아 밤마다 별을 헤아린다
나의 시간은 빛과 그림자와 결혼을 하고 헤게모니를 쥐고
얼음장을 놓고 감금 당하고
매 순간을 끌고 다니면서 황금빛 배설을 한다

자취가 묘연하고 의탁할 데 없는

빈손의 시간은
모든 상황 속에서 이루어 진다

이 창 수

서울시 동대문구 거주
영어 강사 역임
(사)국제펜한국본부 이사
(사)한국현대시인협회 이사
세계시문학회 이사
(사)한국문인협회 회원
동대문문인협회 회장 역임
wilderness 편집장 역임
(사)샘문학(구,샘터문학) 회원
(사)문학그룹샘문 회원
(사)샘문그룹문인협회 회원
(사)한용운문학 회원
(주)한국문학 회원
<수상>
월간조선문학 시 등단
월더니스 하이쿠시 등단
중앙대학교 예술대학원장상
중앙대학교 총장 공로상
매월당문학상
동대문문협문학상
<저서>
겨울섬
바람벽에 기대다
바다를 내 놓은 고등어
<공저>
바람칼의 칸타빌레 외 9권

수상소감

나무의 가지와 마디에 바람이 나고
그 눈먼 바람이 옷깃을 스칠 대
뜻밖에 당선 통보를 받는 순간 나는
짐승 같은 정념에 사로잡혀 감격과 흥분의 도가니로
화하여 감정을 억누르지 못해 침잠에 들었습니다.

밤에 사는 박쥐처럼 은밀히 외면받는 땅을 찾아
이상의 세계를 동경하면서 보지 않는 것을 보는 것이
아니라 못 본 것을 보려고 부단한 노력을 했습니다.

심지를 울린 등잔불이 어둠을 밝히듯이 작품
세계를 펼치며 더욱더 매진邁進 하라는 의미 부여의
뜻으로 마음에 새기겠습니다.

부족한 저에게 과분한 작품상을 주신 심사위원님들께
심심한 사의를 표하며 이정록 교수님께 진심으로
감사를 드립니다.

끝으로 늘 저를 응원해주는 저의 가족들에게
사랑한다는 말과 함께 이 영광을 돌립니다.
감사합니다.

2023. 08. 03.
시인 이창수 배상

한국문학상 최우수상 수상작 시조부문

산수절경 돌아보며 외 2편

오 순 덕

내 사는 신시내티 경치도 아름답다
무성한 초목들과 수려한 강물따라
켄터키 오하이오주 마주보는 도시다

시야에 펼쳐지는 도심지 바라보니
싱그런 산천초목 하늘에 차오르고
온갖 것 볼거리 많은 아름다운 곳이라

옛 문화 꽃 피우던 강 건너 도심지는
산경도 아름다운 향토의 보금자리
비행장 가까운 거리 꿈이 솟는 것 같다

공원길 들어서면 환상의 도가니라
음악당 멋진 풍경 숲속은 낙원 같고
온갖 새 합창소리는 내 심금을 울리네

언덕 위 숲속에는 박물관 둥지 틀고
eden park 텃밭에다 울타리 막아놓듯
희귀한 온갖 보물들 가득 채운 곳이다

삼각지 팔 벌리고 팔각정 품어주며
중앙에 두룬 운치 녹색의 바다 같네

치솟는 빛난 물기둥 은빛 날개 같구나

식물원 열대식물 천정을 뚫 것 같고
사철을 향기 가득 장안의 꽃 가마라
눈길에 마주친 얼굴 환호성이 터진다

곳곳에 향취 품은 낭만의 호수가엔
물오리 떼지어서 상춘객 반겨준다
해맑은 하늘 선상엔 흰 구름도 반기네

강물은 흘러가며 옛 얘기 들려주듯
임 숨결 차고 넘친 아늑한 품속에서
인생길 파노라마도 숨쉬는 물결같네

숨쉬는 곳곳마다 님의 향 숨결이요
천상에 향기로움 지상에 펼침 같이
모든 것 사랑으로만 듬뿍 안겨주셨네

아! 자랑스러운 나의 조국

오 순 덕

유구한 역사 지나 오늘에 이른 한국
세계에 우뚝 솟은 경제의 대국이라
산천의 경지까지도 대한민국 최고라

만 가지 극치 이룬 내 나라 문화시설
천만 인 수만 가지 제격을 자랑하고
어디나 손꼽히는 곳 최고 등급 탑이네

산과 들 보배로운 문화의 전당 같고
하늘이 내린 축복 이땅의 명지여라
역사에 길이 빛나는 보물창고 같구나

샘물이 솟아나듯 생기가 넘치는 곳
오대양 육대주에 한반도 지름길이
어찌나 아름다운지 절로나네 감탄이

꽃피는 사시절에 삼 면에 수산 보고
시냇가 물빛 나고 강따라 곡창지대
푸르른 만고강산에 절기마다 새롭다

이땅에 길이 빛날 명품 중 빛의 보배
저마다 가진 소질 열국에 최고라네

온 세계 한국 열풍이 구름일듯 하여라

꿈 많던 한국인들 세계를 주름잡고
한류 풍 우뚝 세워 국위를 선양함은
오늘에 이른 축복이 하나님의 은혜라

세상에 으뜸 가는 내가 본 나의 조국
지성은 산과 같고 영성은 하늘 솟는
조상의 뿌리 깊은 곳 활짝 핀 꽃과 같네

이토록 아름다운 삼천 리 금수강산
민족의 인향만리 천하를 뒤흔들고
어디나 환영 받는 곳 환호성이 크도다

만국을 통치하는 여호와 하나님을
우뚝이 솟은 나라 빛나게 하셨구나
다민족 끌어 안으며 길이 공존 하라네

검은 산맥 오르며

오 순 덕

암흑의 장막 같은 준령을 넘어간다
수목은 한 점 없고 불볕만 내리쬐고
무더위 지친 눈길에 검은 산 만 따르네

계곡의 웅장함은 철갑을 두른 듯이
신비론 산성마다 대작을 이뤘구나
놀라운 신의 솜씨가 감탄이 절로난다

신비한 걸작품들 짙검게 드리웠고
어둔빛 앞을 가려 적막함 끝이 없는
모래 위 사막 벌판은 메마른 땅 뿐여라

시커먼 너울을 쓴 끝없는 험준 산맥
사막길 둘러가며 드높이 차있구나
무정한 검은 바위산 냉한 가슴 정뗀다

무정타 원망마라 말없이 흐느낀다
빗물이 쏟아져도 옷 한 벌 못 적시고
몸둥이 벌거 벗은 몸 시커멓게 타누나

푸른 옷 곱게 입혀 온갖 새 날아들어
애기 둥지 어미 둥지 예쁘게 집을 짓고

내 몸에 기대어 놀면 그 얼마나 좋겠냐

사랑을 품고 파도 시커먼 재가 되어
몸둥이 석고되어 꼼짝도 못하는 맘
하늘만 바라보면서 굴뚝처럼 서있다

구름도 비껴가고 빗물로 쫓겨가고
어이해 옷자락은 검개 탄 돌이됐나
밤하늘 무수한 별도 반짝이며 노는데

햇님도 눈 감으며 거스려 비껴갔나
이 슬픈 자연법칙 암흑만 실어갔네
빛으로 오신 주님은 타는 가슴 숨기나

오 순 덕
시조시인

수상소감

　수상의 기쁜 소식을 받아 들고 부족한 저를 여기까지 이끌어 주신 이정록 회장님과 심사위원 교수님들께 무한 감사드립니다. 계묘년은 유별나게 지구촌을 둘러가며 온갖 천재지변과 전쟁의 참상을 보며 억제하기 힘든 아픈 해를 보내고 있는데 나라정세는 물론 아직도 온세계의 팬더믹은 꼬리를 물고 기후변화까지 엎친데 덮친 잠시도 숨 돌릴 수 없는 상황속에서 이 기쁜 소식을 접하며 눈시울이 뜨겁습니다.

　지구상 불쌍한 영혼들이 떠올리며 순풍처럼 다가온 주님의 음성과도 같이 내 사명 오직 주를 위한 필객의 붓이 되어 주님 뜻을 전하고 사랑과 힐링의 메시지로 피어나기를 간곡히 기도하며 언제나 떨리는 가슴으로 필을 들곤 합니다. 이처럼 사랑과 꿈이 드린 문향이 넘쳐나는 곳 인향이 만리장성을 쌓아가며 청운의 꿈을 멋진 인생의 아름다운 둥지를 품게 하는 샘문그룹 한국문학의 꿈의 전당을 만드시기 위해 그간 많은 수고로 애쓰신 회장님께 다시 한 번 더 감사를 드립니다.

　육신은 익어가도 영혼은 살찌우고 가슴엔 청춘이 시들지 않는 노을빛의 황홀함 같이 만감이 교차되는 길목에서 이 길은 유구한 역사속에 길이길이 문향이 가득히 채워지는 화원 같은 동산에서 이 작은 홀씨 하나가 희망을 잃지 않는 큰 소망으로 문학의 도를 발자국마다 새겨가며 인생길 마지막 놓고 갈 사랑의 연서처럼 가슴 깊이 새겨지는 만인의 사랑을 위한 사랑 받는자 필객의 도구가 되겠습니다.

　태양처럼 밝아올 샘문그룹 한국문학의 무궁한 발전과 여명을 축원하오며 전능하신 하나님께 기쁜 찬양을 올립니다. 감사합니다.

2023년 8월 2일
시조시인 오순덕 올림

한국문학상 「본상」
「우수상」 수상작

한국문학상 우수상 수상작 시부문

아버지의 그물 외 2편

이 동 현

강은 늦가을 아침이 되면
너른 땅을 뿌연 안개로 뒤덮어 버린다
모든 것이 불확실하다

중무장을 한 아낙들은
마늘을 심는다고 참새떼처럼 옹기종기 앉아
저마다 무지갯빛 사연으로 두런거렸다

그 오랜 세월 동안 마늘을 심고
장에 내다 팔았지만
곰이 사람이 되었다는 소식은 들려오지 않았다
곰이 사람이 되는 건
곰 한 마리만으로 충분했으리라

안개 낀 가을 도로는 무척이나 위험하다
산에 사는 고라니 어미는 이른 새벽에
집을 나간 새끼 고라니를 찾으러 나왔다가
한 순간 도로에서 생을 마감했다

며칠 전 칠순 노인이 낡은 경운기를 타고
장을 보고 오는 길에 안개에 갇혀 있다가
뒤따라 오는 덤프트럭에 치여 절명했다

착하고 성실한 노인이었는데
안개는 선악자를 가리지 않는다

뿌옇게 안개 낀 너른 들판에 공수부대 낙하산병처럼
거미줄이 여기저기 하얗게 퍼져있다
거미는 저마다 불멸의 신
헤파이스토스에게 기술을 전수받아
투명한 그물을 만들어 풍요의 들판에 쳐 놓았건만
얻은 전리품이라곤 불온한 안개만 걸려 대롱거리고 있을 뿐

질긴 가난은 아버지의 흰 수염을 슬프게 만들었다
평생 원수인 가난을 이겨보고자
흰 그물을 너른 땅에 그렇게도 넓게 폈지만
부귀영화는 안개처럼 끝내 그물에 걸리지 않았다
파르르 떨리는 아버지 속눈썹에
안개만 내려앉아
세상이 더욱 흐릿하게 보였을 뿐이다

민들레 영토

이 동 현

백 년 된 감나무 가지에
연둣빛 싹이 뾰족 봄하늘을 두드리면
노란 민들레 꽃이
하얀 민들레 꽃이
서둘러 화들짝 피어난다

세월이 흐를수록 노란 민들레
영토는 빠르게 늘어간다
하얀 민들레는 토종이라고
먹고 오래 살려는 일념으로
노동으로 닳아 삐거덕 소리 나는
관절을 이끌고 캐는 아주머니 등살에
하얀 민들레 영토는 점점
빼앗기고 있었다

그러던 어느 해 봄부터
하얀 민들레 영토가 빠르게
회복되는 모습을 눈여겨보았다
재작년에 하늘나라로 소풍 간
상주댁, 안동댁, 구미댁
그립고 그리운 우리 엄마까지

작년에 하늘나라로 소풍 간
영천양반, 부산양반, 상주양반 본동양반
같은 마을 같은 하늘아래 살다가
홀연히 하늘나라로 이사 갔다

고향의 노인들이 사라지는 슬픔 뒷면에
하얀 민들레 영토가 빠르게 회복되는
분명한 인과관계가 있다

노란 민들레 홀씨가
하얀 민들레 홀씨가
봄하늘 위로 아련히 날아오른다

언젠가 내 몸도 민들레 홀씨 타고
노란 봄하늘 위로 두둥실 떠오르겠지
그때는 고향 들판은 온통 노랗고 하얀
민들레 영토가 되어 있겠지

나무 도시락

이 동 현

회갑, 혼인잔치, 초상집에는
꼭 나무 도시락을 쌌다
벽은 하얀 버드나무
뚜껑과 바닥은 종이
바닥엔 하얀 버드나무 이부자리가
포근하게 깔리고

그곳엔 배추전, 부추전, 갈랍, 가자미구이
새우튀김, 고구마튀김, 삶은 계란 하나
얇은 사과 한 조각, 얇은 배 한 조각
꽃과자 두 개, 시루떡 한 장, 절편 두 조각
그리고 화룡점정 돼지고기 두 점,
두툼한 돼지고기가 한 점이 들었나
두 점이 들었나에 따라
그 집 인심이 평가 되곤 했는데
부잣집일수록 인심이 박했다

화려한 종이 뚜껑을 닫고
노란 찰고무줄 두 개로 포장을 하고
그 위에 버드나무 젓가락 한 개와
담배 한 갑이 얹힌다

손님들 상엔 돼지기름 동동 떠 있는

흰 쌀밥 말은 돼지국밥에
붉은 걷저리 한 접시
정성 가득한 도시락 한 개씩 분배된다

마을에는 힘께나 쓰는 사람들이 과방을 차지한다
그중 돼지고기 담당자가 최고 권력자다
그 과방에 들어앉으려고
회갑연과 혼인잔치가 예정된 집에는
일 년 전부터 잘 보이려고
그 집에 정성을 들인다

손재주가 좋은 아버지는 단 한 번도
과방에 들어앉지를 못했다
김 씨 집단촌에 성씨가 다른 아버지는
늘 외톨이였다

과방에 앉은 아버지들은 자식들에게
수시로 그 나무 도시락을 몰래 주지만
난 얻지 못하고 풀이 죽어
커다란 석감주 독 옆에 앉아
애꿎은 왕겻불만 뒤집는다

연기인지 서러움인지 눈물이 났다
아버지가 원망스러웠다
나는 커서 꼭 과방에 들어앉아서
내 아들에겐 나무 도시락을 실컷 줘야지
야무진 다짐으로 서러움을 달랬다

세월은 유수같이 흘렀다
나무 젓가락과 고무줄로 총을 만들어
총싸움하던 코 흘리게 친구들은
다 도시로 나가 고만고만하게 살고
농촌의 풍경과 삶도 변해 버리고
나무 도시락 풍경도 흔적 없이 사라졌다
아들에겐 나무 도시락을 실컷 주겠다던
서러운 꿈도 사라졌다
고향엔 내 딸아이의 울음을 끝으로
갓난아이 울음도 더 이상 들리지 않았다

바람 부는 저녁이면
늙은 왕버드나무 아래에 홀로 앉아
고향 땅에서 한평생 훨 춤추며 살던 사람들을 추억해 본다
산다는 건 한바탕 훨 꿈을 꾸는 것일까?
무엇이 애달파 이토록 진한 그리움만 쌓여 가는가?

이 동 현
시인

수상소감

폭염이 넘실거리는 더운 계절 여름, 올해는 유난히 많은 비가 내리고 자연환경의 파괴로 인한 급격한 기후변화로 세계가 온통 자연 재해에 시달리고 있습니다. 그만큼 인간이 자연을 돌보지 않고 혹독하게 수탈한 원인으로 인한 인재라는 생각이 듭니다. 자연은 우리가 보호를 해야 자연 역시 우리에게 안온한 삶을 보장해 주는 듯 합니다. 경제적 이익의 극대화를 추구하는 현대의 삶 속에서 시인이 해야 할 일은 무엇일까요? 삭막한 사막으로 변해가는 사람들의 가슴에 시원한 오아시스의 역할을 하는 것이 시인의 의무라는 생각이 듭니다. 아무리 삭막한 사막이라도 오아시스가 있는 곳에는 울창한 숲이 존재하고 꽃들이 피고 새들이 노래하고 사람들이 행복한 쉼을 얻을 수가 있는 것이지요.

이처럼 시인은 사람들의 마음에 꿈과 희망을 심어주는 존재기지요. 시가 사람들의 마음을 감동시키고 사람들이 서로서로 사랑하는 아름다운 사회를 만들어 가는 데 시인은 한 축을 담당해야 한다고 생각합니다. '모름지기 시인이라면 마음속에서 시가 생겨날 때의 반가움과 사라질 때의 서러움 사이를 왕래하며 외로움을 즐길 줄도 알아야 하며 더럽고 낮고 거짓되고 불손한 현실 속에서 맑고 높고 참되고 겸손한 정신으로 무릎을 꿇고 시를 섬길 줄 알아야 한다'는 백석 시인의 가르침에 따라 더 좋은 시인이 되고 싶습니다.

한국문학상 본상 우수상 당선 소식을 받고 너무 놀라고 한편 너무 기뻤습니다. 부족한 저의 시가 이처럼 큰 상을 받아도 되는가 하는 염려도 사실 먼저 들었습니다. 지도와 추천을 해주시고 수상의 영광을 주신 샘문그룹, 이정록 회장님께 감사를 드립니다. 또한 이근배 심사위원장님, 심사위원님, 샘문그룹 가족 여러분들께도 감사를 드립니다.

앞으로 더 나은 시를 쓰는 시인이 되도록 열심히 노력하겠습니다. 저를 늘 사랑해 주시는 하나님께 먼저 이 영광을 돌립니다. 늘 용기를 주고 응원해 주는 집사람 김경희, 아들 이요한, 딸 이해인 가족들에게 사랑한다는 말과 함께 이 영광을 함께 하고 싶습니다.

그리고 저를 아는 모든 분들에게도 고맙다는 말씀을 드립니다. 폭풍우 치는 망망대해의 선박에게 희망을 주는 빛나는 등대처럼 사람들에게 꿈을 심어주는 시인으로 살아가고 싶습니다. 모든 분들께 진심으로 감사를 드립니다.

2023. 08. 07.
시인 이동현 배상

한국문학상 우수상 수상작 시부문

시인의 고향 외 2편

염 동 규

꽃잎 날리는 봄 날이
긴 능수버들 사이로 산제비 흘리고
굽이진 찔래꽃 매화꽃
하얀 나비와 술래를 돌면
작은 고깃배 둥글게 바다로 여울지는
은빛 마을을 그리는 여기는
시인이 사는 시향詩香의 고향입니다

여름엔 먼 전설을 따라
아이들 파란 바다에서 물장구 치고
작은 돛배 행렬이
숭고한 삶의 여정을 이루고
별 밤엔 긴 옥수수 잎새로
반딧불이 휘굽어
풍경과 풍류를 만드는 이곳은
항구의 시인이 시어를 낚는
시인의 마을입니다

오세요 이리로 오세요
여기는 백두대간의 단풍이 불타는
계절의 채색으로 가을을 그리는
아버지 아들이 황금빛 들판을 지나는 이곳은 들국화가 노란 향기로 일어서는 시인의 심향입니다

오세요 이리로 오세요
아직은 설익은 계절의 겨울이
작은 눈 꽃 만들어
철없이 산야로 뿌리고
담장 없는 마당엔 느티나무 낙엽이 쏘삭대는 곳
더불어 시인이 웃는 여기는
눈 덮힌 시인의 나라 입니다
오세요 아무런 이유도 없이 그저 그냥 여기로 오세요

시詩 한 수 살고지고

염 동 규

적막 속에 기척은
바람 움직임이 길 잃은 소리였나
애뜻한 느낌이 산모의 고통처럼 오는
찰나의 밤에
무심으로 뜬 달을 어찌하랴

심오한 뜻 바람결에 흩어지고
고독을 안주 삼아 술잔을 비우니
임 향한 애틋한 마음 누가 알드요

저 멀리 별빛 날리고
밝은 달은 속 마음 숨기니
이슬에 젖은 심상이 서러워
애달픈 시詩 한 수 청산에 살고지고
한밤 구성진 소리에
적막강산 깨어나네

만리창공 달만 혼자서 가네

염동규

먼 하늘에 먹구름 밀려오네
잠시 후 후두둑 쏟아지네
처마끝에서 거문고 타는 가을비 여음
시객의 심상을 울리네

개울물 돌돌돌 흐르고
잉잉 거리던 모기 사라지고
서늘한 에어컨 바람에
무더위 줄행랑 치고
창가에 쓸쓸히 홀로 앉아
산머루 익어가는 가을밤
포근한 심상 몸을 누이네

밤이네 비 오는 밤이네
시객 창밖을 보니
언제쯤인가 소리없이 가버렸네
기다리는데 지나처버린 임처럼
그렇게 가버렸네
구름사이 보름달 얼굴을 내밀고
별빛이 쏟아지네

뜰앞 느티나무 우수수 흔들리네
달은 달리네

앞 발 높이들고 구름 헤치며 갈리네
시객은 달 위에 올라 탔네

수탉이 나래를 치며 우네
고개 돌려보니 식객 자리에 누웠네
용이 되려 하늘에 오르다
떨어져버린 이무기가 기어가네
세월이 가네
저 달이 홀로 가네
만리창공 달만 혼자서 가네

염 동 규
시인

수상소감

글詩이 좋아서 펜을 들은지 벌써 40년이란 긴 시간이 되었네요. 글을 쓰면서 가끔은 접을까 하는 마음과 수 없는 망설임으로 고민도 했지만 나도 모르게 또 글을 쓰고 있었습니다.

이제는 나 자신의 풍류를 즐기며 서산에 지는 해를 보면서 노을이 왜 저리도 붉게 타는지 알 것도 같습니다. 살아가면서 누군가 만나는 것은 인연이고 그 인연의 노래가 꽃이 되는 것을요. 그러다 보니 더 문학에 빠지게 되고 좋아하게 되었습니다.

수천여 편의 詩를 쓰고 여러 문학 단체에서 활동하면서 상도 받고 신문과 방송에도 실리게 되면서 詩가 수없이 언론의 빛을 받았지만 저도 문학인으로서 보통 사람과 다른 면이 없구나 하는 생각을 합니다.

그 동안 많은 상을 받았지만 한국문학에서 '한국문학상' 우수상에 당선되었다는 소식과 함께 당선소감문을 보내라는 소식에 예전에 등단을 하면서 설레던 마음보다 또 다른 기쁨과 설레임은 어린아이처럼 기쁘고 행복하고 가슴이 벅찹니다.

지금 이 시간 당선소감문을 쓰면서도 들뜬 마음은 하늘을 날고픈 기쁨에 무슨 말로 그 기쁨을 다 표현할 수 있겠습니까?

한국문학 대표님, 이정록 회장님! 그리고 이근배 심사위원장님과 심사위원 여러분들께 감사를 드리며 더 좋은 글로 독자들 앞에 서야겠다는 생각을 하면서 앞으로 깊은 바다가 되고 미소 짓는 하얀 파도가 되어 더 화려한 꽃이 피우도록 내일을 향해 정진하겠습니다.

감사합니다.

시인 염동규 배상

한국문학상 우수상 수상작 시부문

격정의 바다 외 2편

이 종 식

꽃망울이 튀어나오듯
깨물고 싶은 욕망
치맛바람 날리듯 녹아내리듯
콩콩대는 가슴 어찌하면 좋습니까

함께 손을 잡고 허리를 감아도
감겨오지 않는 꿈 같은 사랑
결코 떠나보낼 수 없기에
볼록한 두 봉우리에 묻히렵니다

까만 눈 녹아내리는 눈빛으로
칠흑 속에서도 빛을 잃지 않고
제비꽃잎에 앉았다 떨어지는
이슬방울처럼 그대가 경이롭습니다

백발이 백토가 되는 날까지
깊고도 향기로운 가슴에 안겨
노을이 사르듯 살라 스미겠습니다
반짝이는 그대 눈동자 속으로

자연 속에 누각

이 종 식

푸르러 즐겁기만 한, 산
산은 자연을 토하고
자연을 휘어 감고 돌아가는
구름은 말이 없네

계곡을 따라 흐르는 물은
맑고 맑아 물속을 들여다보련만
물에 비친 인간은
누덕누덕 쌓인 심술 뿐이라

고요한 산속을 부르는 꾀꼬리는
임 찾아오시라 울어대고
붉고 고운 산꽃은 구석구석 쌓인
누각 만세 꽃단장이라

밤이면 울어대는 늑대 소리는
조상을 부르는 애절한 마음이요
구름처럼 마음 비우고
선비처럼 살다 가라 하네

위대한 탄생

이 종 식

아이는 우렁찬 울음으로 선조게 고하고
엄마는 아픔을 토해내고 환하게 웃더라
아이는 어머니 사랑으로 품에서 자라네
엄마는 열심히 보호하고 성공을 바라니
위대한 인간의 탄생이며 마음에 빛이라
가득한 행복은 한결같이 성장만 비오니
숭고한 정신과 사랑으로 이름자 밟으랴
수그린 이마를 쓰다듬어 용기로 채우고
당당히 피어날 꽃망울은 앞날의 꿈이다
마지막 순간도 가슴속에 아물지 못하고
강물의 흐르다 폭포처럼 솟구쳐 오르는
건강한 혁신의 정신으로 가득한 미래를
향하여 치열한 싸움에서 당당히 이기고
부모가 지켜준 성공적인 사람이 되리라
자신의 언행을 조심하고 관대해 지겠네

이 종 식
시인

수상소감

유난히 더운 계묘년癸卯年 여름날 꽃도 피다 시들고
햇빛에 고개 숙인 해바라기처럼 늘어진 오후,
지나온 세월만큼이나 쌓인 원고들도 덥기만 하다.

쉽게 이룰 수 있는 꿈이 있으랴!
고목에도 꽃이 필 그날을 생각하며 검게 타버린
큰 바위를 바라보며 흘리고 있을 땀방울도
자신을 위한 새로운 꿈을 꾼다.

흰 머리를 바라보면서 검은 머리를 다듬어
큰 문학 행사인 한국문학상에 응모를 하였습니다.
새로운 도전에 꿈을 실현하고자 아주 큰 꿈을 심어준
샘문그룹 이정록 회장님과 심사위원님들 그리고
임직원 여러분께 머리 숙여 감사의 말씀을 전합니다.

앞으로 더욱 문학계 발전에 눈여겨 살피라는
강한 메시지로 생각하니 더욱 무겁게 느껴집니다.
더욱더 열심히 정진하겠습니다. 감사합니다.

2023. 08. 07.
시인 이종식 배상

한국문학상 우수상 수상작 시부문

대한독립 만세 외 2편

조 기 홍

울분을 토하던 망국의 시절
핏빛 낭자한 백의적삼
치욕으로 울부짖는 태극기
백두가 망국의 한을 씹는다

백의 깃발을 빼앗기고
조상의 얼을 빼앗기고
모국어와 이름을 빼앗기고
쪽빛 하늘마저 빼앗겼던 치욕으로
백두는 삼십육 년을 울었다

민족의 피멍진 설움
그 포악한 왜놈들
태극을 산산히 부수고
백두 천지에 재갈을 물리고
한라 귀에는 말뚝을 박고
백두대간 허리는 잘랐네

처절한 독립항쟁으로
왜놈들 몰아내고
대한독립 만세를 부르던 날
백두 한라를 되찾던 날

모국어를 되찾던 날
쪽빛 하늘을 되찾던 날
백두대간에 광복의 피가 흘렀네

통한의 서러운 역사
굴욕의 역사
다시는 반복하지 말자
백두에서 한라까지 혈맥 이어서
남북을 잇는 새로운 광복으로
통일의 노래를 부르자
대한독립 만세

장미과 여인

조 기 홍

너를 보내고 후회하고 눈물지었다
그리워서 생각나서
잠 못 자는 시간이 천 년은 드었다

어둠이 짙게 흐르는 밤
별들이 부딪히며
가슴앓이하는 내 심장으로
부서져 내리는 슬픔을
누구에게 말할 수 있는가!

핏멍울 뚝뚝 떨어지고
매발톱보다 매서운 너의 촉수
코끝을 매료시키는
너의 마법의 페르몬 향기에
나는 포로가 되었다

오늘도 나는
해가 뜨는 시간에
격정의 마법이 풀리기 전에
다시 너를 찾아
뜨거운 천 년 사랑 나누리

낙락장송

조 기 홍

산마루 곰바우 틈에 뿌리박고
우뚝 솟은 은둔자
흙도 물도 척박한 돌 틈으로
뿌리내린 도인

사지가 굽어지고 뒤틀려도
청청한 하늘 향해 치받는
독야청청 기상은 변함이 없다

땡볕에 목이 바싹 타들어가도
신의 축복인지
득도를 한 것인지
청록, 신록의 자태 더욱 빛을 발하니
강인한 생령의 은자다

햇빛 달빛 별빛 벗 삼아
선비의 결기 키우고
운해를 갈기갈기 틀어쥐고
용트림을 하며
승천할 기세 충만하다

곰바우 틈에 푸른 넋 뿌리박고

천 년 묵은 낙락장송 되어서
세상 천하 두루 살피는
우주를 들여다보는
득도한 은둔자 도인이다

삶에 지친 고단한 존재들
그늘이 되어주고
생령의 기운을 안겨주는
자비를 자랑하니
속세의 고뇌 어린 시름들
위로하고 치유하는 존재다

조 기 홍
시인

수상소감

얼마 전에 가까이 지내는 선배로부터 서기운집瑞氣雲集이라는 직접 쓴 족자를 선물 받았습니다. "성서로운 기운이 구름처럼 밀려 온다"는 의미를 갖는 이 족자는 개인적인 사회활동 뿐만 아니라 하고자 하는 인생길에 좌표가 되기를 염원하고 있습니다.

문학 활동을 하는 사람으로서 한국문학에 작품을 싣는 것만으로도 영광일 뿐만 아니라 문학상을 수상하는 일은 문인이라면 누구나 바라는 것 입니다. 그 소망을 부족한 제가 재창간을 하는 첫 무대에서 수상을 이루니 가슴 설레입니다.

몇 번의 문학상 수상 경험은 있지만 우리나라의 대표적인 문학지에다 지명도가 높은 심사위원님들에 의해 엄선된 우수 작품으로 선정되는 기쁨을 안으니 시인으로서 자부심을 갖게 합니다.

그동안 미진했던 작품활동에 채찍을 가하고 더 좋은 작품을 남기고자 노력하겠습니다. 고생하신 이근배 심사위원장님과 심사위원님들께 감사의 말씀 올립니다. 또한 그간 많은 지도편달을 해주시고 이번에 추천까지 해주신 이정록 이사장님께 머리 숙여 감사의 말씀 드립니다. 고맙습니다. 저의 사랑하는 가족들에게 이 영광을 돌립니다.

2023. 08. 03.
조기홍 시인 드림

한국문학상 우수상 수상작 시부문

개망초꽃과 공동묘지 외 2편

강 성 범

꽃은 바람에 흔들려야 아름답다
아무리 예쁜 꽃이라도
햇볕과 바람과 눈물이 없으면
썩은 나무등걸에 걸려있는
늙은 영혼처럼

흩어진 노래는 슬프다
잠에서 깨어 난 새끼 새들
날개짓 요란하니 빗소리 그친 줄 알겠고
계란후라이 한 소쿠리 받쳐 들고
환하게 벙그러지니
달과 별이 다녀간 것을 알겠고

외로울땐 언제나 망초꽃이 있었다
길이 끝나는 곳에 산이 있듯
그대가 있음으로 하여
어슴한 세월 지켜온 무덤가
오래된 질문 앞에

키만 멀대 같이 큰 개망초꽃이
"글쎄요!
개똥밭에 굴러도 이승이 낫다는데
저기 멀고 먼 도솔천에 가면
내세來世가 있겠지요"

산자의 희망가

강 성 범

강은 푸른 보리밭을 돌고 돌아
조심스레 봄을 들어 올린다
넓은 바다로 휘어져
스스로 몸을 낮추는 바람이든
편견에 맞서는 비장함이든

오직 강물에만 집중하고
강물에만 기대어 강물을 보노라면
흘려보내야 할 순간에도
삭이지 못해 서러운 순간에도

저기 깨어 있는 바다를 향하여
꿈을 꾸는 청춘들이 있다
폭포처럼 의연하게 몸을 던지는 이유를 찾는다

내가 태어난 곳을 향하여
힘차게 물길 거슬러 오르는 연어들처럼
다시 설레이는 아침을 볼 수가 있다면

아, 사랑하는 청춘들이여
우리 오월의 가슴 뛰는 강가에 나가
산자의 희망가를 부르자

그리운 이여

강 성 범

지금쯤 너는 꽃이 되었을까
새가 되었을까
스스로 묻고 답하는 사이
별똥별 하나가
내 안에서 긴 획을 그으며 사라진다

사랑이란
퍼즐 맞추듯 그렇게 쉽게 이루는 것이 아니어서
하룻밤 사이 그대인 듯 바람인 듯
수없이 돌탑을 쌓아 놓은
저 벼랑 끝에 서있는 잔별까지도
아름다운 눈물을 필요로 한다

너는 내 가슴에 묻혀
꽃으로 피고
가고 시드는 꽃잎까지도
다시 새가 되어 설웁게 설웁게
아, 그리운 이여

지금쯤 너는 꽃이 되었을까
새가 되었을까
스스로 묻고 답하는 사이
눈 익은 별똥별 하나가
내 가슴팍에 긴 획을 긋는다

강 성 범
시인

수상소감

폭우와 폭염 사이에는 무엇이 있을까요?
장마에 지친 몸이 푹푹 찌는 가마솥 되어 녹아 나는 한여름의 낮과 밤
광란의 도시는 지칠 줄 모르는 폭군처럼 잠을 재우지 않습니다.

그러나 오늘 나에게 만큼은 굳이 열대야가 아니더라도
기쁜 수상 소식에 쉽게 잠이 들 것 같지 않은
참으로 아름다운 밤 입니다.

명실상부한 '한국문학상 우수상' 수상은
나의 또다른 도약跳躍이며, 더 없는 영광이며, 새로운 출발입니다.
졸고拙稿를 심사해주신 대한민국예술원 이근배 전회장님, 국제Pen한국본부 손해일 명예이사장님, 한국기독교문화예술총연합회장 김소엽 교수님, 그리고 추천해 주신 샘문그룹 이정록 이사장님께 감사의 말씀 올립니다.

모두들 무더운 날씨에 건강 조심하시고 행복하십시요.
감사합니다.

2023. 08. 02.

강성범 拜上

한국문학상 우수상 수상작 시부문

소복한 흰나비 인간의 도리를 묻는다 외 2편

정 용 규

오늘 벌써 신록이 짙어가는
호국 보훈의 달 유월 초하
엊그제 만났던 호랑나비 흰색 옷 갈아입고 나그네를 반기네

날이면 날마다 하루에 두세 시간씩
나그네는 사색을 하고 사유도 하고
운동도 하고 담소도 나누는 공원 둘레길
안양천변길을 걷는다네

그 많던 형형색색 범나비, 노랑나비들
누굴 맞으러 변장을 했는지
눈을 비벼도 한 마리 보이지 않고
온통 흰나비들 천지로구나

한낱 미물인 저들도
호국영영 맞으려 저리 소복단장인데
사람의 탈을 쓴 인간군상들은
순국선열들 구국 희생을 충심으로 기리고 있는가?
소복한 흰나비 인간의 도리를 묻는다

정치꾼들아

정 용 규

여보게들 갑돌아 갑순아
서툰 장난감 가지고 은밀한 방구석에서
서로들 갖겠다고 어찌 다툼질만 하는가
어서들 일어나 남산에나 가보렴

그 곳 너럭바위 오르면
눈길 닿는 곳마다 활짝 핀 꽃들이요
만향萬香이 은은하게 스미고
봄동산 산새들 노랫소리에
콧노래가 절로 나온다네

어이하여 이 화창한 봄날
천금이요 만금 같은 향그러운 보배들 내버려 둔 채
음산하고 조그만 여의도 방구석에서
하찮은 것들 가지고
티격태격 싸움질만 하는가

신세계

정용규

북항로 새 길이 열린단다
지구 자전축이 바로 서고
북극 바다가 얼음이 풀리면서
국운이 활짝 열리는 북항로 새 길이
열린단다

부산항을 모항으로 동해안 거쳐
러시아 앞바다 베링해를 지나
유럽까지 다다르는 북항로가 열린단다
남항로 보다 일만삼천 리 단축되는
새 길이 열린단다

역사는 말한다
새 길이 열리면 새 역사가 시작 되었느니
실크로드가 그랬고
대서양 문명을 이끈 말라카해협이 그랬고
스에즈운하가 그랬고
적도를 관통하는 길들이 다 그랬느니

유, 불, 선, 삼교를 두루 통달하셨던
탄허 큰스님은
일찍이 19세기 말경에 예언하셨다
머지않아서 21세기에는
북극 빙하가 녹게 되고
한반도가 세계 중심국가로 우뚝 서게 된다고

이러한 징후가 꽃망울을 터트린다
북극 빙하가 녹아 풀들이 돋고
한글이 가장 인류 으뜸 문언으로 등극하고
k-pop, k-culture가 온 세계를 누비고 첨단기술도 k-Innobiz가 세계를 선도한다

자 우리 대한민국이여, 한류여
이제 북항로가 활짝 열린다네
오는 손님 맞을 준비하세
어기영차 어기영차
한 번 더 신바람 나게 노를 저어
새로운 신세계를 힘차게 찾아가세

정 용 규

서울시 양천구 거주
서울대학교 농경제학과 졸업, 덴마크 맬링 농대 1년 연수
연세대학교 경영대학원 석사, 중앙대학교 대학원 경제학 박사, 농협중앙회 (1966~1994) 역임, 농협대학교 교수 역임, 건국대학교 겸임교수 역임, 두레친환경농업연구소 부소장 역임, 친환경농업 포럼 대표이사 역임
<문단활동>
(사)문학그룹샘문 자문위원, (사)샘문그룹문인협회 자문위원, (사)샘문학(구,샘터문학) 자문위원, (사)한용운문학 회원, (주)한국문학 회원, (사)현대작가연대 회원, (사)현대시인협회 회원, (사)한국시인협회 회원
<수상>
좋은문학 시 등단
2023 샘문뉴스 신춘문예 당선(수필)
2023 샘문학상 수필 등단
<저서>
농협 신용사업과 경제사업 구조분석
　　(박사학위 논문)
손잡고 더불어(2009)
친환경농업포럼
<시집>
제1집 : 촛불
제2집 : 구름 문답
<공저>
태초의 새벽처럼 아름다운 사랑
(컨버전스공동시선집/샘문시선)

수상소감

오늘 아침에는 집 주변에서 까치들이 왁자지껄 지껄여 귀한 손님이 오시거나 아니면 기쁜 소식이라도 혹시 하면서 무더위를 이겨내려고 산책길에 나섰다가, 말복날을 십여 일 앞두고 있는지라 미우 참기 힘든 무더위를 느끼면서 곧장 땀에 젖어 집으로 돌아왔습니다.

집에 들자 바로 폰을 열어보니 전혀 믿기지 않는 기쁜 소식이 기다리고 있었습니다. 샘문그룹이 주관한 '한국문학상 우수상'에 본인 졸시 작품이 선정되었다는 통보였습니다. 너무나 상기되어 더위 따위는 언제 그랬느냐 싶게 싹 가시고 너무너무 기쁜 마음과 함께 혹시 본 큰 상에 조금이라도 누를 끼치지나 않을가 하는 우려가 앞섰습니다.

지난번 신춘문예 수필부문 신인상 등단에 이어 생전에 두 번이나 이런 영광을 맞게 되다니요. 아마도 계묘년 서해를 맞아 검은 토끼가 기묘생인 이 늙은 백발의 흰토끼에게 얼마 남지 않은 생을 좀 더 즐기라고 베푸는 큰 호의가 아닌가 싶습니다.

돌이켜 보면 평생을 문학과는 동떨어진 길을 걸어온 저가 약 5년 전 관악산 하산 길에 우연히 길가에 펼쳐진 서화전을 보면서 마음이 많이 맑아지는 것을 느껴 관심을 갖고 주변을 서성거려 보았는데, 최근 노욕이 발동하여 문학그룹 샘문에 등재를 목표로 기고하기에 이르렀고 이정록 회장님의 호의로 심사를 받게 되었습니다. 다행이 여러 심사위원님들께서 이 늙은이를 어여삐 여겨 얼마 남지 않은 여생을 즐기면서 살라고 영광을 베풀어 주시지 않았나 하는 생각입니다.

이 자리 빌어 이정록 회장님과 심사위원장님을 비롯한 심사위원님들께 깊은 감사를 드립니다. 그리고 저를 이 영광스런 자리까지 이끌어 주신 여러분들 즉, 관악문화원 문학아카데미 박수진 교수님을 비롯한 문우님들, '좋은문학' 수아 조복수 회장님과 이월성 위원장님을 비롯한 문우님들 그리고 농협동인문우회 김영철 회장님을 비롯한 여러 문우님들께도 이 영광을 나누고자 합니다.

이제 여러분들의 배려와 은혜에 보답하기 위해서도 남은 여생 더욱 분발할 것을 다짐합니다. 대단히 감사합니다.

2023. 08. 02.
정용규 拜上

한국문학상 우수상 수상작 시부문

유월이 오면 사랑하렵니다 외 2편
- 찔레꽃 연가

최 용 대

넝쿨속 빨간 찔레꽃
그대의 진한 꽃잎이 피려고
내 가슴에 그대 닮은 빨간 피멍이 들었나 보오

침묵의 계절을 지나노나니
잠깐씩 빛나는 빨간 햇살의 눈웃음에게
그리움의 냄새를
기다림의 마음을 전하느니

태극기 휘날리는
감격이 아니더라도

찔레꽃 붉은 정렬의 빛이여
그마음 변하기 전에
유월이 지나기전에 품게 해다오

오늘

최용대

창밖에는 그대가 와 있습니다
약속처럼,

새벽을 깨우는 새들의 목소리
아직은 꿈이런가 싶기만...

그림처럼 보이는
교회당 십자가와 붉은 새벽하늘은
어떤 의미의 모습인가요?

모두가 자고있는 이 새벽에
올 줄은 알았지만
벌써 와 서있는 그대가 빛쟁이로 보이는 건
아직 햇살이 저만치서 오고있기 때문인가요?

못다 잔 아쉬움의 하품을 두드리는 손끝에서 느껴지는 나른함은 왠지 모를
여유로움을 부르는 듯

수줍은 새벽 바람을 두 팔로 껴안고 부재중인 듯한
내 하루를 불러나 볼까요

and
고단한 날 깨우러 오신
그대를 만나러 나가 볼까요

춘녀春女

최 용 대

요근래 불어오는 봄바람에 가슴 설레여
생각만 하여두 눈물이 날 것 같습니다
계절이 그리 지나는 줄도 모르고

선잠 꿈결에 본 모습은 너무 곱습니다
바람결에 왔다 가신
임의 발자국 마냥 말입니다

살며시 웃는 인사에 봄이 오나요?
목련이 피면 예쁜 웃음 한아름 안고
문밖을 서성이실 건가요?

최 용 대

경기도 김포시 거주
인하대학교 졸업, 연세대학원 졸업
(사)국제펜한국본부 회원
(사)문학그룹샘문 이사
(사)샘문그룹문인협회 이사
(사)한용운문학 회원
(사)한국문학 회원
샘문뉴스 주필, 선임기자
이정록문학관 회원
월간노사타임즈 주간
한국노동방송 선임기자(국회논설실장)
한국일보 객원논설위원
<수상>
한국문학공간 시 등단
샘터문학상 우수상

수상소감

글을 쓴다는 일은 무더운 밤을 하얗게 새우며
글쓰기를 한다는 일은 참 고독하고 쓸쓸한 일입니다.

돌아오는 어느 먼 생애 쯤에 지금 심은 언어의 씨앗이
좋은 인연 속에서 깨달음의 씨앗으로 움이 틀 것을 기대하며
머무르지 않는 무심함으로 그냥 씨앗을 심는 일일 것입니다.

부족한 저의 글을 뽑아주신 이근배 심사위원장님
그리고 김소엽 부심사위원장님, 손해일 부심사위원장님께
감사의 인사를 올립니다.

또한 많은 지도편달을 해주시고 추천해주신 이정록 이사장님께
진심으로 머리 숙여 감사의 절을 올립니다.
늘 응원해주는 사랑하는 가족들에게 이 영광을 돌립니다.
사랑합니다. 감사합니다.

2023. 08. 07.
시인 최용대 배상

한국문학상 우수상 수상작 시부문

고고학적인 하루 외 2편

손영미

오백 년 된 고택 앞
삐걱거리는 대문을 열어젖힌다
미명 속으로 새 한 마리 푸드덕 날아오른다
노란 흙 담장 밑에서 마른 낙엽이 뒤척인다

마당 끝 장독대엔
기척을 잃은 간장독이 애간장을 태우며
찐한 씨간장 맛을 우려낸다

처마 밑 부엌은 칼 제비 국수를 빚는
종부의 손을 기다리고 있을까
다른 곳 다 마다하고 부엌만 내내 바라본다
아궁이 벽 곳곳에 새까맣게 그을음이 쌓여있다

한숨일까 노곤함일까
아궁이 불길만큼 피워낸 연기 속
애잔한 하루가 정화수 한 그릇 속으로
귀결되고 말았을 거다

이곳에서 탄생했을 맛들을 상상 해본다
매운 연기 맛
짜디짠 눈물의 맛

깊게 깊게 졸여낸 인내의 맛

아궁이를 들여다보니
엄청 큰 무쇠솥이 놓여있다
몇 인분이나 될 수 있을까

아, 내 입에서 나온 건
갓 지은 쌀밥 같은 감탄이 아닌
녹슨 탄식이다

찬장 위엔 아직도 그릇들이 질서 정연하게 놓여있다
떠난 후 뒷모습까지 생각했던 것일까
그녀는 사계절 내내 조상들의 제삿밥을 차렸을 텐데

이젠 누가
그녀를 위해 제삿밥을 챙길까

해남의 시간

손영미

삼산면 송정리 고정희 생가 담장에 매달려
넝쿨째 추일서정을 쓰고 있는
능소화의 필체

꽃잎 다 떨군 채
잎들만 말라지고
실족의 기억을 되새긴다

녹슨 시간을 안고 선 철대문을 지난다
마당가 동백나무의 늦은 안부
시집을 들고 있는 나를 본다
열매로 맺힌 기다림
다 알고 왔느냐고 묻는 것만 같다

액자 속 그녀의 화장기 없는 흑백의 진지함이
29년 동안 민낯이다
태도도 기분도 잊은 채

한 표정으로 무엇을 암유하고 있을까
요절이라는 말 앞에 힘 한 번 써보지 못한
묵주는 알고 있을까
툇마루에 앉아 먼 산을 무심코 바라본다

이 세상 지울 수 없는 얼굴*로 남아서
몸은 죽고 시는 살아서
지상을 떠돈다는 사실을 그녀는 알고 있을까

대답처럼 저녁이 내려 앉는다
시처럼 살려고 하지 말아요
갑자기 목소리가 들린다

그 순간 나는 알몸이 되고
농도를 더한 비애가 나를 삼킨다
노을이 와서 와락, 안긴다

※※※
상처 없는 영혼 고정희 시중

종점

손영미

무등산 자락 원효사 능선
해가 뉘엿뉘엿 졸고 있다

황혼을 바퀴에 휘감으며
오르는 종점 버스
뒷좌석 홀로 남은 여자가 내릴 준비를 한다

여름이 가을을 마중하듯
저녁이 종점으로 향하고
숲은 점점 고개를 떨군다

종점에 다다른 운전수가 예우를 하듯 뒷문을 연다
하이힐을 신은 여자가 사라질 것처럼
해거름 속을 걸어 들어간다

절 마당을 지나 위폐가 있는 극락전에 든다
향을 올리고 힘없이 내뱉는 한숨
다 알고 있다는 듯
적막이 한숨을 삼킨다

천 일 째 슬픔이다
익숙해질 법도 한데

여자는 아직도 자신의 종점에
도착하지 못하고 있다

흐느낀다
극락왕생을 되뇐다

한 번 먼 곳은 끝까지 먼 곳이지만
종점은 다시 시작점이었다

손 영 미

시인, 극작가, 칼럼니스트
서울특별시 서초구 거주
서울예술대학교 극작과 졸업
동국대 문예대학원 졸업 석사
한국방송작가교육원 수료
서울예술대학 초빙교수 역임
(사)한국소설가협회 회원
한국골프칼럼니스트협회 회원
(사)서울예술가곡협회 연주이사
벨리비타문화예술원 운영,홍보이사
손영미의 감성 가곡 진행
(사)문학그룹샘문 이사
(사)샘문그룹문인협회 이사
(사)한용운문학 회원
(주)한국문학 회원
<수상>
한용운문학상 특별창작상
계간리토피아 희곡 등단
계간열린시학 시 등단
동서문학상(시부문)
<저서>
사랑의 시작과 끝은 타인으로부터 온다
너니까 사랑할 수 있었다
마음을 적시는 아름다운 명곡 30선 외 다수

수상소감

【언어의 미학 속에 빠지다】

　연일 폭염으로 매미도 지쳐 합창을 멈추고 심신이 몹시 피로에 지쳐 있을 때, 한국문학상 당선 소식을 들었습니다. 한낮에 소나기처럼 폭염을 날려버릴 반가운 소식이었습니다. 더불어 나의 마음에도 생기를 되찾았습니다. 평소 우리 것에 대한 소중함과 고향에 대한 진한 향수를 갖고 있었는데, 그 의미와 취지에 맞게 샘문그룹이 한국문학상을 열어 주신 덕분에 뜻하는 바 소망을 이루게 되었습니다.
　"시는 작업이 아니라 삶의 방식입니다. 그것은 빈 바구니예요. 당신의 인생을 거기 집어넣고 그로부터 뭔가를 만들어낼 수 있죠."
　메리 올리버의 말처럼 언젠가부터 저에게도 나만의 바구니와 방이 존재했습니다. 섬섬옥수 흩어진 언어들을 퍼즐 맞추듯 다듬고 미장하고 때론 조리하고 끓이며 가장 우리 입맛에 맞고 가장 내 몸에 맞게 입히려 하였습니다.
　그 일은 종부가 한 해 농사를 짓듯 그녀의 손끝으로 간장 된장을 빚듯, 하루에도 장독대와 부엌을 수십 번 드나들며 진한 씨간장 맛을 우려내는데 정성을 다했습니다. 그럼에도 불구하고 다소 사적이고 소극적인 미려한 작품들을 귀히 봐주시고 정진의 계기를 주신 이근배 심사위원장님을 비롯 심사위원분들과 이정록 이사장님께 다시 한 번 감사를 드립니다. 더불어 한국문학이 선도적으로 뿌리 내리도록 많은 노고와 수고를 아끼지 않으신 편집위원분들께도 깊은 감사를 드립니다.
　또한 저보다 더 치열하게 쓰고 있는 문우들에게도 존경과 우정을 건네며 언젠가 시가 밥벌이가 되는 그날까지 치열한 동력을 이끌어 봅니다. 하늘나라에서 저보다 더 기뻐할 어머니의 미소를 등에 지고 앞으로도 우리 삶의 언어들을 위해 나에게 주어진 시간들을 올곧게 시에 바치겠노라 다짐해 봅니다.
　아우구스티누스의 《고백록》 중, '당신 안에서 안식을 얻기 전까지 우리의 마음은 쉬지 못합니다.'라는 그의 말은 아직까지 저를 들뜨게 합니다. 고지까지 가는 데는 아직도 더디고 정처 없지만 한 걸음 한 걸음 쉬지 않고 가겠습니다. 감사합니다.

2023. 08. 03.
시인 손영미 배상

한국문학상 우수상 수상작 시부문

거리 악사樂士 외 2편

서 창 원

쌈지길에서
키르기스스탄에서 온 악사
돈 호세 씨가 바이올린 뚜껑을 열어 놓고
열심히 연주한다

슬픔은 잠시 곧 사라지는 것
아름다운 사랑도 곧 사라지는 것
인생도 오가며 누구나 곧 사라지는 것

조선백자에 비친 돈 호세 씨의 그림자가
아로새겨지며 백자를 굽는다

해의 반지름 안에
인사동은 둥둥 떠 흐르고
아프리카에서 온 얼굴 검은 여인들
나를 받아주는 인사동

얼굴은 검어도 마음은 희고 드와
아리따운 한국 사람들은 우리에게
눈 인사 입 인사하며 지나간다

오!
마이 코리아

좌판坐板

서 창 원

좌판을 깔고 시詩를 판다
사람들은 지나친다
어떤 사람은 흘깃 보고 지나간다
어떤 사람은 혀를 차고 지나간다
이거 먹는 거요?
아니요
네?
먹는 거요?
어떻게 먹어?
씹어 먹어요
먹을 게 없는데 무얼 먹어
종이를 씹어 먹는 담
이 사람 미쳤군

돈 피血

서 창 원

원은 돌아간다
돈은 원이다
돈에 갇혀 사람들은 돌아간다
돈을 신용 카드로 뺀다
돈은 은행의 노다지다
노다지를 사람들은 캔다
곡괭이로 캔다
피가 묻었다
돈은 피다

서 창 원
시인

수상소감

　꽃은 싸우지 않아도 세상을 점령한다. 꽃은 아름답다. 아름다움은 가만히 있어도 바람이 불어와서 데려간다. 넓고 깊은 곳으로 데려간다. 언덕에도 고개로 데려간다. 꽃은 어여뻐서 가만히 있어도 사랑을 받는다. 사랑은 꽃처럼 활짝 피워서 부끄럽게 한다. 부끄러운 것이 꽃이다. 시간이 지나도 나무는 그 자리에 서 있다. 하늘과 이야기하며 구름과 속삭이며 그렇게 해도 나무는 열매를 맺으며 결실을 낸다. 나무는 평생 한 발짝도 움직이지 않아도 불평불만을 하지 않는다.
　내 물은 혼자 흐르고, 바위도 혼자 서 있다. 만상은 모두 혼자다. 바위도 혼자고, 냇물도 혼자다. 산도 혼자고 산사도 혼자고 단청도 혼자다. 잉경도 혼자고 석등도 혼자다. 스님도 혼자다 부처도 혼자다. 새도 잎새처럼 나무에 살고 나무도 하늘 새처럼 하늘에 살고 나무도 하늘과 같이 높다.
　요새는 날고 금새는 날아간다. 요새는 요것 봐라 이며, 금새는 저것 봐라 이다. 요새와 금새는 곧 날아오른다. 날아가는 곳은 하늘이다. 하늘은 끝이 없어 요새와 금새는 땅으로 돌아온다. 땅에는 온갖 곡식이 무르익어 배고프지 않다. 하늘은 배고프다.
　한평생 시를 써도 시의 큰 뜻을 가슴에 담기는 너무 가슴이 작다. 인간은 시를 넘어서 갈 수 없다. 인간이 가는 최종의 목적지는 시원詩苑이다. 시 꽃이 만발하여 눈부시다. 가슴에 향기를 담아주어 심장을 두근거리게 한다. 시는 심장 속에서 피가 되어 내 몸을 움직이게 하며 살아가는 에너지다.
　심사위원 이근배, 김소엽, 손해일님께 감사 말씀드립니다. 샘문그룹 이정록 이사장님께 진심 어린 고마움을 전합니다.

2023. 08. 08.
시인 서창원 배상

한국문학상 우수상 수상작 시부문

배움의 항해 외 2편

이 상 욱

젊은이에게 고하노니
부모의 정성이 한 치도 헛되지 아니하게
배움으로 삶의 허기를 채우고
나서 자라던 동네가 없어지지 아니하게
배움으로 삶의 터전을 마련하여
해가 바뀌어도 다시 꽃피우는
튼실한 알뿌리를 만들어내자

젊은이여
이제 온몸의 힘을 모아 쏟아부어야 한다
흰옷 입고 장단을 맞추던 숨어 있던 피가
어느새 한류를 타고 천지진동을 일으켰도다
세상이 바뀌어 뱃머리를 움직이게 하는
직업 창조의 키를 잡아야 하느니

지식의 새바람이 산업현장에서 물결을 일으키라
새로운 물결임에 틀림없나니
새로운 물때에 맞춰 노를 저어야 한다
비록 고단하더라도 저 너머 수평선을 향해
쉼 없이 노를 저어야 하느니

젊은이여

더 넓은 지식의 바다로 항해를 떠나자
끝없는 미지의 우주공간으로 떠나자
두려움이 엄습하더라도 굴하지 않고
강건하게 이 시대의 맹수들을 이겨내자
먹을 갈아 붓으로 획을 긋던 시대를 지나
지식의 창고가 압축되어 경옥이 되었어도
만족하지 말고 미래의 새 먹거리를 찾아내자

젊은이여
피가 끓어오를 만치 몰두하고
비로소 이룰 때까지 값진 땀을 흘리자
신들이 빚어낸 황금알이 나올 때까지
우리 뜨거운 눈물을 흘리자
한강의 기적을 이루고야 마는
한민족의 후예들이
우주의 기운이 모여드는 직업교육의 산실에서
광개토대왕 세종대왕의 영광을 재현하고
세계로 뻗어나가는 항구가 되게 하자

유월

이 상 욱

물방울 위로 비친 수국
주변 잔디가 제아무리 푸르다 해도
그 아름다움을 가리지 못하고
그대는 우리의 풋내 모두를 다스리네

물방울의 영롱함이 사라진 건
우연이 아니리라
그곳에 마음 가라앉기 만무하고
영혼으로 맺힌 물방울을 기억해냈기 때문이리라

그대의 밤 공기가 발길을 재촉한다
해 넘어간 대청호에 비친 쪽빛을 따라
해와 달을 찾아보았네

아직 오지 않은 것인지
오지 않는 날인지 불안하기만 하다네
그래도 그대의 밤 공기는
그녀의 마음처럼 시원하다네

가을

이 상 욱

노란 소국 피어날 때
이렇게 맑고 고운 너의 뺨에
붉그스레 스치고 지나는 바람이
그리 차지 않구나

여기를 떠나려니
발길이 무겁게 느껴지는 것은
일 년을 꼬박 뜬눈으로 기다려야
너를 볼 수 있기 때문이다

따사로운 볕과 결실의 바람은
너의 또 다른 이름, 가을
가만히 내려앉아 소복이 쌓인
그리움을 잊지 않으마

이 상 욱
시인

수상소감

한국문학상을 수상하게 되어 무한한 영광으로 생각합니다. 본상을 심사해주신 심사위원님들께 지면을 통해 우선 감사의 마음을 전합니다. 1966년 창간 된 한국문학이 재창간을 거치면서 새롭게 한국문학의 역사와 함께 할 수 있어 영광입니다.

이번에 우수상을 수상하게 된 '배움의 항해'는 전문대학에서 직업교육을 연마하는 학생들에게 꿈과 희망, 그리고 용기를 북돋우기 위해서 (사)전문대학평생직업교육협회의 재능 기부로 이루어진 작품입니다. 일반적인 시와 시풍이 많이 다르기도 하지만, 우리의 미래를 책임지는 청년들에게 고하는 바를 글로 옮겨 보았습니다. 요즘 힘든 시기에 직업 창출에 어려움을 겪고 있는 청년들에게 위안이 되었으면 합니다.

두 번째 시 '가을'은 가을의 화려함과 가을의 분위기가 엮어내던 그리움과 애틋함을 떨어지는 낙엽으로 표현하였고, 가을이 가고 나면 다시 1년을 꼬박 기다려야 하는 아쉬움을 소복이 쌓인 낙엽처럼 그리움으로 표현하였습니다.

그리고 '유월'은 유월에 피는 수국을 바라보며 풋내 나는 사랑을 표현하였습니다. 해질 무렵 호숫가에서 별과 달을 마주하며, 풋사랑을 시작을 알리는 조심스러운 마음을 담아 표현해 보았습니다. 누구나 사랑의 시작은 미코하고 가슴 벅찬 일이지만 자신이 원하는 대로 잘 되지 않더라도 사랑은 그 자체가 아름다운 것이라 생각합니다.

등단 이후 샘문학상, 한용운문학상, 윤동주별문학상 등을 수상하면서 기쁨이 그지없었습니다. 평소 '시란 인간의 생각이 우주의 자장을 뚫고 만물의 언어를 캐내는 작업'이라 정의해주셨던 존경하는 이근배 시인님의 말씀을 늘 되새기며, 일상에서 언어의 경이로움을 찾아내고 마음의 흔적들을 함께할 수 있는 시를 남길 수 있도록 노력하겠습니다. 그리고 저의 시에 대해 늘 좋은 표현을 해주시는 손해일 시인님께 감사드립니다. 그리고 매주 월요일 주옥 같은 시를 보내주시는 강성범 시인님께 지면을 통해 감사를 드립니다.

끝으로 좋은 시를 쓸 수 있도록 영감과 도움을 주신 샘문그룹, 한국문학, 한용운문학 이정록 회장님께 감사의 인사를 올립니다. 그리고 동료 시인들과 저의 사랑하는 가족들에게 이 영광을 함께 나누겠습니다. 감사합니다.

2023. 08. 07.
木友 이상욱 拜上

한국문학상 특집
시/사/칼/럼

공허한 제도

시사칼럼/ 최 용 대

공존과 협력의 시민, 문화 내지 인간적 정서가 깊고 넓어지는 변화 없이 제도의 형식에만 의존해 실천되는 민주정은 군주정이나 귀족정보다 못할 수 있다고 생각한다. 그럴 경우 사회는 분열될 수밖에 없고 개개인은 사나워지기만 할 텐데, 이런 조건에서 누가 '목적 있는 좋은 삶'의 전망을 가질 수 있겠는가.

잘 알다시피 1987년 민주화 이후 30여 년을 지나는 동안 선의를 앞세운 수많은 제도가 개혁의 이름으로 만들어지기를 반복했다. 그래서 지금 우리가 좀 더 자유롭고 평화롭고 건강하고 평등한 삶을 살게 되었을까? 그렇게 말할 수는 없을 것 같다. 그보다는 만들어지는 순간 작동되지 않아 유명무실해진 '죽은 제도들'만 무성해 보인다.

그럼에도 여전히 새로운 제도 대안을 찾고자 하는 열정이 우리 정치를 지배하고 있는데, 이제는 제도만큼이나 제도가 작동할 수 있는 조건 내지 토양의 문제에도 깊은 관심이 있어야 하지 않을까 싶다.

제도의 선택과 변화가 어떤 선험적 보편 원리에 의해 결정될 수 있을까? 어느 나라에나 적용될 수 있는 최선의 제도가 있을까? 그럴 수 있었다면 이미 모든 국가들이 유사한 체제로 수렴되었을 것이다. 나아가서는 무정부 상태의 국제관계를 종식시킬 세계정부가 만들어졌을 것이다.

그러나 오래전 몽테스키외가 <법의 정신>에서 강조했듯이, 그건 현실이 될 수 없다. 나라마다 특정의 사회구성체를 역사적으로 다르게 발전시켜왔고 그런 조건 위에서 서로 다른 의도와 이해관계를 가진 세력들이 갈등하기에, 선거제도만 하더라도 나라마다 정말로 다양한 형태와 내용을 가진다. 유사한 제도 같지만 만들어지는 효과도 나라마다 다르다.

'미국식 오픈프라이머리(국민공천제)'와 '독일식 선거제도'를 둘러싼 정치개혁 논란이 당파들 사이의 협소한 이해다툼으로 전락한 오늘의 현실을 보면서, 사회적으로는 공허한 이런 제도 개혁론이 누구를 위한 것인지를 묻게 된다.

정치의 역할이 법-형식을 둘러싼 갈등으로 치환되면 필연적으로 국가 관료제의 영향력만 커지게 마련이다. 이번 선거제도 논란 역시 정치 규제기관으로서 중앙선거관리위원회의 위신만 높이는 결과를 낳았다.

인간이란 시공간적 제약을 벗어나 존립할 수 있는 추상적 주체가 아니다. 그보다는 삶의 공간을 공유하는 타자와의 관계 속에서 자아실현을 하는 사회적 존재이자, 일정한 시간적 구속 하에서 공통의 기억을 만들어가며 살아가는 역사적 존재이다. 나아가 사회적 조건과 역사적 유산에 의해 규정되기만 하는 것이 아니라 스스로 그런 조건을 형성하고 개선해 갈 수 있는 집합적 결정의 주체라는 점에서 정치적 존재라고 할 수 있다.

따라서 제도 개혁이 의미를 가지려면 시민적 삶의 정서적 토양을 풍부하게 만드는 전망과 동시에 정치의 가능성을 사회적으로 확대하는 방향성을 가져야 한다고 본다. 그렇지 않으면 매일 부수고 짓기 바쁜 우리의 도시 공간처럼 되기 쉽다.

개발과 재개발을 반복해서 무엇이 좋아졌을까? 현재 국제 기준으로 영국의 건축물 평균 연령이 141년이고 역사가 짧다는 미국도 103년이나 되는 반면, 한국은 25년밖에 안 된다. 그런터도 한국은 세계에서 새 건물이 가장 많이 지어지는 나라이니 건축물 연령은 계속 낮아질 텐데, 이런 조건에서 한국 민주주의의 공동체적 기반은 과연 성숙될 수 있을까?

절반에 가까운 도시민이 2년에 한 번 이사를 다녀야 하고, 휴일이면 거주지를 떠나야 안식을 얻을 수 있다는 듯 교외로 빠져나가는 자동차들이 줄을 잇고, 자신의 영혼을 돌보려는 사람들마저 자신이 사는 마을을 떠나 대형 종교기관을 찾는 통에 주일에도 주차난으로 번잡함 속에서 마을 공동체의 전망은 있다고 할 수 있을까?

'마을 만들기'조차 정부 예산과 공무원이 주도하는 관료제적 기반 위에서 실천될 수밖에 없는 '사업'이 된 상황을 우리는 어떻게 이해해야 할까?
　인간적 정서 내지 공동체로부터 소외된 건축물과 도시 재개발을 통해 행복할 수 없듯, 시민들의 구체적인 삶이 이루어지는 사회로부터 유리되어 당파 간 유·불리 문제에만 매달려 있는 제도 논란으로 달라질 것은 없다. 시민들의 언어 세계 속에서 공명될 수 없는 법-형식적인 용어들로 가득한 제도론이 과연 어떤 사회적 가치를 가질지에 대해서도 필자는 회의적이다. 그런 제도 논란 속에서 시민과 사회는 무기력해질 수밖에 없다. 남는 건 무책임하게 강한 국가뿐이다. 사회적 내용 없이 공허한 제도 논란은 정치와 시민 사이를 더 멀게 만든다.

최 용 대

김포시 통진읍 거주
인하대학교 졸업
연세대학교 대학원 졸업
한국노동방송 논설위원, 논설실장
한국일보 객원논설위원
샘문뉴스 주필, 선임기자
(사)샘문학(구,샘터문학) 이사
(사)문학그룹샘문 이사
(사)샘문그룹문인협회 이사
(사)한용운문학 회원
(주)한국문학 회원

한국문학상 특집
도/덕/칼/럼

덕이 운명을 바꾼다.

도덕칼럼/ 이 정 록

심덕승명이라는 말이 있다. "마음의 덕을 쌓으면 운명도 바꿀 수 있다"라는 고사성어다. 덕을 베풀지 않고 어찌 좋은 사람들이 인연을 맺으려 할 것이며, 행운이 찾아들 것이며, 복福과 운運이 찾아올 것인가?

자장율사에 다음과 같은 이야기가 있다. 관세음보살을 꼭 만나야겠다는 일념으로 백일기도를 하고 있었다. 99일째 되는 날, 얼굴이 사납게 생기고, 곰보에 한 쪽 팔과 다리가 없는 사람이 거지 같은 꼴을 하고 도량에 들어와서 소리를 지르고 있었다.

"자장 너 있느냐? 얼른 나와 봐라"라며 큰소리를 지른다. 이에 상좌들과 불목하니들이 말리느라 애를 먹는다. 큰스님께서는 지금 기도중 이시니 내일 오십시오. 사정을 하고 달래느라 조용하던 도량이 순식간에 야단법석 난리가 났다. 이때 기도를 마치고 자신의 방으로 가던 자장율사가 점잖게 말한다.

"무슨 연유인지는 모르나 내일 다시 오시오"라고 하며 자신의 방으로 몸을 돌리는 순간, 그 거지가 큰소리로 웃으며 말한다.

"네 이놈 자장아, 교만하고 건방진 중놈아. 네놈이 나를 보자고 백일 동안 청해놓고 내 몰골이 이렇다고 나를 피해? 네가 이러고도 중질을 한다고?"라며 큰 소리로 비웃으며 파랑새가 되어 날아가 버렸다.

자장율사는 그 자리에 풀썩 주저앉아 버렸다. 나를 찾아온 보살을 외모만 보고, 자신도 모르게 젖어든 교만하고 편협한 선입견으로 사람을 평가하고 잣대질 한 자신이 너무 부끄러웠다. 이에 모든 것을 버리고 바랑 하나만 메고 스스로 구도의 길을 떠나게 되었다.

살아가다 보면 스스로의 편견과 선입견 때문에, 수호천사와 보살을 못 알아보는 어리석음을 범 할 때가 있다.

이 사람은 이런 것을 시켜도 되겠지,

이 사람은 이 정도는 이해 하겠지,

이 사람은 이 정도는 서운하지 않겠지,

이 사람은 이 정도는 놀려도 되겠지,

이 사람은 이 정도는 빼앗아도 되겠지,

이 사람은 이 정도는 없어져도 모르겠지,

이 사람은 이 정도 해도 모르겠지,

세상에서 나보다 못난 사람은 없다. 나를 가장 잘 이해해주고, 인정해주고 보듬어주는 보살을, 수호천사를 이렇게 버려서는 안된다. 나보다 아랫 사람은 없다, 라는 하심下心을 가지고 사람을 대해야 좋은 운運이 찾아온다. 그것을 덕德이라고 부르고, 겸손함이라고 부른다.

얻으려고만 하지 마라, 기대려고만 하지 마라, 기만하고 속이려고 하지 마라, 횡재나 요행을 바라지 마라, 하늘에 뭔가를 간구하고 갈망할 때는, 나는 이웃을 위해서, 세상을 위해서, 하늘을 위해서 무엇을 주려고 노력하였는가? 나는 누군가의 뜨거운 감동이었는가?를 먼저 생각해라.

통장 속에 잔고는 쓰면 쓸수록 비어져 가지만, 덕德과 운運은 나누면 나눌수록, 베풀면 베풀수록 커지고 쌓여간다. 이것이 잘 사는 방법이고, 도리이고, 인류애가 아닐까 생각한다. 좋은 친구는 곁에만 있어도 향기가 나고, 좋은 말 한마디에 하루가 빛이 난다. 지란지교가 되어야하겠다.

이 정 록
칼럼리스트

한국문학상 「본상」
「특별작품상」 수상작

한국문학상 특별작품상 수상작 시부문

엄마는 모천으로 회귀 중 외 2편

조윤주

넘어져 등뼈를 다친 엄마는
몇 덩어리 큰 슬픔을 등에 지고 사셨어
병원에서 깁스하고 누워있어야
뼈가 제대로 굳는다는 의사 말씀을 휴지통에 버리고
자식 농사에만 전념하던 당신,
아버지가 청춘을 봇짐에 담아
저세상으로 가신 후
그것들이 다 자신의 죄인 양
거품 물고 올라오는 슬픔을 삭여
텃밭에 거름으로 쓰셨지

부러진 등뼈가 부풀어
스피노사우루스 공룡 화석을 닮아갈 때 굽은 등으로 똑바로 누울 수 없었던
등짝이 펴지던 짧을 찰나를 봤어

장례지도사가 슬픈 실오라기로 만든 천을 모아 염을 하던 날
앞가슴을 두 손으로 눌렀을 뿐인데
수십 년 굽었던 등이 뚝 소리를 내며 펴지더군

키가 큰 늘씬한 가냘픈 낯선 노인이
낯선 장례지도사 앞에 누워있었어 "천국으로 가셨을 것 같군요 얼굴이 아주
평안하고 몸이 사납지 않아요 어떤 분들은 단단하게 몸이 굳어 수의를 입힐

수가 없어요 얼굴도 험악하고.3"

노잣돈 사이로 던져준 위안을 곱게 펴 상복의 옷고름을 고치던 그 날
시간이 박제되어 삶의 가보家寶가 되는 것을 봤어
우리 식구들은 가끔 붉은 눈물로
그날을 꺼내 이야기하거든

굽은 것들을 열면 강을 거슬러 올라오는 물고기처럼
슬픔이 지느러미를 파닥이며 꼬리를 쳐
기억이 알을 낳으려고 모천으로
자맥질하는 중인가 봐

빨갱이
- 우리 엄마 3

조 윤 주

그러니까 엄마의 출생일은 1936년 10월생 김혜선인데 평생을 1934년 4월생 김순연으로 사셨어.

엄마의 기억으론 엄마의 언니와 형부가 1950~1951년 즈음 월북하고부터 엄마 가족은 날마다 피바람이 불었다고 해

기관에서 엄마의 부모를 데려다가
"딸년과 사위 놈 찾아내라고 각종 고문을 했고 엄마의 엄마는 시신도 찾지 못하고 어디선가 억울하게 고인이 되셨다지

엄마의 아버지는 궁여지책으로
김순연은 월북한 것이 아니라
여기 살고 있다고 김혜선은 죽었다고, 죽었다고, 혀가 빠지도록 증명하셨다지

그러니까 6.25가 발생한 시점
엄마의 언니 나이는 17세,
엄마의 형부는 22세,
그 젊은 청춘들이 무슨 이념으로 월북을 했겠어

엄마의 고향이 황해도 해주니까
어린 시절 고향에 대한 기억이 좋았던 곳을 향해 피난을 갔을 뿐이라는데…

그러니까 시대를 잘못 태어났다고
그 시절 다 억울하다고 그렇게 말하지 말아줘

평생을 남의 이름으로 살다가 보상이니 민주화니 그런 굴레 속으로도 들어
가지 못하고, 아웃사이더(outsider)로 살다간
사람도 있어

빨갱이란 이름만 들어도
산이 흔들리고 벼락이 치던 그런 생애 때문에
자신의 삶을 뒤주에 가둬
스스로를 생매장 한 채로…

검은 눈
- 우리 엄마 9

조 윤 주

지렁이가 삽에 찔려 흙으로 돌아간 때
쥐약을 먹은 쥐를 먹고 독수리가 죽었을 때
피해자는 있는데 가해자는 장막 뒤에 있는
불관용과 불관용이 부딪쳐 전쟁으로 치달을 그 때에

티벳에서의 7년, 이란 영화를 봤다
건축현장 삽질에 지렁이가 죽으면 안 된다고 모든 생명은 존중받아야 한다며
지렁이들을 골라 다른 곳으로 이주시키는 장면은 시간이 지나도 내 기억은
흑백 필름으로 자주 상영을 한다

살아있는 사람은 그래도 살아야 한다 위안의 계단 사이로 불현 듯 가슴팍을
치고 흔들며 올라오는 공포,
엄마는 당신의 부모가 폭력에 끌려가던 기억의 손들을 돌탑 사이에 끼워 넣
고 암자에 가서 자주 불공을 들이셨다

어느 날 내 사주가 글로 풀어져 호수에 그림자로 읽히던 계절,
당신은 어린 나를 불상 앞에 앉혀놓고 아미타불을 외치셨다

산짐승들의 울음을 먹고
해를 잡아먹는 산을 보며 하산한 나는
아침 햇살에 창문을 타고 들어오는 한웅큼의 빛을 가지런히 포개 종교를 개

종했다

죽고 사는 것이 혀의 권세에 달렸나니…. 잠언 18장 21절을 외우면서
죄가 스며들어간 혓바닥의 또루지를
그 뿌리를 들여다보고

조 윤 주

본명 : 조유호
서울시 구로구 거주
중앙대 예술대학원 문예창작과 수료
(사)한국문인협회 회원
예술시대작가회 36대 회장
중앙대문인회 이사
한강문학 이사
한국작가회 회원
(사)문학그룹샘문 회원
(사)샘문그룹문인협회 회원
(사)한용운문학 회원
(주)한국문학 회원
<수상>
1998 한국예총 시 등단
2022 전국탄리문학상
2021 서울오늘문학상
<시집>
나에게 시가 되어 오는 사람이 있다 외 6권 그 外 공저 수십 여 권

수상소감

선천적 슬픔이라고 하겠습니다. 아니 모태 슬픔이라고도 하겠습니다. 철이 들면서 엄마의 삶이 보이기 시작했습니다. 언젠가는 엄마의 이야기를 솔직 담백하게 풀어내야 한다는 숙명도 알았습니다.

하늘나라에서 엄마가 당신의 이야기로 특별작품상을 받게 되었다고 기뻐하실 것 알고 있습니다. 살아생전 "소설보다 더 서사적인 소설"이라고 자신의 애환을 쏟아내셨던 엄마였으니까요.

슬픔은 왜 늙지 않는 것인지 몸 안에 소화되지 않는 것들이 아직도 날것으로 남아있습니다. 그렁그렁 당신의 이야기를 말씀하시던 말들의 뼈다귀가 제 가슴을 훑습니다.

그렇습니다. 저의 엄마는 빨갱이 가족으로 몰려 의성김씨 가문이 몰락했습니다. 엄마의 언니가 월북한 후와 월북 전의 삶은 경계가 너무 확연하게 달라 비극과 희극의 샅바 싸움으로 이어졌습니다. 엄마는 적어도 이성적으로는 모든 것을 털고 일어나고자 부단히 애쓰시는 모습이 역력했습니다.

서두가 길었습니다. 부족함이 많은 저의 시를 특별작품상에 올려주셔서 고맙습니다. 슬픔 가득한 시를 따스한 눈길로 챙겨주신 샘문그룹 이정록 이사장님과 심사를 맡아주신 이근배 심사위원장님, 김소엽 부심사위원장님, 손해일 부심사위원장님, 두고두고 이 은혜 가슴에 새기겠습니다.

나날이 감사하며 좋은 시 쓰도록 더욱더 노력하겠습니다. 하나님과 가족들에게 이 영광 올립니다.

2023. 08. 01.
특별작품상 당선자 조윤주 올림

한국문학상 특별작품상 수상작 시부문

나는 샘문이 되리라 외 2편

김 태 연

나는 하나님의 작은 마을 샘문이라
너희는 나를 누구라 하느냐?
제자들에게 질문하시는 주님
오늘 내게 말씀하시면 '제가 샘문이라' 대답할 수 있으리

나는 초일류 대한민국을 위한 미래를 꿈꾸며 반백이 되었네
전 세계를 몇십 바퀴 돌고 하나님의 마음을 알았네
'일어나라 초일류 대한민국!'
새벽마다 들려주시는 거룩한 말씀
하나님의 마음을 알았네

21세기 초일류 국가를 위해 기도한 지
수십 년
하나님은 왜 나에게 예수의 고난의 길만 걷게 하시고
그리스도의 부활의 길은 안 주시는지...
아직은 이 땅은 가나안이 아니니
하나님의 소명받은 미래의 나라를 이끌라는 뜻으로만 알고 있네

나는 외치네, '하나님이 주신 일만 하는 나라가 되게 길을 놓겠나이다'
우리 젊은 세대들이 세계를 품고 온 세상에 과학의 열매를 맺도록
이 일은 성령으로 거듭난 자만이 할 수 있는 양심있는 순례자의 길
세계화된 나라 대한민국이 날다다 실현되고 있네

내가 처음 IMF 이전에 미국에서 배워서
자랑스런 무궁화꽃이 다시 피는 조국을 재건하고자 했으니
한반도에서 세계로 날아오르는 독수리가 되어서
오늘 조국에서 보니
우리가 전 세계로 영향력을 미치네

내가 태어나 위대한 과학자보다 신실한 크리스챤이 되었으니
'이제 미래를 두려워하지 말고 기회를 놓치는 것을 두려워하라'는
전지하신 하나님 음성을 선지자 심정으로 어두운 세상 곳곳마다 샘문되어
등불을 예비한 그리스도의 신부가 되게 하리라

너희는 나를 누구라 하느냐?
지혜있는 자는 궁창의 별과 같이 빛날 것이니
나는 샘문이 되리라

새시대의 국민찬가

김 태 연

창조의 주 하나님 자유 민주 대한민국
복음으로 무장하여 거듭나게 하셨으니
주의 나라 이루어서 생명의 빛 비춰가며
새시대에 앞서가는 국민되게 하옵소서

생명의 주 하나님 자유 민주 대한민국
믿음으로 무장하여 거듭나게 하셨으니
항상 깨어 기도하며 건전하게 살아가며
새 시대에 앞서가는 국민되게 하옵소서

영원한 주 하나님 자유민주 대한민국
아름다운 문화 민족 꽃을 피어 주셨으니
성령으로 거듭나서 정직하게 살아가며
새시대에 앞서가는 국민되게 하옵소서

우리 모두 정직하고 성실하게 일하면서
온 세계에 자랑스런 새역사를 창조하자

죽은 목사의 사회

김 태 연

첫 사람 아담의 원죄를 유전으로 받은 죽은 시인의 사회

첫 사람 아담의 자유의지를 부여잡고
컴퓨터의 칩과 같이 제도화된 질서 속에서
저마다의 꿈을 키우는 청춘의 언덕에서
한 사회의 미숙한 왼손잡이 시인이
절필이라는 신학 속에서 살아간다

봄이 오는 길목에서 실눈을 뜨고
둘째 아담의 부활과 영생의 소망을 기대하면서
무질서와 질서의 변혁기를 지나가는
2023년 5월 한국사회에서
미국 시민권도 버리고 한국으로 귀화한 목사가
전문인 선교사라는 주님의 사명 속에 세계화에 서다

죽은 시인의 사회에서
죽은 한국의 교회 성장의 무덤에서
우리는 포스트 휴머니즘에 대한 죄인의 정을 느낀다
그리고 진정한 의미의 별세의 신학을 실천한다

어머님이 소천하시며
'나는 가도 산 자라도 살아야 한다며
너 하나라도 살아 선교하며 춤을 추라'
하신 눈물의 무지개 계절에
우리는 인격적인 종교개혁이라는 신의 소명을 받는다

우리 모두는 제2, 제3의 아브라함 카이퍼가 되어야 한다

그리고 날자,
다시 한 번 날아보자고 외친다
직업의 전문성과 사역의 전믄성을 가진
양 날개를
코리안 디아스포라를 향해 닪껏 펼치면서...

김 태 연

대구광역시 출생
경기도 안양시 거주
서울고등학교졸업(28회)
한국외국어대학고 中國語과 졸업
한국침례신학대학원졸업(M.Div. 2회)
1986-87 조선일보 워싱톤 기자 역임, 한국전문인선교훈련원(GPTI 원장), 1996 극동방송 운영위원, 한국전문인선교협의회(KAT)회장 역임, 2002 SAM 의료복지선교회 고문 역임, 2002 세계전문인선교대회 유치위원, 2003 한국외국어대학교 강사 역임, 2005 현재 한국신학회 총무이사, 2005 한국전문인선교원(GPI) 원장, 2005 명지대학교 국제대학원 주임교수, 2005 Midwest University 선교학 교수, 2016 호서대 신학대학원 주임교수 역임, 2017 영남 신학고 특임교수 역임, 2018 콘코디아 국제대학교 경영학장, 2021. 6. 국제PEN한국본부 정회원
<수상>
2021 국제펜한국본부 시 등단
2006 크리스챤문학 신인문학상
<시집>
선교나무(C&G, 2002, 개정판)
단동으로 가는 길(C&G, 2002)
당신을 살리는 나무가 되리(C&G, 2003)
하나님의 손수건(굿 글로벌, 2010)
화해의 강(비전사, 2011)
일어나라 초일류 대한민국(명동출판사, 2021)
우리 누님(수하 프로패셔날, 2023)
<저서>
전문인선교사를 깨워라(2001)
전문인선교사를 구비시켜라(2001)
전문인선교사로 살아라(2003)
전문인선교학총른(2002)
전문인설교코드븐석(2002) 외 다수

수상소감

샘문그룹에서 주최하는 한국문학상 본상에 당선되었다는 통보를 이정록 이사장님과 그룹 측에서 주셔서 마음이 뭉클 해졌습니다. 하나님 앞에서 호연지기로 살다 보니 함께 같이 행동하지 못하고 늘 혼자만 독주 하며 살아 온 듯 합니다.

민족 시인의 길도 기도합니다. 해외에 오래 살고 많은 나라들을 섬김과 봉사 차원에서 머무른 세월을 써 놓은 시집이 여러 권에서 세 편을 선정하기도 어려웠습니다. 그럼에도 심사위원들께서 격려를 해주신 것으로 알겠습니다. 국가의 미래를 보고 문화예술 분야에서 기회를 줄 테니 일하라고 키워주신 것으로 알고 감사드립니다.

친구 교수님이 샘문그룹의 자문위원 이시라며 늘 시를 두세 편 보내시는 모습이 옆에서 부러웠습니다. 이제 저도 마음 둘 곳이 있고 제 글을 보내서 실을 곳이 있어 기쁩니다.

끝으로 저의 사랑하는 주님과 가족들에게 이 영광을 돌립니다. 사랑합니다.

김태연 드림

한국문학상 특별작품상 수상작 시부문

남지나해 장마전선 외 2편

예 시 원

남지나해와 남중국해의 싱거운 물이
해류를 따라 잡수雜水와 섞이고
남해로 흘러와 짠물이 돼간다

노산공원에서 어이어이 소리 지르며
소주 한 잔 하고픈 날이다

철길 건너 살짝 떨어진
진주 내륙이다

남향에서 장마전선을 따라오는
초저녁 물비린내엔
사천 앞바다 짜디짠 갯내음이 묻어있다

진주에서 유일하게 바다 내음을 맡는
그런 날이 바로 오늘이다

바람 따라 삼천포 선창가가 따라온다
어쩌면 시궁창 냄새 같기도 한
생선 손질한 뒤끝의 비릿한

조개껍질의 굴풋한 짠 냄새가
빗물에 잔뜩 묻어나는
그런 날이 바로 오늘이다

그리운 섬

예 시 원

동진강 물이 얼다 녹다 하는 동안
그대 격포에는 가보았는가

누구나 한 번쯤 동경하던 그리움의 섬
그 섬에 가보고 싶다고 말하는 그 섬에 가면
그 섬이 아니라네

그리움의 건너편에서 바라볼 때
비로소 그 섬이 보인다네

환상의 섬은
가보고 싶어도 참아야 한다네

그렇다고 바람을 끌어안고
함께 울지는 말게나

그대 아직도
그 섬에 가보고 싶은가

빈 방석

예시원

늬엿늬엿 묏봉우리 넘어가는
붉은 햇살에 그리움이
줄 산 따라 철길 가슴으로 이어지고

바람 따라 흘러오는 괴기 배 따는 냄새에 물회 한 그릇과 소주가 생각나는 저녁이다

천둥처럼 날아온 그 님의 그림자를
한달음에 데려와 저편에 주저앉히고

임자 없는 방석, 빈 테이블 위에도
소주잔엔 가득찬 정이 철철 넘치고 있다

불각시 해걸음에 달려온 미안함에 전화통화는 수평선처럼 이어지고

혼자 따르고 마시는 빈 술잔단 늘어나도
그 님과 만나는 정다움에 밤은 익어만 간다

예시원
시인

수상소감

무더운 열대야가 괴롭히는 여름날
반려 견 산책 시키다
대형 견에 다리를 물려 더욱 괴로운 날이다

가을이 먼 소식일 때
세상을 제대로 바라보기 위해
나는 문학을 선택하였다

두 눈 부릅뜬 새벽이면
북방 정벌을 가듯 승용차 시동을 걸고
지난밤 채우지 못한 원고지를 구겨 놓는다

나는 호구지책과 문학
그 경계 사이에서 늘 맴돌았다

문학상은 주는 이와 받는 이 모두가 기쁘다
비로소 시원한 가을이다

추천해주시고 고생하신 이정록 교수님과
심사위원님들께 감사의 말씀 올립니다.

그리고 저를 항상 응원해주는 저의 사랑하는 가족들에게
이 지면을 빌어 사랑한다고 전합니다
감사합니다.

2023. 08. 01.
시인 예시원 배상

한국문학상 특별작품상 수상작 시부문

당랑거철 외 2편

박 기 준

<장면 1>
가을을 꼬리에 달고 유영하는 고추잠자리 불안하게 비행하던 고추잠자리가
수레에서 졸고 있어요
길쭉한 몸통에 갈고리 같은 앞다리 그놈이 그를 낚아채고 매미 음악이 지지
직 그놈이 포클레인 같은 발토 음반을 깨뜨려요
꽃 뒤에 숨어 있는 그놈 멋도르고 꿀을 따던 벌새의 머리를 파먹고 있죠 발
정 난 고양이의 밤을 앓는 소리처럼 뜨거운 사랑을 하다 머리를 먹기 시작
하면 몸은 더욱 격렬해지죠
자식의 아비까지 먹어치우는 탐욕과 포악성 만석꾼의 배를 채워주던 수레가
멈춰요 허허벌판에 남은 이삭 몇 알 수레를 운전하던 메뚜기들은 배고프죠

<장면 2>
사마귀가 메뚜기를 잡아먹는다고 비난할 수는 없는 걸까요
너에게 물리면 나을가 하던 사마귀는 상처만 더 깊었어요

<장면 3>
맛있는 음식만 골라 먹는 정의 앞에 밥상다리가 흔들리고 있어요
그들의 눈과 귀는 얼마나 다른가요 그들에게 가을 농장의 세상은 얼마나 다
른가요
혹시 아시나요?
억눌린 이에게 권리를 찾아 주시며
굶주린 이에게 먹을 것을 주시는 당신,
찾고 있어요
지금 성탄은 다가오는데 12월의 도로가 허기져 비틀거리고 있거든요

세상에서 처음 만난 별

박 기 준

버려진다는 것은 쓸쓸하다

아침을 깨우고 저녁을 잠재우던 안마의자
시간과 함께 폐기물이 되었다

한가지 표정만 짓는 곰이 버려졌다

십자탑 종소리보다 더 큰 아기의 울음소리
새벽이 깨어 박스를 포근히 안았다

뿌리 뽑힌 풀뿌리가 흙을 움켜쥐듯
박스를 잡은 여린 손
이별이 세상에서 처음 만난 별이었다

유성처럼 떨어진 시간과 이름만
떨린 손글씨가 불러주었다

엄마라는 별이 사라졌다
다시 오겠다는 손끝의 말이
별을 헤아린 세월이었다

마음이 아팠나요

눈빛을 버렸을 때
기억도 버리셨나요

편견 속에 숨은 어머니를 찾아
종소리를 찾았지만
기억은 기록을 소환하지 못했다

버려진 게 아닌 지켜진 존재
세월이 알려준 비밀이다

'태어나줘서 고마워'

고드름이 뚝 떨어진다
뿌리는 땅속 깊이 물줄기를 찾으며 살아간다

라때꽃

박 기 준

샛별의 고백에 달개비 부끄러워 고개 숙인 밤
강남 불패라는 수도꼭지와
헤비급 폭우에 춤추는 뉴스
우레가 소란을 떨자
창문도 덩달아 밤을 흔들고 있다

콧소리 흥얼거리는 부침개 붓을 들고
단풍을 잘 그리는 막걸리 화가가
아내의 볼에 발갛게 색을 칠한다

고단했던 아내,
하얗게 탈색된 '라때'*가 바닐라 커피 향을 풍긴다

거나하게 흥이 돋은 할머니의 막걸리 심부름
거품을 주둥이로 품어내고 그걸 날름 받아먹었던
뙤약볕에 갈증 난 길바닥
몸을 가눌 수 없는 길과 가벼워진 심부름이 취했던 어떤 날

손 편지를 들고 달동네의 다 닳은 손금을 헤매던 아버지
검은 봉지 안에서 취한 막걸리가 연신
아빠의 청춘, 브라보를 노래하며 꼭대기로 향한다
통닭으로 몰려드는 선잠 깬 병아리들을

타오름 달이 창문으로 몰래 훔쳐보는 저녁

장맛비 속 막걸리가 행성이 된 아버지와
기억의 창문을 열고 들어오셨다
그 곁에
라때꽃 향기에 취해 본숭만숭 졸고 있는 아내

막걸리 한 사발에 웃으시던 아버지
나는 지금 막걸리 한 사발에 눈시울이 뜨겁다

※※※
라때 : 예전에 내가, 왕년의 내가, 나 때는 말이야 등의 말을 희화화하는 신조어

박 기 준

경기도 파주시 출생
서울시 양천구 거주
문학고을문학회 회원
시사문단회 회원
(사)문학그룹샘문 회원
(사)샘문그룹문인협회 회원
(사)샘문학 회원
(사)한용운문학 회원
(주)한국문학 회원
샘문시선 회원
<수상>
문학고을 신인문학상
시사문단 신인문학상
2023 국민일보 신춘문예
한국디지털 문학상
경기노동문화예술제 문학상(문학부문)
국제지구사랑공모전 문학상

수상소감

27년 만의 대학 졸업 후 새로운 것을 찾고 있을 때,
김부회 시인의 권유로 접한 시의 세계는 새로운 삶의 활력소가 되었습니다.

기도 속에 하느님이 응답하시기를 시인은 새로운 세계를 창조하고,
우리 사회의 어려운 이웃들에게 용기와 힘을 주고
우리 사회에 선한 영향력을 미치라고 하였습니다.

부족한 게 많은 저의 작품을 선정해 주신 이정록 교수님과
심사위원님들께 감사를 드리며 더욱더 공부하라는 자극으로 알고
시의 세계에 빠져 보겠습니다.

늘 저를 사랑으로 지켜주시는 하느님과,
진실한 조언을 아끼지 않는 김부회 작가님과
나의 최고의 애독자 아내와 딸들 부부에게도 사랑을 전하고
이 영광을 돌립니다. 사랑합니다.

2023. 08. 01.
시인 박기준 드림

한국문학상 특별작품상 수상작 시부문

운무가 피는 산 외 2편

김 연 화

밤새 비 내린 저 산에서는
푸른 솥뚜껑을 덮어 놓고 무얼 삶을까
빈 그릇을 들고 가면 담아 올 게 있을까
머리에 흰 수건을 두른 어머니가
부지깽이를 들고 걸어 나오실 것만 같은
뿌연 연기 속
저 산허리 어디쯤에는
어깨의 짐을 내려놓고 편히 쉴 수 있는
선계의 주막이 있어서
이른 아침부터 큰 두솥에
불을 지피는 건지도 모를 일이다
운무가 피어나는
이른 아침 저 산은

코스모스 축제

김 연 화

가을은 알고 있었던 걸까
점령군 같았던 폭염을 향해 저항하다가
더러는 핏빛이 된 채로
가느다란 긴 팔을 하늘로 뻗어
만세를 부르며 춤추고 있는 그녀들의 모습을
바람 저편의 또 다른 세상에서는
나비들의 축제가 끝난 뒤였을까
여린 날개들이 흰 눈처럼
저 넓고 긴 강둑에 내려앉은 것을
가을이 꽃대를 키워 올려
바람에 일렁이게 하고
서리가 내릴 때까지
꽃멀미가 날 때까지
보고 있으려고 했나 보다
코스모스로 피어난다는 것은
애잔한 한 여자가
너머를 보고 싶어서
눈뜨고 꾸는 꿈 같은 것인지도 모르겠네

늦가을 비

김 연 화

잠결에 그가 오는 소리를 들었다
막차를 타고 온 사람처럼
창문을 두드리고 있었지만
나는 빗장을 열지 않았고
불도 켜지 않은 채로
그의 숭숭한 허물을 들여다보고 있었다
그는 옛 연인의 기타 소리와
유장한 지난날과
가슴 붉게 앓다 져버린
낙엽의 비애를 데리고 온다
그가 다녀가고 나면
무서리도 내릴 테고
흰 눈발도 들이치겠지
가을밤이 얼마나
마음을 슬프게 하는 건지
그는 알고 있는 듯
밤새 흐느끼고 있었다

김 연 화
전남 화순군 출생, 경기도 용인시 거주
(사)한국문인협회 회원, 수원문인협회 회원, (사)샘문학(구,샘터문학) 회원,
(사)문학그룹샘문 회원, (사)샘문그룹문인협회, (사)한용운문학 회원, (주)
한국문학 회원
<수상>
2015 좋은문학 시 등단
2017 전국예술대회 대상

수상소감

　신록이 푸르른 팔월의 첫 째 날 무더위에 지쳐
깜박 졸다 깨어나보니 당선통보가, 기쁜 선물이 와 있었네요
아직 꿈결인가 싶습니다

한 귀로 듣고 한 귀로 흘려 보낸다고 투덜대는 저에게
콩나물 시루에 물을 주면 그물은 모두 흘러나오지만
그래도 콩나물은 자란다고 하시며 우스개로 다독이시고
무엇을 쓸 것인가 고민하지 말고
무엇을 뺄것인가 고민하라고 가르쳐주시던 오세영 교수님,
　늘 목마름으로 허둥댈 때 격려해주시고 용기주시던 문태준 선생님께
고개숙여 감사 드립니다.

　폭염에 고생하시며 저의 졸시를 뽑아주신
　이정록 교수님과 심사위원 선생님들께도 깊은 감사를 드립니다.
더 열심히 정진하겠습니다.
더 많이 사색하겠습니다.
더 많이 고민 하겠습니다.

2023. 08. 02.
시인 김연화 배상

한국문학상 특별작품상 수상작 시부문

할머니의 곰방대 외 2편

방 민 선

아버지 유품을 정리하다
오랫동안 잊고 지냈던
할머니의 곰방대를 만났다

바짝 말린 담뱃잎 뜯어
날 선 칼로 잘게 썬 후
놋쇠대통에 넣고 성냥불 붙이면
곰방대는 이내 요술을 부렸다

두 볼이 쏙 들어가게
물부리에 입을 대고 빨면
신기하게도 할머니 입속에서
피어오르던 자그마한 구름들

주인 잃고 홀로 남은 곰방대
안쓰러워 어루만지며
당신 가시는 날까지
그리움 키우셨을 아버지

무명천으로 곰방대 닦으며
할머니 보고파 눈물 흘리셨을
아버지의 지난날을 다주한다

벽소령 달빛

방 민 선

굽이굽이 계곡 휘돌아
흐르는 달빛에 취한 벽소령
품 안 가득 운무를 머금은 채
여름 속에서 여름을 꿈꾸며
비를 잉태한다

되돌릴 수 없는 지난날
뒤돌아보지 마라
눈에 보이는 것만 진실이다
눈에 보이지 않는 허상에
집착하지 마라
타인을 원망할수록 속앓이는 깊어
스스로 병이 드는 법

달빛에 젖어 졸고 있는 벽소령
더 이상 아파하지 마라
서로 어깨 겨루며 사랑하라
여름 속에서 여름을 음미하며
비를 낳고 있다

손톱엔 꽃물이 들고
마음엔 사랑이 물들고

방 민 선

여름이면 봉숭아꽃과 이파리
백반 넣고 곱게 짓찧어
손톱 위에 올려놓고 비닐로 감싸
무명실로 칭칭 감아 주시던 어머니

봉숭아꽃 물들이는 밤
손가락 간지러워 잠은 안 오고
연신 들락거리던 화장실
손톱엔 꽃물이 들고
마음엔 사랑이 물들고

첫눈 올 때까지 남아 있어야
이루어지는 첫사랑
꽃물 든 손톱 줄어들 때마다
쑥쑥 자라나는 아쉬움

이빨을 손가락 삼아
봉숭아꽃 홀로 물들이는 밤
손톱에 뿌리 내린 붉은 꽃물처럼
가슴에 돋아나는 그리움

방 민 선

전북 남원시 출생
경기도 파주시 거주
인하대학교 일어일문학과 졸업
중앙대 예술대학원 예술지도자과정 수료
(사)한국문인협회 회원
(사)문학그룹샘문 회원
(사)샘문그룹문인협회 회원
(사)샘문학(구, 샘터문학) 회원
(사)한용운문학 회원
(주)한국문학 회원
파주문인협회 회원
서정작가협회 회원

<수상>
2014 서정문학 시 등단
2020 문학고을 수필 등단
재능문학상 / 서정작품상

<시집>
고양이 가족
어둠 속에서 빛을 만나다

<공저>
한국대표서정시선6
한국대표서정시선9
문학고을 제3선집
한국대표서정 산문선5 외 다수

수상소감

한 살 터울의 언니가 국문학을 전공했다는 이유로 아버지께서는 나의 국문학 전공을 반대하셨다. 대학에서 깊이 공부하고 싶었던 나는 그런 아버지가 한없이 섭섭했다. 일본 문학을 전공하면서 문학동아리에서 활동했지만 학내 행사 때마다 1등은 늘 국문학과생 몫이고 난 고작해야 2등이었다. 동아리 선배들도 국문학 전공자가 많다 보니 자신들의 학과 후배들만 챙겼다. 하지만 시간이 흐르면서 아버지의 뜻을 이해할 수 있었고 무척 현명한 판단이었다는 걸 깨달았다. 그 덕분에 난 국문학 전공자보다 더 폭넓게 문학을 공부할 수 있었기 때문이다.

아쉬울 때 도움을 요청할 수 있는 은사 한 분 없어 문단 생활이 외롭긴 하지만 이 또한 잘 이겨나갈 것이라고 확신한다. 여고 시절에 언니(소설가)와 난 「폭풍의 언덕」의 저자 에밀리 브론테와 「제인 에어」의 저자 샬롯 브론테의 브론테 자매처럼 2인 문단 시대를 이루자고 야심차게 약속했었다. 소설과 시는 비록 분야는 조금 다르지만, 함께 글을 쓸 수 있어 지금 무척 행복하다.

부족함이 많은 작품을 선정해 주신 심사위원님들께 머리 숙여 감사의 말씀을 올립니다. 또한 저를 추천해 주시고 많은 애를 쓰신 이정록 교수님께도 감사의 말씀 올립니다.

앞으로도 나만의 색깔을 지닌 시를 쓰는 시인이 되도록 노력하리라 다짐하며 더욱더 정진하여 시대정신과 보편적 가치가 묻어난 작품을 생산하는 시인이 되도록 노력하겠습니다. 감사합니다.

시인 방민선 올림

한국문학상 특별작품상 수상작 시부문

흔들리는 가을 외 2편

정 희 오

붉디붉은 나뭇잎 날리는 산하에
물들지 못한 내 마음 한 자락을
왼손가락에 힘겹게 부여잡고
조촐한 돌담 사이로 걷노라면
흔들리는 그대 생각에 자꾸만 눈가가 젖는다

조락 속에 서러이 누운 빈 들판
그 위로 내리는
늦가을비가 무량없이 허무하고
눈 길 가는 곳마다
한 겹 한 겹 쌓이는 수심에
애절한 들국화는 조용히 슬픔을 머금는데
이 저녁에 저며드는 영상이
시린 가슴을 서걱서걱 갉아대고 있다

잔잔히 울먹이는 낙엽 속에
싸늘히 돌아앉은 비에 젖은 빈 벤치
갈색 거리로 아득히 사라져가는
그대의 실루엣,
그렇게 그렇게 너는 떠나고
참담한 나의 눈동자 속으로
붉게 물든 가을 속살이 꾸역꾸역 흐르고 있다

떠나는 낙엽이 되어

정 희 오

알 수 없는 미완未完의 계절
또 하나의 나를 낙엽으로 떠나보내며
안녕히 가시라고 말하지 못하였습니다

우울해지는 우리의 시간
앙상한 들녘에 기대어 지나간
너와 나의 가을을 생각합니다

화려했던 너의 웃음도
말라버린 나의 주름 속에 잠들고
불꽃 같았던 정염도 흔적 없이 소멸되었습니다

시월에 부르는 임의 찬가는
지친 나의 귓가에 흩어지는
가을날의 슬픈 노래가 되었습니다

미련이란 가슴을 되돌려 보아도
임은 채울 수 없는 무심의 벼 기에
쏟아지는 그리움도 소용이 없습니다

바람으로 지나갔어도 참아야 하고
버리고 간다 해도 잡지 못하고
돌아보지 않아도 어쩔 수가 없습니다

고독이란 그림자를 밟으며
낙엽 되어 흐르는 또 다른 나에게
안녕이란 말 차마 할 수가 없습니다

그 강변에 가면

정희오

그 강변에 가면
아직도 실버들이 자라고 있을까

그 강변에 가면
옛사랑을 찾을 수 있을까

실버들 파란 잎 속에서 만났던 얼굴
낙엽 되어 떠나간 아픔이 되었네

그 강변에 가면
아직도 실버들 춤사위 볼 수 있을까
이제는 고사목 되어
잡초더미에 묻혔는지 모른다네

행여 임의 흔적을 찾을지도 몰라
내 미소에 수줍어하던 그 사람
아스라한 여인이 되어 나에게 돌아올 수 있을까

사는 동안 한 번쯤 내 생각을 했을까!
그래 내 생각에 가슴 뭉클했을 거야
그리고 눈가에 잠시 이슬이 고였을 거야
그래 내 생각 많이 했을 거야

애틋한 그리움은 불꽃처럼
내 가슴을 태우며 재가 되었고
엷은 한 줄기 향기마저 스러졌다
그래 그렇다
놓쳐버린 시간들은 황혼이 되었네

그 강변에 가면
잃어버린 옛사랑을 찾을 수 있을까
세월이 흐른 지금에라도
내 품으로 돌아올 수 있을까!

버들잎 속에서 만났던 그 얼굴을
낙엽 되어 떠나간 그 아픈 인연을

정 희 오
시인

수상소감

나에게 시인의 삶이란!
마치 용광로 속의 불꽃에 그을리다가 어느덧 끝없는 얼음 길을 걸어가는 설국의 절름발이 늙은 나그네처럼 극과 극의 세계를 경험하는 것이기도 하며 수상은 항상 가슴 설레는 경험이다.

오늘도 성하의 무더위와 시름하며 힘겹게 하루를 보내고 있는데 2023년 한국문학상 특별상 수상이란 소식을 접하니 청량하고 시원한 냉수 한 사발을 마신 것처럼 시원하고 감개무량합니다.

지금 창밖에는 시절을 절규하는 매미소리 속에 곱게 편 백일홍이 간간이 부는 산들바람에 흔들린다.

무엇보다 부족하고 서툰 저의 글을 뽑아주신 이근배 심사위원장님 그리고 심사위원님들께 그리고 항상 온화하고 너그러운 성품으로 샘문그룹을 이끌고 계신 이정록 회장님께 감사를 드립니다.

그리고 며칠 전에 부군을 하늘나라에 보내신 나의 사랑하는 셋째 누님께 이 영광을 드리며 항상 지켜봐 주는 나의 가족들 나의 형제자매와 친구들에게도 수상의 기쁨을 드립니다. 대단히 감사합니다.

시인 정희오 드림

한국문학상 특별작품상 수상작 시부문

시인은 넝마 외 2편

김동선

허리가 새우등 휘어지듯
갈퀴손이 골목을 누빈다
가지각색 버려진 사연들
주섬주섬 모아 바구니에 담는다

고물상 저울에 올려 보았다
저울추가 꼼짝달싹 기별이 없다
값이 나가지 않는 것만 잔뜩 실었다나 봐
맥빠진 주인 투덜거린다

넝마 종이가 나부낀다
흩어진 보물 끌어안고 시인은
석양을 등지며 길 떠난다
숨바꼭질하다 놓친
별을 찾아

그 뱀은 얼마나 놀랐을까!

김 동 선

어둡고 침침한 지하방
따사로운 햇님이 그리워
바다빛 가을이
하늘따라 큰 길로 나왔다

야들야들한 긴 몸뚱이를 이리저리 흔들며 일광욕을 즐긴다
아직 솜털도 안 벗겨진 애송이

난데없이 군중들의
발자욱 소리가 몰려온다
행복한 시간을 난도질 당한다
위급한 순간이다
돌틈으로 숨으려고 기어간다
충남 아산시 외암 민속마을 돌담길이다

촘촘하게 잘짜여져있어
가늘고 연약한 몸뚱이 들어갈 틈이 없다
숨을 곳을 찾다 흰 배를 뒤집고 넘어진다
살려달라 애원하듯

쳐다보는 그 눈매 맑고 선하다
우리는 알 수 없지만
사랑하는 부모 친한 친구도 있을 것이다
넓은 세상 구경하러 나왔다
비명횡사 할 뻔 했다

가슴이 콩닥콩닥 뛰었을 것이다
지금쯤 어느 지하에서 가쁜 숨 몰아쉬며
사랑하는 이들 위로를 받고 있으리라

페로몬

김동선

커튼을 젖히고 창문을 연다
간간히 불어오는 바람결에
앞산 싱그러운 밤꽃이 향기롭다

강한 향기에 정신이 몽롱하다
왜 남자의 향기인가
밤꽃에 취하고 싶다

오래오래 맡아도 질리지 않는
소박하고 순수한
자연의 향 느낌이 좋아
촉촉한 향기에 젖어본다

김동선
경북 경주시 출생
경기도 의왕시 거주
(사)문학그룹샘문 자문위원, (사)샘문그룹문인협회 자문위원, (사)샘문학(구,샘터문학) 자문위원, (사)샘문뉴스 회원, (주)한국문학 회원, (사)한용운문학 회원, 샘문시선 회원, 21세기문학시대 회원
<수상>
21문학시대 시 등단
<공저>
태양의 하녀, 꽃
고장난 수레바퀴
첫눈이 꿈꾸는 혁명
<컨버전스공동시선집/샘문시선>

수상소감

　한국문학과 문학그룹샘문이 주최하시는
2023년 한국문학상 공모전에 심사위원님,
이근배 선생님 외 2명분과 이경록 회장님께서
심사하셨습니다.

　미숙한 저의 글을 특별상에 당선시켜 주셨습니다.
고개 숙여 감사의 말씀올립니다.
　그리고 저를 항상 응원해주는 저의 사랑하는 가족들에게도
고맙다는 말을 전하며 이 영광을 돌립니다.

　수고하셨습니다.
　감사합니다.

2023. 08. 02.
시인 김동선 배상

한국문학상 특별작품상 수상작 시조부문

와디 럼 사막 외 2편

김 동 철

하늘 끝 맞닿은 듯 광활한 달의 계곡
달려도 달려가도 멋진 풍광 이어지니
흉중에 억눌린 마음 통쾌하여 좋구나

풍화된 기암절벽 신비로운 붉은 사막
철성분 산화되어 천백 년 착석 되니
숭고한 대자연 솜씨 탄복하게 놀랍네

억겁의 세월속에 모래바람 이겨내며
갈리고 닳아지며 홀로 남은 거북바위
시련속 깨우친 섭리 무슨 사연 말하나

사소한 시비속에 제 맛에 사는 인생
숨막힐 듯 힘든 시기 지나보니 은혜더라
세상사 순리에 맞게 겸손하게 살라네

※※※※※
와디 럼 사막 : 아랍어로 달의 계곡이다. 유네스코에 등재된 요르단의 붉은 사막
　　은 모래 속 철의 산화로 붉은 색을 띤다.

겸암정사 謙菴精舍

김 동 철

깎아 세운 부용대에 실안개 사라지고
더 넓은 금 모래펄 은 물결 찰랑대니
비탈길 지나는 길손 풋내 가득 취하네

세상 욕심 버리고서 의존한 하늘 이치
자연 속 학문 몰두 스스로 수양하니
꽉 차도 텅 빈 것처럼 어진 선비 뉘런가

신의로 강론하신 단출한 은둔 학당
후학들 삶의 도리 겸허가 근본이니
스스로 몸을 낮추신 참된 스승 먼저라

어질게 살아가며 중용의 덕 실천하고
높은 뜻 받들면서 옛 자취 찾은 기쁨
선현들 베푸신 은애 안빈낙도 즐긴다

구절초

김동철

추령천 굽이쳐 옥정호로 흐르고
소나무 아래 무리지어 핀 꽃
그림 같은 풍광이라

소박한 꽃잎 빛깔도 고운데
청초한 맵시는 이슬 맺혀 빛이 나네

비바람 무더위 굳게 참고 이겨내며
아홉 마디마다 사무치게 그리운 정

약속하고 아니 오는 그 사람 기다리는
사랑 잃은 여인의 서러움
달빛에 서리 같구나

구절초 九節草

秋嶺川曲井湖流 추령천곡정호류
松下芳叢畵景觀 송하방총화경관
素朴花脣顔色艶 소박화순안색염
凜姿淸楚露珠煌 늠자청초로주황

雨風朱暑能堅忍　우풍주서능견인
九節蒼莖戀慕情　구절창경연모정
有約不來夫苦待　유약불래부고대
白華之怨月光霜　백화지원월광상

김 동 철
시조시인

수상소감

한국문학과 문학그룹 샘문에 무궁한 발전을 기원합니다.
애쓰고 수고하신 이정록 회장님과
임원진, 이근배, 김소엽, 손해일 심사위원님께 감사 인사를 드립니다.

부족한 저에게 훌륭한 상을 주신 것은, 앞으로 더욱 더 정진하여
무분별한 도덕적 불감증으로 만연된 우리 사회에,
보다 나은 정서 함양에 도움을 주고 치유하라는 뜻으로 알고,
과거와 현재와 미래를 연결하는 고리를 시조문학을 통하여
널리 확산 시키도록 노력하겠습니다.

앞으로 여러 문우님들의
많은 가르침과 지도 부탁드립니다.

미서 김동철 배상

한국문학상 특별작품상 수상작 시조부문

세계로! 세계로! 외 2편

김 달 호

- 파독 광부
적막이 가득 고인 천 미터 지하갱도
어둠을 파헤치며 광맥 찾던 땀방울은
가난을 녹여서 만든 보석처럼 값지다

- 파독 간호사
낯선 땅 낯선 언어, 낯선 환자 보듬으며
차갑게 굳은 주검 맨손으로 닦아내도
해맑은 천사의 미소는 별빛보다 아름답다

- 중동의 건설 역군
타는 태양 등에 지고 사막에 길을 내며
고향이 그리워서 달님에게 물을 때면
유성이 내 마음 안고 밤하늘을 가른다

- 종합상사 맨
미지의 땅을 찾아 삶의 터전 개척하며
사막에 난로 팔고 냉장고는 에스키모에
세계에 꽂은 깃발이 지금까지 펄럭인다

※※※※
제목은 기획재정부 산하 KDI가 대한민국 경제발전에 기여한 숨은 공로자 31명을 선정하여 펴낸 책자(2018-08, 김하영)에 세계화 분야 4명을 선정하였으며, 파독 광부, 파독 간호사, 해외 건설 역군, 수출 일꾼을 대표하는 영웅들이라, 그 책자에 소제목을 인용함.

시조

훈민정음 큰 나래 펼쳐

김 달 호

한민족 희로애락
담아낸 훈민정음

세상의 모든 소리
어울린 춤 마당에

소리 옷 색동 무늬가
하늘 온통 수놓는다

반만 년 삶의 무늬
문신으로 새겨놓고

유네스코 문화유산
듬뿍 품어 내는 화음

한 말 글 세계 속에서
웅장한 별이 된다

지구촌 뒷골목엔
제 글 없는 말이 많고

영혼 없는 말만 남아
민족혼도 시드는데

한글이 웅장한 나래 펼쳐
글 없는 말 보듬는다

어머니

김 달 호

개울가
느티나무
환하게 웃고 있다

그 속은
텅 비어도
겉으론 푸른 잎새

어디서
저런 열정을
짜내는지 알 수 없다

뼈대는
사라지고
껍데기만 남았지만

모든 것
다 내주고
기적 같이 짓는 미소

마지막
피 한 방울마저
남김없이 주는 모정

시조

김 달 호

아호 : 伯泉
시인, 시조시인, 수필가, 경제학 박사
경인여자대학교 겸임교수 역임
서울교대 강사 역임
한국시조협회 세계화위원장
강남문인협회 감사
남강문인협회 부회장
(사)국제펜한국본부 회원
(사)한국문인협회 회원
(사)문학그룹샘문 회원
(사)샘문학 회원
(사)샘문그룹문인협회 회원
(사)한용운문학 회원
(주)한국문학 회원
<수상>
2002 수필문학 수필 등단
2008 문학공간 시 등단
2016 계간시조 시조 등단
2005 서초문학상
2021 양재천예술제 시조 최우수상
1980 석탑산업훈장 수훈
<저서>
수필집 : 상사맨은 노라고 말하지 않는다
시조집 : 여명의 톳소리 등 다수

수상소감

올해는 유난히 덥습니다. 35도 전후를 오르내리며 습도까지 높아 불쾌지수가 하늘을 찌르는 것 같습니다. 이런 초 삼복더위 속에 수상 소식은 얼음물 한 바가지 둘러쓴 것같이 시원합니다.

이런 복더위 속에 추천해주신 이정록 회장님과 뽑아주신 심사위원님들께 깊은 감사를 드립니다.

33년 전인 1990년, 월간 『현대주택』에서 나의 산문 <아메리카의 한국 호랑이>가 소설가 김홍신 심사위원장이 뽑은 산문이 선정되어 당선소감을 처음 쓴 적이 있었다. 그때와 이번 수상에는 공통점이 있다면 주최 측과 아무런 연고가 없어서 수상의 공정성이 어느 상보다 값어치가 높게 느껴진다는 것이다.

올해는 수출에 몸담은 지 50주년이 된다. 평생 수출에 몸담아 오다 보니, 해외에서 우리의 경제영토를 넓힌 독일의 광부, 간호사, 중동의 건설 역군 그리고 수출에 종사한 사람들이 낯선 땅에 흘린 땀의 가치를 다시 한번 생각하게 되었다.

가까운 동료 의식을 갖게 되어 <세계로!, 세계로!> 작품에 애정을 담았고, 해외에서 낯선 말과 어울리면서 우리 한글은 우리에게 고향의 된장국 같은 따뜻함을 주어서 고맙게 생각하고 있다. 훈민정음을 창제한 세종대왕에게도 감사드린다.

시인 김달호 드림

한국문학상 특별작품상 수상작 수필부문

삐지기 외 1편

유 경 선

『삐지다』의 사전적 풀이를 보면 '노여움에 마음이 토라지다'라고 되어 있다. 이 감정의 출발점이 아마 노여움인가 보다. 삐지기(이 동네에서 쓰는 말로는 삐치기)는 현대 사회에서 자주 사용되는 용어 중 하나로, 특정 상황에서 분노, 실망, 억울함 등의 감정을 표현하는 용어되시겠다. 사람들은 삐지기라는 표현을 통해 자신의 감정을 표출하고 주변 사람들에게 어떤 일이나 상황에 대한 불만을 전달한다. 이러한 삐지기는 종종 일상적인 상황에서 발생하지만 때로는 큰 문제로까지 번지기도 하는 것 같다.

삐지기에 대한 경험은 우리 도두에게 다양하게 존재할 것이다. 어떤 사람들은 본인의 생각에 반反하는 상황 전개로 인해 삐지기를 할 수 있고, 또 어떤 사람들은 업무 스트레스나 다른 사람들과의 관계 속에서 오해나 불이익에 따른 개인적인 문제로 인해 삐지기를 할 수도 있겠다. 감정이 즉각적으로 삐져나오는 것은 단기적으로는 해소가 될 수 있겠지만 나같은 경우는 장기적으로 진행되는 경우가 많으니 작지 않은 문제가 되기도 한다.

이 감정은 종종 대화나 대면 상황에서 발생하며, 사회적인 관계에도 영향을 미칠 수 있다. 우리가 삐지거나 다른 사람이 삐지면, 의사소통이 원활하지 않을 수 있고 상호 간의 갈등이 생길 수 있다. 그러니까 어느 한쪽이 삐지면 다른 사람들에게도 부정적인 영향을 끼칠 수 있으며, 그 반대의 경우도 마찬가지.

삐지기는 결국 우리가 직면하는 문제나 스트레스에 대한 반응이라고 볼 수 있겠다. 성인聖人이나 consultant 같은 충고가 되겠지만 삐지기를 경험할 때 우리는 자신의 감정에 대해 진지하게 살펴보아야 한다. 왜 그런 감정이 생겼는지 이해하고, 이를 다른 방식으로 표현하는 방법을 찾아야 할 것이다. 때로는 감정을 표출하는 것이 중요하지만, 그 방법이 자기 자신이나 다른 사람에게 해를 끼칠 수 있다는 것도 알아야 할 것이고....

하여튼 지금까지는 일반적인 내용에 대해 적어보았는데, 나는 올림픽 경기를 포함 무슨 종목이든지 다른 사람들과의 겨루기 종목에서는 우승할 자신이 없는데 한

가지 종목에서만큼은 결코 상위권 입상을 다른 분에게 양보하기 싫은 분야가 있다. 상대가 같은 사무실 근무자이건 내가 가르치는 학생들이건, 아니 나하고 한 지붕 밑에서 생활하는 가족이 되었건 간에 무조건 출전했다 하면 내가 맡아놓고 이기는 종목이 있으니 지금까지 언급한 바로 '그' 종목 되시겠다.

  나에게 있어서 삐지기는 일상에서 발생하는 감정적인 반응으로, 분노, 실망감에서 오는 경우가 대부분이고 그 감정이 상당히 오랜 시간 지속이 되는지라 가능하면 또는 머릿속으로 이해가 되면 이 느낌을 갖지 않으려고 노력을 하고 있으며 때로는 주제넘게도 '그래, 내가 바보가 되고 말지, 조금 손해 보고 말지…' 등등으로 위안(?)을 삼으며 넘어가기도 한다. 일단 이 상태에 들어가게 되면 어지간한 시간이 지나서는 해소하기 어려우니 시작부터 조심하는 것. 그러나 하기 좋은 말로 '먼 남자가 그래. 니가 참아라..' 등등의 해결책이나 조언은 아주 기쁘게 걷어차는 바이다.

  지나고 보면 사소한 일이었음에도 삐지는 경우도 있어서 나중에 후회할 요소를 만들지 않으려고 노력을 하기는 하는데 그동안 갈고 닦아온 과정이 있는지라 쉬 고치지를 못하고 있다. 당연 주변 사람들을 어렵게 만들기도 한다. 바로 엊그제까지만 해도 지난달의 논쟁으로 인해 야기된 오해를, 그리하여 내 주특기 삐짐 상태 돌입, 3주씩이나 끌고 오지 않았는가 말이다. 내가 가지고 있는 별로 많지 않은 덕목德目을 요노무 감정, 삐지기가 모조리 흠집을 내고 있으니 어찌하면 좋을까?

  조금 멀리 시선을 돌려보면 (언젠가 적은 내용인데 어느 책자에 실렸는지 모르겠다.) 초등학교 6학년 때 벌어진 모종의 사건. 우리가 시골에 살 때 먼 길 말동무도 하고 등하교를 같이 하면서 가끔은 시간 내서 어려운 과목도 가르쳐 주곤 했던 동기 녀석. 갑작스런 배신으로 인해 반세기가 훨씬 지난 지금까지도 '남'이 되어 살고 있고 그 집 옆길로도 지나가지 않고 있다. 또 하나. 지금 사무실에 같이 근무하는 모某… 역시 어느 사건으로 인해 틀어진 후 지금까지 수년 동안 '소 닭 보듯'

  가끔 생각을 한다. 그동안 나름의 수양修養을 위해, 앎의 확대를 위해 숱하게 읽고 접해온 각종 분야의 서적들. 심리心理, 정신분석精神分析, 불경佛經, 서가書架 몇 칸을 차지하는 선지식善知識들의 이야기들… 이런 모든 것이 어느 한순간 아무런 역할이나 방향 제시를 해주지 못하고 나 몰라라 물러나 있는 경우가 무른 기하幾何든가? 어느 한순간 '욱'하는 감정을 제어制御하지 못하고 그렇게 생겨난 감정을 몇 주, 몇 개월씩 지니고 살아가고 있으니… 멀리해야 할, 아니 잊고 살아도 될 단어이다. 가까이하지 말자.

교과서

유 경 선

　지금은 초등학교는 물론이고 중학교 고등학교까지 신입생들에게 학교에서 배우는 교과서를 무료로 지급한다. 가격이 여간 높은 게 아닌데도 국가에서 상당히 많은 금액을 사용하여 전체 학생들에게 지급하는 것을 보면 교육 예산이 만만치 않음을 알 수 있겠다. 교과서를 구입하지 못할 정도로 어려운 학생이 많아서 그러는 것일까, 급하게 사용해야 할 용처用處가 많지 않아서 그러는 것일까? 복지 차원이라면 여기저기 시선을 돌려보면 눈에 많이 보일 텐데.
　내가 몸담고 있는 기관도 작년까지만 해도 신입생들의 수요를 예측하여 주문서를 발주하고(여기는 어찌된 게 담당 교사들의 의견을 거의 묻지 않는다. 내가 오기 전의 일이야 모른다 치더라도 내가 가르치게 되는 학년과 교과서 출판사는 나에게 물어야 하지 않는가 말이다. 모든 학교가 그렇게 하고 있는데) 신입생들이 교과서 대금을 지불했다.
　말이 나온 김에 또 하나의 흠만, 내가 담당하고 있는 영어 교과서의 경우 졸업할 때까지 한 권도 제대로 가르치기 어렵고 배우기 어려운 실정임에도 불구하고 일반 인문계 고등학교와 똑같이 6권씩이나 주문을 하고 있었다. (이 부분은 계속적인 科의 요청으로 4권으로 줄임) 내 경우에는 워낙 학생들 수준과 차이가 나는 관계로 첫해부터 지금까지 해마다 개정을 해가면서 나름의 교재를 작성, 발행해서 사용을 하고 있다. 사실을 말하자면 지금 고등학교 일학년을 가르치는 교재의 내용이 중학교 일학년 수준이다. 이러는 실정인데 저렴하지도 않은 교과서를, 제대로 배우지도 못하는 교과서를 모든 학생들에게 구입하도록 하는데 문제는 구입을 했다가 반품 처리하는 게 담당 교사의 업무 폭주로 이어지는바 안 해도 될 일을 하느라 여러 사람이 고생을 하고 있다. 하여튼 오늘 내가 교과서라는 제목으로 글을 쓰는 것은 우리 기관 이야기를 하고자 하는 게 아니고 내 지난날의 이야기를 꺼내고자 함이다.

군내郡內에서 수재 소리를 들으셨던 아버지는 일제치하 수재들의 진학 기관인 이리裡里 농림農林을 졸업하시고 공무원 생활을 하시다가 개인 사업을 하셨는데 (그 과정이나 이유를 나는 들은 바가 없다. 아버지는 물론이고 어머니께서도 말씀을 해주지 않으셔서) 그 일이 몸은 고된데 비해 수입은 미미하다 보니 내가 고등학교에 진학하게 될 때, 연년생으로 한 분 계시던 누나를, 00여중女中에서 최상위를 달리던 분을, 어려운 형편이지만 집안 머스매는 가르쳐야 할 게 아니냐는 설득 아닌 설득에 상업학교로 진학을 하도록 해야만 했다.

우리 집이 워낙 시골에 위치하다 보니 학교까지 등교하는 데만 두 시간이 꼬박 걸린다. 워낙 멀고 통학하는데 힘들어서 조르고 졸라 딱 두 달, 동창 녀석네 친척 집에 얹혀살기下宿 신공을 발휘해 본 적이 있는데 집에서도 제대로 먹어보지 못하는 쌀을 몇 말씩 가져다주는데 비해 민아 엄마와 내가 얻어드시는 건 별로인지라 짧은 기간 맛만 보고 아듀. 다시 왕복 네 시간에 걸친 기차 통학으로 빠꾸.

문제는 그렇게 누나를 상업학교로 보내고 나서도 나아지지 않는 집안 형편. 판로販路가 넓지 않은 붓筆을 무겁게 짊어지고 나가서 여러 학교를 전전하며 교직원, 학생들에게 물건을 팔고 겨울이면 군데 군데 위치한 전라남북도 동네 서당書堂에 물건을 납품했는데 그게 논밭 마련은 내버려 두고 우리 다섯 식구 먹고살기에도 빠듯했다는 것. 더욱 우리 가족을 힘들게 한 건 머스매 하나 진학시킨다고 시킨 게 전라북도에서 가장 수업료가 비싼 사립학교였으니 중학교 입학 때도 그랬다. 이웃 공립 D 중학교 입학금이 2,200원일 때 나는 무려 9,800원이나 내야 했었다.

단언컨대 이는 나의 능력 이전에 어머니의 욕심 아니었나 한다. 지금도 죄송하고 미안한 것은 그분의 뜻하신 바를 따라주지 못했다는 죄책감... 하튼 이러저러해서 중학교를 마치고 고등학교에 입학을 했는데 이번에는 교과서가 또 발목을 잡는다. 과목 수도 많고 가격도 만만치 않고... 그렇다고 교과서 없이 수업 시간에 손가락만 빨고 있을 수도 없으니 무슨 수를 내기는 내야 할 터인데...

주위 동기, 선배들을 통해 헌책이라도 구입하기 위해 동분서주하던 가운데 모종의 사건으로 학교에서 퇴학을 당한 선배가 있단다. 00동에 사는 김동0이라는 선배. 물어물어 그 집을 찾아갔다. 키는 나와 비슷한데 몸집은 나보다 좋아 보였고 상당히 잘생긴 얼굴이었던 것으로 기억한다. 내 사정이 이러하고 형은 내년에 (교과서가 바뀔 수도 있으니) 새로 구입하는 게 낫지 않겠는가 설득 아닌 설득. 말이 통했는지 다시는 학교를 다니지 않을 결심이었는지 거래 완성. 한 보따리 들고 왔다.

또 하나의 문제 발생. 학교 당국에서 몇 과목의 책을 바꾸어버린 덕분에 다시 한번 중고 서점가를 순회해야 했고 일부는 빌려서 사용하기도 했으니 참내.. 그러고 보니 중학교 때도 무슨 실습을 한다고 도구를 구입하라 했을 때 제때, 제대로 구입해 본 경우가 많지 않았던 것 같다. 물론 어려운 가정 형편이었지만 교육열은 국내國內 누구보다도 높으셨던 어머니 덕분에 조금 늦더라도 구입하지 못할 정도는 아니었는데 내가 지레 말 꺼내기 미안스러워서 많은 경우에 친구들 것을 빌려 사용하거나 개기곤 했다.

지금도 선명하게 기억나는 중학교 미술 시간의 마블링 작품 제출... 거금 200원이나 들여 구입한 화관을 학교 미술실에 보관하라 하고선 그 뒤로 한 번도 사용하지 않고, 찾아가라고도 않고 졸업하게 하신 미술 선생님... 생각을 해보니 이런 게 자꾸 꼬리에 꼬리를 무네 그랴, 교과서 유감이다.

유 경 선

전북 군산시 거주
영어 교육학 학사, 외국어로서의 한국어교육학 석사
도 교육청 문집공모전 최우수상
부총리 겸 교육부 장관상 수상
중등 교원 퇴임(녹조근정 훈장)
다이룸 종합교육지원센터 이사장
원광대학교 국제교류처 강사
문학고을 수필 등단
교원문학회 회원
(사)샘문그룹 자문위원
(사)한용운문학 회원
(주)한국문학 회원
現 만학도 교육기관 영어교사 봉사

수상소감

2012년 큰비에 내 애마 그랜저가 침수된 후
군산 지역에 다시 내린 큰비. 퍼붓듯 쏟아지던 장마가
끝나자마자 기다렸다는 것처럼 밀고 들어오는 더위.

그 가운데 올해 들어서 가장 덥다는 오늘.
만학도 학생들을 위한 방과 후 수업 중 울리는 문자 소리.
샘문그룹 사무처 담당자의 한국문학상 공모전
특별작품상 당선이라는...
강력한 에어컨 바람이 따로 없습니다.

매번 원고를 마치고 나면 이게 수필인가
칼럼인가 기고문인가를 고민하게 되는데
제대로 가라고 방향 제시를 해주셔서 감사합니다.

더운 날씨에 심사하시느라 수고 많으신
이근배 심사위원장님과 위원님들,
그리고 이정록 이사장님께 다시 한번 감사드리며
이번 여름 지혜롭게 보내시길 바랍니다.

2023. 08. 03.
유경선 배상

한국문학상 특별작품상 수상작 수필부문

맛있는 삶 외 1편

김미경

  나는 요즘 밑반찬 만드느라 분주하다. 오늘은 마늘 짱아찌를 담았는데 잘 익으면 아삭아삭한 식감이 좋아 남편이 아주 좋아하는 음식이다. 먹고 싶다는 말이 떨어지기 무섭게 마늘을 사다가 준비했다. 마늘은 음식 만들 때 없어서는 안 될 중요한 양념으로 사용될 뿐만 아니라 마늘의 효능은 가히 보약을 방불케 한다. 마늘의 효능을 살펴보면 혈압을 낮추고 콜레스테롤 수치를 개선하며, 항산화 성분이 많아 면역력을 높여주어 암을 예방하고 노화를 막아주며 각종 염증에 도움을 준다고 한다. 으리나라 사람들은 특히 마늘을 많이 먹는 데 약이 별로 없었던 옛날에는 민간요법으로 많이 사용되었다고 한다. (네이버 참고)

  그래서 건강에도 좋다 하니 밑반찬으로 먹으려고 서둘러 만들어 보았다. 얼마 전 엔 마늘 쫑 짱아찌도 만들었는데, 외간장에 사과, 효소, 소주, 설탕, 식초, 다시마, 멸치, 디포리, 표고버섯 등을 넣고 물과 1:1비율로 팔팔 끓여준 다음 식혀 부어 놓았다가 잘 익으면 그냥 먹어도 좋고, 양념에 버무려 먹으면 더욱 맛있다. 가을이 되면 들깻잎을 따서 된장에 다시마 육수를 넣어 자작자작하게 만들어 차곡차곡 재워놓았다가 파, 마늘, 물엿, 들기름을 듬뿍 넣고 쪄서 먹으면 반찬 중에 으뜸이다. 그 외에도 오이, 무등도 저장식품으로 자주 애용하는 식품이다. 가을에 김장하고 남은 무를, 납작납작하게 썰어 말려놓았다가, 말린 고춧잎과 함께 고춧가루, 물엿, 액젓 등 갖은 양념에 버무린 무말랭이 무침도 아주 맛있다.

  마늘 짱아찌 담는 것과 같은 방법으로 고추 간장을 담아놓으면 입맛 사로잡는데 그만이다. 또 한 애기 그추를 찹쌀풀 쑤어 입힌 다음 채반에 쪄서 바싹 말려두었다가 기름에 튀겨먹으면 과자 같기도 한 것이 맥주 안주로도 참 좋다. 바삭바삭한 식감이 내가 아주 좋아하는 반찬이다. 가지, 호박, 고춧잎, 시레기 등도 잘 말려 두었다가 나물로도 좋고, 된장국, 생선조림에 넣어 사용하기도 한다. 이렇듯 몇 가지만 준비해놓으면 주부들의 평생 고민인 반찬 걱정 안 해도 되고, 입 맛없을 때 입맛을 돋우는데 그만이다. 그뿐 아니라 무를 소금에 짜게 절여놓았다가 여름에 송송 썰어 소금기를 뺀 다음 매실청 등 조금 타서 청양고추 몇 조각 썰어 넣고, 얼음 동동 띄워낸 시원한 짠 동치미는 집 나간 입맛도 돌아오게 하는 별미다.

그래서 난 가을이면 더욱 바빠진다. 우리 것이 없으면 이웃집에서 얻어서라도 해놓는다. 달라고 하기도 전에 이웃 아줌마들이 먼저 알아서 주시니 너무 고맙다. 요즘 우리집 텃밭엔 가지, 고추, 상추, 토마토, 호랑이강낭콩, 단호박, 노각 등 무럭무럭 자라고 있다. 밥을 하다가 한 주먹 금방 따가지고 와서 반찬을 만든다. 야채시장이 마당에, 텃밭에 있으니 얼마나 편리한가! 그 맛에 열심히 심는 게다. 지금도 마당 한 켠에선 검은 서리태콩 모가 쑥쑥 자라고 있다. 곧 밭으로 옮겨 심을 예정이다. 올 가을엔 김장용 무, 배추도 심고 총각무도 심고, 갓 쪽파도 심을 예정이다. 이러다가 전업 농사꾼이 되는 것은 아닌지 은근히 걱정이 된다. 즉석에서 따온 채소는 싱싱 그 자체다. 빨간색, 초록색, 보라색, 노란색 총천연색이다. 보는 것만으로도 기분이 좋아진다.

올해는 200여 평 밭에 옥수수, 대파, 땅콩, 고구마도 심었는데 농사를 얼마나 잘 지었는지 보기만 해도 흐뭇하다. 도지를 주었던 경작자가 밭을 내놓아서 어쩔 수 없이 작년부터 농사를 지었는데 예전엔 돈을 벌기 위해 농사를 지어 참 힘들었는데 지금은 먹을 것만 조금씩 하니 재미가 난다. 제법 잘 자란 녀석들을 수확해 들여올 때면 자식을 키운 것처럼 뿌듯하다. 원래는 400여 평 되는 밭인데 한 켠엔 소먹이를 쌓아놓고, 또 한쪽엔 비닐하우스 지어 농기계 및 각종 자재들을 들여놓아서 참 다행스럽다.

한우를 키우는 것이 전업이다 보니 사실 농사일은 별로 신경을 쓰지 않았다. 젊을 때 시골 내려와서 돈을 벌기 위해 농사를 지을 땐 너무 힘들어서 짜증도 나고, 귀한 줄도 잘 몰랐는데 요즘은 새삼 모든 것들이 귀하고 사랑스럽다. 아마도 마음의 여유가 생긴 탓인가 보다. 요즘 우리집 작은 꽃밭엔 장미, 백합꽃이 활짝 피었다. 집을 리모델링 하느라 화단을 몇 번이나 뒤집었다 엎었다 하는 바람에 꽃들이 수난을 겪고 이제야 조금씩 자리를 잡아가고 있는 듯하다.

> 수필

　백합꽃 향기가 코를 자극한다. 바람이라도 불라치면 소똥 냄새가 진동했는데 백합꽃이 필 때 만큼은 우리 집은 향수를 뿌려 놓은 듯 향기롭다. 계절에 따라 수선화, 튤립, 장미, 작약, 수련, 목단꽃, 라일락, 국화, 붓꽃 등 밤사이 꽃망울을 틔우느라 분주하고 어느 날 예쁜 꽃들이 활짝 웃으며 반겨주곤 하니 이것 또한 소소한 기쁨이다. 올해 새로 심은 능소화와 동백꽃도 내년이면 꽃을 보여줄 것 같아 기대가 된다. 베란다에 작고 올망졸망한 다육이들도 조금씩 자라나고 꽃도 피우고, 몸집이 제법 큰 듬직한 화분들도 제 몫을 하느라 열일 중이다. 젊은 시절 그저 먹고 사느라 느껴보지 못했던 소소한 행복을 이제야 느끼곤 한다. 주변에 나를 아껴주며 도와주는 소중한 사람들...

　사랑하는 나의 두 아들과 형제자매, 이웃, 친구, 지인, 교우와 단체의 회장 및 임원들과 회원들, 목사님과 사모님, 이들이 있기에 밋밋한 내 삶에 맛을 더해준다. 남의 편 인듯 하다가도 결국 내 편이 되어주는 남편이 있어 든든하기도 하다. 남편 또한 결국 곁에 남아있는 사람은 마누라밖에 없다는 것을 알았는지 마눌 바보가 되어간다. 게다가 올 한해 우리 가정은 너무나 큰 축복을 받았다. 둘째 인열이의 취업과 큰 아들 인수와 며늘아기 혜미의 8년만에 임신 소식 등 겹경사로 정말 잊을 수 없는 해가 될 것 같다. 고비고비 견디며 살아온 세월이 그저 고맙기만 하다.

　미경^^ 그동안 수고했어!! 많이 힘들었지? 눈물이 왈칵 쏟아진다. 눈물의 의미는 나와 하나님만이 알 것이다. 남들은 세상 팔자 좋은 사람이라고들 하지만 세상에 어떤 사람인들 살면서 좋은 일만 있답디까? 죽고 싶을 만큼 힘들었던 시간도 있었거늘 다 지나고 보니 그때 참고 견디길 참 잘했다고 토닥토닥 스스로를 다독인다. 함께 늙어가는 영감탱이가 가끔씩 내 속을 뒤집어놔서 한바탕 쓰나미가 몰려오기도 하지만 그래도 어쩌겠는가! 천성은 착한 사람인 것을! 어머니의 치매와 나의 우울증이 겹쳐 죽을 것 만 같았던 시간들이 있었다.

　서로에게 상처를 주고 받기를 반복하며 만신창이가 되어버렸던 아픔의 시간들.. 아마도 그때 잘 견디지 못했더라면 오늘이 없었을 것 이라는 것을 나는 잘 알고 있다. 하지만 현실은 가끔 나의 행복을 질투라도 하듯 가끔씩 잔잔한 내 마음에 돌을 던지곤 한다. 나이를 먹은 탓인지 점점 잔소리가 늘어만 가는

한국문학상 「특별작품상」 수상작

남편 때문에 요즘 스트레스가 이만저만이 아니다. 죽어라고 맛있는 거 해줘도 '아껴써라!', '손이 너무 크다', '택배만 오면 이건뭐냐', '계란은 열 개씩 만 사지 한 판씩 사냐'는 등 '물 먹고 컵에 남긴다'는 등 시시콜콜 잔소리를 한다. 자기 일에 성실하고 먹고 살만큼 돈도 잘 벌어다 주고, 똑똑하고 다 잘하면서 바보처럼 잔소리 때문에 점수를 까먹는다. 맛있는 거 입으로 들어가려면 돈이 많이 들어가야 되는 줄도 모르는 사람, 먹고 싶다 말만 하면 뚝딱 만들어 대령하는 마누라 덕에 평생 맛있는 밥 먹고 사는 것을 고마운 줄도 모르고 잔소리를 하니 당장 주부를 사표 내고 싶은 적이 많았지만, 자식 때문에 견뎌온 세월이 약이 될 줄을 이제야 알게 되었다.

이제는 밥 뿐만 아니라 맛있는 삶을 더 원한다는 것을 행복지수를 더 원한다는 것을 남편은 아직도 모르나 봅니다. 죽고 사는 문제 아니면 서로의 일에 적당히 넘어가고, 함께 살지만 때론 혼자인 듯 개인의 자유도 보장 받고 싶은 것, 이제껏 떨어져서 자면 죽는 줄 알던 사람이 언제부턴가 거실에서 혼자 잠이 들기도 하니 이제 나이를 먹긴 먹었나보다 싶으니 안쓰럽기도 합니다. 부부란 이런거였지 밉다가도 불쌍하고, 사네 못사네 하다가도 아이들 때문에 살다 보니 참아지고 그러다 보니 서로 불쌍해지고 상대가 행복하면 나도 덩달아 행복하다는 것을 왜 몰랐을까?

나이를 먹는다는 것은 인생의 맛을 알아가는 과정이라는 것을 좀 더 일찍 알았더라면 서로 탓하며 헛된 시간을 허비하지 않았을 것을 조금 후회가 된다. 이제부터라도 서로 남아있는 인생길에 맛을 내주는 동반자로 살 수 있다면 얼마나 좋을까! 맛깔스런 밑반찬처럼 말이다. 길고 어두운 터널을 빠져나온 듯 깊은 안도감이 회한을 손 잡고 온다. 나의 소망을 알았다는 듯 오늘 밤 별들이 유난히 빤짝이고 있다.

캐나다 여행기
– 넓고 아름답고 경이로운 세상

김 미 경

　내일은 사연회에서 (ky 사진예술연구회) 캐나다로 13명의 회원들이 출사 여행을 떠나는 날이다. 즉, 여행 겸 사진 찍으러 가는 것이다. 그녀는 3년전 남편, 둘째 아들과 함께 스페인으로 처음 유럽여행을 다녀온 후, 두 번째 해외여행이라 설레이는 마음에 잠을 설쳤다. 9박 10일간의 긴 일정으로 옷가지며 밑반찬과 생필품, 화장품 및 사진 촬영 때문에 한복까지 챙겨 가려니 짐이 만만치 않았다. 다른 작가들은 카메라 장비만 해도 어마어마했다.
　그녀의 일행은 3월 11일 오후 4시 인천공항 제1청사 탑승수속장에 집결하여, 출국 수속을 마친 후 17시55분 인천공항을 출발하여 벤쿠버에서 환승 옐로나이프까지 하루가 넘게 도착하니, 공항 기념상징물인 흰 곰이 우리를 맞아주었다. 입국 수속을 기다리는 동안 단체 사진도 찍고, 기념품도 사고 피곤해서 졸기도 하는 동안 우리들의 여행을 책임져줄 멋진 렌터카 3대가 도착했다. 옐로나이프공항에서 바라본 하늘이 어찌나 맑고 깨끗한지 과연 청정지역이라는 것이 실감이 났다. 차에 짐을 싣고 숙소로 향하는 동안 이극땅에서 맞이하는 첫날 밤의 낯선 풍경들이 일행들의 마음을 사로잡았다. 숙소는 중국인 부부가 살고 있는 가정집인데, 3층 집을 일행들에게 모두 내줘서 얼마나 넓고 좋은지 내 집처럼 편안했다. 짐을 풀고 휴식을 취한 다음 떡국으로 캐나다에서 첫 저녁 식사를 하고, 밤 12시 길태현 작가의 오로라 촬영 수업을 시작하니, 피곤할 텐데도 하나라도 더 배우려는 회원들의 눈빛은 사뭇 진지하기만 했다. 열정!! 그것은 인간의 한계를 뛰어넘는 초능력 같은 무한한 에너지임을 느꼈다. 수업을 마치자마자 새벽에 아이스 로드로 향했다. 어마어마하게 넓은 호수 위로 차가 달릴 수 있을 만큼 두꺼운 얼음이 얼어있는 아이스 로드를 달리는 것을 시작으로, 일행의 출사 여행은 시작됐다. 여행 2일째, 썰매도 타고, 수상비행장에서 뒹굴며 사진도 찍고, 마트에서 쇼핑하며 소고기, 돼지고기, 물, 과일, 채소, 음료, 우유, 계란 등 식재료를 가득 사서 가지고 온 반찬과 함께 맛있는 저녁 식사로, 둘째 날 밤이 맛있게 무르익었다.
　여행 3일째, 바로 그녀의 숙소 앞에서 대형 오로라가 나타났다. 옆집에도 나타났는데, 직전에 갔던 오로라 빌리지에서 보았던 것보다 훨씬 크고 화려한 오로라가 바로 숙소에서 뜬 것이다. 여기저기 함성이 터지고, 그녀는 오로라가 사라질까 심장이 콩닥콩닥 뛰었다. 그녀도 비록 핸드폰이지만 오로라를 향해 폰을 용감하게 들이댔다. 너무나 선명한 오로라가 그녀 폰 속으로 들어왔다. 초록색과 핑크색이 어우러진 오로라였는데, 생에 처음 본 멋진 오로라는, 기대 이상으로 환상적이었기에 평생 잊을 수 없을 것 같다.

그 후 이틀 동안 자작나무숲에서, 아이스 로드 위에서, 비행장에서, 얼음 성에서 오로라를 만났는데 입이 다물어지지 않을 정도로 거대하고, 아름다운 모습이 눈 앞에 펼쳐지는데 춤을 추기도 하고, 하늘에 커튼을 드리우기도 하며 깜깜한 밤하늘의 별과 달이 어우러져, 마치 하늘에서 오로라 쑈를 하는 그 환상적인 모습을 폰으로 다 담을 수가 없어, 발만 동동 구르던 모습이 아직도 생생하다.

그녀는 학자는 아니지만 오로라 상식이 많아 일행들의 말을 빌리자면 오로라는 지구상에서 가장 놀라운 현상 중의 하나로 선명한 초록색이나 주황, 보라, 가끔 빨강, 분홍, 파랑, 노란색으로 보이기도 하는데 이렇게 다양한 색들은 태양풍이 대기 중에 있는 산소와 질소의 혼합으로 색상이 나타나 보이고, 사람 눈에는 가시광선 영역의 빛만 보이는 것이란다. 오로라는 어두운 새벽과 노을 시간 사이에 볼 수 있으며 최적의 시기는 9월과 4월 백야현상이 적을 때 잘 보인다고 한다. 또, 북위 60도에 위치한 나라에서 볼 수 있고 알래스카, 캐나다, 그린란드, 아이슬란드, 노르웨이, 스웨덴, 핀란드, 러시아 등 북부에서 관측된다고 한다. 이처럼 귀한 오로라를 이틀 동안 보고 느끼며 카메라에 담는 신비스런 여행으로 이미 이번 출사 여행은 본전을 뽑고도 남았다며 오로라처럼 신나서 춤을 춘다. 4일과 5일째 날에는 낮에는 시내 투어도 하고, 부시 파일럿 기념비에 가서 사진도 찍고, 노스웨스트 주 정부청사, 올드타운, 프린스오브웨일스 박물관 관람도 하는 등 캐나다의 주요기관과 여행코스, 사진찍기 좋은 장소만 골라서 다녔고, 밤에는 야경을 촬영하기도하며, 낯선 밤거리를 즐기는 젊은이들의 분위기에 덩달아 취해도 보고 영하 25~30도 날씨에 하얀 설경을 배경 삼아 너무 예쁘고, 아름다운 드레스를 입고 사진 촬영을 한 것은, 상상 그 이상의 이벤트였고 여자회원들만을 위한 선물이었다. 지금도 가끔 사진을 보면 눈에서 하트가 마구 쏟아진다.

옐로나이프에서의 일정을 마치고 6일째 되던 날, 새벽 3시 30분에 밴프로 출발해서 11시간 30분 만에 캔모어에 도착했다. 숙소로 가는 길에 만난 로키산 국립공원의 경관은 그야말로 상상할 수 없는 스케일에 입이 다물어지질 않았다. 늦은 점심을 먹고 벤프 시내 투어 일정으로 자유시간을 주어서 쇼핑도 하고, 선물도 사고, 스타벅스에 가서 커피 한 잔에 몸을 녹이며 수다도 떨고, 모자, 목도리도 같은 걸로 사서 쓰고, 기념사진도 찍고 깔깔대며 즐거운 시간을 보냈다. 자유여행에서만 맛볼 수 있는 즐거움이었다. 며칠 동안 강행으로 지쳐있었는데, 김헌일 선생이 연어와 와인을 사오셔서 파티를 했다. 좀 더 서로를 알 수 있는 소중한 시간이기도 했으며, 피로가 싹 풀리는 듯 했다. 밴프에서의 첫날밤은 이렇게 와인과 함께 붉게 물들어갔다.

벤프에선 미네완카호수, 버밀리언 호수, 레이크루이스 호수 등 주로 호수의 일출과 석양을 담았는데 머나먼 이국땅에서 맞이하는 일출과 석양은, 그녀의 나라 한국에서는 느낄 수 없었던 벅찬 감동을 그녀에게 주었다. 캐나다 출사여행 중 가장 잊을 수 없었던 것은, 벤프 국립공원 로키산맥 설퍼산 정상에 올라가서 바라본 모습이었다. 그 위용은 가히 말로 다 표현할 수 없을 만큼 장엄하고 경이로웠다. 자연의 위대함 앞에 한없이 작은 인간의 나약함과 하나님의 위대함을 깨닫게 해주었고, 가슴이 뻥뚫리는 것 같았다. 온 세상을 다 갖은 것처럼 벅차올랐다.

그녀는 공항에서 쇼핑도 하고, 맛있는 것도 먹으며 비행기를 기다리는 시간들도 넘 즐거웠다. 이번 출사 여행을 기획하고 인솔하시며, 운전까지 총책임을 맡으신 길태현 작가와 늘 말없이 우리 회원들의 손발이 되어준 김국태 총무, 똑똑하고 야무지고 실력있는 조선행 작가. 순전으로 수고한 안대순 작가, 일행의 귀염둥이 막내 박호열 청년, 그때 그때마다 우리의 필요를 세심하게 챙겨주신 김헌일 선생, 그리고 식사 때마다 솔선수범 해주신 이명자, 황미옥, 전서연, 홍민자, 설순복, 손명숙 작가 모두가 실력파들이다.

그리고 해외 출사를 핸드폰 들고 뛰어든 용감한 그녀까지 13명의 회원들은 9박 10일 동안 한솥밥을 먹으며 서로에게 산과 바다처럼 든든한 친구가 되어 주었다. 행동이 좀 느린 내가 단체 행동하는 것이 쉽지 않았지만, 가족처럼 살뜰히 챙겨준다. 이런 기회가 쉽지 않은 나에겐 정말 잊을 수 없는 추억과 멋진 사진까지, 너무나 값진 여행이었다. 아직 다 그리지 못한 내 삶에 어떤 이야기들이 남아 있을까? 그녀의 다음 출사 여행이 기다려지는 이유다.

김미경
시인, 수필가
충남 예산군 거주
(사)샘문학 운영위원, (사)샘문그룹문인협회 운영위원, (사)문학그룹샘문 운영위원, (사)샘문뉴스 회원, (사)한용운문학 회원, (주)한국문학 회원, 이정록문학관회원, 샘문시선회원, (전) 예산문학회원, (전) 가야문학회원
<수상>
2020 신춘문예 샘문학상 수필 등단
2020 샘문학 소인문학상(수필부문)

수상소감

먼저 부족한 글을 한국문학상 본상 공모전에서 "특별작품상"이라는 귀한 상을 받게 된 것에 샘문그룹을 비롯하여, 이근배 심사위원장님과 이정록 샘문그룹 이사장님께 깊은 감사의 말씀을 올립니다. "삶이 곧 작품이다"라는 것이 저의 지론입니다. 먹고, 입고, 사랑하고, 미워하는 것!! 그리고 만나고 이별하는 모든 희로애락이 곧 삶이고, 그것을 잔잔하게 가식없이 써 내려가는 것이 곧 수필이라 생각합니다.

내가 수필을 좋아하는 이유는 나의 생각과 마음을 자연스럽게 표현할 수 있기 때문입니다. 그저 마음이 이끄는대로 진솔하게 적다보면 알콩달콩 우리네 삶의 모습을 그대로 표현할 수 있기 때문입니다. 짧은 시로는 다 표현할 수 없는 부족한 저의 재능으로 수필이라는 장르가 없었더라면 아마도 이 세상에 나의 글은 존재하지 않았을 것이라 생각이 듭니다.

누군가에게 하고 싶은 이야기들을 쓰기 시작했고 그 이야기들을 통해 샘문학 수필로 등단하게 되었고, 그것이 인연이 되어 이번에 한국문학상 본상 공모에도 참여할 수 있는 용기를 얻게 되었습니다. 이런 계기가 있어야 글 한 편이라도 더 쓰겠다 싶어 참여하게 되었는데, 이렇게 상까지 받게 될 줄은 정말 몰랐습니다. 이번 공모전을 통해 더욱 분발하라는 뜻으로 알고, 작가로써 실력과 소양을 겸비하여 한국문학에 누가 되지 않도록 노력하겠습니다.

다시 한 번 "맛있는 삶" 외 "캐나다 여행기"를 특별작품상으로 뽑아주신 심사위원님들께 깊은 감사의 말씀을 드리며, (사) 샘문그룹과 샘터문학의 발전과 모든 문우 선생님들의 문운창대하시길 기원합니다.

2023년 8월 3일
수필가 김미경 올림

한국문학상 특별작품상 수상작 소설부문

흰 백합꽃 펜던트

나 동 환

〈01〉

앙상한 나뭇가지 사이로 초겨울의 달빛이 스며든다. 지상과 천상의 영혼들이 성당의 종탑을 오르내리는 듯 붉은 십자가가 유난히 빛난다. 달빛 소녀는 성당을 지나 아득히 보이는 방조제를 향해 걷고 있다. 한참을 걸어서 분기점에 이르렀다. 방조제는 서쪽 갑문을 지나 육지로 이어지는 방향과 북쪽 갑문을 지나 육지로 이어지는 방향의 두 갈래다. 이러한 인위적 방조제와 자연적 바다의 경계는 남과 동의 거대한 호수를 만들어 놓았다. 이로 인해 바다와 호수는 각각 거센 파도와 잔잔한 물결이라는 상대적 물의 현상을 보여주고 있다. 달빛 소녀는 긴 코트의 목깃을 세우고 동쪽 호숫가에 설치되어 있는 하얀 부교의 난간에 서 있다. 초겨울 밤의 보름달이 호수 위에 달빛 가루를 조금은 싸늘하지만 강렬하게 뿌려주고 있다. 잔잔한 물결이 마치 물고기 등 비늘처럼 반짝였다. 달빛 소녀의 긴 코트 자락이 비에 흠뻑 젖은 듯 달빛을 받아 몸에 착 달라붙었다. 그러나 잔잔한 호수의 물결 위로 이내 흘러내린다. 불현듯 어느 산골 마을 낙화놀이가 그녀의 머리를 스쳐갔다. 마을 사람들이 뽕나무 숯가루에 사금파리 가루와 가루소금을 섞고 창호지에 둘둘 말아 만들었던 낙화봉 말이다. 개울가에 매달린 낙화봉에서 떨구는 그 찬란한 불티가 개울물 요정처럼 춤을 추던 장관이 눈앞에 선하게 그려졌다. 뭐라고 표현해야할까? 그때 달빛 소녀는 달빛 소년의 포근한 품에 폭 파묻혀 자신이 낙화봉이라도 된 것처럼 한동안 자기 몸이 타고 있는듯 넋을 잃고 바라보지 않았던가! 달빛 소녀는 지금 달빛 요정이 춤을 추듯 반짝이는 호수를 바라보고 있다. 그녀의 몸과 영혼은 어느새 미세한 달빛 가루로 만든 달빛 낙화봉처럼 굳어 있었다. 그녀의 발끝에서는 은은한 달빛이 소리 없는 불티처럼 튄다. 한편 밤이 점점 깊어갈수록 밤하늘의 보름달은 거대한 쳇바퀴의 테를 치듯 미세한 달빛 가루를 호수 위에 뿌려준다. 달빛 소녀의 몸과 영혼도 달빛 불티를 내며 낙화봉처럼 그렇게 서서히 부스러져 가고 있었다. 그녀의 몸과 영혼은 갑자기 현기증이 번지듯 증발의 기류에 휩싸이고 만다. 호수 위에서 잔잔히 튀고 있던 그녀의 달빛 불티가 밤하늘 둥근달로 다시 증발하고 있는 것이다. 그것은 그녀의 몸과 영혼이 함께 증발하고 있다는 확실한 증거이기도 하다. 밤하늘의 둥근 달과 호수 사이는 상상할 수 없는 멀고 먼 거리다. 그러나 눈에 보이지 않는 지극히 가늘고 긴 달빛 선이 연결되어 있을 것이라는 무형의 존재 의식은 어디서 나오는 것일까? 이런 꿈같은 상상을 하며 달빛 소녀는 달빛 불티의 증발 통로를 찾기에 골똘하고 있다. 마침내 달빛 소녀는 발끝에서 머리끝까지 미세한 달빛 불티를 내며 완벽히 부스러졌다. 그녀는 눈에 보이지 않는 미세한 달빛 선을 타고 증발한 것이다. 그 이후 달빛 소녀는 달빛 나라의 궤도 없는 무중력 하얀 천상 열차에 오르게 된다.

〈02〉

달빛 나라는 달빛 언어와 달빛 몸짓, 달빛 생각, 달빛 감성 등 오로지 달빛 예술성을 지닌 신들과 영혼들이 사는 달빛 하늘이다. 달빛 하늘(월광천)은 달빛이 진주처럼 반짝이고 그 빛이 물에 스며드는 듯 신비로웠다. 아홉 뮤즈가 북두칠성을 보고 방향을 가리키는 저쪽, 달빛 산에는 두 봉우리가 있었다. 그중 한 봉우리에는 뮤즈의 여신들이 살고 또 한 봉우리에는 아폴론 신이 산다. 뮤즈의 여신들은 문학, 음악, 춤, 연극, 등 각자 독특한 예술적 기능을 가지고 있다. 특히 역사와 천문학 및 점성술의 학문적 전문성을 지닌 뮤즈도 있다. 이 뮤즈 여신들은 지상에서 올라온 예술가들의 영혼에 영감과 재능을 불어넣기도 한다. 한편 아폴론이 사는 곳에는 그의 상징적 나무처럼 커다란 월계수가 서 있다. 그 월계수의 달빛 그늘에는 평화와 달빛 낭만이 아늑하게 서려 든다. '큐피드의 화살을 맞은 아폴론이 아름다운 요정, 다프네에게 구애를 하러 따라갔다. 그렇지만 잡히기 직전에 결국 다프네는 월계수로 변하고 말았다'는 신화의 나무, 월계수가 달빛 소녀의 잔잔한 감성을 자극했다. 과연 월계수는 아폴론의 감성적 사랑의 상징일까? 아니면 아폴론의 감성적 구애를 물리친 다프네의 상징일까?

한 마디로 말해 양자는 각각 승리의 상징임을 자임하고 있는 것은 아니지. 잠시 달빛 소녀는 감성의 월계관을 쓴 듯 월계수의 신화 속에 깊이 빠져들었다. 그 사이 천상 열차의 내부는 어느새 달빛으로 환해지고 있었다. 천상 열차 안에서는 지상에서 올라온 영혼들이 평화스런 마음으로 각자의 독특한 빛을 조용히 내뿜고 있다. 시간이 조금 지나 천상 열차 내부의 끝쪽에서 커다란 푸른 문이 열리고 한 천사가 나타났다. 그 천사는 천상의 소식을 전하는 사랑의 전령인 가브리엘 천사였다. 그 천사의 머리에서는 달무리처럼 광채가 나고 발끝까지 덮인 기다란 순백의 드레스는 더없이 선하고 아름다웠다. 그야말로 천상의 존재로서 진, 선, 미의 위용을 그대로 드러냈다. 한편 그 천사는 오른 손에 황금빛 티켓 한 장을 쥐고 있었다. 그리고 달빛 소녀 앞으로 다가와 손을 내밀었다. 달빛 소녀는 그것을 받아들고 자세히 들여다보았다. 달빛 소년으로부터 보내온 천상 체험의 초청 티켓 이었다. 달빛 소녀는 그 티켓을 한동안 가슴에 안고

"달빛 소년, 오 사랑하는 나의 달빛 소년!"
하며 연거푸 조용히 불렀다. 달빛 소녀의 깊은 가슴속으로 티켓의 휘황한 황금빛이 스며들었다. 곧이어 가브리엘 천사의 천상 안내 설명이 시작되었다.
　"먼저 천상의 아름다운 신비와 질서에 대해서 말하겠습니다. 천상은 항상 빛이 넘쳐나고 눈부신 빛의 한가운데는 하느님의 역사와 은총이 가득합니다. 천상에 있는 모든 존재는 하느님의 형상을 닮아 있으며 하느님과 가까이 있을수록 완전해지고 멀리 있을수록 불완전 하답니다. 그리고 이러한 존재들은 하느님을 향해 선한 의지로 움직이며 이는 곧 우주의 위대한 질서와 조화이기도 합니다. (——) 다음으로는 지금 여러분이 천상 열차를 타고 천상에 가는 열 개의 하늘을 지구로 부터 가까운 순서대로 설명하겠습니다 (월광천-수성천-금성천-태양천-화성천-목성천-토성천-항성천-원동천-청화천 (지고천) (– – –)"
　천사의 설명은 계속되었다. 달빛 소녀는 이러한 열 개의 하늘 구분이 고대 그리스의 천문학자 프톨레마이어스의 이론에서 나왔다는 단테의 '신곡'을 기억한다. 그리고 열 개의 하늘 중 열 번째 하늘인 청화천(지고천)은 하느님의 최고의 하늘이며 다른 모든 하늘들의 특성은 이 하늘을 통해 영향을 받는다. 그리고 그 아래의 하늘로 전달되는 유기적 시스템이 완벽하게 구축되어 있다는 내용 또한 기억한다. 그렇다면 최고의 하늘인 청화천(지고천)은 과연 어떠한 곳인가? 달빛 소녀는 무척 궁금했다. 가브리엘 천사의 설명은 계속 되었고 하얀 천상 열차는 화살보다 더 빠른 속도로 월성천에서 청화천(지고천)을 향해 올라가기 시작했다.
　월성천에서 두 번째 하늘인 수성천에 올랐다. '발이 빠른 전령의 신'이라는 이름을 가진 수성이 자욱한 운무 속에서 숨은 보석처럼 빛나고 있었다. 달빛 소녀는 날개 달린 모자를 쓰고 신발을 신고 바삐 제우스의 메시지를 전하는 헤르메스를 떠올렸다. 해가 뜨기 직전, 동쪽 하늘에서 잠깐 그리고 해가 지고 난 직후 서쪽 하늘에서 잠깐, 빠르게 내비치는 수성이 신비하고 경외감마저 들게 했다. 이러한 수성의 특성처럼 수성천에는 지상에서의 명성이나 명예 보다는 남모르게 선행을 행한 영혼들이 저마다 아름답고 밝은 빛을 내며 조화를 이루고 있었다. 빛은 위로 올라갈수록 점점 밝아졌다. 금성천은 그 빛이 유난히 빛나고 아름다웠다. 키프로스 바다에서 떠오른 비너스처럼 아름다운 금성의 빛이 휘황하게 감돌았다. 금방이라도 사랑의 신, 큐피드가 비너스 같은 금성을 향해 사랑의 황금 화살을 쏠 것만 같았다. 한때 달빛 소녀의 가슴에도 달빛 소년의 사랑이 큐피드의 화살처럼 꽂힌 적이 있지 않았던가!
　달빛 소녀는 살포시 눈을 감아 본다. 달빛 소녀의 가슴속에서 사랑의 눈빛이 가득 반짝인다. 지상에서 사랑에 집착했던 영혼들이 달빛 소녀를 에워싸고 하트 모양을 그리며 밝은 빛을 낸다. 그러는 사이 천상 열차는 계절의 변화와 순환 그리고 식물 성장을 주관하는 태양천에 올랐다. 태양의 신, 헬리오스가 매일 불타는 태양 마차를 타고 하늘을 가로질렀다는 태양의 하늘이다. 태양은 아침에 뜨고 밤에 지며 온도의 변화를 이루고 있었다. 그러므로 이곳은 모든 생명체가 살아있는 빛을 조화롭게 낸다. 한편 또 하나의 태양의 신, 아폴로가 차지한 델포이(자궁)가 있어 생명의 원천을 이루고 있다. 이곳에서는 하느님의 창조적 섭리와 사랑의 의지로 살았던 철학자들과 신학자들의 영혼들이 빛을 내고 있었다. 그들은 화환 모양의 원무를 추고 있었다. 그 원무는 하나의 원이 돌면 또 하나의 원이 둘러싸며 두 원의 빛이 동시에 돌고 있었다. 그것은 원 안의 빛이 원 밖의 빛을 그리고 원 밖의 빛이 원 안의 빛을 서로가 서로를 스미고 반사하는 완전한 하모니였다. 이는 하느님의 장엄하고 아름다운 축복과 은총을 그대로 드러낸 것이다. 달빛 소녀는 무의식에 잠긴 듯 조용히 태양을 바라보았다. 무의식은 곧 무한한 상상력과 창조적 생명력을 잉태한다는 신념 때문이었을까 무의식처럼 흐릿한 구름 속에서 떠오르는 태양이 더 찬란하게 보였다. 그때 하늘 저편에 태양의 빛을 받아 불타는 듯 화성이 붉은 빛을 반사하고 있었다. 달빛 소녀는 화성 하늘에 근접하고 있음을 직감했다. 화성천은 밝고 어두운 두 얼굴을 가진 것처럼 북쪽은 평원을 이루고 남쪽은 협곡을 이루고 있었다. 갑자기 밝게 보이는 평원에서 먼지 폭풍이 일었다.

이어서 지상에서 자기 십자가를 지고 예수를 따르던 순교자들의 영혼들이 빛을 내기 시작했다. 그들의 영혼들은 은하의 별 무리처럼 줄지어 좌우 상하로 움직이며 십자가 모형을 만들었다. 그리고 서로 교차 때마다 강렬한 빛과 더불어 경건하고 장엄한 찬양의 소리를 냈다. 달빛 소녀는 순교자 영혼들이 만든 거룩한 십자가를 보며 그녀의 가슴에 성부와 성자와 성령의 이름으로 십자 성호를 그었다. 하늘의 종탑에서 종과 연결된 긴 줄이 내려졌다.

〈03〉
달빛 소녀는 긴 줄을 잡아당겨 종을 치듯 그녀의 강렬한 시선으로 목성의 하늘 종을 쳤다. 하늘 종이 맑게 울리고 하얀 빛이 쏟아졌다. 그러자 하늘 한쪽에서 밝은 줄무늬가 일정한 지대를 이루고 또 다른 한쪽에서는 어두운 줄무늬가 띠를 이루며 갑자기 고리 모양의 소용돌이 현상을 일으켰다. 그리고 그 고리 모양의 안에 독수리 형상을 만들었다. 그것은 정의의 영혼들이 하느님의 선의 의지를 빛내고 있는 것이었다. 특히 그 독수리의 눈 부분에서는 다섯 개의 빛이 돋보이게 눈부셨다. 정의의 핵심 영혼 같았다. 하늘 빛은 위로 올라갈수록 하늘마다 빛의 특성이 뚜렷하게 드러나고 그 빛의 세기도 더욱 강렬해졌다. 마찬가지로 달빛 소녀의 빛도 고유의 달빛에 더하여 점점 그렇게 변해가고 있었다. 이는 본능적으로 하느님의 존재를 향해 정의의 선의 의지가 움직이고 있다는 묵시적 은총의 빛이 아니겠는가? 아마도 달빛 소녀가 하느님을 가까이에서 만난다면 그녀는 하느님의 은총을 받아 더없이 눈부신 빛을 발산할 것이다. 벌써부터 달빛 소녀의 가슴은 벅차오르기 시작했다. 달빛 소녀는 고개를 들어 또 하나의 하늘을 바라보았다. 태양빛을 받아 찬란히 빛나는 토성 고리에 달빛 소녀의 커다란 눈은 휘둥그레졌다. 일찍이 갈릴레이가 말했던 '양쪽에 달린 괴상한 귀' 같은 고리였다. 달빛 소녀는 아름답고 신기한 토성 고리에 대한 호기심을 가지고 토성천에 올랐다. 어쩐지 토성천은 풍요롭고 평화스런 시간과 계절을 순환시키는 힘이 있을 것 같은 예감이 들었다. 달빛 소녀는 예민한 지성과 감동적 진리의 눈빛으로 신비한 토성 고리의 형성과정을 지켜보았다.

하늘의 성운에서 비처럼 쏟아지는 미세한 알갱이들이 얇은 토성 고리 모양을 만들고 토성의 주위를 돌고 있었다. 토성은 마치 챙이 둥근 중절모를 쓴 신사처럼 멋지고 아름다웠다. 그 광채 또한 성운이 주변 별빛을 산란시켜 붉거나 푸른 빛을 내듯 태양빛을 받아 황홀했다. 달빛 소녀는 이러한 성운이 토성 고리는 물론 토성 전체를 생성하는데 중요한 재료가 되지 않았을까? 생각을 해 봤다. 이러한 성운은 어떻게 만들어질까? 아마도 그것은 어느 소멸된 별들의 잔해들이 모여 이루어진 것이 아닐까? 그렇다고 가정한다면 별들의 생성과 소멸 또한 보이지 않는 위대한 순환의 원리가 작용되는 것은 아닌지. 달빛 소녀는 의문의 가정을 연거푸 마음속에 품으면서 '별은 죽어서 잔해가 되고 그 잔해는 다시 별이 된다.'는 속설을 현실화시켜 본다. 그리고 하느님의 선의 의지가 얼마나 확고하고 위대한지를 다시 한 번 실감하는 계기가 되었다. 토성천에는 지상에서 사색과 명상으로 살았던 영혼들이 토성 고리처럼 둘러앉아 빛을 내며 기도를 하고 있었다. 그 기도 소리가 마치 천둥소리처럼 크게 들렸다. 그리고 저 먼 하늘과 기다랗게 연결된 황금 사다리도 보였다. 그것은 무지개처럼 영롱한 빛을 냈다. 진리의 영혼들이 무리지어 황금 사다리를 오르내리고 있었다. 달빛 소녀는 진리의 눈을 뜨게 해 달라고 마음속으로 기도하며 황금 사다리를 타고 항성천에 올랐다. 밤하늘에서는 쌍자궁 별자리가 어깨동무를 하듯 다정히 빛나고 있었다. 지금까지 올라왔던 일곱 개의 하늘 별들과 지구까지도 한 눈에 내려다보였다.

그곳에는 장미와 흰 백합꽃이 만발한 천상의 화원도 있었다. 그 화원에서는 성모 마리아의 거룩한 빛이 끊임없이 맴돌았다. 가브리엘 천사는 경건하게 성모 마리아를 찬양했다. 그때 저편 장미 화원 안쪽에서 고운 달빛이 불티를 내듯 흩어졌다. 그리고 수도자의 경건한 옷차림처럼 순백의 긴 가운을 입은 달빛 소년이 나타났다. 그 소년은 입가에 미소를 띠며 한 다발의 흰 백합꽃을 양손으로 받들고 달빛 소녀에게 다가왔다.

"오, 사랑하는 나의 달빛 소녀! 여기까지 와 줘서 반가워요, 진심으로 환영하고 축하합니다.!" 하며 달빛 소녀에게 꽃다발을 건네주었다. 꽃다발을 건네받은 달빛 소녀의 눈망울은 삽시간에 감격의 눈물로 글썽였다. 그리고 곧바로 달빛 소년의 품에 안겼다. 달빛 소녀는
"달빛 소년, 나의 사랑하는 달빛 소년! 그동안 정말 보고 싶었어! 그리고 초청해 줘서 고마워" 하며 속삭이듯 말했다. 그렇게 그들은 한참을 포옹하고 달빛 낙화봉처럼 굳어 있었다. 흰 백합꽃의 깊은 향기가 그들의 가슴 속으로 달빛처럼 은은히 스며들었다.

〈04〉
그 순간 그들은 추억의 만남으로 릴리 카페에서 달빛 길 유량천까지 회상의 침묵 속으로 깊이 빠져든다. 지난 가을밤의 추억이 소환되고 있다. 달빛 소녀는 커피 테이블 위의 투명 유리병에 꽂힌 흰 백합꽃 한 송이를 보았다. 그리고
"이 꽃은 내가 가장 좋아하는 꽃인데…"
하며 곧바로 흰 백합꽃 가까이에 희고 오뚝한 코를 대고 연거푸 향기를 맡았다. 달빛 소년은 그런 소녀의 검고 부드러운 머리칼이 흩어져 포옹하듯 흰 백합꽃을 감싸는 모습을 보고 또 하나의 흰 백합꽃을 보는 듯한 착시에 빠졌다. 소녀는 차분한 목소리로 달빛 소년에게 물었다.
"이 흰 백합꽃 꽃말이 뭔지 알아?"
그 순간 달빛 소년은 당황했고 이를 감성적 인지로 금방 알아챈 소녀는 "순결이야, 그리고 변치 않는 사랑이기도 해"라고 말했다. 그들은 흰 백합꽃의 순결한 사랑을 마음에 담고 태조산 달빛 길을 걸어서 유량천의 물가에 나란히 앉았다. 하얀 애니 다리 건너편 물가에는 외딴집 한 채가 달빛 창 하나를 내놓고 있었다. 그 창가에는 웃자란 허연 억새꽃 한 가닥이 바람에 조용히 흔들리고 있었다. 달빛 소년은 학교, 영어 연극 공연에서 주인공 '이녹 아든' 역을 맡았다고 했다. 주인공 '이녹 아든'에 관한 얘기는 밤이 깊어가는 줄도 모르고 계속되었다. 밤하늘의 달빛이 무거운 적막처럼 그들의 온몸을 적시듯 내렸다. 달빛 소녀는 진지한 표정으로 달빛 소년의 얘기를 들었고 이녹 아든과 애니의 슬픈 사랑에 눈물을 흘리기도 했다. 그때마다 분위기는 이내 바뀌 달빛 나라 얘기로 이어갔다. 그들은 달빛을 받으며 어느새 달빛의 낭만에 흠뻑 취했고 그들만의 달빛 나라 사람이 되었다. 또한 서로를 '달빛 소녀', '달빛 소년'이라고 그렇게 불렀다. 이에 더하여 달빛 소녀는 달빛 소년에게
"이제 우리의 가슴속에 달빛 창 하나씩 내놓기로 해, 서로가 보고 싶을 때는 언제나 달빛으로 스며들 수 있도록 말이야"

하고 제안했다. 그런 후 달빛 소녀와 달빛 소년은 그렇게 하기로 손을 꼭 잡고 굳게 약속했다. 이와 같이 그들의 순결한 사랑은 달빛 속에서 흰 백합꽃으로 피어났다.
 회상의 침묵이 끝나고 달빛 소년과 달빛 소녀는 성모 마리아의 축복을 받으며 흰 백합꽃 화원을 걷는다. 그 모습이 한쌍의 천사와도 같았다. 그들의 영혼은 달빛의 찬란함과 흰 백합꽃의 순결함을 더한 사랑의 빛으로 빛났다. 달빛 소녀는 달빛 소년의 안내를 받으며 천사들이 사는 원동천을 보았다. 원동천은 다른 하늘들과는 달리 강렬한 빛을 내면서 빠른 속도로 돌고 있었다. 감히 접근하기 어려운 두려움까지 느껴졌다. 달빛 소녀는
 "도대체 저 하늘은 어떤 기능을 하는 거야?" 하고 의심과 호기심의 말투로 달빛 소년에게 물었다.
 "아, 퍽 궁금했었구나. 원동천은 하느님이 있는 청화천과 가장 가까이에 있으면서 다른 여덟 개의 하늘에 힘을 배분하는 기능이 있어. 그러니까 다른 하늘을 운행하는 핵심 하늘인 거야. 그래서 특별히 하느님의 빛과 사랑이 항상 감싸고 있지."
 "아, 그렇구나! 말하자면 원동천은 다른 하늘들이 원활하게 움직일 수 있도록 하나의 엔진 역할을 하는 셈이네."
 "맞아, 그렇다고… 그리고 원동천 안쪽에는 성모 마리아가 그리스도를 따라 승천한 자리도 있어. 이들은 육체와 영혼을 동시에 지닌 분이시지"
 "아! 그래? 그 자리가 보고 싶은데…"
 "회전 속도가 너무 빨라서 아쉽기는 하지만 그냥 지나치는 것으로 하는 게 좋겠어. 언젠가는 볼 수 있는 기회가 올거야"
 "알았어. 그날을 기다리며 하느님의 사랑인 선의 의지로 단단히 준비해야지"
 그들이 원동천의 아름답고 거룩한 빛과 빠른 움직임을 보며 질문과 응답을 진지하게 주고 받는 사이 최종 목적지인 청화천에 올랐다. 청화천은 하느님의 순수한 빛과 사랑 그리고 기쁨이 충만한 곳이었다.

⟨05⟩
 달빛 소년이 제일 먼저 달빛 소녀를 안내한 곳은 황금 불꽃의 깃발이 나부끼는 성모 마리아의 하얀 장미 화원이었다. 그곳에는 일곱 개의 하얀 장미 층이 있었다. 순백의 빛이 아름답고 거룩해 보였다. 천사들이 날개를 펴서 성모 마리아를 찬양하고 가브리엘 천사가 '은총이 가득하신 성모 마리아님, 항상 기뻐하소서!'라는 노래를 불렀다. 달빛 소녀는 달빛 소년에게 궁금증을 가지고 질문하기 시작했다.
 "저 하얀 장미 층에 앉아 있는 영혼들은 누구야!"
 "맨 위쪽에는 성모 마리아, 그 아래로 하와, 야곱의 아내 라헬 그리고 아브라함

의 아내 사라(…) 등 주로 다윗 가계의 여인들이고 마지막 일곱 번째 층에는 어린아이들의 영혼들도 앉아 있지. 이 어린아이들은 여러 층에 골고루 나뉘어 있기도 하고…"

"그런데 저기 접시를 들고 있는 아름다운 여인은 누구지? 그리고 접시에는 무엇이 담겨 있는 거야?"

"아, 그 여인은 순교자 루치아!, 접시에 담겨 있는 것은 그녀의 두 눈동자야…, 순교의 상징이기도 하지. 그녀는 지상에서 배교를 강요 받고 수많은 박해를 받았으나 끝까지 신앙을 지키다가 장작불 화형을 받았어. 그렇지만 멀쩡히 살아 있었지. 결국 목을 베고 두 눈동자를 도려내어 순교한 거야."

"그래서 두 눈동자가 담긴 접시를 들고 있었구나! 너무나 끔찍하고 잔인해! 슬퍼!"

"그만큼 루치아에게는 신앙이 목숨 보다 더 소중했던 거야. 그 후 사람들은 순교자 '루치아' 하면 자신의 두 눈동자가 담긴 접시를 들고 있는 상징적 모습으로 묘사하게 됐어."

"아! 그랬구나. 그녀의 영혼까지도 저런 상징적 모습으로 보여주는 것이 이제 이해가 돼"

"맞아, 나도 그렇게 생각하고 있어 그만큼 상징의 의미가 큰 거지 그리고 오래 남는 거야 영혼까지도 상징으로 남아 나타나고 있으니까…"

달빛 소녀의 질문과 달빛 소년의 자세한 답변은 이렇게 오가고 있었다. 이에 화답이나 하듯이 하얀 장미 화원의 영혼들은 지성적이고 선한 사랑의 빛을 보냈다. 달빛 소녀와 달빛 소년은 하느님의 원점 가까이로 눈을 돌렸다. 눈부신 빛이 일체의 감각을 초월하게 만들었다. 그 빛은 장엄한 강물처럼 흐르고 천사들의 빛이 위에서 아래로 폭포처럼 떨어졌다.

"오! 저 빛 좀 봐!"

달빛 소녀는 감격의 비명을 질렀다.

"저런 현상을 가리켜 '빛의 폭포'라는 거야" 하고 달빛 소년이 말했다. 그 빛의 폭포는 마치 불꽃 놀이 할 때 낙화봉에서 떨어지는 불티처럼 찬란했다. 달빛 소녀는 빛의 세례를 받으며 빛을 마시듯 커다란 눈으로 경건하게 빛의 강물을 보았다.

"빛의 폭포에서 내리는 강물을 마시면 초월자의 시각을 갖게 돼, 나는 이미 마셨거든…" 하고 달빛 소년은 달빛 소녀에게 말했다.

"그래? 그럼 나도 마셔야겠네!"

달빛 소녀는 구원을 청하는 눈초리로 달빛 소년을 바라보며 성급히 말했다.

"괜찮아, 이미 눈빛으로 마셨잖아, 눈을 크게 떠 봐! 시각이 뚜렷하고 맑게 변할 거야"

달빛 소년이 힘주어 말했다. 달빛 소녀는 눈을 크게 뜨고 빛의 강물을 다시 바라보았다. 빛의 무리들이 원형극장처럼 둥근 장미 화원을 만들었다. 하느님의 사랑의 화원이었다. 그야말로 시공간을 초월한 사랑의 엠피리오를 실감하는 순간이었다. 특히 하느님의 원좌을 중심으로 돌고 있는 아홉 개의 불 바퀴는 신비의 극치를 보여 주었다.

"저 불 바퀴는 누구의 빛일까?"

달빛 소녀는 달빛 소년에게 물었다.

"아―아, 그것은 아홉 천사들이 만들어 내는 그들만의 빛이야."

"그렇다면 그 아홉 천사들의 이름은 뭐야?"

"이들은 하느님을 가까이에서 모시는 천사들로 원동천에서 월광천까지 아홉 개의 하늘을 다스리고 있어. 품계에 따라 3등급으로 나누고 있지. 각 등급마다 3명의 천사들이 배당되는 거야. 1등급 천사는 세라핌, 케루빔, 트로니. 2등급 천사는 도미니티오, 비루투테스, 포테스타테. 3등급 천사는 프린키파투스, 아르칸겔투스, 안겔루스. 그리고 이들 천사들은 무슨 일이든 스스로 인식하거나 기억하거나 욕망하지 않고 오로지 하느님의 선한 의지에 따라 공정한 생각과 판단 그리고 선한 행동으로 부여된 임무를 완벽하게 수행하고 있어. 특히 이들 아홉 천사들 중에서 가장 으뜸 천사는 세라핌 천사야."

달빛 소년은 달빛 소녀의 질문에 자세히 설명해 주었다. 그런 후

"저기 하느님 옆에 있는 세라핌 천사 좀 자세히 봐!" 하고 세라핌 천사가 있는 쪽을 가리켰다. 그러자

"와! 저 천사가 세라핌 천사야? 날개가 여섯 개나 있어!!"

"맞아, 그 여섯 개의 날개로 춤을 추며 하느님을 기쁘게 하고 찬양하는 거야."

"그런데 하느님은 어디에 계시는 거야. 볼 수가 없네?"

"아―아, 하느님은 성부, 성자, 성령의 완전성을 지닌 삼위일체로 우주의 실체이며 법칙과도 같아. 그리고 그 빛은 성부가 성자에게 반사되고 성령의 불처럼 보이지. 그러므로 너무 강렬한 빛이라서 아무나 볼 수 없는 거야."

"그럼 누가 볼 수 있나?"

"이곳의 천사들과 열두 사도 그리고 특별히 레테의 시냇물을 마시고 죄를 정화시킨 순수한 영혼들만이 가능한 거야. 이들은 사도 바울이 말한 '희망하는 것들의 보증과 보이지 않는 사물의 존재'로서의 굳건한 믿음이 확증된 영혼들이지. 또한 이들은 그리스도 부활의 생명이라는 영원한 삶의 빛으로 감각이나 연상, 판단과 추리 등 사유작용 없이 하느님의 빛을 직관할 수 있는 거야. 달빛 소녀도 언젠가는 그리스도의 사랑과 은혜의 빛을 받을 거야. 그리고 그 찬란한 빛의 열기로 하느님

을 직관하게 될 거야."
 "그렇다면 얼마나 좋을까?"
 "그러나 통상적으로 천사들의 빛을 통해서 하느님 은총의 빛이 나타나기도 하지"
 달빛 소녀의 질문과 달빛 소년의 설명이 끝난 후, 잠시 달빛 소년은 사랑하는 달빛 소녀의 검고 커다란 눈동자를 보았다. 그녀의 눈동자는 천상의 신비감과 호기심으로 가득 빛났다.

〈06〉
 달빛 소년은 그녀에게 다음과 같은 묵시적 천상의 메시지를 눈빛으로 보낸다.
 - 가슴의 피로 새끼를 먹여 살리다가 스스로 죽는 새가 있다. 그 전설적인 펠리컨처럼 그리스도의 십자가 보혈은 원죄를 순결한 영혼으로 거듭나게 했다. 달빛 소녀의 영혼은 지금 어디를 향해 가고 있는가? 아담은 지상에서 930년, 지옥의 림보에서 4302년, 모두 5232년을 살았다. 그러고 나서야 속죄를 받고 하느님의 빛 속에 안겼다. 그러나 그의 짧은 에덴동산의 일곱 시간은 무엇으로 어떻게 설명해야 하는가? 그는 하느님이 주신 고귀한 자유 의지를 남용하고 교만했다. 그 대가로 긴 세월 동안 얼마나 큰 고통 속에서 살았던가! 누구나 한 번쯤 가슴 깊이 새겨볼 일이다. 하느님의 빛은 천사들의 아홉 개 불 바퀴가 햇무리처럼 둘러싸여 원점에서 가까울수록 빠르고 점점 멀어질수록 줄어들면서 찬란한 빛을 내며 돈다. 그리고 순수한 영혼들이 하느님을 향해 외치는 호산나와 천사들의 합창 소리가 아름답고 거룩하다. 천국은 지상에서 선의 의지로 더없이 가벼워진 영혼들만이 빛이 되어 갈 수 있다. 그 시간은 언제인지 얼마의 시간이 걸릴지는 누구도 알 수 없다. 어쩌면 아담의 시간 보다 훨씬 빠를 수도 있고 아니면 더 오래 걸릴지도 모른다. 그러므로 항상 하느님으로부터 천국의 열쇠를 손에 받아 쥔 베드로처럼 그리고 접시에 자신의 눈동자를 들고 있는 순교의 여인, 루치아처럼 굳은 신앙과 순결함으로 영혼의 빛을 준비해야 한다. 나의 사랑하는 달빛 소녀여! 그대도 언젠가는 천국으로 가는 황금 사다리에 오를 것이다. 그리고 하느님의 빛이 있는 원점 가까이로 세라핌 천사의 인도를 받을 것이다. 부디 하느님의 거룩한 빛을 받아 달빛 소녀의 영혼이 천국에서 자유 의지의 빛으로 영원히 빛나기를 바란다. 빛은 길이고 진리며 생명과도 같은 것이다. 그곳은 성모 마리아님의 장미와 열두 사도들의 흰 백합꽃이 만발한 평화와 자유의 아름다운 화원이다.- (*단테의 신곡 참조)
 이러한 달빛 소년의 묵시적 천상의 메시지는 연약한 식물들이 햇빛을 아무런 거부감 없이 자연스럽게 스미듯이 달빛 소녀에게 생명의 빛으로 모두 받아 들여졌다.
 달빛 소녀는 원동천의 모든 천사들이 하느님을 향해 호산나를 외치며 합창하는 거룩한 찬양을 뒤로 하고 떠나야 할 시간이 되었다. 지상에서 올라온 초청 영혼의 한시적 천상 체험이 아쉽다. 달빛 소녀는 달빛 소년의 손을 잡고 세라핌 천사가 내준 황금 사다리의 계단을 밟으며 항성천으로 내려갔다. 흰 백합꽃 화원에서는 케루빔 천사가 이끄는 환송 합창단의 천사들이 아베 마리아를 부르며 순백의 빛을 내뿜고 있었다.

"달빛 소녀, 잠깐만 기다려 줘. 다녀올 데가 있어" 하고 달빛 소년은 장미 화원 안쪽으로 사라졌다. 자연스럽게 달빛 소녀의 시선은 달빛 소년이 사라진 장미 화원 안쪽으로 쏠렸다.

"아! 저 장미 화원 안쪽에 저런 아름다운 순백의 궁전이 있었네?!"

달빛 소녀는 아름다운 순백의 궁전을 바라보고 놀라운 표정을 지으며 혼잣말로 속삭였다. 잠시 후 케루빔 천사와 함께 달빛 소년이 손에 장밋빛 작은 상자를 들고 왔다. 합창단의 은은한 찬양 속에서 장밋빛 상자가 개봉되었다. 그 상자 속에는 목걸이가 들어 있었다. 그것은 가느다란 장밋빛 하트 라인 안에 앙증맞게 핀 한 송이 흰 백합꽃 펜던트가 섬세한 은사슬에 매달려 있는 사랑의 목걸이었다. 달빛 소년은 달빛 소녀의 희고 긴 목에 흰 백합꽃 목걸이를 걸어주었다. 곧바로 케루빔 천사가

"달빛 소녀에게 항상 하느님의 은총이 함께하여 빛나길…", 하며 달빛 소녀의 흰 백합꽃 목걸이에 십자 성호를 그었다.

그리고 달빛 소년도

"나의 아름다운 달빛 소녀, 흰 백합꽃처럼 순결한 나의 사랑이여! 나는 그대를 영원히 사랑하리!" 하고 말하며 달빛 소녀를 꼭 안아 주었다.

"목걸이 선물 정말 고마워! 감동 받았어. 이 흰 백합꽃 목걸이 소중하게 영원히 간직할께, 사랑해, 그런데 우리 여기서 헤어지면 또 언제 만나지?"

"우리 만나는 거? 보고 싶어 생각나면 언제든지 만날 수 있지, 우리의 가슴속에는 달빛 창이 있잖아! 달빛으로 스며들면 되는거지."

달빛 소녀와 달빛 소년은 사랑과 작별의 아쉬운 마음으로 화답했다. 하늘에서 은은한 달빛이 내렸다. 달빛 소녀의 희고 긴 목에 걸린 순백의 흰 백합꽃 목걸이가 달빛을 받아 그 순백의 농도를 더하여 반짝였다. 이윽고 항상천에서 토성천까지 황금 사다리가 내려졌다. 방금 전까지 천사들의 합창단에서 성모송을 불렀던 안겔루스 천사가 황금 사다리 꼭대기에서 달빛 소녀를 기다리고 있었다. 그 천사는 달빛 소녀를 월광천까지 인도할 월광천의 수장이다. 달빛 소녀는 천사들의 환송곡을 들으며 황금 사다리를 밟고 토성천으로 내려갔다. 아마도 달빛 소녀는 안겔루스 천사의 안내를 받으며 천상 열차를 타고 월광천까지 내려갈 것이다. 그리고 그곳에서 달빛 낙화봉의 달빛 불티가 된 후, 미세한 달빛 선을 타고 지상으로 내려가게 될 것이다.

한국문학상 「특별작품상」 수상작

⟨07⟩

　달빛 소녀가 등굣길에 나섰다. 어젯밤 꿈속에서 덜 깬 듯 정신이 몽롱한 상태가 계속 되었다. 더구나 안개마저 자욱하여 아직도 꿈속 길을 걷는 것 같았다. 달빛 소녀의 하숙집은 학교가 눈앞에 뻔히 보이는 가까운 위치에 있다.
　그러나 비탈진 언덕의 꼭대기라서 곧바른 길이 아니다. 특히 층층으로 허름한 집들이 불규칙하게 들어서서 좁은 골목길을 이루고 있다. 그러므로 여러 번 가로세로의 골목길을 반복해서 걸어야만 학교의 붉은 담장 옆으로 난 조금은 넓고 곧은 길이 나온다. 그렇지만 그 길 역시 비스듬한 계단을 밟고 내려가야 한다. 달빛 소녀는 꿈속의 천상에서 황금 사다리를 밟고 내려가 듯 학교 붉은 담장 옆 계단을 밟고 학교 정문을 향해 그렇게 내려갔다. 오늘은 안개로 흐릿한 길을 그나마 몇 개의 가로등 불빛이 밝혀 주고 있어 다행이다. 항상 그렇듯이 달빛 소녀는 흰 목 칼라에 자색 교복을 입고 그 위에 검정 코트를 단정히 걸친 산뜻한 옷차림이다. 그리고 책 배낭이 조금은 무겁게 느껴지지만 그런대로 앙증맞아 귀엽게 보인다. 달빛 소녀는 학교 정문 앞에 이르러서 그녀의 하숙집이 있는 언덕 마을을 바라본다. 뿌연 안개에 파묻힌 마을에서는 군데군데 가로등 불빛이 두꺼운 안개를 뚫고 나와 빛나고 있었다. 마치 운무 속에서 수성이 빛을 내고 있는 것 같았다. 달빛 소녀는 달빛 소년과 함께 천상의 황금 사다리를 밟고 내려오던 몽상에서 아직도 벗어나지 못하고 있다. 그녀는 교정의 성모상 앞에 서서 가슴에 십자 성호를 그었다. 그때였다. 갑자기 전화벨이 요란스럽게 울렸다. 달빛 소녀는 가슴이 철렁했다.
　"여보세요!…"
하며 흐느끼는 소리가 들렸다. 잠시 후,
　"여보세요! 달빛 소년이 어젯밤 학교 앞에서 교통 사고로 이 세상을 떠났어!"
　"뭐뭐라고요!? 달빛 소년이 죽었다고요! 오! 하느님! 오! 성모 마리아님!…달빛 소년!"
　달빛 소년의 친구 시그의 전화를 받고 달빛 소녀는 흐르는 눈물을 주체할 수 없었다. 달빛 소녀는 한참을 멍하니 성모상을 바라보며 그 자리에 선 채로 석고상처럼 굳어 버렸다. 학생들이 하나둘씩 교실로 들어갔다. 교실 안에서는 학생들이 빙 둘러 앉아 웅성거리고 있었다.
　"달빛 소년이 죽었대! 교통사고래, 학교 앞에서 사고났대! 오늘 아침 tv 방송에서 나왔어…", 등 학생들의 입에서 튀어나오는 말들이 분분했다. 그리고 눈이 퉁퉁 부은 달빛 소녀에게로 몰려들었다. 어떤 학생은 달빛 소녀의 손을 쓰다듬고 어떤 학생은 친구의 슬픔이 자기의 슬픔인양 흐느끼기도 했다. 달빛 소녀와 달빛 소년의 관계는 친구들도 이미 잘 알고 있다. 크리스마스 이브 날, 달빛 소년의 영어 연극 공연에 달빛 소녀가 초청되었다는 사실도 달빛 소녀 스스로 친구들에게 밝혔고 그때 친구들도 같이 가자고 했었다. 달빛 스녀는 온종일 어젯밤 꿈속의 천상에서 머물고 있었다. 달빛 소년과의 만남과 사랑 그리고 대화와 천상의 신비 등 그대로 유체 이탈적 정지 상태인 것이다. 이따금 현실적 사물의 대상이나 행동을 무의식적으로 우두커니 바라본다. 그리고 가슴속에서 치밀어 오르는 슬픈 감정마저도 최소한의 정지된 관성적 작용에 따를 뿐이다. 그것은 달빛 소년의 충격적 죽음에서 나타나는 존재적 상실감이 가져다 주는 무기력 현상이라고나 할까? 아니면 현재의 사실을 부정하고 어젯밤의 꿈속에 그대로 정지하고 싶은 일종의 심리적 방어기제에 의한 것인지도 모른다. 이러한 학교 생활의 하루가 어떻게 지나갔는지도 모르게 밤이 되었다.

밤하늘에는 둥근달이 떠 있었다. 그 달은 슬픔 어린 달빛 소녀의 커다란 눈동자처럼 애잔한 달빛을 내고 있었다. 달빛 소녀는 지난 오 월, 성모 축제 때 찍은 성모상 액자와 흰 백합꽃 한 송이를 챙겨 달빛 소년이 잠든 성모병원의 안치실로 갔다. 안치실에는 청잠바를 입고 미소를 담뿍 머금은 달빛 소년의 영정이 마련되어 있었다. 달빛 소녀는 가져간 성모상 액자와 흰 백합꽃 한 송이를 그의 영정 앞에 놓고 향불을 피웠다. 그리고 십자 성호를 그었다.

"안녕, 나의 사랑하는 달빛 소년! 그동안 행복했어! 우리 천상에서 다시 만날 때까지 잘 있어…"

달빛 소녀의 슬픈 눈물이 흰 백합꽃의 가녀린 꽃잎에 새벽 이슬처럼 맺혔다. 그리고 부드러운 향연이 달빛 소년의 얼굴을 가볍게 스치며 운무 속을 나는 천사의 날개처럼 하늘로 흩어졌다. 그 순간 달빛 소년의 천상의 메시지가 달빛 소녀의 깊은 가슴속 달빛 창에 달빛 묵시록처럼 스며들고 있었다.

나 동 환

서울시 종로구 거주
시사문단 회원, (사)문학그룹샘문 회원, (사)샘문학(구,샘터문학) 회원, (사)샘문그룹문인협회 회원, (사)한용운문학 회원, (주)한국문학 회원, 샘문시선 회원
<수상>
2018 시사문단 소설 등단, 영랑문학상, 풀잎문학상 대상 등
<시집>
겨울나무 관찰자 외 3권
<소설집>
꽃사슴 인형
달빛 창 하나 등
<저서>
교육행정 및 교육경영론
교육조직론 등

수상소감

우리는 현재 지구의 이상 기후 변화라는 위기에 직면하며 살고 있습니다. 각종 전염병과 폭우, 폭설, 가뭄, 홍수 등으로 인한 막대한 인명과 물질적 피해가 그것입니다. 이에 따라 우리의 육체는 물론 정신도 날로 황폐화되고 있습니다. 특히 요즈음, 연일 고온 현상은 우리의 삶의 질을 크게 저하시키고 있습니다. 나도 그 예외가 될 수 없습니다.

그 침울한 시간 속에 <한국문학상> 당선통지서를 받았습니다. 너무나 반갑고 기쁜 메시지였습니다. 가슴 벅찬 순간, 새로운 희망의 빛이 나의 가슴속으로 스며들었습니다. 이제 지구의 이상 기후 변화에도 희망의 빛이 보입니다. 침울을 걷고 해맑게 웃어봅니다.

나의 소설 "흰 백합꽃 펜던트"는 단테의 신곡(천국 편)을 모티브로 달빛 소녀의 꿈속 천상체험을 현대적 시각에서 그린 작품입니다. 이 소설을 통해 별들의 하늘의 신비와 이미 천상에 있는 달빛 소년과의 만남 그리고 흰 백합꽃 같이 순결한 사랑을 담아 보려고 했습니다. 그러나 아직은 미숙하여 소설 작품의 완성도가 많이 떨어집니다.

그럼에도 불구하고 선정해 주신 심사위원님들과 특히 샘문그룹 이사장이신 이정록 교수님께 감사의 말씀을 드립니다. 앞으로 소설 창작에 정진하라는 교훈의 증표로 삼고 더욱 좋은 작품을 많이 쓰겠습니다. 감사합니다.

소설가 나동환 배상

○ 한국문학 창간 초대작가 ○

파리 견문록
- 센강은 흐르고

서 창 원

　파리는 나에게 가장 문화적 충격을 던져 준 도시이다. 인간이 만드는 우중충한 도시 살기만을 위한 도시가 아니라 미학적으로 인간의 간절한 소원을 예술로 승화시키려는 문명사적 현장을 본다. 도시가 예술로 정돈되어 있어서 마치 하나의 미니어처 된 작품의 세계를 들여다보는 것과 같은 것이다. 그러나 이러한 도시의 내면은 알 수 없다. 적어도 도시를 사랑하는 시민 입장에서는 이러한 도시가 예술을 위해서 삶의 질을 따지지 않을 수도 있다고 본다. 그러나 이들 도시 안쪽의 거주 지역을 보면 현대에서 멀리 뒤떨어진 문화적 고전

을 보수적으로 껴안고 살아간다는 것이다. 그럼에도 나는 파리가 이 지상에서 가장 아름다운 외형적 예술로 승화되어 있기를 바란다.

　문명은 하루아침에 이루어지지 않는다. 그래서 파리는 역사의 흔적으로서 문명을 대표하는 박물관과 같은 위치에서 단연 으뜸이라고 할 것이다. 파리가 이처럼 미적 아름다움으로 만들어지기까지는 센 강의 아름다운 물줄기를 떠나서는 말할 수 없는 것이다. 강은 도시를 일으키는 젖줄이기에 센 강 역시 파리를 숨 쉬게 한 젖줄인 것이다. 그러나 센 강이 파리를 통과하면서 낮은 포복으로 협소한 강의 양안을 따라서 형성된 도시적 웅비의 자태는 가히 물의 문명적인 힘이 작용한 것이라고 생각한다. 특히 강폭이 짧다는 것은 나에게 의외로 다가왔다. 강의 힘이 중요하다는 것을 암시한다. 강은 폭이 넓고 협소함과는 상관없이 강의 역사적인 견인력이 문화와 접목하면서 도시와 같이 숨 쉬고 있다는 것이다.

　그런 면에서 우리나라 한강은 센 강의 몇 배는 넓다. 그렇다고 서울이 파리보다 몇 배 더 크거나 문명사적으로 정돈된 도시는 아닌 것이다. 아무러한 상관관계가 성립하지 않는다는 것을 알 수 있다. 그럼에도 불구하고 파리가 센 강의 젖을 빨며 성장하는 과정에서 그들이 도시에 노과시켜 놓은 것은 예술혼의 흔적인 것을 알 수 있다. 그리고 강에 대한 접근성이다. 센 강은 도시의 한 부분으로서 정돈되어 있을 뿐 아니라 누구나 쉽게 강에 접근하여 강을 접할 수 있게 도시 구도가 수변 적으로 형성되어 있다.

　그러나 서울은 파리에 비하여 한강을 껴안으면서 강은 도시를 통과하는 수로에 불과하다. 이러한 수로로서 기능만을 위하여 물과 도시의 접목이 되어 있지 못한 것이다. 그리고 강이 깊어 강변은 고수부지로서 존치하는 물 관리 차원에서 이중적 구조 형태를 가진다. 강으로 정은을 유지하는 센 강과는 비교되지 않는 것이다. 그러나 강을 이용하고 친수화 하려는 데는 이러한 강의 특성과 무관하다 할 것이다. 그리고 센 강처럼 평원을 흐르는 물과 한강처럼 급하게 경사를 흐르는 물과의 차이도 도시문화를 창출하는 데 지대한 영향을 미친다고 볼 수 있다.

서 창 원
초대작가

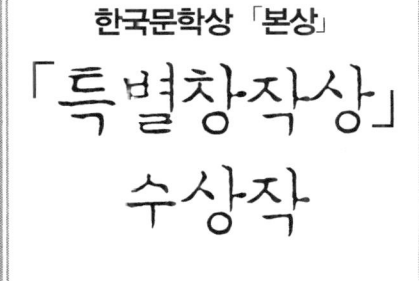

한국문학상 「본상」
「특별창작상」
수상작

한국문학상 특별창작상 수상작 시부문

봄빛의 노래 외 2편

권 정 선

저무는 갈대 숲
쓸쓸한 그림자 하나
고독하게 서 있는 사람아!

흐르는 물처럼 바람처럼
순간으로 스쳐가지 못하고
가슴에 꽂혀 꽃이 되었네

봄이 되면 그리운 것들은
봄볕에 서성이다
그렇게 온 세상 가득
설레임으로 출렁거린다

가만가만 눈을 뜨고
쌔근쌔근 숨을 쉬며
살포시 움트는 봉오리

멀리서 바라보려고만 했는데
어쩌다 니 입술 툭 건드려
너를 깨우고 말았구나

니가 있어도 외롭고
니가 없으면 더 서럽고
바람부는 숲 길따라
어디나 니 얼굴로 꽃이 피어난다

갈대와 왜가리

권 정 선

한 겨울 강바람에
누런 모시 수의 걸쳐 입고
텅 비어버린 육신을 버티며
솟대처럼 우뚝 선 갈대숲에
멍한 눈의 왜가리 한 마리

얼어버린 강바닥에
발이 붙어버린걸까
가까이 지나치는 사람들에
눈길 한 번 주지않고
홀로 칼바람 오롯이 견디는구나

여름 철새였던 네 모습 낯설어
어찌어찌 스며든 인연
고운 사연 하나 없었을까
텃새로 자리잡고 산 세월
갈대꽃처럼 날려보내고

산들바람 태풍에
휘청휘청 아픈 허리 세우며
빗질 하듯 햇살 내려오면
그리움 한 조각 허리춤에 감추고
무심한 왜가리 곁을 꿋꿋이 지키는구나

님이시여

권 정 선

햇살 한 줌 가슴에 퍼담으니
바람소리 청아한데
아련한 언덕길을
훌쩍 떠나 버린 님
치렁치렁 달 그림자만

투덜대는 바람 끝에
치맛자락 내어주고
홀로 부르는 권주가에
화무는 십일홍花無十日紅이요
권불십년權不十年이라

이름 모를 새 한 마리
어둠 한 짐 지고와서
문지방에 내려 놓으니
발 묶인 인연
숨 죽여 밤새 서럽더라

눈물 속에서도 달은 뜨고
별은 새초롬히 반짝이는데
먼 먼 곳을 향해 달리는 기적소리
애틋한 사연 대신
속절없이 떠나는 세월만 실었구나

권 정 선
시인

수상소감

불볕더위 속에서도 과일들은 자기 빛깔로 익어가고
꽃들은 어디에서나 불평 없이 활짝 꽃을 피웁니다.
아쉽고 아프지 않는 인생이 있겠습니까.
그래도 우리 함께 걸으면 길이 된다는 걸 알기에
희망을 품고 하루를 살아냅니다.

먼저 많이 부족한 저의 작품에 당선의 기쁨을 더해주신
존경하는 이정록 사장님과 열의를 다해 심사해주신
심사위원님! 그리고 이근배 심사위원장님께 진심으로 감사드립니다.

주신 한국문학상에 누가 되지 않도록 쉬지 않고 정진하고
고민하며 더 열심히 하겠습니다.
다시 한 번 당선에 영광을 어려운 여건에도 열정의 고난을 찾아
필을 놓지 않고 한 줄 한 줄 생을 써내려가고 계시는
모든 선·후배 동료 문우님들과 함께 하고자 합니다.
감사합니다.

2023. 08. 02.
시인 권정선 드림

한국문학상 특별창작상 수상작 시부문

은퇴 외 2편

이 찬 억

앞만 보고 달려가는 인생
끝없는 경쟁구도의 사회
지지고 달달 볶는 사이
저쪽 뒷방 신세 되었네

이런 날 올 줄 알았어
늘 외면하던 나의 차례
두 손 두 발 다 들고 보니
세상 이치 바르게 보이네

무엇을 위하여 살아왔나
물어도 보고
해답을 찾다 보니
진정한 나 하나 발견했네

부귀영화 다 차지하려
앞다투며 살았지
갑론을박 기회주의 인생사
이제 다 놓아야 할 시간

민초民草

이 찬 억

베면 베이는 거지
밟으면 밟히는 거야
아무리 할퀴고 닥달해도
끝내 뿌리박고 사는 너

성난 얼굴로 맞서지 않고
지는 듯 굴종하지 않는
정정당당한 길 간다

밑동마저 싹둑 잘려나가도
연약한 모습 그대로
다시 움트고 새싹이 돋지

쓸면 쓸리는 거야
연녹색 푸른 빛깔 꿈꾸며
잿빛 연기 가득한 이 땅 살리는
핏빛 사랑초 이어라

굴렁쇠

이 찬 억

굴리면 굴리는 대로
외세 풍파 거친 길
넘어 넘어서 구르며 간다

휘청휘청
쓰러질 듯 말 듯
다스림에 맡긴 삶

어린아이 손에 떠밀리고
어른 걸음으로 우르릉 쿵
울고 웃으며 굴러서 간다

나 둥글고 강인한 철
지지하던 뼈대 다 뺀 민낯
그렇게 주인 뜻대로 살지

이 찬 억
아호 우보
충북 증평군 출신, 인천광역시 부평구 거주
전)한국공항공단에서 근무 전)인천국제공항공사에서 근무
현)인간존중 자살예방 전도사, 시의 세계로 떠나는 여행자 '생기바람' 대표, (사)문학그룹샘문 이사, (사)샘문그룹문인협회 이사, (사)한용운문학 회원, (주)한국문학 회원, 이정록문학관 회원, 샘문시선 회원
<수상>
2022 제2회 한용운신인문학상
시부문 『꿈꾸다 깬 눈』 외 2편으로 등단
2023 샘문학 신춘문예 특별작품상
시부문 『이별가』 외 2편
<공저>
2022. 추야몽秋夜夢
한용운공동시선집/샘문시선
2023. 태초의 새벽처럼 아름다운 사랑
열세 번째 Convergence 공동시선집/샘문시선

수상소감

먼저 민족 문학의 올바른 지표를 성립한다는 이념 아래
1966년 2월에 창간된 한국문학이 변화하는 시대정신에 울고 웃으며
여러 차례 중단과 창간을 반복하다가 오랜 휴식기를 보내는 데,
다시 창간하여 생명을 불어 넣는 일을 한다는 소식에
문학인으로서 기쁨과 감격을 감출 수 없습니다.

앞으로의 기대와 응원을 담아 한국문학상에 응모한 작품 <민초民草> 외 2편은
암울했던 한국문학의 변천사를 투사하였고, 이를 승화한 저력을 그렸습니다.
졸작이지만, 높이 평가해 주셔서 본상 특별창작상의 영예를 안겨 주셔서
고맙고, 이를 이루게 하신 하나님께 감사드립니다.

금번 새롭게 창간되는 K-문학이 세계문문학을 선도하고
나아가 노벨문학상 작품에 버금가는 실력과 영향력 있는 문인들을
많이 배출하는 산실로서의 선한 역할을 잘 감당해 나가길 축원합니다.

수고하시고 추천해주신 이정록 회장님과 심사위원님들께
머리 숙여 감사의 인사를 올립니다.
감사합니다.

2023. 08. 02.
우보 이찬억 드림

한국문학상 특별창작상 수상작 시부문

벽을 넘어서 외 2편

박 길 동

서울 한복판 광화문 사거리
동서로 차벽이 설치되고
좌우 도로변에도 차벽이 설치되었네
부분 부분 곳곳에는 제복을 입은 경찰관들이
장벽을 보강하여 벽을 넘지 못하네

차벽 넘어 저쪽은 광화문광장
이쪽은 시청앞광장
저 쪽은 촛불 물결 아우성
이쪽은 태극기 물결 아우성
자유로이 넘나들 수 없는 벽, 차벽
가슴이 저려오네

정치가 무엇이냐?
대권이 무엇이더냐?
남과 북, 적대관계로 대치하고 있는 비무장지대도 아닌데
차벽에 가로막혀 자유로운 왕래 통제되어
마음의 벽까지 설치해 놓았네
지상명령처럼

벌 나비 되어 저 높은 차벽을 넘어서
어디든 자유로이 날아 다니며

어여쁜 꽃에 사뿐히 앉아 속삭이고
향기로운 꿀을 따서 저장하고
청와대, 국회의사당, 헌법재판소
꽃밭에 앉아 탄핵 소추, 각하, 인용
기각의 꿀도 맛보세

그 중 제일 맛 좋은 꿀을
광화문광장에 뿌리고
서울시청 앞 광장에 뿌리어
촛불과 태극기 물결이 어우러져
더덩실 춤추세
담장을 허물고 저 높은 차벽을 허물어
한마당 축제의 장을 만들세

※※※※
제98회 삼일절 기념행사를 마치고
    광화문 사거리 차벽 옆에서 마음 아파하다

사람의 소중한 의무

박 길 동

인간의 삶은 주어진 것이지만,
그 한계 안에서
선택의 자유를 가질 수 있다

어떤 삶을 어떻게 살 것인가
그 과정에서 고통이 있다면 받아 들이고
극복해야 하는 것
이 또한 인간의 의무이리라

최악의 상황을 최선의 경지로 반전하자
예시는 인류 역사에 수 없이 많다
행복은 더 나은 미래라는 희망을 갖고 노력할 때 느껴지는
그런 설레이는 마음이리라

행복이란 사랑으로 가득찬 마음이리
선택한 삶에 최선을 다하여
사랑하며 감사하게 살아보자

권리에는 상응한 의무가 뒤따른다
행복은 주어지는 의무를 다하여
삶을 살아가는 것이리라

날벼락

박 길 동

서울 날씨는 전형적인 가을 날씨였다
구름 한 점 없는 청명한 날씨였다
음력 초 닷샛날, 초승달이 인사를 건네며 서산을 넘어가고
총총한 별들이 경쟁하며 빛나는 밤,
서울 한복판 용산구 이태원 동네
헬러윈 축제 마당에
날벼락이 하늘에서 떨어졌네

탐스럽게 핀 꽃송이들
353송이에 내려쳐 그중 156송이가
땅에 떨어뜨려 생명을 앗아가고 말았네
197송이에는 큰 상처를 안겨 주어 정상적인 꽃이 피고 열매를 맺기 위해서는
상당기간 치유의 손길 필요하다네

왜? 하필 서울 한복판에 날벼락이 떨어졌을까?
의문을 가질 수 있겠지만,
이러한 날벼락은
지구촌 어디에서도 일어날 수 있다네
필연코 일어나서는 안되느니

못다 핀 꽃숭어리 들이여!
오호 통제라!
참담하고 가슴 아프구나!

국민과 세계인들이 큰 슬픔에 잠겼나니
그대들의 영면을 기도하나니

천재天災에 대비하여야 하느니
날벼락 인재人災는 일어나서도 안되느니 일어나지 않도록 사전에 예방하라
제로 상태의 실천 방안이 필요하나니

꽃송어리들이여!
피안의 세계에서 다시 피어나
영원히 영면하기를 기도하노니
살아돌아온 꽃송어리들이여!
하루속히 치유되어 일상으로 돌아오길 기도하노니

※※※※
이태원 헬러윈 축제
    사고방송을 보며 쓰다.

박길동
시인

수상소감

예년에 비해 후덥지근한 폭염이 연일 계속되어 불쾌지수가 높은 날씨에 불편을 감수하면서 수고해 주신 심사위원님들께 감사의 말씀을 올립니다.

저의 작품 중 "벽을 넘어서"의 글에서는 아시는 봐와 같이 우리나라 헌정사憲政史에 씻을 수 없는 전무前無, 후무後無 할 대통령 탄핵 이라는 불명예스러운 소용돌이 속에서 국민을 두 갈래로 편을 갈라놓고 광화문 광장에서는 촛불을 든 국민들과 태극기를 양손에 든 국민들이 외치는 두 진영 간에 물리적 충돌방지를 위해 제복을 입은 경찰관들이 경찰버스와 함께 인간장벽을 쌓아 마음대로 벽을 넘을 수 없는 희대의 광경을 2017년 3월 1일 제98주년 삼일절 기념행사에 참석하러 갔다가 목격하고 이럴 수가 있나 울분을 토吐하면서 가슴에 멍이 들어 이 땅에 다시는 이런 수치스러운 일이 있어서는 안되며, 국민의 화합을 염원하는 뜻에서 쓴 글입니다.

"날벼락"의 작품은 2022년 10월 29일 용산구 이태원 동네 "헬러윈축제"마당에서 발생한 압사사고壓死事故에 대한 글입니다. 물론 이 사고도 언론매체를 통해서 보도되어 주지의 사실입니다. 그러나 천재天災도 사전에 예방하고 대비하는데, 본 사고는 발생해서는 안될 100% 인재사고人災事故입니다. 일찍이 로마의 베베게티우는 "평화平和를 바라거든 항상 전쟁을 준비하라"는 유비무환有備無患의 교훈을 남겼습니다. 따라서 사전에 예방할 수 있는 사고는 더 이상 발생하지 않도록 대비하자는 뜻에서 썼습니다.

끝으로 이근배 심사위원장님과 심사위원님들에게 거듭 감사의 말씀 드리며 또한 추천해주시고 는 지도해주시는 샘문그룹, 한국문학 이정록 회장님께도 머리 숙여 감사의 말씀 올립니다 그리고 저 곁에서 늘 응원해주는 저의 가족들에게 사랑한다는 말을 전하고 싶습니다. 또 지금 많이 아픈 저의 아내에게 이 영광을 돌립니다. 모두모두 행복하세요. 감사합니다.

2023. 08. 03.
시인 박길동 올림

한국문학상 특별창작상 수상작 시부문

햇살 만들기 외 2편

신 정 순

짬뽕에 빠지고 싶다
칙칙함이 몰려드는 날엔
오징어, 새우, 살찐 굴에
고소한 비곗살이 마구 날뛰는

코끝 허락도 없이 파고든 불청객
먼저 맛을 알아버린 동공이
말간 침을 모으며 목젖을 춤추게 한다

먼저 눈으로 한 번 호강하고
맛으로 또 한 번 뻑 간다

맛깔스런 뻘건 국물은 말이 필요없다
발그레 홍조 띠운 국물에
흥건하게 들뜬 행복이 말아진다

맛나기로 유명한 백양 사거리
열 평 남짓 짬뽕 집에 홀은 만원이고

시간을 놓친 사람들은 빗소리를
연주 삼아 주욱 모델을 선다

꿀꿀하고 축축한 날엔
바닷내음 넘실대는 짬뽕에 빠져
해가 번쩍 피어나는
고운 햇살을 맛보고 싶다

외톨이 추억 쌓기

신 정 순

외톨이
자유로운 영혼을 만끽하고자
어제의 추억을 살찌워 간다

미끄럼이 반짝반짝 길을 닦았다
아장아장 아기들, 누나, 오빠들
매끌매끌 하얀 웃음 미끄럼 타기

산 위 앉은 석양이 기웃거리면
손을 잡은 햇살이 산을 넘는다

누나, 오빠, 아기들 작별 고하니
느림보 그림자가 미끄럼 탄다

희미한 샛별이 마중 나오면
오돌오돌 미끄럼 오늘의 기억
어제의 추억으로 살찌워 간다

잡는 이도 막는 이도

신 정 순

유난도 스럽다
타당타당, 쫙쫙 몰아치는 빗발에
창밖이 요란하다

오월이 가는 소리
오월을 배웅하는 소리다

사나움을 떠는 빗줄기에
우수수 줄장미가
붉은 양탄자를 펼치고

풍성하게 살이 오른 초록은
비 바람에 몸을 맡겨
한바탕 춤사위를 벌인다

불어난 물을 감당 못하는
개여울은 커다란
아나콘다가 되어 달리고

유난스런 빗줄기에 민낯을 맡긴
각 창이 쉴 새 없이 눈물을 훔쳐낸다

잡는 이도 없건마는
막는 이도 없건마는

가는 오월 요란스런 잔치에
넋을 놓은 나도 서둘러
배웅에 동참한다

신 정 순

아호 : 백운白雲
원광대학교 문예창작과
정읍문인협회 회원
전북시인협회 회원
(사)문학그룹샘문 이사
(사)샘문그룹문인협회 이사
(사)샘문학(구,샘터문학) 이사
(사)한용운문학 후원
(주)한국문학 회원
샘문시선 회원
<수상>
한용운문학상 특별창작상
샘터문학상 시 등단
샘터문학상 본상 우수상
문학고을 시 등단
문학고을문학상
<저서>
시집 : 보리밭 밥새알
수필집 : 입암산 갓바위
<공저>
바람을 연모하는 꽃
리라꽃 그늘 아래서 외 다수
<컨버전스공동시선집/샘문시선>
추야몽 秋夜夢
나 그렇게 당신을 사랑합니다
<한용운공동시선집/샘문시선>

수상소감

칠월의 긴 장마가 꼬리를 감추고 쏟아지는 폭염에 지칠 즈음, 샘문그룹의 당선 통보를 받았습니다. 엷게 피워낸 아지랑이가 된서리를 만난 듯 온몸을 식혀주는 반가운 소식에 감사할 따름입니다.

먼저 미약한 저의 작품을 어여삐 보아주시어 당선의 기쁨을 안겨 주신 이근배 심사위원장님께 감사드립니다. 또한 노심초사 샘문그룹 발전을 위해 기여하시는 이경록 회장님께 깊은 감사를 드립니다.

늘 채워지지 못하는 글에 아쉬움을 함께 실어 작품을 보내지만, 앞으로 더욱 열심히 글을 사랑할 것을 다짐해봅니다. 긴 장마와 폭염에 심사숙고하시어 저에게 글에 대한 희망을 주신 심사위원님과 회장님께 다시 한 번 감사드립니다.

끝으로 항상 저에게 나아갈 수 있는, 힘을 부여해주는 가족과, 문학으로의 길을 열어주신 두 분 은사님인 김환생, 유경선 선생님께 감사하다는 말씀 전합니다. 아울러 저를 아시는 모든 분들께 건강과 행복이 함께 하시길 기원드립니다. 감사합니다.

2023. 08. 03.
시인 신정순 올림

한국문학상 특별창작상 수상작 시부문

달이 사라진 하늘 외 2편

이 동 완

철탑에 걸려 신음하던
달이 사라진 하늘
십자가에 걸린 거미줄에
오색의 영롱한 별빛이 영글고
깜깜한 하늘
별들의 시체 더미 속에서
외롭게 죽어간 자들의 영혼이
슬픈 빛으로 깨어나
수없이 긴 행렬을 이룬다

지구의 어느 낯선 도시에
토끼몰이에 썼던 우주선 껍데기가
빨갛게 녹이 슬어
여기저기 널브러져 있고
그 옛날 동화책 속에서
방아 찧던 토끼의
깨진 절구의 파편들이
어두운 하늘을 가르며 길게 떨어진다

밤마다 누군가의 외로움이 깃든 창에서
실타래처럼 그리움을 풀어내던 달이
사라진 하늘,
오래전에 억울하게 죽은 외로운 영혼들이
별똥별을 타고 풀숲에 내려앉아
살아남은 자들의 애틋한 그리움을
살포시 엿듣고 있다

동행

이 동 완

어두워진 산마을
아침부터 산자락을 타고 내리던
눈이 발목을 잡고
남포등 불을 켜고 학교 간
작은 누나 마중 가는 길

마을 뒷산 잔솔밭 길
어둠에 잠든 공동묘지
무서운 마음에 뛰어보지만
흔들리는 불빛을 타고
쫓아오는 두려움

뒤돌아보니
소복이 내린 눈을 밟고
내 발자국이
바짝 따라오고 있다

혼밥

이 동 완

예전엔 눈물 콧물이던 밥을
이제는 아무렇지도 않게
혼자서 잘도 먹는다

밥솥에서 말라비틀어진 밥알을
한 수저 입에 떠 넣고
부실한 이빨로 설렁설렁 씹는다

밥에서 고기 맛이 난다
씹으면 씹을수록 서러움이 섞여
짠내가 난다

썰렁한 부엌에 서서
청승 맞은 밥을 꾸역꾸역
혼자서 먹고 있다

이 동 완
전남 영광군 출생
광주광역시 서구 거주
기아자동차 광주공장 홍보과 퇴사
광주광역시문인협회 회원, (사)샘문학(구,샘터문학) 회원, (사)문학그룹샘문 회원, (사)샘둔그룹문인협회 회원, (사)한용운문학 회원, (주)한국문학 회원, 샘문시선 회원
<수상>
2023 문학과예술 시 등단
2023 문학과예술 신인문학상

수상소감

'빛바랜 서정을 가다'

　시는 타고난 재능이 있거나 문학을 전공한 특별한 사람들만이 쓰는 줄 알았다. 내가 자동차 회사에 근무하던 어느 겨울날 아침부터 내리던 눈이 점심 무렵 사무실 밖 정원수에 소복하게 내려앉은 모습이 너무 행복해서 이면지에 몇 글자 적었던 것이 오늘의 나를 있게 했다.

　지금도 그때의 그 기분이 사라지지 않고 내 마음속 어딘가에 자리하고 있어서인지 우리의 전통 시 중에서 특히 서정시나 낭만시를 무척이나 사랑하고 좋아한다. 물론 유쾌하고 긍정적인 성격 탓도 있으리라 그래서 '빛바랜 서정'이란 슬로건을 내걸고 습작 수준의 시를 써 오고 있다.

　뜻하지 않게 이번 한국문학, 문학그룹샘문이 주최한 2023년 한국문학상공모전 및 한국문학공동시선집 공모에 응모해 뜻하지 않게 본상 시부문 특별창작상에 당선되는 영광을 안았다. 무척이나 영광스럽고 앞으로 더 많은 노력으로 한국문단에 기여하라는 뜻으로 주신 상이라 여기고 앞으로 더 열심히 노력하고 배우면서 나의 길을 가야겠다.

　끝으로 나에게 이런 영광과 정진의 기회를 주신 이근배 심사위원장님, 손해일, 김소엽 부심사위원장님께 감사를 드리고, 샘문그룹 이경록 이사장님께 무한한 감사 인사를 드립니다. 아울러 한국문학, 문학그룹샘문의 창대한 발전과 영광이 있기를

시인 이동완 배상

한국문학상 특별창작상 수상작 시부문

새장의 여자 외 2편

채 인 숙

완장이라도 찼는가
주인은 그물을 치고 새를 가둔다
날으는 것이 전부인 줄 아는 새
주인이 생겨 난 이후
먹이를 주는 주인을 섬겨야 한다

자유로운 하늘이 그리운 새
하루하루가 고통 인 저 하늘
모두 새장이 된 삶
주인은 매일 그물을 조사한다

그물에 빵구가 나지 않았는지
먹이가 부족한지
새가 싼 똥을 조사하며
무엇을 잘 못 먹었는지
쭈쭈쭈쭈 매일매일 새를 관찰 한다

새벽의 귀

채 인 숙

잠을 막 깨고 있는데
한참을 맴돌고 있다
무슨 꽃이 피려는지 씨그날이 되어
울리는 우주의 아름다운 시

노란 꽃이려나
흰색 꽃이려나
뻐근하게 아려오는
기발한 노랫소리 같은
무엇이려나 그의 절창 소리

가만히 귀 기우려 잡으려해도
도무지 뭔 말인지 도통 알아듣기 힘들다
그저 느낌으로만 가물가물

일어나 적어야한다
비슷한 말 일 지라도 적어야 한다
흘러내리는 어깨끈처럼
몸에 맞지 않아 주루룩 할지라도

무엇일까
무엇이었을까
그냥 그 느낌만 반쯤 열린 창으로
바라다 본 어둠의 여신
하루가 신비하게 열려오듯
내 소리의 꽃이 빛을 발하고 있다

패배의 그늘

채 인 숙

콧물을 빠뜨린다
응징하지 않는데서 텃다
무심하게 흐른다는 건
아무 희망이 없다

선입견에서 막힘이 시작
진실은 지켜지는 일이 없다
스스로 무덤을 팠다

서서히 침범을 시작하고
엉키어 층을 이룬다
구름도 파란하늘을 덮었다

기름은 물 위에 뜬다
물을 제압해 서서히 억눌림을 당한다
걷어내야 한다
기름때는 청정함을 침범했다

채 인 숙

경기도 성남시 거주
한국문인협회 낭송위원, 국제펜한국본부 이사, 강남문인협회 이사, (사)문학그룹샘문 회원 (사)샘문학 회원, (사)샘문그룹문인협회 회원, (사)한용운문학 회원, (주)한국문학 회원, 샘문시선 회원
<시집>
숨어있는 웃음
시를 그리다
<수상>
2019 계간문예 소설 등단, 2000 교단문학 시 등단, 계간문예 작가상, 계간문예 디카시상, 문학의집 시낭송 은상

수상소감

세계가 엘리뇨 현상으로 기록적인 기후에 시달리는
8월 무더위 속에 샘문그룹에서 희소식을 접하게 되니
더위도 놀라 달아날 것 같습니다.

감사합니다.
시를 쓴다는 것이 시간이 흐르기만 하는데
가끔씩 문학상 공모전에 도전해 보고 싶었는데
수상 소식에 새로운 기쁨에 감사할 따름입니다.

'살아가는 기쁨을 아는 사람은 행복하다'

위 명언을 떠올리며 시를 쓴다는 기쁨이
곧 제게는 살아가는 행복이 되는 것 같습니다.
수고하신 심사위원님들께도 감사의 인사 올립니다.
이정록 샘문그룹 회장님께도 감사의 말씀 드립니다.
고맙습니다.

끝으로 항상 저를 응원해주는
저의 가족들에게 이 지면을 빌어
사랑한다는 말과 함께 이 영광을 돌립니다.
사랑합니다. 그리고 감사합니다.

2023. 08. 02.
채인숙 드림

한국문학상 특별창작상 수상작 시부문

명태 가족의 족보를 찾아서 외 2편

이 쩡 혜

갯바람 몰고 온 바다 조무러기들이
지느러미 서래질에
명태 가족 뿔뿔이 갈래길 간다

동태는 얼음 통에 먼저 들어가
동태가 되어버린
한파 하루의 노역을 풀어주는
아제들 얼큰한 양푼이 동태탕 맛에
'그 맛 참 시원하다'

노가리 새끼는 깔판에서 바짝 말려 19공탄에 그을린 맛
고독한 시인의 막걸리 안주에
시심이 오르락 내리락
황태는 덕장에 걸어 얼렸다 풀었다
몸을 유연하게 다듬은 코다리 찜
깊은 풍미에 군침 돌게 하지

북어 사랑은 고주망태 신랑 땜에
우라지게 북어를 두들겨
시집살이 한숨을 풀은 해장국에
세월 말아 먹고

칼칼한 그 맛짱
명란젓, 창란젓, 아가미젓
명태 가족의 다솜에
우리네 뱃살 바다 소리로 출렁인다

별이 빛나는 여울

이 쩡 혜

휘영청 별이 빛나는 여울은
만유의 융합이어라

노송에 걸린 만월에 그믐의 안부를 물으며
별들의 군락은 옥동자를 품고
모람모람 더불어 환생하는 빛

영묘한 개체 중력의 랑데부는
올리 사랑 내리 사랑 우주의 필연으로 밀어주고 당기어

행과 연 질서를 유지하며
영겁의 세월 아우르는 공생서로
오차 없는 신뢰로 긴밀히 살아 숨쉬는 맥박

영원에서 영원으로 또록 똑똑
각자 제국을 충실히 운행한다

달빛 잉크로 쓴 글씨
- 황금찬 시인 머리 시를 엮어서

이 쩡 혜

그 밤엔 바람이 불고 있었습니다
오렌지 향기가 하늘에 지듯
별은 새벽에 지고
어머니의 뻐꾹새가 울고 우는 날
임은 별을 찾아 가시었습니다

돌아오지 않는 시간의 저편으로
행복을 파는 가게 예술가의 삶은
젊은 잉크로 쓴 편지만이
연인들의 섬에 꽃으로 피었습니다

고독이 남긴 그림자
추억은 눈을 감지 못하고
어느 해후의 날개로
당신은 다시 오셨습니다

사랑의 낮은 목소리로
한 잎 낙엽에 달빛 잉크로 쓴
일곱 글자의 시,
'사람을 사랑하라'

꽃의 말이 고와 마음에 불을 밝히며
오렌지 향기는 바람에 날리고
그곳에는 백세 시인이 삽니다
영원의 뜨락에는
황금찬 시인이 삽니다

이 쩡 혜

울산시 울주군 거주
경희대 교육대학원 음악치료학과 졸업
2002 시대문학 신춘문예 시 등단
(사)한국문인협회 회원
(사)한국기독교문인협회 이사
(사)샘문그룹 자문위원
(사)문학그룹샘문 자문위원
(사)한용운문학 회원
(주)한국문학 회원
울산문인협회 회원
한국예술인복지재단 예술인 등재
<수상>
샘문그룹 한용운문학상 우수상
샘문그룹 신춘문예 우수상
여성발명협회 수필 은상
국민행복문학 시화 대상
여울문학 시 대상
LA BIENNALE시화 문학상
<저서>
아파서 피우는 꽃
내 탓이로소이다(Meaculpa)
꽃여울의 합창

수상소감

감회가 깊은 한국문학상을 샘문그룹이 주최*주관하신
한국문학상 본상 특별창작상을 안겨주신 훌륭하신 심사위원님들의
고뇌 깊은 심사로 부족한 저의 시정에 귀한 상을 주심에
고개 숙여 감사의 말씀을 올립니다.

목 마른 문인들의 생수이신 샘문그룹 이정록 이사장님의
열정적인 헌신으로 샘문의 긍신력이 문학도에 창대한 기쁨과
자부심이 되시고 있습니다.
시인 이정록 교수님께 진심으로 감사드립니다.

사랑하는 가족과 문운의 길에 영광으로 함께 하실
하나님 은혜에 감사 드리오며, 문우님들의 고마운 응원에
하나님의 축복을 기원합니다.
감사합니다.

2023. 08. 07.
시인 이쩡혜 배상

한국문학상 특별창작상 수상작 시부문

황사黃砂 외 2편

김 환 생

내몽고內蒙古 어디 쯤
사막에서 비롯된 상승기류에 실려
서쪽 바다를 건너오다
망망한 바다 위 뜬구름에게
혹, 무슨 소식이라도 들었느냐?

모래바람
혀끝에 껄끄러운 오월은
산천도 신록들도
모두 흐린데

소록도小鹿島 문둥이의
문드러진 손가락 그 마디 하나쯤
모래바람에 흩어진대도
눈물도 아니 비치는
잔혹한 세상

삼면을 바다로 두르고도
오월마다 드는 가뭄에
제철 따라 모를 못 내고
만경萬頃과 더불어 살아온 노령蘆嶺은
긴 시름 굽은

허리 더욱 굽힌 채
지난날 반만 년을 살아왔는터

반만 년, 이제껏 이름 없는
샛강가의 풀잎마저
두 눈 멀쩡히 뜨고서도 볼 스 없는 산천이
어디 전라도全羅道 만이랴!

날리는 모래에
눈 뜨고 숨쉬기도 불편한 땅,
여기는 촉도蜀道
이제는 보고 숨 쉴 기쁨조차
빼앗긴 오월, 오월은
사월보다 더 잔인한 달
곱게 핀 장미꽃들 보느라
들꽃은 거들어보지도 않는 달

아아! 언제나 뿌연 황사 씻기어
푸른 하늘, 푸른 산천이 제 빛으로 빛나는
아름다움을 찾아
오색五色 극락조極樂鳥
자유롭게 하늘을 날 수 있을까?

한 줄기 바람이
바람이, 무심히 스쳐 지난다

저승강江

김 환 생

1
비가 온다
진달래 일찍이 지고
한해살이 들꽃도 지고

꽃잎들 모두 모두
어디론지 가고
풀빛으로 우는 산새 소리

비 오는 밤이면
꿈에 뵈는 꽃가마

꽃가마엔
무더기로 다시 핀 꽃들
치장을 곱게 하고
저승강을 건너더라

2
만일 저승이
본향本鄉이라면

본향은

가지 말아야 할 서러운 땅
가면 다시는 못 올
아아! 눈물의 땅일 텐데

비가 온다
저승강을 건너는
슬픈 꽃가마

꽃가마 위
꽃잎들 처연히 피어
한스러운 눈으로
이승을 돌아본다

상여 喪輿

김 환 생

어이 —
어 —
어허이 어 —
어이 가리 넘자 넘

상두꾼 목 쉰 후렴 後斂
길게 누워 운다

온몸에 꽃잎을 두르고도
살마다 서러워
앞서가는 혼魂을 부르는 소리

목숨을 안고 간 바람은
벌써 무덤 자리에
한 평 무상無常을 내려놓고
어디론지 가버렸는데

고층건물과 밤의 숙취熟醉 속에서
불쾌하게 썩어가는 문명은
이 도시의 영혼들을 쉬게 할
오두막도 없는 것일까?

어이 — 어 — 어허이 어 —

어이 가리 넘자 넘

북망산이 머다더니
내 집 앞이 북망이네
뎅그렁 뎅 뎅그렁 뎅
요령搖鈴잡이의 소리를 따라
상두꾼 슬픈 소리
너허 너화 넘자 넘

여기가 이승인가?
저승이 어디인가?
구슬픈 소리를 따라
상여가 지나간다

김 환 생

전북 전주시 거주
전주기전여자고등학교장 역임
석정문학관 사무국장 역임
전주문인협회 부회장 역임
(사)샘문학 자문위원
(사)문학그룹샘쿠 자문위원
(사)샘문그룹문인협혁 자문위원
(사)한용운문학 회원
(주)한국문학 회원
샘문시선 회원
<수상>
1997 월간순수문학 시 등단
미주지회문학상
대한민국을 빛넌 인쿨대상 문학대상
샘터문학상 본상 특별작품상
한용운문학상 중견부문 특별작품상
대한민국중견사인시선집 우수상
<시집>
만경강萬頃江
노송老松

수상소감

무척 덥다. 더워도 그냥 더운 것이 아니라 숨 막힐 듯 덥다. 이렇게 더운 날, 쓰러질 듯 휘청거리는 오후, 한마디 시원한 소식에 더위를 순식간에 잊어버린다. "한국문학상 특별창작상을 수상하시게 되었음을 축하드립니다."

소름끼칠 듯 더운 바람을 일시에 서늘하게 만들어버리는 마법이 따로 없다. 최상의 마법이 바로 <특별창작상을 수상하시게 되었음을 축하드립니다.>라는 한마디다. 이 한마디로 폭염에 주저앉던 생명이 새 힘을 얻어 힘차게 일어선다.

감사합니다. 미숙한 작품으로 「한국문학상」의 위상에 허물을 남기게 되지나 않을지 조심스럽습니다. 이를 계기로 저 스스로에 대한 정진은 물론 저에 대한 자성과 자각 아래 더욱 겸손하게, 전심을 다해 우리 시의 아름다운 꽃을 피우기 위해 노력할 것을 다짐해봅니다.

부족한 제 글을 "특별창작상"으로 세워주신 <이근배> 심사위원장님, <김소엽> 부심사위원장님, <손해일> 부심사위원장님과 샘문구룹 <이정록> 이사장님께 진심으로 깊은 감사를 드립니다. 미숙한 작품을 이렇게 뽑아주심은 더욱더 감동을 줄 수 있는 좋은 시를 쓰라는 격려와 배려로 받아들이며 「한국문학상」의 위상을 높이는데 열심을 다하겠습니다.

아울러 어려운 일 많은 가운데에도 언제나 든든한 버팀목이 되어 묵묵히 저를 격려해주고 보살펴준 사랑하는 아내와, 아들딸, 며느리, 사위, 손주들의 맑고 고운 눈빛이며, 여러 가지 형편으로 뒤늦게 학업에 열심을 다하시는 '남일초·중·고등학교' 늦깎이 어르신들의 지혜와 경륜과 그분들의 열정, 그분들을 지도해주시는 나이 지긋하신 선생님들이 또한 "특별창작상"을 받기까지 제게 큰 도움이 되어 주셨음을 고맙게 생각합니다.

지금까지 항상 저를 감싸주시고 인도해주신 하나님께 감사를 드리며, 샘문구룹과 더불어 한국 문단이 더욱 발전되기를 염원하며 당선 소감문을 드립니다. 감사합니다.

2023년 8월 3일(목) 김환생

한국문학상 특별창작상 수상작 시부문

이별의 시간 외 2편

이 기 호

인고의 세월을 보내고 온 인연
궁금한 시간은 참 많은 것 같습니다
하지만 만나서 얘기하는 세월은
왜 그리도 짧고 추억 어린 시간은 분주히 지나갑니까

평생을 살아가는 모습을 보면서
붙잡으려 해도
하늘의 인연은 어쩔 수가 없는가요
먼 훗날 지금의 모습을 그대로 기억해 드릴게요

즐거웠던 지난 역사의 시간이
그저 고마웠다고 추억으로 남을
소중한 시간들은
미련과 후회를 남게 한다고
애착 어린 시간이 이별의 순간에야 무작정 그립다고

하늘 무지개

이 기 호

빗속에 온몸 젖으며 걷는 시간의 길
만물이 냉정하리만큼 차가운 비로
비참하게 젖어서 떠는 시간이다

생명은 비 온 뒤 더욱 강해지고
생장의 시기를 맞는다
비가 내리는 사유에 빠져들 즈음

어려운 성찰의 시간이 지나면
비로소 온누리에 오색 찬란한
형형색색 칠색 무지개가 태어나

빛의 아름다움에 심취하며
천연이 준 행복한 순간을 맞아
비로소 진정한 삶의 의미를
심연 속에서 맛보게 한다

청포도 사랑

이 기 호

폭염 속 무더위와 장마비
세월의 풍상을 견디내고
아기들 주렁주렁 품은 여인

옥계수를 머금은 듯 한
아기들의 청량한 옷트림이
새로운 신세계로 향하듯
송알송알 청구슬이 탱글거린다

상큼한 향기가 물결치는 밭에서
별들이 산란하고 햇살이 튀우고
바람과 구름이 생장시킨 생령
그대에게 연심을 드립니다

이 기 호

아호 : 청심, 시인, 교수, 행정사
강원도 횡성군 거주
송호대학교 사회복지학과 교수, 강원대학교 대학원 행정학 박사, 삼척시 기업투자지원 과장, 동굴 EXPO, 소방방재 EXPO 추진본부장, 지방서기관 명예 퇴임(2014), 학교법인 송호학원 법인이사(역임)
<문단>
(사)샘문그룹 자문위원, (사)샘문학(구,샘터문학) 자문위원, (사)문학그룹샘문 자문위원, (사)샘문그룹문인협회 자문위원, (사)한용운문학 회원, (주)한국문학 회원, (사)샘문뉴스 회원, 샘문시선 회원
<수상>
샘터문학상 시 등단, 국무총리 표창, 녹조근정 훈장, 모범공무원 포장
<공저>
리르꽃 그늘 아래서
나 그렇게 당신을 사랑합니다
추0·몽秋夜夢 외 다수
<샘문시선>

수상소감

긴 장마와 폭염 무더위가 우리들의 삶을 지치게 할 시기에
모두들 어려움을 극복하시면서 현존하는 삶의 고마움을 오로지
생의 감사함과 희망으로 미래를 바라보는 심정으로 작품을
표현하고자 하였습니다만 크게 감동을 주기에는 부족한 것 같습니다.

저의 졸고를 2023년 한국문학상 공모전의 특별창작상으로
선정해 주셔서 매우 감사드립니다.

애달픈 삶에서도 태양의 계절이 오도록 사랑과 행복이 가득한
시상의 세계로 이끌어 주시고 계신 이정록 회장님과 심사위원님분들에게도
그 고마움을 표합니다.

인연의 소중함을 가슴속에 간직하면서 한국문학회와
샘문그룹문인협회의 창대한 발전과 함께 회장님을 비롯하여
임원진 여러분들 모두에게도 더욱더 건승을 기원드립니다.

2023. 08. 02.
청심 이기호

한국문학상 특별창작상 수상작 시조부문

이도령 타령 외 2편

김 상 홍

춘향과 이도령의 애틋한 사랑이여
시공을 초월하여 심금을 울리누나
얼씨구 이도령 타령 결판지지 부르세

오늘의 시각으로 이도령 검증하면
훌륭한 공직자라 뉘라서 하겠는가
절씨구 저지른 죄가 하나 둘이 아닐세

남원의 금수저로 공부는 하지 않고
연애질 하러 갈 때 탄 말이 관용차네
사또의 아들이라고 관용 말을 타다니

방자의 등을 밟고 담장을 넘어가니
월담은 도둑들의 주거침입 아니더냐
기생 딸 얕잡아 보고 희롱하려 했구나

만약에 춘향이가 임금님 딸이라면
이도령 언감생심 월담을 했겠는가
흙수저 기생 딸에게 갑질하러 간 거네

"춘향아 업고 놀자" "사랑사랑 내 사랑아"
사랑가 부르면서 통정을 하였으니
뉘라서 비행 청소년 아니라고 하겠나

공부는 하지 않고 춘향에 빠져 사니

부모에 불효하고 미래가 암담해서
부친이 아들 망칠까 한양으로 보냈지

뒤늦게 철이 들어 학업에 정진하여
과거에 장원급제 지화자 경사났네
임금이 종친이라고 암행어사 시켰네

절씨구 족벌주의 영합한 이도령아
어사직 과분하다 사양을 해야 했네
벼슬한 경험이 없어 큰 사고를 쳤도다

어사로 첫 업무는 마패를 들고 가서
애인을 구출하니 직권을 남용했네
이러한 불량공무원 엄벌해야 맞도다

춘향이 보다도 더 고통을 받는 이와
변학도 보다 악한 관리들 외면하고
애인을 먼저 구출해 비난 받는 것일세

춘향이 애인이라 문제가 되는 거네
권력을 사적으로 사용한 이도령은
형법의 백이십 삼조 직권남용 범했다

만약에 이도령이 장관에 지명되어
국회의 청문회서 과거를 검증하면
하늘이 두 쪽이 나도 통과할 수 있겠나

부패와 간통하고 백로로 행세하고
돈 봉투 백억 코인 방탄복 입은 자들
어떻게 이도령 죄를 탓할 수가 있는가

시조

사년간 기간제인 삼백 명 금뱃지 중
이도령 죄보다도 큰 죄를 범한 자들
이들을 대청소해야 나라 바로 선다네

어제의 관행들이 지금은 죄가 되니
발상을 전환해서 옳은 길 가자구나
구태에 안주를 하면 자다가도 벌 받네

권력을 남용하는 군상들 청소해야
나라가 태평하고 국민도 평안하고
지화자 태평가 부를 국태민안 오겠지

인생

김 상 홍

누구나 외길이라 왕복표 전혀 없고
지은 죄 없건마는 병들고 늙어가네
저녁놀 아름다워도 해돋이단 하겠나

그 고운 꽃송이들 이울어 꽃비 되니
보는 이 마음 아파 눈가에 맺힌 이슬
한 방울 뚝 떨어지니 봄날 하루 가누나

찔레꽃

김 상 홍

얼마나 애잔하면 가시가 보호할까
망부望夫의 그리움에 붉은 피 다 쏟고서
달빛에 소복을 입고 흐느끼는 여인아

김 상 홍
경기도 광명시 거주
<단국대학교> 전 부총장, 대학원장, 사범대학장
교무처장, 석좌교수, 명예교수, 한국한문학 회장, 한국한문교육 회장, 교육부교육과정심의위원회 위원 민주평화통일자문회의 자문위원, 법제처 알기쉬운법령만들기위원회 위원, (사)문학그룹샘문 회원, (사)샘문그룹문인협회 회원, (사)샘문학(구,샘터문학) 회원, (사)한용운문학 회원, (주)한국문학 회원, 샘문시선 회원
<저서>
『다산시선집 유형지의 애가』, 『다산 정약용 문학연구』, 『다산학 연구』, 『다시 읽는 목민심서』, 『한시의 이론』, 『다산 문학의 재조명』, 『조선조 한문학의 조명』, 『다산의 꿈 목민심서』, 『다산학의 신조명』, 『아버지 다산』 외 40여권
<상훈>
옥조근정훈장, 일석학술상
다산학술상 학술대상, 모범스승상 국가공무원인재개발원 Best 강사상 (명예의 전당 헌액)
한국노동교육원 최우수 강사상
서울특별시 인재개발원 유공강사상
<수상>
2019 한양문학 시조 등단
2020 한양문학 최우수상

수상소감

세상에 당선소감 쓰도록 뽑아 주신
이근배 김소엽님 손해일 이정록님
고명한 심사위원께 감사말씀 드려요

부족한 작품인데 당선을 시킨 것은
열심히 좋은 시를 쓰라는 채쯔기네
가슴에 시조를 안고 뚜벅뚜벅 가노라

아득한 고교시절 시인이 되겠다고
죄 없는 원고지를 수없이 구겼지만
산 넘어 무지개처럼 잡을 수가 없었네

대학서 삼십여 년 한시를 가르쳤고
정년한 후 우연히 시조와 해후邂逅했네
첫사랑 소녀를 만난 것 같아서 좋았지

수염을 비비꼬며 고심을 했건마는
경구警句는 없고 겨우 음보만 맞추었네
그래도 올곧게 가면 꽃핀 길이 있겠지

사랑을 노래하는 시인이 많이 있듯
나라를 걱정하는 시인도 있어야지
당선작 이도령 타령 읽는 이가 있을까

도끼를 갈은 지가 십여 년 되었건만
바늘이 되는 날이 언젠지 알 수 없네
그래도 마부작침磨斧作針을 새벽부터 하노라

2023. 08. 02.
시조시인 김상홍 배상

한국문학상 특별창작상 수상작 수필부문

명동 풍경이 설렌다 외 1편

정 은 석

　사실 명동은 나의 두 번째 고향과 같아서 명동이란 말만 들어도 유달리 애착심을 가진다. 몇십 년간 서울로 일보러 가면 시간을 내서 명심하여 명동에 다녀오곤 했다. 하여튼 명동으로 방문하면 분위기가 짱이어서 저절로 시가 떠 오를 것 같고 볼거리 구경거리가 너무도 많아 하루종일 거닐어도 전혀 싫증이 나지 않는다. 그리고 명동이란 도심속 아름다운 매력에 푹 빠져 들어 전혀 피곤하지 않고 오히려 즐겁고 행복했다.
　고향을 떠났다 오랜만에 지인, 친구들과 함께 꿈속에도 잊지 못하던 명동을 여행 코스로 나들이에 나섰다. 오늘 따라 솜털같은 하얀 구름이 휘감아 도는 청명한 가을 하늘 아래 나들이 떠나는 우리 일행들에게 축복이나 하는 듯 산들산들 가을 꽃바람이 귓볼에 속삭이며 길가에 피어 있는 코스모스와 꽃들도 싱그런 향기를 풍기며 발걸음을 재촉한다. 명동 입구에 들어서자마자 황홀한 도시 풍경이 한 눈에 안겨오며 유혹으로 날 반긴다. 나도 모르게 명동 도심 사거리에서 발걸음 멈추고 잠깐 사색에 잠긴다. 갑자기 나는 명동아가씨 노래를 흥얼거린다.

"여기는 서울중심 번창한 명동거리 /
언제나 생기로 넘쳐나는 낭만의 거리/
고향을 떠났다 오랜만에 찾아 온/
꿈속에도 잊지 못할 사랑의 거리/
명품 사러 쇼핑센터 롯데백화로 갈까요/
일반 상품 사러 남대문 시장으로 갈까요/
나는요 어느새 명동 아가씨 그리며/
정든 사거리 한복판에 서있네요/
만나면 반갑고 헤어지면 그리운/
명동 아가씨 기다리며 서성이네요"
<후렴>
"아, 꽃처럼 어여쁜 명동 아가씨
생글생글 웃음꽃 피우며
변함없이 맞아 주네요 손잡아 주네요"

　　　　　　　　　　　　　　　<명동아가씨 노랫말 1절 인용>

얼마전에 내가 창작한 노래가사가 떠올랐다. 고향에 대한 그리움과 깊은 정을 명동 아가씨이란 상징인물로 표현하여 아름다운 명동의 이미지와 풍경을 담아내며 노래한다. 이때 어디선가 나를 정답게 부르는 목소리가 들려온다. 고개를 들어보니 꽃처럼 어여쁜 명동 아가씨가 나한테로 선듯이 다가온다.

"정선생님! 정말 오랜만에 만나서 참으로 반가워요. 호호" 명동 아가씨에 상냥한 서울 말씨와 친절함에 그만 홀딱 반해 버린다.

"고마워요. 아가씨는 전보다 더 성숙해 보이고 지성미가 철철 흐르고 더 아름다워 보여요! 하하"

나의 숨김없는 소탈한 말에 명동 아가씨는 부끄러운 듯 얼굴에 홍조를 띠웠다. 명동 아가씨와 우리 일행은 잠시 찻집에서 차를 마시면서 명동의 전설같은 이야기를 듣는다. 명동 아가씨에 재미나고 구수한 말에 귀가 솔깃해지고 점점 호기심도 많아진다.

명동은 서울중심 대표적인 상업, 금융, 쇼핑과 문화, 예술과 패션의 1번지 번화가이다. 모두 9개 동이 밀집해 명동을 구성하는데 면적은 약 0.99키로평방미터 이다. 명동은 쇼핑 천국으로 볼거리와 먹거리로 소문이 났으며 거리를 걸으면서 먹을 수 있는 음식이 많는가 하면 1키로미터 길이의 거리를 따라 눈스퀘어, 롯데백화점, 신세계백화점 등 다양한 대형 쇼핑센터와 국내외 유명 의장 브랜드가 밀집해 있다. 그리고 전통과 현재가 공존하는 생동감 넘치는 남대문시장도 있고 빌딩숲을 이룬 서울의 주요 건물은 물론 고풍스런 이미지 건물도 있다. 그 뿐만 아니라 정동길, 명동성당, 남산타워, 남산한옥마을 등 관광명소로 손꼽히고 있다. 또한 빠질 수 없는 명동 거리에는 다양한 화장폼 로드숍이 즐비하고 연인들의 사랑의 거리, 명동예술극장, 영화관, 노점상들까지 있어 하루종일 발 디딜 틈이 없을 정도라 한다. 코로나 이전에는 매일 약 2백만 명이 방문하는 명동은 명실공히 서울 관광명소로 거듭 자리매김 한단다. 사실 명동은 서울중심 교통요충지로서 사면팔방 대중교통이 발달하여 어디로 가나 이동하기가 편리하며 유동량이 많아 일년내내 인산인해를 이룬다고 한다. 이처럼 자기 고향에 탯줄을 묻고 태어난 명동 아가씨는 고향에 대한 애정이 남달라 항상 명동의 자랑으로 끝이 없고 춤과 노래는 물론 시도 제법 잘 읊어 항상 관광객들이 따뜻한 시선도 한몸에 받는다.

"날마다 꿈과 희망으로 태동하는 명동이여/
낮에는 찬란한 햇빛으로 새옷단장 하고/
밤에는 오색영롱 별빛이 구슬처럼 빛나네/
해와 달에 서정과 낭만으로 시를 새기고/
오늘도 내일도 환상의 도시를 수놓는다"

명동 아가씨는 멋진 시낭송으로 주변에 모여든 여행객들의 박수 갈채를 받는다. 이어서 내가 즉흥시로 화답하였다.

"사계절 구름 인파로 넘치는 명동이여/
환상 도심 속 남산공원 천혜의 명소라/
서울 중심에 서정과 낭만을 수놓고/
언제나 애틋한 연인들 사랑의 거리로/
서울상징 문화쇼핑 일번지로 설렌다"

우리 일행은 여행가이드 명동 아가씨 안내에 따라 명동의 대표적인 관광지 곳곳을 누비며 호황스런 즐거움을 만끽했다. 난생 처음 보지도 듣지도 못한 여러가지 유명 명품 브랜드 상품도 알아보았고 어떤 이는 챙기기도 하고 못 먹어 본 다양한 고급 음식도 양껏 맛보았다. 하루종일 내내 명동중심가를 둘러가며 구경해도 시간이 부족하단다. 매일 물결치는 구름 인파로 서울의 중심가인 명동은 경제가 활성화 되면서 부흥의 일로로 치닫고 있는 것이 아닌가! 언제나 이 거리로 오고가는 손님들 속에는 외국 관광객들이 많았고 국내 여행객들도 많았는데 얼굴 마다엔 기쁨과 행복의 미소가 넘쳐흐른다. 명동 아가씨는 명동에 왔다가 남산에 있는 서울타워를 구경 못하면 한이 된다면서 우리 일행을 남산공원으로 안내한다. 오르는 길은 여러 갈래 있으나 남산 주변을 더 많이 둘러보며 구경하기 위해 일단 걸어서 오르기로 하였다. 남산은 높이는 262메터이고 남산 정상에서 전망대 탑높이는 236.7메터이며 해발 479.7메터인데 면적은 약 300만 평방키로메터로 축구장 400개를 합친 크기의 공원이란다. 서울시는 남산을 도시중심 자연공원으로 지정하고 둘레길을 조성하면서 숲길을 따라 걷는 4키로메터 남측순환로를 연결해 총 7.5키로메터 남산둘레길은 걷기도 좋다. 서울에서 자라는 90여종 나무와 180여종 꽃들을 심어 만든 식물원으로 중간에 큼직한 연못이 있어 황홀경을 이룬다. 봄이면 눈처럼 하얀 꽃잎이 흩날리는 벚꽃 잔치를 벌어지고 가을이면 울긋불긋 빨간 단풍이 절정을 이루면서 오색영롱으로 물들인다. 아름드리 소나무숲이 솔향기 솔솔 풍기며 반겨준다. 공기가 맑아 너무나 쾌적한 풍경을 향수할 수 있다. 또한 둘레길을 걷다 보면 곳곳에 남산타워로 바로 올라갈 수 있는 지름길이 있다. 2005년 방영된 드라마 "삼순이 계단"이 있는데 120개 달하는 높은 계단이지만 남산 필수 코스로 건물 50층 높이의 계단길을 30분쯤 올라가다 보면 남산타워 정상에 오른다.

드디어 명동 아가씨와 우리 일행은 환호성과 탄성을 찌른다. 그야말로 그림처럼 수려한 서울풍경이 사방으로 굽어보이며 한눈에 펼쳐진다. 천하비경이 부럽지 않을 명승지가 바로 여기가 아닌가 싶다. 모진 비바람과 눈보라 속에도 끄떡없이 이겨내며 자연경관이란 혜택을 그대로 명동이란 이 땅에 고이 선사하며 아무런 보상도 요구하지 않는다. 서울시에 훌륭한 휴식 공간이자 쉼터로서 모든 시설과 설비를 잘 구비하고 유람객들이 찾는 장소도 손꼽힌다. 정상에 올라서면 널찍한 광장으로 봉수대가 보이고 멋진 팔각정이 자리해 운치를 더해 주고 세계 연인들 데이트 장소로 사랑 약속 열쇠걸이로 멋지게 장식되어 있다.

남산타워 전망대와 TV전파송신탑이 흰 구름띠를 두르고 우뚝 치솟아 서울의 대표적인 랜드마크로 360도 파노라마 뷰로 조망할 수 있는 최고의 전망을 자랑한다. 코로나 이전에는 연 840만 명이 방문하는 유명 명소로 자리매김하고 밤에는 디지털 예술문화로 다양한 빛쇼를 펼치는데 멀리서 봐도 장관이다. 명동 아가씨를 알아본 한 여행객은 달려와 광장 팔각정 무대로 노래를 요청해 관람객들이 우르르 모여들었다. 그럼 들어보자.

<1절>
"꽃구름 쉬어가고 꽃바람 머물다 가는 여기는 남산타워/
봄꽃 옷 갈아 입은 명동 아가씨
손짓 가슴에 설렌다/
케이블카 타고 님과 함께 여행 떠나보자/
계곡의 새들이 사랑 나누는 곳/
아베크족 사랑 걸음 머플러는 춤추고/
남산탑 정상 올라보니 절경이로구나/아름다운 서울 풍경이 한눈에 펼쳐지네/
아, 여기는 명동거리 관광의 명소"
<정은성 작사, 정상 작곡-남산타워 인용>

명동 아가씨가 부르는 구성지고 청아한 노래는 남산타워 하늘에 울려퍼지면서 관람객들이 열렬한 박수갈채를 거듭 받았다. 한 관중은 나한테로 다가와 엄지를 치켜세우며 명동 아가씨를 칭찬한다.

"명동 아가씨 중에도 저 아가씨가 최고이지요. 노래와 춤 물론 여행가이드, 지성미로, 서비스로 명성이 자자하네요. 명동의 눈부신 부흥에는 명동 아가씨들 땀과 노고가 한몫을 톡톡히 하죠."

손님의 말이 끝나자 "나도 동감합니다"라고 대답하였다. 어느새 우리 일행들에게 다가온 명동 아가씨는 시를 읊었다.

"그림같이 아름다운 명동이여
내 고향 명동을 떠나기 싫어

오늘도 내일도 청춘을 묻었다
예서 내 인생 보석처럼 빛내리"

아, 이 얼마나 명동 아가씨에 절절한 외침이고 값진 호소인가! 우리 일행은 너나 없이 탄복하고 감탄하지 않을 수 없었다. 명동 아가씨 친절한 설명에 따라 전망대를 둘러보고 모든 것을 체험하느라 여념이 없었다. 참으로 여행의 즐거움을 한껏 느끼면서 깊은 인상을 남기는 하루였다. 남산을 내려갈 때는 케이블카 이용하였는데 사방을 둘러보며 아주 멋진 남산풍경을 감상할 수 있었다. 이때 명동 아가씨는 남산타워 2절 노래를 부른다.

<2절>
"풍류들 쉬어가고 시인들 풍월한다는
여기는 남산타워/
단풍옷 갈아 입은 명동 아가씨 손짓
가슴 설렌다/
안내 버스 타고 님과 함께 여행 떠나보자/
말이없는 역사유적 발자취로 남는 곳/
숲속길 가로등 따라 정자 쉼터/
남산탑 정상 올라보니 절경이로구나/
둥근 달빛 서울 야경이 한 눈에 펼쳐지네/아, 여기는 명동거리 관광의 명소"

명동 아가씨가 감정을 담아 부르는 노랫소리로 우리 일행은 또 한 번 뜨거운 박수로 저마다 칭찬을 아끼지 않았다.
"여러분! 오늘 돌아본 명동 유람은 겨우 명동 풍경 첫 시작에 불과하지요. 아직도 남산공원 변두리 주변지역과 명동 도시 내면을 상세히 못 돌아 보았으니 다음 기회에 또 다시 원없이 구경하기로 합시다! 말하자면 끝이 없고 글을 쓰자면 아직도 멀었어요! 호호~~~"
명동 아가씨 농담 같기도 한 재치있는 말 솜씨에 환호성을 찌르면서 우리 일행들은 내년 봄에 다시 만나기로 약속하고 귀로에 올랐다. 오늘 하룻동안 여행이야말로 정말 인상적인 깊은 추억으로 남을 것이라 한결같이 입을 모았다.

※※※
2022년 9월 중순 탈고. [구글 검색으로 명동, 남산 서울타워 자료 참고로 함]

수필

문학창작 꿈이 펼쳐진다

정은석

　나는 지금 송이송 꽃구름이 떠있는 푸르른 하늘을 훨훨 날아가고 싶은 심정으로 가슴이 설레인다. 꿈 같은 문학 창작 꿈이 서서히 조금씩 펼쳐진다. 이 나이 되도록 지금까지 포기하지 않고 얼마나 바라고 바라던 꿈이었던가?! 참으로 천만다행 시대의 행운이라고 말하지 않을 수 없다. 일반 사람들한테는 아무런 의미가 없겠지만 나한테는 인생의 후반 길에서 두 번 다시 올 수 없는 기회이기 때문이다. 이처럼 문학 창작 꿈을 끈끈이 이어준 것이 바로 전자제품 스마트 폰이다. 나는 전자제품 중에서 그것도 삼성전자가 만든 정교한 스마트 폰에 정신줄을 놓은 듯 빠져 있다.

　전자제품 애호가로서 15년 전 삼성전자 작은 폴더블 폰을 샀다. 그때만 해도 그저 전화하고 메시지 전하며 음악을 듣는 정도였다. 얼마 지나지 않아 화면을 펼치는 터치폰이 인기를 끌었다. 호기심이 동해서 용산전자상가에서 샀는데 매점원도 자신도 그저 다루는 정도 밖에 모른다며 차근차근 해보노라면 잘 할 것이라 말했다. 사가지고 동대문 시장까지 와서 진동이 울려 터치 했던 것이 꺼지지 않고 열이 나면서 엄청 폰이 뜨거워졌다. 당황하고 어쩔바를 모르다가 나도 모르게 꺼버렸다 다시 켜니 정상으로 돌아왔다. 뭐가 뭔지 모를 정도로 단지 헛욕심으로 샀던 기억을 생각하면 지금도 웃음이 저절로 나온다.

　지금까지 스마트 폰을 12번 교체한 것 같다. 몇년전에 갤럭시 노트 Z폴드 2를 샀다가 지난해 가을 Z폴드 4를 새것으로 갈았다. 몇년전부터 무제한 요금제 나와 스마트폰 다루기 편리하고 사용하기 너무나 효과적이다. 특히 Z폴드 폰은 접었을 때는 통화하기가 좋고 가로 펼쳤을 때는 화면이 넓어 글쓰기 비롯해 모든 것이 소형 노트북 마냥 제구실을 다 한다. 게다가 갤럭시 펜이 있어 글도 쓰고 그림도 그릴 수 있으며 여러가지 기능을 터치도 한다. 언제나 내 몸에 붙어다니는 폰으로 뭔가 떠오르면 메모하고 자료를 찾고 검색창에 입력하면 상세히 알려주는 쏠쏠한 재미로 시간이 어떻게 가는 줄 모른다. 지난해 16.4인치 갤럭시 노트탭 S8 울트라도 비싸게 구입하여 사용하니 문학 창작에 날개가 돋친 듯하다. 노트탭의 단점은 자판을 서로 분리시킬 수 있어 노트북보다 더 유용한 것 같다. 게다가 4년 전에 새집을 마련하고 75인치 삼성 대형 TV를 걸어놓고 세 가지 기계를 공유시켜 원하는 대로 문화발전시대 전자제품 혜택을 톡톡히 보고 있다. 문학 창작품을 우체국 거치지 않아도 신속하게 편집부에 전송할 수 있어 얼마나 편리한지 TV, 노트탭, 스마트 폰은 나한테 소중한 보배이다.

2022년 오은문학 종합문예지 봄호 13기에 노래가사 ≪사랑싸움≫ 정은석 작사, ≪사랑천사≫ 정은석 작사, 정상 작곡, ≪남산타워≫ 정은석 작사, 정상 작곡 3편 발표하고 문학작가상을 받았다. 여름호 14기에 시 ≪동백꽃≫ 외 5편, 노래가사 ≪한 가정의 노래≫ 정은석 작사 발표하고 오은문학상을 받았다. 가을호 15기에 서정수필 ≪명동 풍경이 설렌다≫ 정은석 작으로 수필부문 신인상 받았다. 이밖에 시 ≪사랑의 메시지≫ 외 1편 발표하였다. 오은문학 시화전 참가하고 시 3편 발표하였다. 이에 따라 오은문학 동인지 4호에 시 15편, 노래가사 ≪명동 아가씨≫ 정은석 작사 발표하였다. 그리고 ≪청양문학≫ 이미 저리 종합문예지 5호에 서정시 ≪명동 아가씨≫ 외 1편 발표하였다. ≪문학과 예술≫ 종합문예지 제2집에 시 ≪갈림길에서≫ 외 9편, 가요평론 ≪청풍명월≫ 노래가사를 두고 1편, 서정수필 ≪명동 풍경이 설렌다≫ 1편 게재로 등단하고 발표하였다. ≪문학과 예술≫ 제3집에 시 3편, 노래가사 2편이 편집을 끝나고 곧 발표를 앞두고 있다. 나를 흥분시키는 것은 ≪오은문학≫ 문학사 본상 영예를 안을 4명 회원이 일인당 50편씩 함께 묶은 시집이 편집을 끝마치고 출판에 들어갔다.

하루강아지 범 무서운 줄 모른다고 서울 지하철 시공모전 응모에 시로 도전하는가 하면 계간지 ≪한국문학≫ 세개 공동시선집 공모전 응모에 시 3편, 수필 2편, 평론 1편으로 도전장을 당당히 내밀었다. 문학 창작은 나의 취미생활의 꿈이고 목표이기도 하다. 일하면서 출근하고 야근까지 하면 밤 8시 반이 되어 피곤하지만 시련은 있어도 포기는 않는다. 그래도 주말에 집에 가면 정들고 아담한 나의 서재에서 문학창작 꿈을 밤하늘에 별빛처럼 수놓는다. 지금 나는 문학 창작에 대한 열정이 그 어느 시기보다 왕성기로 접어들어 드높아 진다. 문학 선배들이 조언에 따라 많이 독서하고 많이 생각하고 많이 쓰는 것을 원칙으로 삼고 능력이 따라가는 만큼 문학 창작에 박차를 가해 후반기 생애를 뜻깊은 삶속에 아름다운 추억으로 남기련다.

정 은 석

필명 : 정문향
경기도 부천시 거주
오은문학 회원
(사)샘문학(구,샘터문학) 회원
(사)문학그룹샘문 회원
(사)샘문그룹문인협회 회원
(사)한용운문학 회원
(주)한국문학 회원
샘문시선 회원
<수상>
2022 연변일보 시부문 우수상(등단)
2023 오은문학상 작가상
오은문학 신인상 수필 등단

수상소감

한국문학상 공모전 응모에 수필 2편이 특별창작상 당선 통보서를 받아보고 깜짝 놀라 설레는 마음을 금할 수 없었습니다.

500편 응모창작품 가운데 제가 쓴 부족한 글이지만 심사위원들께서 고뇌 어린 심사 끝에 과분한 수상 영광을 안겨주었습니다. 저의 문학창작은 인생에 행운이라고 여깁니다.

심사위원회와 이정록 이사장님께 거듭 감사를 드리고 앞으로 더 좋은 문학작품을 쓰라는 격려로 생각합니다. 오래전에 나는 신문에 "봄누에와 꿀벌"이란 수필을 논술식으로 써서 발표한 적이 있습니다.

어느날 우연히 명동 아가씨 노래가사를 창작하면서 명동을 서정수필로 쓰고 싶다고 생각해 보았습니다. 그러나 서정수필을 처음 쓰는거라 테이블에 마주 앉으면 두서가 잡히지 않아 도무지 쓸 수가 없었다. 매일 같이 출근 하다보니 일하면서 어떻게 쓸 것인가 많이 생각했다. 수정까지 끝마치니 글쓰기란 참 쉽지 않은 일이란 걸 피부로 느낀다. 누군가 말했듯이 글쓰기란 피를 말리고 뼈를 깎는 일이라고 말했다.

서정수필 말 그대로 명동이란 애착심을 가지고 사건을 전개하면서 상상의 힘 빌어 서정을 토로하고 이미전에 창착한 노랫말, 시도 삽입해 격조높이 명동 아가씨 주인공으로 명동 풍경이 설렌다 로, 한국의 10대 명승지이자 서울 상징 일번지 명동과 남산타워를 낭만으로 그려 내려고 애쓴 창작품이기도 하다. 감사합니다.

2023. 08. 02.
수필가 정은석 드림

○ 한국문학 창간 특집 — 시/창/작/이/론 ○   시창작 이론

시詩란 무엇인가?
- 시詩의 탄생

시詩 이론/ 이 정 록

시는 언어와 음악의 혼종이다.
인간은 집단을 영위하면서 시를 만들기 시작했다.

풍요를 위해서
전쟁의 승리를 위하여
영웅의 공로를 기리기 위하여
나를 여기 있게 한 위대한 선조들의 역사를 기억하기 위하여
그 위대함을 영원히 기억하기 위하여
한 사람이 낭송하면 무리가 따라부르는
그런 형태로 시는 시작되었다.

상상해 보라.
한가위 보름달 아래 모여 강강술래를 노래하며 빙글빙글 돌며 춤추는 모습을 보라.
우리 조상들이 방금 잡아 온 멧돼지를 구우며 마른 가죽으로 만든 북을 흥겹게 두드리며 지도자의 선창과 함께 도깨불 앞에 모여 빙글빙글 돌며 노래하고 춤추는 모습은 강강술래와 크게 다르지 않았으리라.

최초의 시는 이와 같이 음악과 함께 시작되었다.
그래서 시에는 항상 음악이 있어야 한다.
시에 음악의 영혼을 불어넣는 방법은
말에 운율을 넣는 것이다.
운율은 운과 율이 합한 말이다.
운은 한 음절에서 첫 소리를 제외한 나머지 소리를 말하는데 흔히 압운이라는 것

이다.
압운은 시의 각행이 특별한 음절로 이루어져야 함을 의미한다.
즉 압운을 가지는 시는 각 행이 일정한 음절로 끝나야 한다는 뜻이다.
한시의 전통에서는 특별히 압운을 중요하게 생각한다.

아래 한시를 살펴보자.

岐王宅裏尋常見 (기왕택리심상견)
崔九堂前幾度聞 (최구당전기도문)
正時江南好風景 (정시강남호풍경)
洛花時節又逢君 (낙화시절우봉군)
기왕의 집 안에선 늘 보았는데
최구의 집 앞에선 노래도 많이 들었지
지금 강남의 풍경이 정말 좋으니
꽃 지는 시절에 다시 만나세
<두보의 7언절구 - 강남봉이구년>

위 시의 각 행 끝은 각각 '견, 문, 경, 군'으로 끝나고 있다.
중국의 옛 시이므로 압운은 정확히 지켜지지 않는 것처럼 보인다.
그러나 1행, 2행, 4행은 ㄴ으로 끝나고 3행만 ㅇ으로 끝난다.
한시의 4행은 모두 이 규칙을 지킨다.
1, 2, 4행의 운은 맞추고 3행에 파격을 주는 것이다.
이렇게 해서 시의 리듬감이 살아나고
절구가 주는 '기승전결'의 패턴에서 '전'에 파격을 줌으로써
독자에게 음악적 전환을 상기시키게 된다.

그런데 운 중에는 두운이나 유운 같이 말 첫 소리 효과에 집중하는 경우도 있다.
두운은 비슷한 첫소리를 연이어 배열하는 방식이다.
유운은 ㄹ, ㄴ, ㅇ과 같은 유성자음을 연이어 배열하는 방식을 말한다.

둘 다 시를 읽을 때 경쾌한 기분을 주며 음들이 고르게 되어 낭송하기 좋은 시를 만드는 방법들이다.

1. 두근두근 마음이 떨린다
      <두운, 예시 문장>
2. 영롱한 빛들이 아롱아롱 이슬에 맺힌다
      <유운의 예시 문장>
      <요즘의 라임 시, 예시 문장>

위의 두 예를 보면 두운과 유운이 시를 유창하게 흐르게 하는 주요한 방법이라는 것을 알 수 있다.

   이에 비해 율은 음보를 기준으로 만들어지는 것으로
한시가 4언, 5언, 7언과 같이 한 행을 이루어야 하는 규칙으로부터 나온다.
이에 대해서는 앞 글 '음보란 무엇인가'에서 자세히 설명해 놓았다.
여기서 언급한 운율들은 아마 수많은 세월을 거치면서 자신의 언어에 맞게 그 체와 용을 모색한 결과이리라.

   최초의 인간들은 동물 벽화를 그리듯이
그렇게 시를 노래하며 어둡고 지루한 밤을 견디고 또 그 시간 자체를 즐기고 공동체를 단결하는 충만한 영혼을 누릴 수 있었을 것이다.

   가장 오래된 시는 수메르 문명에서 출토된 '길가메시'의 서사시이다.
점토판에 쐐기 문자로 적혀 있으며
영웅서사시의 형태로 길게 이어진 길가메시의 영웅담이다.
보통 영웅서사시는 두 행씩 압운을 맞추게 된다.
길가메시가 영웅서사시의 압운
즉 'heroic couplet'을 이루는지 알려면
수메르어를 해독할 수 있어야 하는데
필자 또한 아직 배움이 부족하여 이 경지까지 이르지 못했다.

그러나 영시에서는 'heoric couplet'이 종종 발견되기 때문에 20세기 작품 일부를 감상해 본다.

* heoric couplet: 영웅서사시들이 두 행을 하나의 압운으로 묶는 경우가 많기 때문에 붙여진 이름. 대체로 약강 5음보의 시에서 많이 발견되므로 '약강 5음보 대구 압운'이라고 한다.

And then black night. That blackness was sublime.
I felt distributed through space and time:
One foot upon a mountaintop. One hand
Under the pebbles of a panting strand,

그리고 검은 밤이 되었다
검다는 건 숭고한 것
나는 시간과 공간을 통해 그것에 압도 당한다
한 발은 산 정상에 있지만
한 손은 길게 칠해진 자갈 아래 놓여있다
<Vladimir Nabokov의 소설, Pale Fire 중에서>

위 시에서 앞 두 행은 sublime, time이 뒤 두 행은 hand, strand가 서로 압운을 만든다. 전형적인 영웅서사시의 aabb운을 가지고 있다.

이 정 록
칼럼리스트

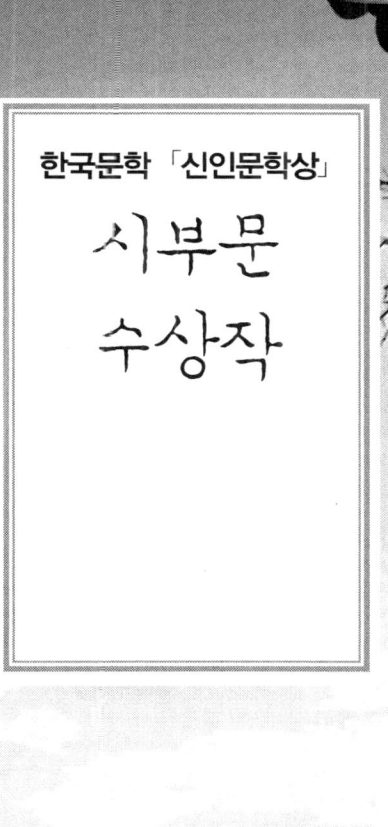

한국문학 「신인문학상」

시부문
수상작

신인문학상 당선작

들꽃 외 2편

유 연 대

바람이 부는 날이면
푸른 별빛이 쏟아지는 날이면
언제나 피어나는 꽃
제가 바로 그 들꽃입니다

키가 작아 바람에 흔들리지도 않고
장미나 백합처럼 예쁘지 않지만
비오는 날이면 꽃잎이 다쳐서
울고 있진 않아요

가끔 사람들 눈에 띄어
들꽃이라는 이름이 불리어질 때마다
전 너무너무 행복합니다

시원한 바람이 제 머리를 스치며
푸른 별빛이 제 몸으로 쏟아질 때에도
들꽃이라는 이름으로 피어있기에…

신화

유 연 대

서리를 바라보니 마음이 시리다
호숫가를 거니는 달그림자
나를 바라보며 미소짓네

천 년을 살아 온 소나무
모진 풍상의 세월을 노래하네

이 험한 세상 한 조각 뭉게구름 되어
둥실둥실 떠있는 내 고단한 인생
그루터기는 하늘만 멍하니 바라보네

신비롭게 피어있는 설화雪花
한 방울 물로 신화 되어 떨어지고
떨어진 영롱한 신화는
아침 이슬로 피었다 하늘에 오르네

그리움

유 연 대

당신을 그리워하니
당신은 내 가슴에 희미한 등불되어
내 마음 비추네

시간이 흐르면 그대 모습 잊혀질까
생각 했는데
잠 못 이루는 밤이 되면
그대는 한 마리 새가 되어
내 곁을 맴돌며 그리 슬피 우나요

그대의 슬픈 곡조는
내 마음에 깊이 깊이 들어앉아
아직도 못 다한 이별을 노래하나요

이별은 밤 하늘 별이 되어
반짝이는데

유 연 대
충북 청주시 거주
현)요양보호사 근무중
청주 요양원 장애인시설 봉사활동
(사)문학그룹샘문 회원, (사)샘문학 회원, (사)문학그룹문인협회 회원, (사)
한용운문학 회원, (주)한국문학 회원, (사)샘문뉴스 회원, (사)도서출판샘문
(샘문시선) 회원, 이정록문학관 회원

유연대 시인 신인문학상 심사평

생활속의 서정과 감정이입

손 해 일 (시인, 문학박사, 국제펜한국본부 명예이사장)

유연대 시인의 응모작 「들꽃」, 「신화」, 「그리움」 3편은 생활주변의 소재를 감성적으로 시화한 서정시이다. 시상을 대화하듯이 풀어나간 시들이라 쉽게 읽힌다.

「들꽃」은 그냥 들판에 지천으로 피는 이름 없는 들꽃을 자신이라고 가정해 감정이입을 한 작품이다. "바람 부는 날이면/ 푸른 별빛이 쏟아지는 날이면/ 언제나 피어나는 꽃/ 제가 바로 그 들꽃"이다. 장미나 백합처럼 예쁘지도 않은 꽃이지만 사람들이 들꽃이라 부를 때마다 행복을 느끼는 그런 꽃이다.

「신화」는 제목은 신화라는 거창한 제목을 붙였지만 결굴 자연속의 덧없는 인생을 비유한 것이라고 본다. "마음시린 서리, 달그림자, 천년 고목 모진 풍상, 한 조각 구름 되어 떠 있는 니 고단한 인생, 신비롭게 핀 설화雪花"는 한방울 물로 신화처럼 이슬 되어 하늘에 오른다는 것이다. 이승에 잠깐 머물다가는 인생은 서리와 바람과 눈꽃과 이슬과도 같다.

「그리움」은 그리움을 시화한 것이다. 그리움처럼 사람의 가슴을 설레고 애틋하게 하는 것이 고 있을까. "당신을 그리워하니 희미한 등불 되어 내가슴 비추고", "시간이 흐르면 잊혀 질 즐 알았는데 못잊어 잠못 이루고, 당신은 새가 되어 내 곁을 맴돌며 슬피 운다"

시는 '응축과 비유와 상징'을 기본으로 한다. 그냥 자기의 낭만적인 감정이나 생각을 수필처럼 서술한다고 시가 되는 게 아니다. 시의 기법을 "말하기와 보여주기"로 대별하는데 이미지로 그림처럼 보여주는 쪽이 더 선명한 현대시이다.

수상소감

2023년 샘문그룹과 한국문학이 주최한 한국문학상 공모를 통하여 참여의 기회를 주신 샘문그룹 이정록 이사장님 및 심사위원장님께 진심으로 감사드립니다.
이번 공모를 위해 준비하시고 함께 고생하신 직원 모든 분들께도 감사의 마음을 표합니다.

부족한 저에게 이렇게 큰 상을 주셔서 깊은 감사의 말을 전하며 이 자리를 빛내기 위해 참여하신 모든 분들께도 경위를 표합니다. 서민들이 접하기엔 문학의 문턱이 너무 높은 것으로 인식하고 있는 게 현실입니다. 앞으로도 몸과 마음으로 봉사활동하면서 장애인이나 소외계층, 사회적 약자 이런 분들에게 시 문학을 통해 나도 할 수 있다는 희망의 메시지를 전하는 노력을 하겠습니다.

부족한 저에게 큰 상을 주신 샘문그룹 문학에 종사하고 계신 모든 분들에게 이 기쁨을 함께 나누고 싶습니다.
또한 사랑하는 저의 가족들에게 이 영광을 돌립니다. 감사합니다.

2023. 07. 27.
시인 유연대 드림

신인문학상 당선작

아버지 그림자 외 2편

안 은 숙

달빛으로 물든 하늘을 바라보니
늙어가는 아비의 헤어진 손가락이
찬바람처럼 가슴을 후려친다

추억을 소환하자
주마등처럼 스치는 아버지 손가락은
처절한 세월에 순응하는
말 없는 벙어리가 되어있었다

온 힘을 다해 자식들 뒷바라지 하느라
정작 당신의 손가락은
거친 풍파에 휘어지는 세월처럼
뒤틀리고 휘어져 갔다

일평생 아무런 보상도 없는 삶 속에
세월 속 무심함을 뒤로 한 채
아버지의 뼈마디는 활처럼 휘어져
오늘도 활시위를 당기고 있다

성자, 산수유

안은숙

아름다운 눈의 결정체처럼 피는
산수유꽃의 자태는 이루 말할 수 없이 고고하다
산과 들에는 노란색으로 꽃물을 들이고
벌과 나비들 놀이터가 된다

꽃잎이 지고 나면 새 생명이 태어나고
초록빛의 보석처럼 보이는
알맹이들은 빼곡하게 대롱대롱 매달려
씨알 작은 아그배처럼 보인다

세월 따라 완숙미가 더해진 속살들은
새빨간 물감에 풍성한 빛을 섞은 것처럼
농익은 자태를 뽐내며
보란 듯이 약을 바짝 올린다

숭고한 정신을 품은 핏빛 열매는
겨울이 오면 온 몸 비운 나신으로
앙상한 가지에서 겨우 매달려
시조의 먹이로 산화하고
봄이 오면 살신성인으로 다시 태어난다

누에고치 천명

안 은 숙

뽕잎을 먹고 자라는 그는
몇 번의 허물을 벗고 죽거나
고통 속에서 살아나야만 한다

입에서 내뿜는 실들은
그의 집이 되기도 하지만
자신의 몸을 보호하는
방패막이가 되기도 한다

그는 자신이 뽑아내는 실들이
보배로운 비단이 되어
인간들이 풍요로운 삶을 살고 있다는 것도 전혀 모른다

그의 삶은 성충이 되었어도
입마저 벙어리가 되어
아무것도 먹지를 못한다

그냥 본인의 삶을 원초적인
자신의 우주 안에서
탄생과 소멸을 반복하는 것이
그저 그의 운명이다

안 은 숙
서울시 동대문구 거주
한양사이버대 사회복지학과 재학중
문학의봄 수필 등단, 문학의봄 소설 등단
제2회 오뚜기 두드에세이 사랑상 수상
문학의봄 작가회 회원, (사)문학그룹샘문 회원, (사)샘문학 회원, (사)샘문그룹문인협회 회원, (사)한용운문학 회원, (주)한국문학 회원, (사)샘문뉴스 회원, 이정록문학관 회원

안은숙 시인 신인문학상 심사평

알레고리적 상징과 비유의 사물시

손 해 일 (시인, 문학박사, 국제펜한국본부 명예이사장)

안은숙 시인의 응모작「아버지 그림자」,「성자, 산수유」,「누에고치 천명」세편은 상징과 알레고리적 비유의 사물시이다. 알레고리(allegory)는 사물을 직접적으로 설명하지 않고 동물과 식물 등으로 의인화하여 우화적으로 달리 표현하는 것이다. 『이솝우화』가 대표적이다.

「아버지 그림자」는 자식들 뒷바라지에 진력하는 곤고한 아버지의 삶을 '손가락'으로 상징해서 "늙어가는 아비의 휘어진 손가락이 찬바람처럼 가슴을 후려친다"고 아파한다. "주마등처럼 스치는 아버지의 손가락은/ 처절한 세월에 순응하는/ 말없는 벙어리가 되어 있었다." 거친 풍파에 휘어지는 세월처럼 손가락은 뒤틀리고 휘어졌고 "아버지의 뼈마디는 활처럼 휘어져/ 오늘도 활시위를 당기고 있다"고 비유한다.

「성자, 산수유」역시 산수유를 성자聖者로 비유하고 있다. 산수유 꽃말은 '영원불멸'이다. "아름다운 눈의 결정체처럼 피는/ 산수유 이루 말할 수 없이 고고하다" 성자같은 산수유는 산과 들을 노란색으로 꽃물들이고 벌과 나비의 놀이터가 된다. 초록빛 열매는 보석처럼 빛나다가 농익은 자태로 "숭고한 정신을 품은 핏빛열매"가 된다. 겨울이면 나신으로 가지에 매달리다가 봄이면 "살신성인으로 다시 태어난다" 그래서 성자라고 비유한다.

「누에고치 천명」은 뽕잎만 먹고 자라는 누에를 천명天命이라 상정했다. '누에 잠蠶'자는 하늘이 내린 '천충天虫'이라는 뜻이며, 아주 보배롭다. 안시인은 누에를 고통스럽고 안쓰러운 존재로 인식한다. 그러나 "알-치잠-다섯번 잠자고 성충-고치짓기-번데기-나방"의 누에 일생은 자연스러운 생태적 현상일 뿐이다. 안시인은 누에는 자신의 우주 안에서 "탄생과 소멸을 반복하는 것이 그저 그의 운명" 즉, 천명天命이라고 규정한다.

수상소감

　미로같이 끝이 안 보이던 젊은 시절의 꿈이었던 시인 등단이라는 목표가 드디어 햇병아리 같은 마음으로 겨우 한 발을 떼게 되었습니다. 십 년이 넘도록 그 길을 향해 걷고 싶었지만, 핑계일지는 몰라도 마음적인 여유까지 내 마음을 흔들지는 못했던 것 같습니다. 그러다 우연히 알게 된 이렇게 큰 행사에 응모를 하긴 했지만, 등단까지 할 거라는 기대는 전혀 못 했던 것은 사실입니다. 하지만, 며칠 전 등단해서 축하한다는 메시지를 받고 무척이나 놀라기도 했고, 도저히 믿을 수가 없어서 메시지를 몇 번이나 확인했는지 모릅니다.
　시에 대한 나의 열망은 가슴속에 항상 응어리로 남아 그 끈을 놓지 않고, 계속 열망하고 있었음에 오늘 같이 좋은 날이 있는지도 모릅니다. 인간의 삶은 항상 실패의 연속이며, 그것을 어떻게 극복하고 노력하는 가에 따라 삶에 대한 방향도 많이 달라지는 것 같습니다. 삶은 또한 비참함과 외로움, 고통, 이별, 사랑, 기억의 손실을 가져다주지만, 인간이기 때문에 할 수 있는 것이 그때의 기억들을 가슴속에 담아 표현하는 것이고, 그런 연유가 있음에 시로 다시 탄생하는 것이 아닌가 하는 생각도 듭니다.
　아무도 이해할 수는 없어도, 시 한 편이 탄생하기까지는 많은 인내와 정신력, 그리고 창작의 고통과 시간이 많이 소요 됩니다. 이것은 인간이 가지고 있는 특권일 수도 있습니다. 물론 본인이 어떤 태도를 가지는가에 따라서 성취감도 다르게 느껴질 수도 있습니다. 저의 소신은 물보라처럼 조용히 일어났다가도 거친 파도가 몰아치면 그곳에 승차하여 끝까지 가는 그런 시인이 되고 싶습니다.
　그리고, 항상 곁에서 응원해 주시는 가족들에게도 깊은 감사를 드립니다. 이번 한국문학상 공모전에는 "아버지 그림자" 외 2편을 이정록 선생님 추천으로 이근배 선생님, 김소엽 선생님, 손해일 선생님께서 심사해서, 당선되어 등단하게 되었습니다. 졸작인 제 시를 뽑아주신 심사위원분들께 깊은 감사를 드리며, 앞으로 더욱 정진하여 심금을 울리는 그런 시인이 되도록 노력하겠습니다. 끝까지 읽어주신 모든 분들께 진심으로 감사드립니다.

2023. 07. 25.
안은숙 올림

신인문학상 당선작

파랑새 외 2편

고 영 옥

꿈을 꾸듯 여름비가
투두둑 후두둑 밤을 부수듯이
세상을 부수듯이 내린다

그는 비몽사몽 간에 비를 피해
플라타너스 잎 아래서
굵은 빗방울을 눈망울이 스캔한다

흩어져 버린 빗방울을 찾아 나선 건
파랑새 였을까!
파랑새 날개에서 잠자던 바람이였을까!
파랑새가 두려웠던 하루

수평선 마주하고 앉은 유리창 넘어
파도에 깨지는 하얀 포말의 곡예가
길손의 삶처럼 아슬아슬하다

파랑새는 멀리 있지 않음을
레드와인도 카페라떼도 알고 있고
길손의 깊은 상념도 알고 있다

열정

고 영 옥

우리들의 여름은 절정에 이르고
시원한 웃음꽃이 흐드러진다

파란 하늘에서는 마술대회가 열렸다
구름 마술사들이 마법을 겨룬다
양떼로 변했다가 서털로 변했다가
뭉실뭉실 변했다가 면사포를 썼다가
갑자기 전운戰雲이 돌기도 한다

여름날 소풍길에서 만난 온정들과
작은 마을의 풍경이 옹기종기 모여
수다꽃 피우느라 지붕이 들썩거리고

나락은 허리굽은 할머니의 손길에
벌써부터 한가위 보름달을 채우려
풍년가 춤사위로 조각달을 키워낸다

배가 부풀은 여름이 몸을 풀려고
가을로 가는 길목에서
우리들 청운의 꿈 웃음꽃을 피우고
열정은 높이 올라 풍운이 되어
한 줄 금 소낙비로 몸을 풀고 간다

진달래 연가

고영옥

바람이 잠든 해안가의 봄날
앞산 진달래 처자 빼꼼이 내려와
살며시 발가락 담금질이다

약속이라도 한 듯 진달래 처자
핑크빛 발가락 간지럽히는
장난기 어린 햇살 금빛 손길에

산수유 산목련이 시샘이 났던지
연지곤지 찍고 몸단장 하고
임을 맞느라 분주한 한나절이다

빨간 등대 위에서 나의 꿈을 물고
힘차게 날아오르는 갈매기,
잠들어 꿈꾸는 나의 섬
무인도 위로 꿈과 자유가 펼쳐진다

고 영 옥

아호 : 금채
부산광역시 북구 거주, 광주광역시 광산구 출생
동리목월문예창작대학 시창작 수료, 시낭송지도자 민간자격증 1급 취득
(사)문학그룹샘문 회원, (사)샘문그룹문인협회 회원, (사)샘문학 회원, (사)한용운문학 회원, (주)한국문학 회원, (사)샘문뉴스 회원, 이정록문학관 회원
<수상>
샘문학 시부문 신인문학상, 한밭전국시낭송대회 은상, 부산시낭송연합 전국대회 장려상, 국제시낭송예술인연합 전국대회 금상
<공저>
태초의 새벽처럼 아름다운 사랑
<컨버전스공동시선집/샘문시선>

고영옥 시인 신인문학상 심사평

일상적 사물을 알레고리화한 서정시

손 해 일 (시인, 문학박사, 국제펜한국본부 명예이사장)

고영옥시인의 응모작 「열정」, 「진달래 연가」, 「파랑새」 세편은 일상적 사물을 알레고리로 의인화한 서정시이다.

「열정」은 여름과 파란하늘과 구름으로 시작한다. 여름이 절정에 이르자 파란하늘에선 구름 마술대회가 열린다. 구름이 양떼로, 새털로, 뭉실뭉실, 면사포를 썼다가 천둥 번개를 치면 전운이 감돈다. 겨울이 되자 나락(벼)은 한가위 할머니손길에서 보름달을 키우고 풍년가 춤사위로 조각달을 키운다. 산모처럼 배가 불룩한 여름이 가을을 맞이하고 우리들의 푸른 꿈과 열정이 소낙비로 쏟아진다.

「진달래 연가」는 봄날 앞산의 진달래를 처자(여인)로 의인화 했다. 바람이 잠든 해안의 봄날, 발가락 담금질(족욕)을 하는 진달래 발가락을 장난기어린 금빛 햇살이 간지럽힌다. 이를 시샘한 산수유 산목련도 몸단장하고 님을 맞느라 분주하다. 마지막 연은 갈매기가 나의 꿈을 물어 나르고, 꿈꾸는 나의 섬 무인도위로 꿈과 자유가 펼쳐진다. 앞의 세 연은 진달래가 주제인데 마지막 연은 갑자기 갈매기와 무인도와 나의 꿈 이야기가 나와서 시의 흐름상 무리가 있다.

「파랑새」에서는 파랑새를 '그'로 의인화 하였다. 여름비가 밤을, 세상을 부수듯이 내리자 파랑새는 플라타너스 잎 아래에서 굵은 빗방울을 피한다. "빗방울을 찾아나선 건 파랑새였을까?", "파랑새 날개에서 잠자던 바람이었을까" 수평선과 마주한 유리창 너머로 부서지는 파도와 포말이 아슬아슬하다. 파랑새는 흔히 인간의 이상과 꿈과 행복을 상징한다. 그러나 파랑새는 멀리 있지 않다는 것을 "레드와인도 카페라떼도, 길손의 깊은 상념도 알고 있다"

수상소감

2023년 한국문학상 공모전 페스티벌 축제를 진심으로 축하드립니다.

본 공모전에 참여할 수 있는 기회와 함께 신인문학상의 큰 기쁨을 맞이할 수 있는 성과를 주신 것에 한국문학, 문학그룹샘문, 샘문그룹 관계자분들과 심사위원님들께 귀한 마음 담아 인사 올립니다.

시를 쓸 수 있는 감성을 주신 부모님 은혜에 감사하며, 샘문 이정록 회장님, 심사위원님, 모든 관계자님들께도 깊은 감사의 말씀을 올립니다.

시인이라는 명찰에 어긋나지 않는 겸손과 겸양을 갖춘 반듯한 시인이 되도록 정진 또 정진하겠습니다. 감사합니다.

2023. 07. 26.
시인 고영옥 드림

신인문학상 당선작

회억 외 2편

오영민

그대가 그리운 날에는 열차를 탑니다
스쳐지나가는 풍경들이
그대와 나의 유의미한 영상이 흐릅니다

밤새 달려온 종착지가 어디인 줄
몰랐기를 바라지만
그대가 없는 텅빈 마음에 바람이 입니다

지나간 시간 속에
치열한 아픔이 영원할 줄 알았습니다

상큼한 날들도
영원할 줄 알았습니다

이런 날들이
봄, 여름, 가을, 겨울로 순환하고
윤회하고 진화하고 소멸 한다는 걸
서녘에 도달해서야
때늦은 지금에서야 깨닫습니다

알면서도 잊어버리는 어리석은 나,
의미가 있던 없던 세상 굴레에서
벗어나지 못할 건 뻔한 일이라는 것을요

먼 길 돌고 돌아
태산을 넘고 넘어 뒤돌아 보니
그때 그 자리에 다시 소환되어
우두커니 서있습니다

아침 단상

오영민

감미로운 햇살 속삭이는 목소리
상큼한 아침을 깨우는
뒷동산 풀국새 소리

사르르 조르르
돌다리 휘돌아 흐르는
시냇물 숨 소리

아름다운 그대의 아늑한 품 속
오늘 하루도 종일토록
행복과 사랑이 넘치는 시간

올망졸망 강아지들
엄마 젖 찾아 분주히 입 놀리고

베란다 화분 속 꽃들도
햇살 찾아 벌나비 찾아
이리저리 향기 타고 날아다니고

허둥지둥 헤매이는 그림자는
현기증이 난다

그대가 별빛으로 내리는 밤

오영민

흩어지는 바람결에
소리없이 촉촉히 스며드는
그대 향한 그리움 일렁이는 밤이네

반짝이는 노란 꽃별
그 옆에 피어난
촉촉한 은하수 머금은
작은 꽃별 하나

다가설 듯 다가설 듯
다가서지 못하는
못난이 작은 별이

이 밤도 역시
그대에게 다가서지 못하고
외로운 마음만 여미네

오영민

경남 마산시 출생
부산광역시 영도구 거주
개인사업 운영 중(대표), (사)문학그룹샘문 회원, (사)샘문학 회원, (사)샘문그룹문인협회 회원, (사)한옹운문학 회원, (주)한국문학 회원, (사)샘문뉴스 회원, (사)도서출판샘문(샘문시선) 회원, 이정록문학관 회원, 송설문학 회원

오영민 시인 신인문학상 심사평

그대에게 바치는 애틋한 연가

손 해 일 (시인, 문학박사, 국제펜한국본부 명예이사장)

오영민 시인의 응모작 「회억」, 「아침단상」, 「그대가 별빛으로 내리는 밤」은 그대에게 바치는 연가이다. 연가는 동서양을 막론하고 주로 낭만주의 문학에서 유행하던 테마이다. 연가는 대상(연인 또는 사랑하는 사물 등)을 향하여 그리움과 사랑을 호소하다보니 감상적, 서술적 영탄조가 주조이다. 같은 시라도 '영탄조 서술시'와 '이미지로 보여주는 그림시'의 차이를 인식할 필요가 있다.

「회억」은 그대를 그리는 연가이다. '회억回憶'은 옛일을 돌이켜 생각한다는 뜻이다. "그대가 그리운 날에는 열차를 탑니다"로 시작하여 스쳐가는 풍경들에 그대와 나의 추억이 어리고, 텅빈 마음에 바람이 인다. "치열한 아픔도 상큼한 날도 영원할 줄 알았지만 4철로 순환, 윤회, 진화, 소멸한다는 것을 때늦은 지금에서야 알았습니다", "먼 길 돌고 태산을 넘고 넘어 뒤돌아 보니, 그때 그 자리에 우두커니 서있습니다" 좋은 일, 궂은일도 세월이 가면 잊혀 진다는 말이다.

「아침단상」은 아침풍경을 소재로 한 서정시이다. '감미로운 햇살', '상큼한 아침', '뒷동산 풀국새소리'가 아침을 연다. 시냇물 숨소리, 아늑한 그대의 품속이 행복과 사랑이 넘친다. 올망졸망 강아지들은 분주하고 "베란다 화분속 꽃들도/ 햇살 찾아 벌나비찾아/ 이리저리 향기타고 날아 다니고", "허둥지둥 헤매이는 그림자는/ 현기증이 난다"

「그대가 별빛으로 내리는 밤」도 그대를 향한 연가이다. 배경은 "흩어지는 바람결에 그리움 일렁이는 밤이다, '반짝이는 꽃별', '그 옆에 은하수 머금은 작은 꽃별' 화자는 "다가설 듯 다가설 듯/ 다가서지 못난이 작은 별"이다. 이 밤도 그대에게 다가서지 못하고 외로움만 여민다.

수상소감

먼저 한국문학 관계자 여러분 그리고 샘문그룹 이사장 이경록 선생님을 비롯한 샘문그룹 관계자분들과 심사위원님들께 진심으로 수고 많이 하셨다는 말씀과 감사의 인사를 드립니다.

어린 소년시절부터 꿈꾸어 왔던 시를 좋아하는 소년에서 세상살이에 떠밀려 허겁지겁 살아오다보니 소년시절의 꿈을 잊어버리고 살아왔습니다. 마음 한구석에는 늘 문학의 꿈을 간직한 채 나름대로 틈틈히 습작을 해왔었지만 등단에 관하여 용기가 없어 차일피일 미루어 왔던 것이 여기까지 오게 되었습니다.

어느덧 풍성하던 머리숱은 세월의 풍파에 한 올 한 올 다 빠져 버리고 메마른 길가에 덤성덤성 남아있는 잡초 몇 포기처럼 되었지만, 이 나이에 다시금 기회를 주신 한국문학과 샘문그룹 모든 관계자님들께 감사의 인사드립니다. 한국문학과 샘문그룹의 무궁한 발전을 기원합니다.

2023. 07. 26.
오영민 배상

신인문학상 당선작

퓨전의 침공 외 2편

원은미

태어나자마자 장長급이다
고추장 된장 간장
조상님들 장독대에 모셔놓고
아침저녁 문안 인사한다

수상쩍은 세상
음식을 책임지는 장長들이 위협 받는다
바다로 하늘로 건너와
알 수 없는 맛을 내는 것들
젊은이들 앞세워 주방을 침투한다

굴소스, 머스타드, 발사믹, 살사,
칠리소스, 갈릭 페퍼, 우스터드 소스
주방 차지하고
요리 좀 한다고 폼 잰다

파 마늘 깨소금 참기름 고춧가루면
임금님 수라상도 차렸는데
손맛이라고는 찾아볼 수 없는
퓨전 소스들 주인행세에
장醬들 밀려난다

노각, 늙어야 비로소 산다

원은미

온 몸이 까칠한 것이 삼베를 입은 듯하다
각질을 벗기고 나면
뽀얀 속살이 머금고 있는 물기가
긴 가뭄에 생명수 같다

오독오독 씹히는 아삭함
무더위를 식히는 상큼함
머릿속까지 파고드는
여름 냄새다

볼 품 없는 생김새
우습게 봤던 청량감
한 여름 동굴에서 느껴지는
시원함이다

무럭무럭 늙어
세월 속에 무르익은 맛
풍파에 굴하지 않고
속살을 지켜낸 덕이다

부사副詞의 말

원 은 미

기대야 산다
허접한 막대기라도

홀로서지 못하는 나
기댈 곳 찾아 떠돈다

내가 무성하면
사족이라 핀잔 듣고
군더더기라 쫓겨나고
한 자리 차지할 힘이 없다

내 존재가
부풀리는 누룩이 될까
생명력 가리는 풀숲이 될까
조심스러운 발걸음이다

원 은 미

경기도 이천시 출생, 서울특별시 관악구 거주
관악문화원 문학아카데미 총무, (사)문학그룹샘문 운영위원, (사)샘문그룹
문인협회 운영위원, (사)샘문학 운영위원, (사)샘문뉴스 회원, (사)한용운문
학 회원, (주)한국문학 회원, 이정록문학관 회원, 샘문시선 회원
<수상>
월간문학세계 수필 등단
샘터문학상 우수상(수필부문)

원은미 시인 신인문학상 심사평

"착상과 시상전개, 표현의 참신성"

손 해 일 (시인, 문학박사, 국제펜한국본부 명예이사장)

원은미 시인의 응모작 「부사의 말」, 「노각, 늙어야 비로소 산다」, 「퓨전의 침공」 3편 모두 깔끔한 수작이다. 원은미 시인의 약력을 보면 이미 월간『문학세계』에 수필로 등단했고, 관음문화원의 문학아카데미에 관련해서인지 시를 이해하고 다루는 솜씨가 능숙하다. 현대시는 설명보다는 '착상의 기발함'과 '응축'과 '비유와 상징'을 기본으로 '이미지'를 만드는 것인데 3편 모두 이를 잘 소화해내고 있다.

「부사의 말」은 문법의 품사중 부사副詞를 주제로 인생을 비유한 작품이다. 문장에서 부사, 형용사, 조사는 주어나 명사, 동사의 보조수단일뿐 혼자서는 설 자리가 없다. 그래서 "기댈 곳 찾아 떠돌지만", "내가 무성하면/ 사족이라 핀잔 듣고/ 군더더기라 쫓겨나고/ 헌자리 차지할 힘이 없다" 이것은 주연이 아닌 조연, 보조, 엑스트라인생들의 애환이다.

「노각, 늙어야 비로소 산다」는 청오이가 아닌 '늙은 오이(노각)'을 풍자한 작품이다. 겉은 까칠하고 볼 품 없지만 껍질을 벗기면 아삭하고 상큼한 맛인데, "무럭무럭 늙어/ 세월 속에 무르익은 맛/ 풍파에 굴하지 않고/ 속살을 지켜낸 덕이다" 사람도 겉만보고 판단 말고, 늙었다고 무시하면 안 된다는 얘기이다.

「퓨전의 침공」은 태어나자마자 장長급인 우리 고유의 간장, 고추장, 된장 대신 수상쩍은 굴소스, 발사믹, 칠리소스 등 퓨전소스에 밀려나는 주방 세태를 꼬집고 있다. "파, 마늘, 깨소금, 참기름, 고춧가루면/ 임금님 수라상도 차렸는데/ 손맛이라고는 찾아볼 수 없는/ 퓨전소스들 주인행세에/ 장(醬)들 밀려난다//"

수상소감

시를 배우면서 아름다운 우리 말에 감탄할 때가 많았습니다. 이렇게 아름다운 말들을 수집해 수첩에 기록 할 때마다 뿌듯했습니다. 언제고 내가 원할 때 꺼내 쓸 수 있는 말이 많아지기를 바라며 말 부자가 되고자 합니다.

힘들고 어려웠던 일들도 시를 배우며 이겨내고 치유가 되었는데 가랑비의 옷 젖는 줄 모른다고 조금씩 시를 배우다 보니 기쁜 일이 생기네요.

몇 해 전 처음으로 시를 배우기 시작 할 때는 시인이 되리라고는 생각을 못 했습니다. 시가 좋아서 시를 쓰다 보니 등단을 하게 됐습니다.

시인으로 불려진다는 것이 어색하고 두렵지만 노력하는 시인이 되고 싶습니다. 그리고 저를 위해 애써주신 샘문그룹 이정록 이사장님 이하 임직원 여러분들께 감사드리며, 저의 작품을 선정해주신 심사위원님들께도 감사의 말씀을 올립니다.

그리고 저의 곁에서 항상 응원해주는 가족들에게 사랑한다는 말과 함께 이 영광을 돌립니다. 감사합니다.

2023. 07. 31.
시인 원은미 드림

신인문학상 당선작

키질 외 2편

임 기 찬

부처님 손바닥에서 놀 듯
예수님 지팡이 끝에서 놀 듯
키 위에서 기교한 술법을 부리는
여의도 술사들아

키 위에서 재주 부리고
기만하는 흑마술 부리다가
민초들이 훅하고 까불어 버리면
흔적도 없이 사라지는
먼지 같은 여의도 군상들아

국민들 감정도 몰라보고
어른 위아래도 몰라보고 까불다
알곡까지 훅 날아가니
함부로 까불지 마라

홀씨

임 기 찬

가시덤불에 떨어진 한 톨
용케도 살아남아
까치발 서서 세상 기웃거리다

두더지 방망이로 두들겨 맞고
세상 풍파에 실컷 두들겨 맞고
참혹하고 처절하게 숨어 든 곳이
길가의 자갈 틈바귀

지나던 봄바람이
신음 소리에 귀 기울이다
그대를 옥토에 옮겨 놓아
새싹이 되었네

인생은 동냥질

임 기 찬

어떤 이는
귀가 커도 귀동냥하고

어떤 이는
입이 작아도 밥 동냥하고

짝사랑 둥이는
그리움의 허기 채우려
애정 동냥을 한다

애걸하다
못 얻어 풀 죽으면
빈 동냥 그릇

임 기 찬
전북 익산시 출생
서울시 은평구 거주
남성고등학교 졸업
우석대학교 사범대학 교육학과 졸업
서울사회복지대학원 사회복지학과 졸업
복있는사람들 요양보호사 교육원장, (사)한국안전인성교육협회 사무국장,
(사)문학그룹샘문 회원, (사)샘문학 회원, (사)샘문그룹문인협회 회원, (사)
한용운문학 회원, (주)한국문학 회원, (사)샘문뉴스 회원, 이정록문학관 회원

임기찬 시인 신인문학상 심사평

직설적 감정토로의 세태 풍자시

손 해 일 (시인, 문학박사, 국제펜한국본부 명예이사장)

　임기찬 시인의 응모시 「키질」, 「홀씨」, 「인생은 동냥질」 3편은 직설적으로 감정을 토로한 세태풍자시이다. 시를 '말하는 시'와 '보여주는 시'로 대별할 때 전자는 시인의 사상과 감정, 시상을 직접적으로 말하고 설명하는 진술의 시이다. 작품의 묘미는 떨어지지만 내용을 설명하므로 쉽게 읽힌다. 보여주는 시는 직설적으로 말하는 대신 비유와 상징을 통해 그림처럼 이미지로 보여주는 시이다. 시의 묘미와 완성도는 높지만 비유와 상징이 많아 난해한 경우도 있다. 임기찬의 시는 전형적인 '말하기' 시인데 긴 서술이 아니라 비교적 쉽고 짧게 간추렸다.
　「키질」은 유용한 정책개발 대신 여,야 극한대치와 싸움질로 아까운 세비만 축내는 여의도 국회의원들을 질타한 작품이다. 키질은 곡식 알곡만 고르고 잡물을 버리려 허공에서 까부는 작업이다. "부처님 손바닥에서 놀 듯/ 예수님 지팡이 끝에서 놀 듯/ 키위에서 술법부리는 여의도 술사들아// 그대들이 재주 부리고 기만하는 흑마술 부리지만 민초들이 혹 불어버리면 사라지는 "먼지같은 여의도 군상들"이다. "국민들 감정이나 어른 위아래도 몰라보고 까불다가" 혹 불어버리면 알곡까지 날아가니 "함부로 까불지 마라"이다.
　「홀씨」는 씨앗을 소재로 한 작품이다. "가시덤불에 떨어진 한 톨" 홀씨가 용케도 살아남아 까치발로 세상을 기웃거린다. 두더지 방망이나 세상풍파에 실컷 두들겨 맞다가 길가의 자갈 틈바귀에 숨어들었다. 그러다 운 좋게도 지나던 봄바람이 옥토에 옮겨 놓아 새싹이 되었다는 내용이다.
　「인생은 동냥질」은 인생을 동냥질에 비유한 작품이다. "귀가 커도 귀동냥", "입이 작아도 밥 동냥", "짝사랑 둥이는 그리움의 허기 채우려 애정동냥"을 하지만, 결국 "애걸하다/ 못 얻어 풀 죽으면/ 빈 동냥 그릇" 허무한 인생이다.

수상소감

지난해 장마철 장대비가 쏟아지는데 고향 집 장독대 항아리에는 빗물이 담기지 않았다. 항아리가 엎어져 있었다. 올 장마가 시작되기 전 엎어진 항아리를 뒤집어 놓았다.

하늘에서 주는 복도 담고, 사랑도, 기쁨도, 눈물도, 맑은 영혼도 담고 싶었다. 더욱 정진하여 고단한 나그네들 쉬어가는 그늘이면 좋겠다.

이 영광스런 상을 주신 샘문그룹 이정록 회장님과 심사위원님들께 마음에서 우러나오는 감사의 말씀을 올립니다.

그리고 항상 응원해주는 저의 가족들에게 사랑한다는 말과 함께 이 영광을 돌립니다. 저를 아시는 문단의 모든 분들께도 감사의 인사를 드립니다.

2023. 07. 27.
임기찬 배상

신인문학상 당선작

코로나에 희생된 영혼들 영전에 외 2편

송 규 정

목련이 툭툭 떨어지듯
바람에 꽃잎이 날리듯
화사한 사월의 지구엔
속수무책으로 세상을 떠난
많은 슬픔의 영혼들

의술이 최고도로 발달한 현대에서
코로나 역병 하나 막지 못하고
고귀한 생명을 보호하지 못하다니
슬프고 기가 찬다

어느 날 갑자기 병원에 격리되어
삶의 마무리도
가족들과 마지막 인사도
모두 생략하고
홀로 외롭게 세상을 하직한 영혼들

영결식도 장례 절차도 없이
쏟아지는 시신을 감당 못한 나라들
줄지어 컨테이너 냉동차에 실어다
공원에다 나란히 눕혀 흙을 덮는다

장례미사도 장송곡도 없이
가족의 배웅도 없이
마지막을 초라하게 떠난 영혼들
송구한 마음으로 천상의 행복을 빈다

석류꽃

송 규 정

여유롭게 뜰을 둘러보니
석류꽃이 보인다

천진난만한 미소로 반긴다
살랑거리는 바람에 춤을 추며
싱그러운 모습으로 웃는다

차만 타고 들랑거려
눈길 주지 못한 너른 뜨락이
봄꽃들은 불을 끄고 떠나가그
늦은 석류꽃만 등불을 밝혔다

그대가 불을 켜고 반기니
코로나에 마비된 오감이 눈을 뜨누나

가을이면 탐스런 붉은 입을 벌리고
하얀 이를 드러내며 웃어주겠지

그대로 인해 가을이 기다려진다
어두운 오감이 불둑거린다

빛바랜 추억
- 결혼사진

송 규 정

빗장 풀고 나간 줄 알았던 추억이
장식장 액자 안에 갇혀 있다

반백 년 외롭게 유리 안에서
빛바랜 청춘으로 머물러 있다

변함없이 젊은 모습은
흉하게 노화된 나를 낯설게 바라본다

거부할 수 없는
거역할 수 없는 세월의 위력

늙어가는 것이 아니라
익어가는 것이라고
그가 위로의 말을 건네온다

아름다운 추억은
은하수처럼 멀리서 반짝인다

송 규 정

경기도 성남시 거주
한국시조협회 회원, (사)샘문학 회원, (사)문학그룹샘문 회원, (사)샘문그룹
문인협회 회원, (사)한용운문학 회원, (주)한국문학 회원, (사)샘문뉴스 회
원, 샘문시선 회원
<수상>
한국시조협회 시조 등단

송규정 시인 신인문학상 심사평

시적 대상과의 교감과 진술의 시

손 해 길 (시인, 문학박사, 국제펜한국본부 명예이사장)

송규정 시인의 응모작 「석류꽃」, 「코로나에 희생된 영혼들 영전에」, 「빛바랜 추억」 3편은 시적 대상과의 교감을 통해 직설적으로 진술하는 시이다. 비유와 상징으로 이미지를 만들기보다는 설명에 집중한다.

「석류꽃」은 석류꽃을 의인화해 교감하는 시이다. "여유롭게 뜰을 둘러보니/ 석류꽃이 보인다" 석류꽃은 '천진난만한 미소', '싱그러운 모습'을 보이며, "봄꽃들은 불을 끄고 떠나가고/ 늦은 석류꽃만 등불을 밝혔다" 불을 켠 석류꽃으로 인해 코로나에 마비되니 오감이 눈뜬다. 석류가 붉은 입을 벌리고 하얀 이로 웃어줄 가을이 기다려진다.

「코로나에 희생된 영혼들 영전에」는 코로나 희생자들에게 바치는 헌시이다. "목련이 툭툭 떨어지듯/ 바람에 꽃잎 날리듯/....../ 속수무책으로 세상을 떠난 / 많은 슬픔의 영혼들" 이다. 의술이 최고로 발달한 현대에서 코로나 역병하나 막지 못한 것을 한탄하며, 그 희생자들을 애도한다. 어느날 갑자기 병원에 격리되었다가 가족들과 마지막 인사도 못하고, 영결식도 장례절차도 없이 냉동차에 실려 공원에 묻힌 초라한 영혼들에게 "송구한 마음으로 천상의 행복을 빈다"

「빛바랜 추억」은 아내와의 결혼식 사진에 관한 추억이다. 결혼식 사진 액자는 장식장 유리 안에 갇혀서 반백년 "빛바랜 청춘으로 머물러 있다" 액자 속 젊은 시절 모습은 늙은 나를 낯설게 바라본다. 거부할 수 없는 세월의 위력 앞에 늙어가는 게 아니라 익어가는 것이라고 위로하며, "이름다운 추억은/ 은하수처럼 멀리서 반짝인다"

나이든 기혼자라면 누구나 겪는 기분이다.

수상소감

코로나 3년 동안은 모든 활동을 중지하고 집에 갇혀 살았습니다. 무의미한 세월을 보낼 수 없어 수십 년 동안 잊고 살았던 시조와 시를 만나게 되었습니다.

10대 소녀 때 모든 사람처럼 꿈이 많아 문학을 하고 싶었습니다. 그러나 다른 일과 생업으로 바빴고 또 가야금과 정가에 심취해 있었고 여가엔 문인화에 몰입하여 시를 쓴다는 것은 먼 나라의 이야기가 되어버렸습니다. 그러던 중 코로나 기간 동안 몰입할 시간을 가지게 되어 오랫동안 망각했던 옛 과제를 완수해 보겠다는 조그만 신념을 갖게 되었습니다.

한국문학 신인문학상 수상의 기회를 주셔서, 기쁜 소식을 주셔서 심사위원님들께 감사의 말씀 올립니다. 그동안 시를 지도해주신 스승님께 감사드리며 추천해주신 샘문그룹 이정록 이사장님과 모든 관계자분들께도 감사를 드립니다.

저의 사랑하는 가족들에게 이 영광을 돌립니다. 이제 걸음마를 배우게 되었으니 부지런히 걷고 뛸 수 있도록 더욱더 정진하겠습니다. 감사합니다.

2023. 07. 26.
송규정 올림

신인문학상 당선작

철없는 봄 밤 외 2편

이 유 빈

만남을 준비한다는 것은
설레임이야
흰 목련 처자 꽃숭어리 툭 틔우려
꽃대 단장하는데
왜 내가 더 설레는 거야

하얗게 지세우는 밤
하늘도 밝아
별들도 싱글벙글 하는구나

이것 큰일났네
할 일은 많은데 잠은 안 오고
싱그러운 그녀와 만날 설레임에
들뜬 새벽

철없는 아이처럼 터지는 웃음
이런 걸
봄바람 났다고 하나 봐

비 내리는 밤에

이 유 빈

여음 소리에 그대일까
바라보는 창문으로
계속 눈물바람 하시며
가만히 들여다만 보시는 그대

제가 어찌 살아가는지
그리 궁금하셨나요?
아니시면 제가 측은한가요?
그럼 오세요
창문 틈으로만
저를 지켜보지 마시고
대문으로 들어와 보세요

가만히 가만히 들려오는 그대 숨소리
그대 가슴인 줄 알았는데
그대 고백인 줄 알았는데
빗소리였군요!

봄 연서

이 유 빈

봄 노래 부르니
파릇한 이파리 만져지고

임 향한 마음 알록달록
헝클어지고 마는 날

그윽한 연서 한 장으로
앙가슴 파르르 떠는 한나절

자향먹 갈아
여백에 묵혀 둔 그리움
붓으로 써 내려 간다

이 유 빈
포항시 북구 거주
동국대학교 미술대학 한국화 전공
(사)샘문학(구 샘터문학) 회원
(사)문학그룹샘문 회원
(사)샘문그룹문인협회 회원
(사)한용운문학 회원
(주)한국문학 회원
이정록문학관 회원
샘문시선 회원
<수상>
대한민국 미술대전

이유빈 시인 신인문학상 심사평

비 내리는 봄밤에 부치는 연서

손 해 일 (시인, 문학박사, 국제펜한국본부 명예이사장)

　이유빈 시인의 응모작 「비 내리는 밤에」, 「봄 연서」, 「철없는 봄밤」 세편은 비와 봄밤을 소재로 한 연서이다. '말하기 시'의 전형이 직정적 그리움을 고백하는 연서 형식이다. '사랑'은 문학과 예술의 영원한 주제이지만, 연시 형태는 과거 낭만주의문학에서 주류를 이루었으나, 복잡다기한 현대에서는 별로 선호되지 않는 취향이다.
　「비 내리는 밤에」는 그대를 기다리며 바라보는 창문으로 계속 들이치며 빗줄기를 향하여 "제가 어찌 살았는지, 그리 궁금하셨나요? 아니면 제가 측은한가요?"라고 반문하며, 저를 지켜보지만 말고 대문으로 들어오라고 권유한다. 가만히 들려오는 것이 '그대 숨소리', '그대 가슴'인줄 '그대 고백'인줄 알았는데 '빗소리였군요'로 반전된다.
　「봄 연서」는 말 그대로 봄에 쓰는 연서이다. "봄노래 부르니 파릇한 이파리 만져지고" 임 향한 마음이 헝클어진 날 한나절에 "자향먹 갈아/ 여백으로 묵혀둔 그리움/ 붓으로 써 내려 간다" 간결하고 쉬운 시라서 더 이상 언급은 생략한다.
　「철없는 봄밤」 역시 봄밤과 목련을 모티브로 한 연시이다. 만남은 설레임이라서 흰목련이 꽃숭어리 틔우려 꽃대 단장하는데 내가 더 설렌다. 그리움으로 하얗게 지새우는 밤, 하늘도 별들도 싱글벙글하는 데 "잠은 안오고 그녀와 만날 설레임에 들뜬 새벽"이다. 이런 걸 봄바람 났다고 하나보다 하고 철없이 웃는다. 이 작품 역시 화자의 들뜬 연애 감정을 쉽게 구어체로 말하고 있다.

수상소감

글을 쓰는 사람은 누구나 훌륭한 문장을 쓰길 소원합니다. 그리고 된 사람이라면 당연히 아름다운 인격을 가지기를 원해 부단히 노력합니다. 이 두 가지를 다 갖춘 사람이어야 비로소 문인이 되는 것이 아닐까 싶습니다.

그 둘을 위해 세월이라는 엄한 스승에게 지난해 보다는 올해가 올해 보다는 내년에 더 나은 문장과 아름다운 인격을 고루 갖춘, 그래서 저의 인성을 가꾸는데 개으름이 없도록 노력하여 좋은 글이 창작될 수 있도록 노력하겠습니다.

부족한 저를 과분한 영광을 주신 샘문그룹, 한국문학에 심사위원님들과 추천해주신 이정록 이사장님, 가르침을 주신 최용대 선생님에게 머리 숙여 감사의 말씀을 올립니다. 그리고 항상 제 곁에서 응원해주는 저의 사랑하는 가족들에게 이 영광을 돌립니다. 사랑합니다. 감사합니다.

2023. 07. 28.
이유빈 올림

신인문학상 당선작

첫사랑 외 2편

임경애

봄바람에게 꽃잎이 말한다
흔들리며 꽃잎이 말한다
꽃대가 힘들다고
꽃망울을 아프게 틔웠다고
그대를 사랑했다고

봄비에게 꽃잎이 말한다
떨어지는 꽃망울이 말한다
사랑이 아팠다고
그대와 했던 시간 행복했다고

봄볕 따사로운 날
부드러운 산들바람이
흔들리는 꽃잎에게 말한다
사랑은 흔들리는 거라고
사랑은 아픈 거라고

영원한 사랑

임 경 애

지금도 그 자리에 그대로 머물고 있습니다
모진 바람도 불었지만
흔들리지 않고

그대의 꽃말, 영원한 사랑이라고 하신
노란 장미 꽃밭을
정성 들여 가꾸었습니다

늘 좋은 일이 없을지라도
기도하는 마음으로
정성들여 가꿔가며 살아간다면
우리의 밝은 내일은 약속되어 있습니다

그대와 나
모진 비바람 불어도
언제나 그 자리에

비 그치고나면 밀려드는 그리움

임 경 애

비가 그치고나면
가슴 시리도록 그리운 당신

밤하늘 수많은 별 속에서
외롭고 그리운 별 하나가 있어
찾아나섰네

당신은 어느새
내 마음속에 들어와
서럽게 속삭이네

사랑했다고
그대 이 별나라 오는 날
먼 훗날 아주 먼 훗날
다시 만나자고…

임 경 애
서울시 금천구 거주
한국방송통신대 국어국문학과 재학 중
(사)샘문학(구,샘터문학) 회원
(사)문학그룹샘문 회원
(사)샘문그룹문인협회 회원
(사)한용운문학 회원
(주)한국문학 회원
이정록문학관 회원
샘문시선 회원

> 임경애 시인 신인문학상 심사평

첫사랑과 그리움 주제의 본격 연시

손 해 일 (시인, 문학박사, 국제펜한국본부 명예이사장)

임경애 시인의 응모작 「첫사랑」, 「비 그치고 나면 밀려드는 그리움」, 「영원한 사랑」 세 편은 제목에서 보듯이 사랑을 주제로 한 연시라 쉽게 읽힌다. '사랑'은 문학과 예술의 영원한 주제이다. 흔히 시를 잘 모르는 일반인이나 아마추어는 시와 시인은 아주 감미롭고 낭만적일 것이라고 예단하는 경우가 많다. 국민정서상 1930년대 김소월 시인의 시가 우리의 국민시로 자리 잡은 연유이다. 그러나 문학이 시대를 비추는 거울이라면 복잡다기한 현대 첨단문명시대에도 낭만적인 연시가 세상을 대변할 수 있겠는가?

「첫사랑」은 봄바람, 꽃잎, 꽃망울, 봄비, 산들바람을 매개로 사랑을 설파한다. "봄비에게 꽃잎이 말한다", "꽃대가 힘들다고/ 꽃망울을 아프게 틔웠다고/ 그대를 사랑 했다고" 한편 봄비에게 꽃잎이, 꽃망울이 말한다. "사랑이 아팠다고/ 그대와 했던 시간 행복했다고" 그리고 봄볕 따사로운 날 산들바람이 꽃잎에게 말한다. "사랑은 흔들리는 거라고/ 사랑은 아픈거라고"

「비 그치고 나면 밀려드는 그리움」 역시 격정을 토로한 사랑시이다. "비 그치고 나면/ 가슴시리도록 그리운 당신" 이기에 수많은 별 중 외롭고 그리운 별 하나 찾아 나섰다. 당신은 어느새 내마음속에 들어와, "사랑했다고/ 아주 먼 훗날 아주 먼 훗날 다시 만나자고" 서럽게 속삭인다.

「영원한 사랑」은 꽃말이 '영원한 사랑'인 노란 장미꽃을 소재로 사랑을 다짐하고 있다. 모진 바람 불었지만 흔들리지 않고 지금도 그 자리에 있다. '영원한 사랑'이라는 노란 장미꽃밭을 정성스레 가꾸었다. 꼭 좋은 일만 있지는 않겠지만, 기도하는 마음으로 산다면 그대와 나는 언제나 그 자리에 있을 거라고 다짐한다.

수상소감

우설 먼저 저명한 한국문학 신인문학상에 당선된 것을 영광스럽고 감사하게 생각합니다.

그리고 문단을 이끌어 오신 이정록 회장님과 회원 여러분들께 감사드리며 심사를 해주신 이근배 심사원장님과 심사위원님들께도 감사 인사 올립니다.

저는 오래전부터 시를 좋아하고 어려운 일이 있을 때 시로 위로를 많이 받곤 했습니다. 그 후로 시인님들을 존경했고 우연한 기회에 시를 쓰게 되니 보람을 느끼게 되어 자주 쓰게 되었습니다.

작년에 샘문그룹에서 대상을 받은 인정희 시인님을 인연이 되어 만났는데 조언과 관심을 주서서 여기까지 왔습니다. 이 지면을 빌어 감사드립니다.

제가 아직은 많이 부족하지만 더욱더 열심히 정진 하겠습니다. 끝으로 항상 저를 응원해주시는 저의 가족들에게 이 영광을 돌립니다. 사랑합니다. 그리고 감사합니다.

2023. 08. 01.
임경애 드림

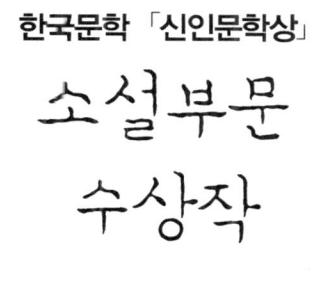

한국문학 「신인문학상」
소설부문 수상작

신인문학상 당선작

그림자 사랑

강 영 옥

"내 그림자 밟아 봐."
여인은 한발로 블록 위를 건너며 요리조리 그림자를 지우며 도망치고 있다.
"빨리 와서 밟아 보라니까."
뒤를 돌아보며 남자를 부른다. 몇 걸음 뛰어오던 남자는 여인의 날렵한 몸동작에 아예 포기하고 벤치 위에 주저 앉았다. 여자는 남자의 어깨를 떠밀며 하던 놀이를 계속하자고 조른다.
"하기 싫어."
"왜?"
남자가 여자를 올려다본다.
"귀찮아."
여자는 발 하나를 올린 후 깡충뛰기를 하면서 혼자 그림자놀이를 하고 있다. 여자의 모습이 멀리 사라지고 있다. 남자가 여자를 부른다.
"야, 은주야!"
"응, 잠깐만........ ."
여자는 자신의 그림자를 자기가 밟고 있는 모양이다.
"잡았다, 하하하"
그러나 자신의 그림자를 정말 밟을 수 있는 것인지... 남자는 멀리서 혼자서 놀고 있는 여인의 모습을 물끄러미 바라본다. 푸른 잎이 하나가 툭 하며 남자의 시선 앞으로 떨어진다. 싱그러운 꽃대를 가진 너도밤나무 잎이다. 위를 올려다본다.
너도밤나무 잎들이 푸르른 색을 피우며 수십 년의 세월을 안고 있다. 남자는 떨어진 잎을 주워 잎자루를 들고 가만히 쳐다본다. 희뿌연 애벌레가 잎맥을 따라 기어가고 있다.
"그래, 너였구나!"
남자는 잎에서 애벌레를 턴 후 두터운 구둣발로 세게 짓이긴다. 허연 물이 남자의 구둣발을 더럽히고 있다. 발을 들고 가만히 신발을 흙에 문질러본다. 애벌레의 진액이 느끼하게 느껴진다. 푸른 잎사귀들이 가장 순연한 초록을 드러내며 서로를 바라본다. 나뭇잎 그림자가 상큼한 녹음의 향기를 품으며 떨구어내는 오후이다. 고개를 돌려 주위를 바라본다.
하얀 벤치들이 6월의 풍경 속에 하나의 그림처럼 보인다. 몇 개의 벤치들은 나뭇잎의 그림자를 받아 보랏빛으로 풍경에 동화되어 비친다. 남자의 시선이 머무는 곳에 한 커플이 앉아 있다. 단지 그들의 뒷모습만이 그들이 연인임을 보여주고 있지만 왠지 냉랭한 기운이 얼음처럼 주위를 휘젓고 있다. 남자는 그들을 바라보다가 신발을 벗고 두 발을 벤치 위에 올린다. 두 손을 머리 뒤로 돌리고 길게 몸을 눕혀본다.
"뭐해 심심해?"
은주는 항상 그렇게 다가온다. 심심하다고. 새로운 것을 찾아 나비처럼 팔랑거리는 여인, 은주의 청치마는 빨간 티셔츠를 안에 받쳐서 마치 18살 소녀 같다. 하지만 준오와 은주는 3년을 같이한 대학커플이다.
"심심해, 가자."
해가 15%의 각도로 서쪽으로 넘어가고 있다. 하지만 준오는 일어날 기색이 없다.
"먼저 가 있어. 밑에 내려가면 셔틀버스 있어 알지?"
아주 천천히 은주를 바라본다. 24살의 처녀는 귀여운 보조개를 지으며 계단을 내려간다. 통나무로 이어진 계단은 가운데는 흙으로 메워져 여인이 한 계단씩 내려갈 때마다 풀벌레들이 뒤로 숨어 들어간다. 여인이 손을 크게 흔든다.
벤치에 기대앉아 두 발을 구두에 넣는다. 애벌레가 납작하게 밟혀 죽은 시체 위를 개미들이 모여들고 있다. 작은 구멍에서 수십 마리의 개미들이 모여 나오고 있다. 발로 가만히 구멍을 막아본다. 개미 한 마리가 구둣발 사이로 얼굴을 내밀고 정황을 살피고 있다. 발을 든다. 개미들이 다시 활기차게 움직인다. 고개를 들어 다시 맞은편 벤치를 바라본다.
"저들은 오래 사귄 모양이야."
혼자 스토리를 구상하며 뭔가 상상을 즐겨 보려는 모양이다.
"사랑이 깨어지는 건 다른 상대가 생긴 것이지."
여인을 바라보려 하나 여인의 고개는 깊이 숨겨져 단지 뒷모습만 보일 뿐이다.
"저자는 이제 뭔가 지루한 모양일세."
준오는 남자를 유심히 바라본다. 남자는 자꾸 주위를 살피고 있다. 뭔가 달아날 구실을 찾고 있는가?
"사랑!"
이제 준오는 사랑에 대한 정의를 내리려는 모양이다.
"뭐 하러 사랑을 하지?"
거의 혼잣말을 하고 있으나 그의 시선은 이제 여자의 프로필에 주목하고 있다. 여자가 울고 있다. 어깨가 흐느낀다.

"아픔!"
 준오는 여인의 흐느낌에 마음이 동요되고 있는 모양이다. 땅바닥에 뭔가를 쓰고 있다. 그것은 아픔이라는 단어로 형상된다. 기다란 웨이브 진 머리카락이 여인의 흐느낌으로 출렁거릴 때마다 모습을 훔치듯 여자를 바라본다. 뭔가 안쓰러운 표정이다.
 옆자리의 남자가 일어선다. 남자가 혼자서 계단을 내려간다. 여자가 남자를 바라본다. 아주 빠른 하체의 움직임이 준오의 시야에 들어온다.
"개새끼!"
 욕을 하고 있으나 준오도 자신이 왜 욕을 하고 있는지는 모른다.
"한때는 저 엉덩이를 흔들며 사랑을 고백했겠지?"
 풍경이 끝나는 곳에 남자가 점으로 머물고 있다. 여인이 일어선다. 아주 천천히 흙 계단을 내려간다. 여인이 떠난 자리엔 빨간 무언가가 떨어져 있다. 준오가 앉은 자리에서 그것은 예쁜 선물상자처럼 보인다. 넘이 준 이별선물인가?
하지만 준오는 모든 것이 귀찮은 모양이다. 여인을 부르지 않는다.
 주위를 둘러본다. 아무도 없다. 약수를 들고 내려가는 서너 명의 사람들 이후로 아무도 올라가는 사람이 없었다. 하얀 벤치에 빨간 무언가가 아직 그 자리에 놓여 있다. 이제 일어나 내려갈 모양이다. 벤치 쪽으로 다가가는 준오의 모습은 혹시나 잃어버린 물건을 찾으러 오지 않나 기다리는 눈치이나 주위에는 이제 개미들도 다 제 집으로 들어가고 없다.
 빨간색 다이어리다. 여인의 것인가! 가만히 들어본다. 펼쳐본다. 여인의 것이 맞는 모양이다. 손바닥만 한 사진 속에 긴 파마머리의 여인이 한 남자와 어깨동무하고 있다. 엉덩이를 빨리 움직여 계단을 내려가던 그놈이다. 여인의 핸드폰 번호와 주민등록번호가 깨알 같은 글씨로 쓰여 있다. 네장의 잎이 수놓아진 키링이 흔들거린다 네장의 잎, 행운... 여인은 무슨 행운을 꿈꾸며 수를 놓았을까. 준오는 페이지를 넘겨본다. 마치 하루를 간추려 놓은 일기장 같다. 조금은 두려워진다. 남의 비밀을 엿본다는 것은 양심에 조금 벗어난 짓이리라... 이 여자는 남자와의 만남을 장소에서 시간까지 그리고 카페며 음악회, 연극의 이름까지 기록해놓고 있다. 준오는 그 습득물을 호주머니에 깊숙이 넣고 있다. 하지만 그의 생각은 다른데 머무르는 모습이다.
 고갱이라는 화가가 있다. 어느 날 모든 평범한 일상을 다 버리고 오로지 그림을 위해 어디론가로 떠난다. 고등학교 때 미술선생님의 말씀이 기억난다.
"하지만 고갱은 나쁜 놈이여... 어떻게 가정과 자식을 팽개치고 자기 그림 그리고 싶다고 훌쩍 떠날 수 있었을까?"
 그 선생은 아마 자신이 하지 못하는 것을 고갱이 이루어냈음을 질투하고 있는지 모른다. 준오는 그런 생각을 했었다. 여인들은 어떻게든 살아남으리라. 그 강한 생명력으로. 절대로 죽는 일은 없으리라고, 6년 전의 기억이다. 그러나 그 기억은 준오의 가슴에 아직도 생생하게 남아있다. 버리고 떠나는 것을 욕할 수는 없어. 그것은 핑계일 거야 안주하려는 자들의 슬픈 핑계이지.

지금 오피스텔로 향하는 준오의 발걸음은 조금 무거워 보인다. 오피스텔은 은주와 반반씩 부담하고 들어와 살고 있다. 결혼은 생각하고 있지 않지만 그들은 마치 학생부부 같다. 그렇게 보인다. 은주는 영문과 졸업반이다. 처음에 토플강좌에서 그녀를 보았을 때 준오는 그런 생각을 했었다.

"마치 유리 상자 안에 들어앉는 춤추는 인형 같아."

왜 그런 느낌이 들었는지 모른다. 현실과는 유리된 느낌, 감정이 없는 표정, 아니. 은주는 참 잘 웃었다. 준오는 감정이 없다는 표현보다 더 적절한 단어를 찾으려 하지만 마땅한 단어가 생각이 나지 않는 모양이다. 하지만 음악을 듣거나 전시회를 보러 가거나 술을 마시면서 편안한 친구처럼 되어가고 있다. 편안한 친구 이 말은 무척 애매한 말일지 모른다. 그러나 준오도 은주도 모두 시골에 집을 둔 유학생이라는 점을 간주한다면 외지에 서 외롭지 않다는 그 하나만으로도 일단은 얻은 게 있을 것이다.

은주의 옷가지들이 소파에 걸려 있다. 한 손으로 옷가지들을 집어 한구석에 밀어 놓는다. 한쪽 벽에는 베니어로 칸막이를 쳐 화실로 쓰고 있다. 이젤에 걸어져 있는 미완성 작품에는 도심의 행인들 발걸음들이 거친 아크릴 유화로 묘사되어 있다. 한두 명의 표정은 정지된 스냅사진처럼 벽면을 향해서 사라지고...... 언젠가 어디에선가 익숙히 본 듯한 구두들만이 생소하지 않게 화면을 이끌어주고 있다. 그렇다. 그것은 티브이 광고에서 본 상품의 이미지이다. 상품의 레테르만이 현대인의 동질성을 말해주고 있는지 모른다. 준오는 이젤에서 조금 벗어나 그림을 바라보고 있다.

서울에서 생활한 지 5년째이다. 그의 그림은 대부분이 서울풍경이다. 가장 화려하고 가장 즐거워 보이는 서울 그 한복판의 고독과 외로움이 그의 그림의
주제이다. 하지만 그는 자신의 작품에 만족을 못하는 얼굴이다. 이젤에서 캔버스를 분리해 한구석 작은 틈에 밀어 넣는다. 전화기로 다가가 누군가에게 전화를 하려는 모습이지만 이야기를 나눌 마땅한 상대가 없는 모양이다. 창밖을 바라보다가 뭔가 생각난 듯 벗어 놓은 외투가 걸려있는 데로 걸어간다. 그리고 호주머니에서 빨간 다이어리를 꺼낸다.

"여보세요!"

아주 낮은 음색의 부드러운 소리가 다가오고 있다.

"여보세요 여보세요?"

그 여인인가 보다. 준오도 뭐라고 말을 하려고 전화를 걸었을 것이다. 다이어리를 주웠다고 찾아가라고 일러 주고 싶었을 것이다. 그러나 여자의 목소리는 이미 상대에게 누구냐고 묻고 있지 않는다.

"준? 전화를 해도 안되서.... 기다렸어요 준..."

여인은 이미 다 알고 있다는 느낌으로 준오에게 다가온다. 하반신을 빠르게 움직여 계단을 내려가던 그녀가 준인가 보다. 준오는 이제 전화기를 바싹 귀에 대고 있다.

"준..."

아주 깊고 푸른 한숨소리가 폰을 통해 준오의 귀에 이르고 있다.

"준......보고 싶어"

여인이 울먹이고 있다. 울먹이는 작은 소리들이 흡수지에 스며들어 준오의 전신으로 흐르고 있다.

"잘못했어요."

무엇을 잘못했다는 것일까? 여인은 수화기를 가슴에 안고 있는 것일까 심장소리가 침대보를 안고 비쳐 나오듯이 음악에 흐르는 북소리처럼 아주 편안히 조용히 준오의 귀가로 다가온다.

"돌아와 줘"

전화기를 내려놓는다. 온몸에 전류가 몰아친 듯 이상한 기류가 전신을 흐른다.

전화벨이 울린다. 준오는 왠지 두려워진다. 마치 누군가가 그의 동작을 엿보고 있는 느낌이다.

"나야. 뭐해? 오늘 나 늦어"

은주다. 아주 쾌청한 봄날처럼 통통 튀는 목소리. 준오는 수화기를 귀에서 저 멀리 밀어 놓는다. 하지만 은주의 목소리는 하나도 빠짐없이 들려오고 있다.

"뭐해? 밥은? 오늘은 네가 밥해 놔. 알았지?"

다이어리 속의 사진을 바라본다. 예쁘다고는 할 수 없지만 어린 식물이 주는 느낌처럼 수분이 물씬 여인의 사진에서 피어난다. 작업실로 다가간다. 모서리 귀퉁이에 밀어 넣었던 작품을 꺼낸다. 짙은 회색의 물감으로 나이프를 이용해 그려놓은 도시의 풍경 위를 굵은 터치로 덮어버린다. 그 위에 여인의 이미지를 붓으로 스케치하는 모습이다. 푸른빛으로 여인 형상의 그림자를 잡는다. 초대된 한 여인이 울고 있다. 전신을 울먹이며 울고 있다. 울고 있는 여인의 뒤로 도심을 가르는 발걸음들이 흐르고 있다. 준은 여인의 눈동자를 알고 있다. 바다처럼 푸른빛이리라.

"아~"

작은 한숨을 토한다.

"절실한 감정들"
"이 유한된 삶에 절실함 그것마저 없다면 삶이 무슨 의미가 있을까!. 그 감정을 농락하는 인간들이 정말 나쁜 놈이지"
뭘 말하려는 것일까? 이제 여인에게 말할 수 있을 것이다.
"나는 당신의 준이 아니요," 라고
어쩌면 이렇게 말할지도 모른다.
"그 사랑 나에게 주오"
냉장고에서 맥주를 하나 꺼낸다. 시계를 본다. 오늘 은주는 안 오려는 모양이다. 문단 동아리는 밤새우는 일이 빈번하다.
휴대폰을 든다. 아주 천천히 여인이 전화를 받는다. 여인은 이제 뭔가 조금은 취한 모습이다. 아니면 잠을 자다가 깨어났는지도 모른다. 여인은 무엇을 기대하고 있는 것일까? 이별의 찌꺼기 미련을 찾아 못다한 과거를 채우려는가? 여인의 목소리는 깊이 침잠되어 잇다.
"준, 전화해줘서 고마워, 나 술 마셨어, 그리고 수면제 먹었어, 너무 힘겨워, 날 버리지 말아 줘"
"그래"
준오는 자기도 모르게 그렇게 말하고 말았다. 여인은 이제 알아차릴 것이다. 이럴지도 모른다.
"야 너 누구야? 어느 개새끼야?"
"준......, 안아줘"
여인은 조용히 준에게 안아 달라고 말하고 있다.
"응~"
아까 보다는 조금 크게 그리고 나지막하게 준오는 그렇게 대답하고 있다. 어쩌면 준오는 이 모르는 여인에게 단지 위로를 해주고 싶었을 뿐인지 모른다. 여인의 거친 숨소리가 한숨처럼 준오의 귀에 맴돌다 사라진다.
몇 점의 작품들을 커다란 누런 포장지 종이로 싸서 끝으로 묶고 있다. 푸른 실루엣의 여인이 최근의 그의 그림들에 빛처럼 사라졌다 나타난다. 마치 두 장의 사진을 형광등에 비춰보듯 그렇게 여인은 잿빛의 투명한 풍경 속에서 드러났다가 사라진다. 그림 속의 여인은 뭔가를 응시하고 있지만 표정은 보이지 않는다. 그리고 여인의 뒤로 도심의 네온은 거리를 적막하게 비치고 있다. 여인의 실루엣은 도심의 빛에 점차로 하얗게 소멸된다. 뭔가 우리가 잃어버리고 있는 것을 여인으로 하여금 떠올리게 하는 작품이 아닌지 그런 느낌도 받는다. 마치 비온 날 우산을 사무실 책상서랍에 두고 나왔을 때와 같은 그런 기분, 자꾸 뒤를 돌아보게 하는 그림들이다.

최근 몇 주일을 줄 곳 모르는 여인의 그림자 속에서 살았다. 그러나 모르는 여인일까? 이미 여인과는 하루도 빠짐없이 이야기를 나누고 있었다. 이야기라고는 여인이 대부분 하였고 준오는 그냥 들어주었을 뿐이다. 하지만 감정은 혼자 흐르는 법이 아니다. 여인이 울 때 준오도 그 울음에 같이 슬퍼하였고 여인이 힘들어 할 때 준오도 그녀의 힘겨운 마음을 조금이나마 위로해 주고 싶었으리라. 어제 여인은 그렇게 말했다.

"내일이 내 생일인 거 알지?"

여인이 만나자고 말하고 있다. 한 번 만이라는 조건으로 말이다. 하지만 이 모든 거짓을 알게 된다면! 준오는 뭔가 골똘히 생각에 잠겨있다.

차는 인사동 쪽으로 지금 우회전을 하고 있는 중이다. 새로운 전시회들을 알리는 팜프렛들이 벽마다 화려하게 뽐내고 있다. 차를 이면도로에 잠시 주차시킨 후 자판기에서 콜라를 하나 빼어 마신다. 전화기를 통해 흐르는 애절한 여인의 요구에 그는 단지 '그래'하고 대답하였다. 여인은 마치 어린아이가 엄마의 젖을 찾듯 그렇게 준오의 가슴을 아니 연인의 가슴을 찾고 있다. 시련을 당한 여인의 성숙한 육체에서는 무르익은 과일향이 느껴졌다. 그 풍요로움에 이마를 기대고 어제 준오는 그렇게 잠이 들었다. 뚜....하는 신호음이 자장가처럼 부드럽게 남자를 잠재우고 있었다. 여인도 아마 그렇게 잠이 들었으리라.

"왜 안돼?"

여인이 묻고 있다. 수화기에 여인의 숨소리가 들린다. 아주 간략히 자신의 상황을 이야기하고 싶었으리라.

"나와 한 번만"

여인이 속삭이듯 그렇게 애원하고 있다.

"내 생일에 당신을 안아 보고 싶어 한 번만... 마지막이야"

"......"

"거기 알지? 기다릴게"

준오도 알고 있다. 여인이 연인을 만나던 장소를... 잠시의 공백이 남자의 수화기에 이어진다.

"마지막의 소원이야"

여인의 목소리는 깊이 침잠하고 있다.

3층 308호실, 노크를 하려다가 그냥 살며시 문을 민다. 문은 열려져 있다. 아무도 없는가? 소리가 없다. 무서운 어둠이다. 준은 자신도 모르게 버튼을 찾고 있다.

"준... 이리와요"

여인의 목소리가 마치 유령의 그것처럼 어둠 속에서 안개처럼 피어오르고 있다.

"내가 여기에 왜 왔을까?"
준오는 갑자기 속으로 되내인다.
"무엇 때문에..."
"이 낯선 곳에... 낯선 얼굴을 찾아서"
더욱이 여인이 찾고 있는 남자는 준오가 아니다.
두려움이 남자의 발치에서 밀려오기 시작하였다. 여인의 나신이 검은 침대 위에 산처럼 누워 있다. 희미한 빛이 이중으로 차단된 녹색 비로도 커튼 사이로 여인의 굴곡진 모습을 비추고 있다. 잔라의 여인은 이별의 각인을 위하여 마치 비를 기다리는 여름나무처럼 메마른 모습으로 준을 바라보고 있다. 돗수 높은 안경 너머로 일말의 두려움이 그의 얼굴을 창백하게 일그러뜨리고 있다. 21일간 그와 같이했던 여인의 그림자는 현실로 다가오고 있는 것이다. 하지만 어느 순간에 무너질지 모른다. 상상해본 적이 없는 아주 촉잡한 결과가 거기 기다리고 있을지도 모른다. 여인의 검은 형태를 바라보던 준은 갑자기 몸을 침대 쪽으로 돌렸다.
같은 나이만이 느낄 수 있는 동류의식이 남자를 침대로 이끌고 있었을 것이다. 그리고 여인의 육체를 찾아 온몸을 탐색하기 시작하였다. 여인의 몸은 마치 모든 것을 내어 놓은 모성처럼 들판 위의 풀잎 마냥 움직였다. 그녀는 자연의 모든 정기를 흡수하려는 듯 강렬히 남자를 받아들인다. 어쩌면 그녀는 사랑하는 남자의 모든 것을 그 작은 한 몸에 담으려고 하는지도 모른다. 여인은 무엇을 갈구하는가? 무엇을 원하는가? 준오는 잠시 현기증이 일었다. 준오는 여인을 보며 알 수 없는 눈물을 흘린다. 그 자신도 이해할 수 없다. 갑자기 눈앞을 가리는 슬픔의 이유를.........., 나에게 이런 사랑이 다가온다면 이 여인의 발끝까지 사랑해 주리라. 하체를 빨리 움직이며 계단을 내려가던 그 넘에게 이 여인은 너무나 숭고하다. 그는 뭔가를 중얼거리고 있었지만 소리들은 무언의 땀으로 형성되어 그의 이마를 비처럼 적시고 있을 뿐이다.
"계산된 머리로 누가 사랑을 할 수 있겠는가?"
이 여인은 다 주었으므로 시련을 당하고 있는 것이다. 불같은 아니... 풀잎같은 바람같은 섹스가 지나간 자리는 흥건한 땀으로 준오의 몸을 적시고 있다. 여인은 이제 다 주었는가. 아주 행복한 표정으로 잠이 들었다.
무엇이 이 여인을 그토록 뜨겁게 만든 것일까? 준오도 몇 명의 여자들을 경험 하였다. 하지만 이런 경험은 처음이었다. 여인은 절실히 이 남자를 원하고 있는 것이다. 아니 그 하체를 빨리 움직이며 내려가던 그 넘을......, 그 절실한 요구가 섹스를 영혼으로 이끌어주고 있다. 그는 무엇을 보았을까? 그것은 말로는 설명할 수 없는 영혼의 강열한 속삭임이었다. 여인은 잠들었으므로 지금 그는 자리를 떠야 하리라...

하지만 .....
준오는 뭔가 망설이고 있다. 가야 하리라.
여인도 그렇게 말하지 않았던가
마지막이라고....
 계단을 내려가는 준오의 어깨는 왠지 무거워 보인다. 새벽 거리는 술 취한 젊은 이들의 고함소리로 어수선하다. 지하도로 걸어가는 그의 모습에 길게 달 그림자가 이루어지고 있다.
 졸업 작품전에서 보여준 준오의 작품은 몇몇 인사들의 주목을 받고 있다. 갤러리 화인에서는 주목받는 신예를 발굴하고 그들의 작품전을 열어주는 발굴전을 매년 9월에 가진다. 준오의 개인전은 내년으로 이미 날짜가 잡혀지고 있다. 오피스텔에서 은주와의 생활을 접고 준오는 혜화동의 한 허름한 가정집에 아틀리에를 마련했다. 반지하방 이층 가정집이지만 작업하기엔 오피스텔보다 나았다. 갤러리 화인에서의 준오의 작품전은 성황리에 전시되고 있다. 예술에 있어 인기란 말은 애초에 뜬구름 같은 말일지 모른다. 하지만 이제 예술인으로 사회에 진입해 들어가는 준오에게 작품에 대한 찬사는 그의 앞길을 좀 더 밝혀줄 수 있는 매개가 될 것이다. L신문의 문화란에는 그의 그림이 실려져 있다. 그리고 은주... 오은주 그녀의 미술평이 올려져 있다. 은주는 요즘에 잡지사 기자로 활동하고 있다.
 "한 때 같이 공부했던 동기로써 김준오의 작품을 이해하자면 먼저 그의 미적시각을 알아야 된다고 봅니다. 김준오의 예술은 여성의 성으로부터 그러니까 일종의 모성으로부터 매개되고 있다고 봅니다. 그의 그림을 보고 있으면 무한 자연이 주는 계산없는 사랑을 느낍니다. 그러나 아이러니 한 것은 그는 사랑을 거부하고 있다는 점이지요. 김준오와 3년을 같은 화실을 쓰면서 난 지금까지 준오가 마음을 여는 것을 본적이 없습니다. 그를 따르는 후배들이 많음에도 말입니다."
 신문기사를 안으로 접어 테이블에 던져 놓는다. 전시실에는 사람들이 작품을 바라보고 뭔가를 찾으려고 애쓰는 모습이다. 아주 강렬한 색깔로 이루어진 30호짜리 유화 앞에서 한 젊은 부부인 듯한 관람객이 소곤거리고 있다.
 "이건 섹스를 묘사한 것 같아"
 여자의 말에 남자가 여인을 바라본다. 여자가 얼굴을 붉히며 고개를 끄덕인다.
 "......"
 여자가 연인의 귀에 대고 가볍게 속삭인다.
 "응... 뭔가 다 주고 싶은 그런 거가 흩뿌려진 꽃으로 표현된거 같아..... 음 잘 모르겠네....."
 그들은 뒷말을 얼버무리며 다음 작품으로 다가간다.

둥근 테이블에는 과자며 음료수가 관람객을 위하여 서빙되고 있고, 준오는 한 구석에 앉아 신문들을 추스르며 관람객들의 표정을 바라보고 있다. 여자 고등학생들로 보이는 한 떼거리의 학생들이 우르르 가방을 들고 들어온다. 아마 전시작품 관람이 성적에 반영되는 그런 고습으로 열심히 작품명을 메모지에 적으며 몰려간다. 그 뒤를 한 여인이 조용히 따라가며 작품을 감상하고 있다. 여인은 아기를 안고 있지만 아기는 엄마 품에서 편안히 잠들고 있어 아주 조용한 모습이다. 준오는 여인을 바라본다.

하얀 종아리로 흐르는 연한 상아색 인디언 치마가 참으로 단아하게 눈길을 끌게 만들고 있다. 하얀 블라우스에는 아기가 아주 포근히 여인의 체취 속에서 꿈을 꾸고 있으리라. 준오는 다음 작품을 구상하려는가, 여인을 따라 시선을 옮기고 있다. 어딘가 익숙한 느낌도 들지만 기억에는 없다.

옆자리에서 커피를 마시던 갤러리 안내양 임양이 준오를 바라본다.

"선생님…"

약간 키득거리는 모습으로 준오에게 눈짓을 한다.

"저 여자요, 옆 건물 자수집에서 일하는 여자라는데 혼자산대요. 애기두 있는데."

뭔가 익숙함 속에서 기억을 치고 들어오는 이미지가 있다.

――――――여 인――――――

몇 명의 여고생에게 녹차를 건네준 후 한 잔을 들고 그림 앞에 한참을 서 있는 여인에게 다가간다. 여인을 바라본다. 지금은 거의 생머리가 목덜미까지 내려오는 변화를 보이고 있지만, 여인은 ...., 일년 그러니까 1년하고 7개월 전 잠시 준오의 기억에 맺혀졌던 여인이다. 하지만 여인은 준오를 모른다.

"잘 마실께요."

정중히 준오의 손에서 음료수를 건네받는다. 여인의 곁에 서서 준오도 그림을 감상한다. 여인은 20호짜리 작은 그림 앞에서 머물고 있다. 붉은 카네이션을 그린 꽃이다. 왠지 그 꽃을 그리고 싶었던 밤 … 그날은 준오가 이 여인의 육체를 느꼈던 날이다. 뭔가 바치고 싶었던 마음이 붉은 꽃으로 비정형으로 표현되고 있다.

"그림이 어떤가요?"

여인이 준오를 바라본다.

"좋으네요."

여인이 준오를 지나 몇 걸음 작품들을 건너가고 있다. 임양이 다가온다.

"선생님 그 여자분 모델로 그리시고 싶으신가 봐요."

쵸코렛을 입에 넣으며 하나를 까서 준오의 손에 쥐어준다.

"근데요. 저 여자 정말 이상허요. 때로는 거리에 나와서 몇 시간을 멍하게 서 있기두 하는 걸요."
"응,"
고개를 끄덕이며 갤러리 입구로 나간다. 갑자기 심한 가슴의 갈증을 느낀다. 호주머니를 뒤지나 담배를 테이블에 놓고 온 모양이다. 뭘 생각하는 것일까?
여인이 나온다. 여인의 가슴에서 아기가 깨어나고 있다.
"저기 잠깐만요."
준오가 여인을 부른다. 여인이 바라본다. 낯선 표정으로 준오를 올려다 본다. 여인이 고개를 돌린다. 아기를 어르고 있다. 준오가 여인 가슴에 안긴 아기를 바라본다. 푸른 하늘을 닮은 어린 아기의 커다란 눈동자가 준오를 바라본다.
"아가야......?"
쵸코렛을 부수어 작은 부스러기를 아기의 입술에 올려준다. 입을 아주 작게 오물거리며 아기가 웃음을 짓는다. 와락 아기를 빼앗듯 하여 가슴에 깊이 안는다. 여인이 준오를 바라본다. 아주 흡족한 모습으로 아기는 준오의 가슴에서 엄마를 내려다본다. 여인이 아기를 받는다. 가볍게 목례를 하며 계단을 내려간다. 여인의 어깨 너머로 아기가 준오를 바라보고 있다.
한 떼거리 여고생들이 입구로 밀려 나온다. 밀려 내려가는 관람객들에게 밀리며 남자는 그렇게 여인이 떠나간 자리를 바라보고 서 있다.
"선생님 손님 오셨어요."
안내 임양이 문을 밀고 고개를 내밀며 준오에게 어서 오라는 손짓을 하고 있다.

(1편 끝)

강 영 옥
서울시 중랑구 거주
사회복지 사랑요양원 원장 역임, A+평화요양원 사무국장(현)
월간시선 편집위원, (사)샘문학 자문위원, (사)문학그룹샘문 자문위원, (사)샘문그룹문인협회 자문위원, (사)한용운문학 회원, (주)한국문학 회원, (사)샘문예술대학교 시창작학과 수료, (재)이정록문학관 회원, (사)송설문학 회원, (사)도서출판샘문(샘문시선) 회원, (사)샘문뉴스 회원
<수상>
한용운문학상 특별작품상(시)
샘터문학상 본상 우수상(시)
대한문학세계 시 등단(18.6)
월간시선 시 등단
<공저>
고장난 수레바퀴 외 다수
<컨버전스공동시선집/샘문시선>

강영옥 소설가 신인문학상 심사평

인물, 배경, 사건을 능숙하게 구사한 수작

손 해 일 (시인, 문학박사, 국제펜한국본부 명예이사장)

　강영옥 소설가의 응모작 「그림자 사랑」은 소설의 구성요소인 인물, 배경, 사건을 능숙하게 조합하고 스피디한 전개로 흥미를 고조시키는 수작이다. 「그림자 사랑」이라는 조금은 생소한 제목이 "이게 뭐지?"하는 호기심을 일으킨다. 이어 "내 그림자 밟아봐"란 첫 문장과 은주의 깡충뛰기 그림자 놀이로 시선을 집중시킨다. 주인공인 미대 재학생 김준오와 영문과 졸업반인 오은주가 연인이 아닌 친구로서 같은 오피스텔에서 동거하며 벌어지는 에피소드다. 보조인물은 벤치에서 만난 연인 커플, 연인과 결별 이후 아기를 안고 전시장에 나타난 그 여인, 전시장의 임양이다.

　전체 35개 단락으로 주인공 준오의 현실과 상상을 오가는 심리적인 내면을 교차적으로 추적하는데 가끔 은주가 현실로 끼어든다. 공원에서 우연히 만난 낯선 여인이 떨구고 간 빨간 다이어리를 준오가 주으면서 스토리는 발전 상승한다. 여인의 다이어리를 돌려주려 통화하면서 여인과 헤어진 '그는 준'과 주인공 '준오'의 실제인지 상상인지 헷갈리는 격렬한 간접 섹스가 절정을 이룬다. 이후 준오의 졸업전에 아기를 안고 나타난 그 여인, 준오의 졸업전 기사를 쓴자 은주의 등장으로 반전 결말을 맺는다. 은주의 그림자놀이와 주인공 준오의 낯선 여인과의 그림자 사랑이 준오의 그림에도 반영됨으로서 허구심이 아닌 리얼리티를 얻는다.

　복잡하고 큰 사건을 짧은 단편에 다 담을 수는 없다. 그러기에 일상의 작은 에피소드를 강영옥 작가가 이번 작품으로 탄탄히 구성하여 현실과 상상을 오가는 스토리로 교차 전개하고, 스피디한 문장으로 등장인물의 성격과 심리 묘사에도 능숙함을 보여주고 있다. 소설가로서 강영숙씨의 대성을 기원한다.

　"푸른 실루엣의 여인이 최근의 그의 그림들에 빛처럼 사라졌다 나타난다. 마치 두장의 사진을 형광등에 비춰보듯 그렇게 여인은 잿빛의 투명한 풍경 속에서 드러났다가 사라진다." --<본문 내용> 일부

수상소감

글쓰기를 시작한 후 어느 길로 가야 그 문이 열리는지 생각해본 적은 없습니다. 제게 글은 유한한 시대를 사는 삶의 노트요 나와 함께 길을 가는 멋진 기타 같은 것이었습니다.

어제는 같이 있던 새가 곁을 영원히 떠나버렸습니다. 새장 속 새 한 마리가 다른 새장의 새를 바라봅니다. 홀로 남은 새는 더 이상 지저귀지 않습니다. 노을이 지도록 둥지를 응시하며 들어갈 줄을 모릅니다. 옆의 새장의 새는 걱정어린 눈으로 소리 없는 질문을 합니다.

"어디 아파? 괜찮아"

글은 나를 바라보는 격려의 눈길입니다. 한없이 작지만 한없이 나를 행복하게 하기도 하고 또 한없이 울게도 합니다.

당선 통보를 받은 그날은 비가 하루 종일 내렸습니다. 떨어지는 빗줄기는 제게 속삭이고 있었습니다.

"트라이 잇"

부족한 제게 문을 열어주시고 귀한 기회를 주신 샘문그룹 이정록 이사장님과 심사위원님들 그리고 부족한 글을 교정해주신 샘문 출판진에 고개 숙여 감사드립니다. 사랑하는 가족들과 이 기쁨을 함께 하겠습니다. 감사합니다.

2023. 07. 25.
강영옥 드림

한국문학상 특집
철/학/칼/럼

기러기가 눈밭에 남긴 발자국
- 설니홍조雪泥鴻爪

철학칼럼/ 이 정 록

중년의 나이를 넘으면 존경을 받지 못할지언정 욕은 먹지 말아야 한다. 소동파의 시에 설니홍조雪泥鴻爪라는 표현이 있다. "기러기가 눈밭에 남기는 선명한 발자국"이란 뜻이다. 그러나 그 자취는 눈이 녹으면 없어지고 만다. 인생의 흔적도 이런게 아닐까? 언젠가는 기억이나 역사에서 사라지는 덧없는 여로旅路...

뜻있는 일을 하면서 성실하게 살고 하늘을 우러러 한 점 부끄럼 없이 지낸다는 일이 참 어렵다.
중국中國 고사故事에 강산이개江山易改 본성난개本性難改라는 문장이 있는데, '강산은 바꾸기 쉽지만, 본성은 고치기 힘든 것 같다'는 뜻이다. 나이 먹을수록 本性이 잇몸처럼 부드러워져야 하는데 송곳처럼 뾰족해지는 경우가 많다.

소크라테스가 "너 자신을 알라" 하고 일갈했을 때, 그의 친구들이 그럼, "당신은 자신을 아느냐?"라고 되물었다. 그때 소크라테스는 "나도 모른다." 그러나 적어도 나는 "나 자신을 모른다는 것은 알고 있다."라고 말했다고 한다. 자신의 부끄러움을 아는 것이 본성을 고치는 첩경이 될 수 있다.

어느 책에 보니까 사람은 다섯 가지를 잘 먹어야 한다고 써 있었다.

1, 음식을 잘 먹어야 한다.
2, 물을 잘 먹어야 한다.
3, 공기를 잘 먹어야 한다.
4, 마음을 잘 먹어야 한다.
5, 나이를 잘 먹어야 한다.

이것이 건강한 삶의 비결이기도 하지만, 존경받는 삶의 길이기도 할 것이다. 중년의 나이를 넘으면 삶의 보람과 의미를 찾기 보다는 존경을 받아야 한다'는 말이 있다. 필자는 '존경을 받지 못 할 지언정 욕은 먹지 말아야 한다'는 신념을 지니고 산다.

패션디자이너 "코코샤넬"은 "스무 살의 얼굴은 자연의 선물이고, 쉰 살의 얼굴은 당신의 공적이다"라는 명언을 남겼다. 중년 이후의 얼굴은 그 사람 인생에 대한 결과라 할 수 있을 것이므로 나이를 잘 먹는다는 것은 정말로 어려운 것 같다. 따라서 큰 업적이나 칭찬받기 보다는 지탄 받거나 상대방에게 상처 주지 않는 인생이 더 위대한 삶이 아닐까 생각한다.

이 정 록
칼럼리스트

한국문학공동시선집

시부문
선정작

문학 외 2편

고 태 화

도봉산 기운으로 독수리 날개짓 하듯
그대 힘껏 날아올라
넓은 산야 가득한 이야기 끌어안아
글이 되고 시가 되었네

흰 무명천에 한 땀 한 땀 수놓은
그대의 연분홍 꽃술 초록의 잎새에
벌 나비 이야기 꽃가루 수분하니
시꽃이 피고 열매가 맺히네

그대의 오월이 푸르르니
라일락꽃 보랏빛 사랑이 되고
페르몬 향기에 도취된 그대는
사랑을 고백하는 연서를 쓰네

꽃의 노래

고 태 화

좁다란 골목길 행인들 틈으로
옷깃 스치는 산들바람
가녀린 넝쿨 탐스런 장미꽃 위
노랑나비 한 쌍 자유롭다

오월이면 장미꽃들과 함께 핀
알갱이꽃 패랭이꽃 난초꽃 창포꽃
들풀 사이를 노랑나비가
타원형을 그리며 뱅뱅뱅 돌고

유유히 흐르는 개울가 풀꽃 군락
노랑나비 한 쌍 잠시 쉬었다 가는 곳
물소리에 풀꽃 향기가 흐르고
또다른 여행을 하기위해 쉼하는 곳

추억의 열쇠

고 태 화

긴 여정의 끝자락에서 무거운 짐들을
내려놓고 하나하나 풀어헤친다
아름다운 시간들 속에
행복했던 기억들이 떠오른다

사랑이 주변을 맴도는 데도
나는 찾지 못하고 살아가는 날이 너무나 많아서
때론 잊고 살아가는 무심이
홀로 되어 인생길에서 마주선다

잠긴 사랑의 자물통을 찾아서
행복의 열쇠가 맞추어 지면
온 세상을 다 가진듯한 기쁨이 되고
불화산처럼 광열한 빛이 타오른다

고 태 화

아호 : 월연당月淵堂
전라남도 장성군 출생
서정대학교 졸업(사회복지,행정)
서경대학교 졸업(경영학과)
칼빈대학원 졸업(사회복지 문학석사)
샘터문예대학 시창작학과 수료
법무부청소년범죄예방위원회 위원
샘문평생교육원 샘문예대학 학장
이정록문학관 회원
(사)문학그룹샘문 재무부장
(사)샘터문인협회 운영위원
(주)한국문학 회원
(사)한용운문학 회원
이정록문학관 회원
샘문시선 회원
<수상>
한용운문학상 특별창작상(중견)
한용운문학상 동시 등단
샘터문학상 시 등단
샘터문학상 본상 우수상 수상
<시집>
그리움속에 피어난 그리움
<공저>
바람을 연모하는 꽃 외 9권
추야몽 秋夜夢
나 그렇게 당신을 사랑합니다
(샘문시선)

슬픔을 땅에 묻고 외 2편

김 용 식

한때 사랑했던 사람이
산에 묻힌다
절망할 시간도 없이
초라하게 누워서
헛되이 타버린 재가 되어
쓸쓸하게 묻힌다

아무 생각 없이
모든 것이 비어 있는 공간
살아갈 권리를 남겨두고
말 한 마디 못 한 체 꼼짝없이
잘살아 보려 소망했던 것들 뒤로한 채
물건처럼 묻힌다

잘못 살아온 뉘우침에
침묵의 의미는 무엇일까
인생은 하나의 낙엽이다
낙엽 위에 서서 허무의 빛을 본다
가을이 지나면 겨울이 온다
낙엽은 깨달음이다

천 년 그리움

김 용 식

하늘이 무너지는 아픔
눈에는 이미 슬픈 목소리를 내고
감당하기 버거운 고통
속으로 삭히며 아물 때까지
나는 그 자리에 서 있었다
지워지지 않는 추억을
어디에 담아 둘까
영혼이 담긴 눈에는
그의 인생이 있는데

하루를 여는 여명 움틀 때
그대 볼 수 없다면
해탈을 얻기 위해 나를 키워왔던
죽음조차 넘어서는 기다림은
모든 걸 내려놓으며 얻은 깨달음이다
산사의 종소리
사뿐히 머리 위에 내려앉아
아침이슬마저 영혼을 적신다
내 낮은 곳을 찾아
오늘도 길을 나서고 만다

시詩의 그림자

김 용 식

그림자가 존재하지 않는 곳
슬픔이 몸 어딘가에 있다
우리는 어느 날
별에서 내려와 바보가 되었다
명상의 거울 속에
낙엽은 소리 없이 떨어지고
인간의 삶에는 기쁨과 슬픔이
세월 속에 녹아 있는데
행복은 항상 미래나 과거에 두고 소환하였다

파도가 통곡하는 바다
세풍에 상처만 남은 삶
그림으로 그려 놓으면 아름답게 보일까
시간은 누구에게나 보편적이었는데
행복은 사소한 볕에서 찾아야 한다며
아픈 시간을 보낸 겨울이 생각난다
살면서 절벽에서 한숨짓던 순간이
어쩌면 쉬어가는 시간이었다

차가운 겨울이 길었다
침묵은 알아듣지 못했고
믿음은 보이지 않는 실체

아름다움을 보려면 눈을 감아야
아름다운 소리를 들으려면 귀를 닫아야
언어로 토해내는 신음소리
심연 속에 헤매는 무의식의 몸부림으로
인간은 불안 속에 자유롭지 못해
청각도 없는 석상 앞에
세월에 시들지 않는 모습 소원하며
내 안에 살아있는 죽음이 시詩가 되었다

김 용 식

한국방송통신대학 중문학 졸업
한국방송통신대학 법학졸업
한국방송통신대 법률봉사단(무료법률)
(사)샘문학 정무이사
(사)문학그룹샘은 정무이사
(사)샘문그룹문인협회 운영위원
(사)샘문뉴스 취재본부기자
(사)한용운문학 회원
(주)한국문학 회원
샘문시선 회원
21문학시대문인협회 회원
<수상>
샘터문학 詩 등단
샘터문학상 신인문학상(시부문)
샘터문학상 우수상
샘터문학상 최우수상
한용운문학상 중견부분 대상
<공저>
바람을 연모하는 꽃 외 다수
<컨버전스공동시선집/샘터문학>
나 그렇게 당신 을 사랑합니다
추야몽 秋夜夢
<한용운공동시선집/샘문시선>

장미의 노래를 부르며 외 2편

노 해 화

너의 가슴은 푸른 바다라
이글대는
태양이 종일 비추이고

몽글몽글 커져가는
사랑 구름이
화산 같은 그 열기를 식혀주리라

별마다 예쁜 사연
짙어질 새벽이면
보랏빛 은하수 길, 두둥실 흘러가고

고무신 모양의 작은 배를
우리 저어
평화가 춤을 추는 꽃밭에 닿으리

신실한 우체부

노 해 화

5월과 6월의 징검다리에
부드러운
하늘이 살짝 열리면

앙큼한 봄날의 덩굴 백장미,
벌을 꾀어
사랑 편지 날려보내리

노란색 밭고랑 출렁이는
들판 위로
딱정벌레 행운 장식,
범나비도 솔깃하니

하하 호호 이야기를
손뼉 치며 두는구나
벌꿀 향기 소식을 반겨주는
님의 창에

비를 무척 좋아하시죠

노 해 화

유월이 오려는지
단비가 내리는구나
한 방울, 두 방울 마을을 적시며

분홍색 기쁨은 아직도
피어 있어
소박한 하루마다 희망을
간질이는데...

저 멀리 보이는
내 님의 모습은
큰 이파리 넓은 우산,
촉촉한 걸음일세

노 해 화

아호 : 해화
부산 해운대구 출생, 경상남도 창원시 거주
경남대학교 법과대학 졸업, Bielefeld 법과대학 법학과 휴학 중
(유럽/독일, NRW 주)
국제웰빙전문가협회 회원, 대한민국명강사개발원 강사, 대전청하문학 시분과 이사, 송하리문학회 이사, (사)문학그룹샘문 회원, (사)샘문그룹문인협회 회원, (사)한용운문학 회원, (주)한국문학 회원

\<수상\>
한국문학정신 시 등단
국토해양환경 미술대전 시화 특선
인도 국제깃발전 초대작가
전국예술인연합회 우수작가상
한국문학정신 신한국인상
순우리말글짓기공모전 동상

능소화 외 2편

문 선 아

능소화가 피어나면 모심기도 시작한다지
촘촘한 모 사이가
가르마처럼 가지런해지면
분홍빛 고갯짓 부끄럽다
더 수그러드는 꽃

농부의 웃음 가득한 논두렁 안에서
행복이 풀풀 날리니
열여덟 능소화 애기씨
마음따라 콩닥콩닥

초롱초롱한 몸살로 일어나는
태곳적 아침 햇살아
꿈에서만은 영원한 내 님이고픈
능소화 유월아

벼이삭 짠 눈물은
흥건한 파도 춤을 추는구나
떼거지로 덤벼드는 능소화 몸짓은
아양 떠는 새색시로구나

유월은 그렇게
벼이삭 속삭이며 능소화 껴안고
유유히 유영하는
세월이구나

내 고독한 자유

문 선 아

당신은 자유다
세상으로부터 왔다
곳곳에 알싸한 향수에 빠져 있는 자
그것은 고독이다

신성한 한 모금의 물같은 존재
모든 마음의 움직임 안에서 향기로 남는 자
홀로 그러나 함께 깨어 있기에
외롭지 않아

내 안의 고독이 되는 거야
침묵을 말할 땐 고독
고독을 달래주는 건 침묵

산이나 풀 말과 고양이와 개와 늑대와
하늘과 땅과 바다와 기름진 별들까지
물욕도 애욕도 사욕도 쓰러지는 그것은
달콤한 욕망에 축복을 던진 자유,
고독

어리고 단순하고 순박한 거
작은방 더 작은방 보이지 않는
그 방안으로 스며드는 거

내 안에 그가 들어 온 날
자유다

아리랑 사랑

문 선 아

한 하늘 아래 두 하늘이다
한 허리 잘라 두 허리 잘륵허다
두 개의 눈 길, 두 개의 손 길, 두 개의 입맞춤
아리랑 사랑이다

어데선 사랑을 애타하고
어데선 그림자 짙은 이별에 목 아파하고
또 어데선 칠성님전
비나이다 비나이다 비나이다

러시아 철도길 따라 간
내 아버지 어머니 누이 동생
마을의 순이와 삼돌이
백석의 나귀 한 마리가 필요해

나귀 타고 눈밭 길 밟으며
총총한 별 헤이며
내 아버지 어머니 누이 동생 순이 삼돌이
고향으로 가려구 아리랑 사랑으로 가려구
그 푸른 쪽빛 바다 물 먹고요
그 붉은 태양 등 지고요

잊힐까 두려움의 떨림일까
잊을까 눈물로 이음일까
오렌지 빛 선연한 통사정이
오래토록 통증으로 남은 건
아리랑 사랑이라고요

엄니 자궁 속 물길을 타고 태어나
오순도순 애 낳고
밥 잘 해 먹이고 싶다 소망하며
허망한 눈물로 마른 기침 속으로 사라져라 노래한 그건
그리운 아리랑 사랑뿐라고요

문 선 아

대전광역시 중구 거주
군산 개정 간호전문대학 졸업
간호원으로 병원 근무(4년)
노벨타임즈문학 회원
계간 대한사랑 회원
(사)문학그룹샘문 회원
(사)샘문그룹문인협회 회원
(사)한용운문학 회원
(주)한국문학 회원
<수상>
계간 대한사랑 시 등단

이끼 낀 숲은 울지 않는다 외 2편

박 덕 례

툇마루 창가에 앉아
은은하게 비치는 달빛 바라본다

별들 사이로 하얗게 뭉근 설화
소복소복 피우는 밤

이윽고 딱딱한 껍질을 깨고
울지 않는 나의 숲

마른 가지는 또 다른 생명으로
산란처가 되고
사군자 난 속에 터를 잡기도 하지

세월의 이끼가 자라나는 젖은 가슴
이끼 낀 숲에 바람이 일렁인다

나를 세우자

박 덕 례

와인잔 앞에 새해 소원 한 가지씩 빌면 케이크 촛불은 소원을 뜨겁게 태운다
심지속 깊이에 각인 되어진 세월이 붉은 빛으로 와인잔에 투영되어
내 모습이 서있고 또 다른 누군가의 몫으로 채워야 하는
빈잔 속에 적막한 도시에서 낙엽이 되고
시어詩語가 되어 거리를 떠돌다
어느 한 곳에 정착하여 꺼져가는 촛불의 심지를 살피고 있다
어둠이 짙은 날 창가에 바람이 노크한다

구름에 가려진 달 그림자와
별들의 고향 그 도시에 끝없이 펼쳐진 바다
울창한 숲에 생명 꿈틀거릴 때
바다의 소원 파도가 잔잔할 수 있도록
신은 자연속에 자비로움을 베풀고
인간은 신에게 지혜로운 믿음을 보여줄 때
자연속에서 살아가는 공동체로 존엄과 자존을 배워가게 한다
아침에 산야를 뒤덮는 짙은 안갯속
길을 찾는 나침판도 중앙 통제 시계가 정확히 아는 시간 속으로
소망의 태양이 떠오르면 나는 나를 세우고 나를 바꾸어간다
자연의 조화로움에 순응하며

지워도 지워지지 않는 지우개

박 덕 례

말 없는 가위
연필로 선을 그리는 것보다
조각을 잘라내는 것

내가 바라보는 것은
정물도 풍경도 아닌데
아침에 일어나면 다가오는
차가운 바람 지운다

따가운 햇살 등에 지고 있는 마음은
뚜렷한 흔적이 음각으로 새겨져
붉게 깔린 양탄자 길 걷고 있다

새벽 찬 바람 지우며
별 밤에 흔들리는 눈발
깊은 과거 속으로 여행을 떠난다

필통에 남은 지나온 흔적
선을 그리는 것보다
잘라내는 것보다
지우개로 지우며

말에는
지우개가 없다

박 덕 례

서울시 용산구 거주
꿈사랑 봉사단체 회장
시처럼문학회 부회장
시혼문학회 이사
(사)한국문인협회 회원
(사)문학그룹샘문 운영위원
(사)샘문그룹문인협회 운영위원
(사)샘문학 운영위원
(사)한용운문학 회원
(주)한국문학 회원
이정록문학관 회원
샘문시선 회원
<수상>
2023 샘문뉴스 신춘문예 당선
2023 샘문학상 본상 특별작품상
열린동해문학 시 등단
서예대전 입상 3회
<저서>
엄마도 꽃이란다
바람이 불지않으면 노를 저어라

들국화 꽃으로 외 2편

박 서 진

언젠가 편지 쓰고 싶다면
당신 위하여 쓰리라

지난온 세월 달려온
밤 기차 기적소리
울부짖음 만으로 귀를 때리네

가슴속에만 흐르는 눈물
많은 인연의 흔적까지 강물되어
깊은 바다로 남김없이 흘러 보내지

이제야 긴 여정 중간
반환점 돌고 돌아 와보니
아직까지 살아온 뜨락
또 다른 만남과 아픔 나누는 이에게
아, 환희의 노래 부르게 하겠지

믿음과 소망은 차거운 향수르
한 줄기 소나기 같이 상처 적시며
못 다한 사랑은
저 하늘 끝자락에서라도
들국화 꽃으로 피어나리라

가을비

박 서 진

운다고
우는 것이 아니라
웃는다고
웃는 것이 아닌 세상살이

이렇게
늦가을 가을비로

세찬 바람 속에
그나마 남아 있는 잎새마저
떨쳐버리려 하는데

아무리 미워해도
아무리 가라해도
그 친구 떨어지지 않으려 하네

낙엽처럼 떠나가라
항암치료로

온 대지 위에
떨어져 뒹구는 하얀 낙엽 인양
당신 속 암 덩어리----,

봄비 오는 밤

박 서 진

부슬부슬 내린 봄비
목련꽃 속 가슴 열어젖히고
그대 안에서 빈 허물을 벗어

이제
사라지는 사랑의 배신자
그리고 봄은 다시 오지 않으리

모진 바람 불어 닥쳐
하이얀 꽃잎 날리면
기다림에 지친 방랑자 영혼은

피눈물 되어
긴 세월 멍든 응어리
꽃상여 되겠네

봄비 오는 밤
지금 밝은 빛 비추니
다시 피워나라

나의 꽃
내 사랑아!

박 서 진

아호 : 우전
서울시 중구 출생
경기도 광명시 거주
서울인창고등학교 졸업(16회)
한양사이버대학교 사회복지학과 휴학
한국열린사이버대학 상담심리학과 재학중
천안나사렛대학원 평생교육원 수료
한국문인협회 詩분과 회원
문예사조문인회 회원
한울문학회 이사
지필문학작가회 부회장
한국창작문학문인회 부회장
(사)샘문학 회원
(사)문학그룹샘문 회원
(사)한용운문학 회원
(주)한국문학 회원
<수상>
2018 월간문예사조 시 등단
2018 계간한국창작문학 문학대상
2022 시와창작인협회 문학대상
2022 한국창작문학 수필 등단
한국민족문학상 우수상

검단산을 오르며 외 2편

박수연

짙푸른 바다가 문득 그리워
달려간 검단산
강은 산자락 끝에 정물처럼 누워있다

투명한 속살 햇살에 부딪혀 튀어 오른다
지나온 풍경과 온갖 사연과 말들이
깨알처럼 박힌 파편들이

모래톱엔 새들이 한가로이 날고
녹음 아래로 발길 옮기면
천 년 고찰, 검단사
사람 대신 반기는 노란 꽃송이들

문득 뒤돌아 시선 떨구니
개미 한 마리 온몸을 바둥댄다
산다는 건 업을 쌓는 일이라 했던가?

저 멀리 무논엔 해오라기 녀석이
벌레를 찾는지
연신 주둥이를 주억거린다

불가사의

박 수 연

나는 보았지요
아니, 날마다 보고 있어요
동쪽에서 둥근 불덩이가 떠오르는 걸 말이에요
타는 불덩이라는데 날마다 똑같은 게 수상쩍긴 하지만요

나는 보았지요
아니, 해마다 보고 있어요
그 길가에 연분홍 상사화가 피어오르는 걸 말이에요
밤새 여인의 속살 같은 꽃대가 도깨비처럼 솟아오르지요

나는 보았어요
아니, 우리 집 닭장에서 매일 보고 있어요
수탉이 암탉에 당당히 올라 타는 걸 말이에요
개도, 고양이도, 무당벌레도 다르지 않았어요
가르친 것도 배운 것도 아닌데 생각할수록 놀라운 일이에요

나는 느꼈어요
아니, 매 순간 느끼고 있어요
내 몸에 따뜻한 피가 흐르고, 공기가 드나들고 있다는 걸 말이에요.
몸 어딘가에 누군가 보일러라도 켜 놓은 걸까요?
몸 어딘가에 누군가 공기흡입기라도 달아 놓은 걸까요?

나는 들었어요
갓 태어난 아기는
울음을 터뜨려야 산다는 걸요
울어야 비로소 생명의 호흡이 시작되는 거래요
그리고 생을 마감하는 건
숨이 멈추는 거래요
지구에서 보는 온갖 현상은 베일 속 여인처럼 신비로와요

그런데 말이지요
지구 어느 곳에는 불가사의 마을도 있대요
지구의 신비를 넘는 이변異變을 볼 수 있는 곳이래요
3년 지난 우유가 냉장고 없어도 상하지 않고요
머나먼 우주에서 차원 이동해온
우주선이 떠 있기도 하대요
화이트 홀과 블랙홀이 내려와 우주와 지구를 연결한대요
밤마다 천사들이 모여서 빛의 축제를 열기도 한대요

세상은 온통 신비와 불가사의로 가득해요
내 낮은 두뇌로는 도무지 알 수 없는 세계
내가 겸손할 수밖에 없는 이유지요

연극

박 수 연

배역이 무엇인지도 모른 채 무대에 섰다
세월 흘러 가난한 농부의 딸임을 알았다
생김조차 마음에 들지 않는 여자

왜 그렇게 태어났는지 알 수 없었다
왜 부잣집 멋진 아들로 태어나지 못했는지
왜 새벽부터 밭에 나가
허리가 휘도록 일이나 하고
무능한 남편을 만나 고생하는 건지

부모를 탓하고
세상을 원망했다
운명을 저주했다

귀밑머리 희끗희끗한 어느 날
비로소 알았다
인생은 자유 의지가 허용된 연극무대

끝없이 리셋되는 무대에서
나는 주인공 아닌 주인공
지금의 나는
이전 무대의 연장선에 있었다

이제 이 깨달음을 부디 기억해 낼 수 있길 바랄 뿐
모든 것이 무의식 속으로 사라져 버리고
원점의 새 무대에 다시 서게 되는 날

박 수 연

경기도 파주시 거주
(사)문학그룹샘쿤 자문위원
(사)샘문학(구,샘터문학) 자문위원
(사)샘문그룹문인협회 자문위원
(사)한용운문학 회원
(주)한국문학 회원
(사)샘문뉴스 회원
샘문시선 회원
<수상>
2018 샘터문학상 시 등단
2018 샘터문학 신인문학상
2019 샘터문학상 본상 우수상

단풍나무 외 2편

박 호 제

천상 선계의 요정들이
물감통을 엎지르다

푸른 잎이 붉은 치마로 갈아입은
단풍나무 아래

삼삼오오 짝을 이룬 친구들과
소풍을 왔네

이화꽃 필 때

박 호 제

마파람 불어올 제
울 엄마 닮은 이화꽃 가로등에 비친다

밤바람에 찬 이슬 맞으며
순백의 꽃잎은 달빛 타고 춤추는데

부서지는 달빛은
내 삶의 갈등이라는 걸 아는지

여명이 밝아올 제
영롱한 이슬방울 꽃잎에 맺혀 웃고 있네

봄날 연가

박 호 제

정다운 당신을 만난 후에는
눈물이 흔적없이 사라졌습니다

녹음이 짙어가는 오월이 되면 설레이는 가슴을 달랠길 없어요

지금 당신은 어디에 계시나요
내가 부르면 한달음에 달려오실거라 생각이 듭니다

오늘도 당신의 고른 숨결 듣고 파
지그시 눈을 감아 보아요

박 호 제
시인, 시낭송가, 싱어송라이터
시니어모델, 스피치전문가
강원도 춘천시 출생
강원도 춘천시 거주
문예대학 스피치학과 교수 역임
월간한비문학 회원
(사)문학그룹샘문 회원
(사)샘문그룹문인협회 회원
(사)샘문학 회원
(사)한용운문학 회원
(주)한국문학 회원
<수상>
2010 월간한비문학 시 등단
2010 월간한비문학 신인문학상

연화蓮花 외 2편

박 희 문

잔잔한 연못 위를
연잎으로 폭 싸안고
꽃망울 피운 예쁜 여인

길가는 사내 시선 불러
맑은 눈매 맞추고
사랑 독차지한 여인

찰칵찰칵 샷다 소리
연인들에 웃음소리는
그대를 미소 짓게 하고

널따랗고 파란 연잎 위
수정 같은 물방울
찬란한 광채를 산란하고

촉촉히 달빛 내리는 밤
청개구리 정겨운 노랫가락은
보고싶은 임의 연가

버들강아지

박 희 문

물속에 몸을 담그고
흐르는 물방울 맞으면서
그렁한 고드름 송알송알 매달고
설한雪寒 이겨낸 버들강아지

졸졸 흐르던 개울도
추위를 이기지 못하고 꽁꽁 얼어붙은
그 사이에 얼음꽃이 피고

새봄이 문턱에 걸터앉자
얼어붙은 잔설 녹여 주니
물이 오른 버들강아지
연둣빛 새순 틔우고

살 에이는 칼추위 이겨내고
보송보송한 열매 꽃
내 품에 희망을 안겨주네

물오른 버들가지 꺾어
버들피리 만들어 불어대는
철부지 아이들 장난질에
고단한 내 얼굴에 활짝 핀 웃음꽃

장미

박 희 문

푸른 숲 우거진 산과 들
그대 노랫소리가
새날을 부르고

새소리 물소리 바람소리
그대 노랫소리에
정염의 붉은 장미꽃 피어나니

붉게 피어나는 그대 모습에
빨간 스카프 곱게 접어
머리에 씌워놓으니
곱디고운 내 임 얼굴 닮았네

박 희 문
대전시 중구 거주
문학사랑 자문위원, 문학신문 자문위원, (사)문학그룹샘문 자문위원, (사)샘문그룹문인협회 자문위원, (사)샘문학(구,샘터문학) 자문위원, (사)샘문뉴스 회원, (사)한용운문학 회원, (주)한국문학 회원, 이정록문학관 회원, 송설문학 회원, 샘문시선 회원
<수상>
신춘문예 샘문학상 시 등단
<공저>
리라꽃 그늘 아래서 외 다수
<컨버전스공동시선집/샘문시선>

야래향夜來香 외 2편

변 화 진

앞내를 돌아 흘러
뒷내로 오는 동안
마치 춘삼월 초엿새처럼
피어난 제비꽃

우체국 앞 팬지는
게으른 봄볕을 즐기고
열여섯 소녀는
해마다 수줍게 피어나서

스물둘 처녀처럼
바다같이 뜨겁게 들끓는
여름을 작열하고

한여름 배롱나무 붉은 꽃
굵은 꽃대엔 밤이슬
달빛 방울 그렁그렁 매단다

새벽 안개를 지새운 물새는
끼룩이며 푸드덕 새벽을 깨우고
지새운 밤 내력으로

초복 넘는
서녘하늘 해넘이
비감한 가을만 기다리네

슬픔 어린 물빛
몸매 감은 두루미처럼
물이 내가 아니듯
내가 물이 될 수 없는 세월

스물둘 들끓던 고운 처자
꽃 백일홍 꽃밭 너머
가을 단풍처럼 볼 빨갛게
물들어 가는데...

화단 떠난 수십 년에
맘 속 제비꽃은
해마다 삼월에 피어
오월에 낙화하더니

여름 장마 오기 전에
여름장마 퍼붓기 전에
서둘러 야래향 피우누나

※※※※
야래향夜來香 : 중국 가수 등리쥔이 부른 대중가요로 달맞이꽃을 말하며, 중국인
들은 밤에 오는 향기라 부르며 여름철 밤의 남녀간 사랑의 애절함을 간절
한 그리움을 태우는 꽃이라 여김.

고난의 강

변 화 진

세월이거나
강물이거나
흐르는 것은 한가지이리

상처 아닌 꽃이 어디 있으며
견디지 않은 시시간간
어느 세월에 있었을까

강물은 드넓은 바다로 흐르지만
흐르지 않은 강물에 백중 달빛은
강바닥을 백만 년 뚫고 서 있나니

불어온 바람도 미풍 태풍도
한숨 아닌 고개가 어디 있으며
근심 없는 바람 어디 있으랴

부모의 거친 살갗 땀 내우에
한숨은 고개 너머로 부는데
비지콩 땀 아닌 들판 어디 있으랴
근심 없는 나뭇가지 어디 있으랴

안개 덮이지 않은 새벽 어디 있단 말인가
강물 아무리 흘러도
고갯마루에 한숨 불어오지 않았던 적은
단 하루도 없었나니

웩웩

변 화 진

성하지절 들끓던 자리에
내리던 소나기

개여울 윤슬 반짝이며
지나는 여름 한철

중복 달임 대신 몸빵 때릴
염전 노을 내혈관에

킬로그램 당 오천 원
싱거운 유통

여름 김장 숨 죽이는
두물머리

양서류 아가미
강 위에서 멸종하는
내 조국

에코 폴리티컬 지오그래피 맵 위에는
소금 먹은 놈 물 쓰이는 백지 놀이

"욕망 온 더 로드"
웩웩

황소개구리 허기만
웩웩

변 화 진

대구광역시 거주
벤처기업 사업 운영 중(V.R)
대구영신고등학교 졸업
계명대학교 신문방송학과 졸업
삼성그룹 근무(전)
샘문예술대학교 시창작학과 수료
샘문예술대학교 시창작학과 조교수
(사)문학그룹샘문 이사
(사)샘문그룹문인협회 운영위원
(사)샘문학 출판이사
(사)샘문뉴스 취재부 기자
(사)한용운문학 회원
(주)한국문학 회원
이정록문학관 회원
이육사기념사업회 사무간사(대구)
샘문시선 회원
<수상>
한용운문학상 특별작품상(수필)
샘터문학상 본상 최우수상
샘터문학상 시 등단
샘터문학상 수필 등단
<공저>
바람을 연모하는 꽃 외 다수
<컨버전스감성시선집/샘문시선>

영산강 비가 외 2편

송 명 재

영산강 나루터
회색빛 은하수 수를 놉니다

눈물 섞인 별처럼
보고픈 당신
그런 당신 이젠 싫어졌습니다

어린 초롱새도 죽은 별님
싫어서 우지집니다

그대 정말 싫습니다
당신이 눈물 준 나룻터 무덤가
오늘도 별비 내립니다

옛날이었습니다
당신 남긴 슬픔마저
그렇게 소중한 줄은

오래 전 이었습니다
그대 아니면
그런 사랑 누구에게 받을까요

잿빛 하늘 영산강 나룻터
그렇게 눈물로 돌아선 그대 무덤가
오늘도 비가 내립니다

당신이 싫어졌습니다
오늘따라 죽은 초롱새도
비를 맞습니다

아주 옛날이었습니다
어쩌다 잊힐까요
불현듯 두려웠습니다

별이 우는 나룻터 무덤가
펑펑 울었습니다

내 손에 날아와 위로하는
초롱새 한 마리
목놓아 울었습니다
설마 그대이겠습니까?

당신의 눈물인 듯
무덤가에 별이 내립니다
잊힌 추억이 아파진 듯

오늘도 나룻터 무덤가
흐려진 함박눈만 몰아칩니다

불효

송 명 재

오시려오 오시는 길
밤길 멀어 못 오시는지요
혹여라도 잊히시어
아니 오시려는지요

풀섶 헤쳐 바람 길로
빗속 뚫고 오시는 길
바람까지 멎었는데
아니 오시려는지요

가실 땐 자식 손 놓칠세라
깍지 끼고 가셨는데
동녘은 비 내려도
서럽게 서럽게 밝아만 오는데

한 번 꿈에 삼십 년
눈물로 보고 싶어 삼십 년
일와 삼십 년
한 번 누운 세월 삼십 년
나 오래도 살았네

삼십 년 길 세월 빌려
엄니 나도 따라가려오
해와 달을 지르 밟고
별 담은 강물 따라

엄니 계신 은하강 위에
눈물 집 지려 지으려니
엄니 오시려는지요
엄니 오시려는지요

어제 또 다시

송 명 재

쉬지 못해 달렸고 쉬지 않고 달렸다
아파 할 시간 없이 떠밀려 왔다
다음 생도 아프다면 아니 가련다

어제 일이 그럴까, 오늘 일이 서러울까
슬퍼마라 나의 벗아!
아지랑이 벗 삼아도 석양도 아프더라
노을에 우는 벗아 내가 대신 아파하마

지내 간 누군가는
밤마다 별을 따러 갔고
뚫어진 별 망태기 가슴에 묻지 않고야
뭇 하루의 힘듦을 어찌 견뎠겠는가!

저무는 노을도 우리와 같겠지만
우리네 인생이란 본시 서러워
달빛 따라 달려 간 허망한 세월
풍류에 술병 차고 한 잔술로 달랬다

그래그래 서글픔에 취해보면 어떨꼬
인생 술이 노상 쌉싸름만 하련만은
세월을 잡아 준 벗들의 마음

어찌 달래줘야 하겠는가

족하지 않는 인생 비망록
우리 하찮게 씻어 버리고
덧없는 우리 인생
껄끄러운 웃음으로 이젠
모두 안고 가자꾸나

송 명 재

인천시 계양구 거즈
목민도서문화연구원 편집부 근무
금성출판사 편집국 근무
경호무술체육관 관장
세계경호무술협회 제1대 총재 역임
(사)샘문학(구 샘터문학) 운영위원
(사)문학그룹섬문 운영위원
(사)샘문그룹문인협회 운영위원
(사)한용운문학 회원
(주)한국문학 회원
샘문시선 회웜
<수상>
문학고을 시 등단

기도 외 2편

신 혜 경

민들레 피어 있는 잔디 마당에서
당신의 마음을 만났습니다
놓아주기 方下着
봄날 민들레 노란 꽃잎에 앉은 흰 나비들
당신은 흰 나비처럼 가벼워지고 싶었다는 것을
와불의 감은 눈을 보며
그 미소에서 당신을 보았습니다
환희에 어린 미소
그 속에 극락왕생이 있었습니다
당신은 아름다움 입니다
그윽한 미소
평화로운 숨결
고왔던 순수의 형상으로 한없이 가벼운 숨결로
나는 날고 싶다고 하셨습니다
내 기도를 온전히 독차지 한 당신이었습니다

명상

신 혜 경

최상의 지혜를 향한 갈구의 화두 하나
청정의 산 나무들도 푸른데
지고의 미소로 마주 보는 저 바다
햇살에 빛나는 은빛물결인데
감은 눈은 다사다난의 일상을
한 장의 한지로 만들었다
일즉다—即多 다즉일多即—
스님의 종소리는 명상으로부터 벗어나게 하고
보살님은 다구에 말차를 젓고 있다
찻잎가루의 연둣빛을 음미하며
한적한 시골의 아카시아향이
물씬 풍기는 산길을 걸으며
부처님의 승복에 깊게 밴 향내를 벗삼은 힐링의 시간
화엄의 미소는 언제쯤 다시 만날까
언제나 자비로움으로
언제나 부드러운 아름다운 미소로

목련꽃차를 만들며

신 혜 경

산에서 자라는 목련나무 한 그루
탐스런 꽃잎을 하나하나 쌓아 보았다
바람이 불면 날아서 하늘가 어디쯤에서
구름 되어 있을 것 같기도 하다
폐와 기관지 염증에 좋다고 했던가
고이고이 잎들을 한지에 널면서
차 한 잔 마실 때마다 염증들이
사라질 것이라는 기대로 정성을 다한다
목련의 하얀 빛깔들이 순수한 사랑의 편린처럼
애절하면서도 한지의 절조와 잘 어울린다
손끝에 묻은 꽃잎향이 마시는 차보다 더욱 짙은데
함께 마실 다우茶友가 그리워지고
하얀 꽃잎 같은 미소가 가득 쌓인다

신 혜 경

경북 청송군 출생
포항시 남구 거주
현대시문학 신인상 수상, 임화문학상 작가상 수상, 한용운문학상 최우수상 수상 샘문학상 신춘문예 우수상 수상
창원문인협회 회원, 한국문인협회 회원, 샘문그룹 자문위원
시집 <걸어온 길로 놓은 어설픈 징검다리>, <들고 있던 항아리>, <태양의 변주곡>, <서랍 속의 작은 나>, <미니 입은 달빛>, <사랑의 카프리치오소> 등. 그 외 <월간 문학>, <창원문학>, <순수문학> 등 다수의 문예지에 작품 게재

가을 외 2편

심 산 태

흐드러지게 핀 코스모스 언덕
그 뒤로 황금 들판 눈부시게 출렁이고
건들바람 불어 볼깃을 스쳐가네

한동안 잠잠하던
사내 가슴에 무심의 설레임

그리움으로 채우고
하늘 멀리 높은 구름
풍경화로 그린 곳에
사내의 소망도 덩달아 흘러간다

보기에도 애닮은 꽃술 위에
풀벌레 둥지 틀고 향수 뿌린 듯
그윽한 향 지천으로 퍼지니

사내의 가을은 설레임보다
묻고 산 세월의 고독이
그리움으로 젖는다

연모

심 산 태

석양이 넘어간 산마루에
저녁이 잠들어 사색에 잠기면
초저녁 별 갯벌에 내려앉아
뭍으로 부는 바람 마중 나가고

텅빈 마을엔 빈 바람만 방황한다
살며시 눈감고 안아보는 바람은
옛 기억 속 추억 하나 그리움 더해서
침묵한 입술에 쓴웃음 만드누나

고운 꿈 꾸어라 잠든 저녁이여
내사 바람 안고 빈 들을 지킬 테니
남녘의 봄 들녘이 기지개 켜거들랑
너는 다시 서풍으로 나를 부르고

나는 사연있는 일기장에 잠시 머문 뒤
추억 베고 누워 노래하리라
그날 명절에 처가댁에 왔다가
밤이 나보다 먼저 잠든 저녁에

내 아내 가 채워둔 추억 속에서
덩달아 나도 빠져든 그리움은
먼 훗날 오늘이 오면
갯벌에 적어놓은 약속의 맹세

당신은 내 아내 내 여자라고
들물 찰 때 나는 또 다짐해본다
사랑해 사랑하오 사랑합니다

그대 그림자 되어

심 산 태

세월도 비켜간 소중한 님
고요한 호수에 별들이 노닐고
버찌 나뭇가지에 달이 걸터앉아도
설렘으로 가슴 뛰는 내 님만 하랴

바람 한 자락에 귀밑머리 흩날리고
마주보는 눈길 안에 주고 받는 언어
숨쉬는 이유 되어 챙겨주는 배려속에 숨까지 멎는 듯 주체지 못함은

만병통치약이 되어버린 그대
한사코 나보고 사랑한다 말하네
내 보다 더 귀한 사랑이랴 마는

소중한 내 님 기댈 나무가 되어
그대 그림자로 살수만 있다면
하늘 땅 만물이 내 것이 되드
행복에 겨워 눈 감고 잠들리라

심 산 태
아호 : 예향
경북 영양군 출생 경북 경주시 거주, (주)새천년미소 재직 중
국보문학회 회원, 문학정신회 회원, (사)문학그룹샘, (사)샘문학 회원, (사)한용운문학 회원, (주)한국문학 회원, (사)샘문그룹문인협회 회원
<수상>
2015 국보문학 시 등단
2015 국보문학 수필 등단
2017 문학정신 신인문학상(시부문)
2017 문학정신 신인문학상(수필부문)

햇살 외 2편

오 정 선

만인이 바라보면 방긋이 미소지어 주는
저 부드러운 햇살을 향한 말없는
입술의 침묵

모자도 쓰지 않고 자외선을 듬뿍 맞으며 지그재그로 날아가는 한 쌍의 고추잠자리
행선지는 어디인고?

느긋이 내리쬐는, 뜨겁지도 차갑지도 않은 오월의 햇살은 청정淸淨한 모습으로 온 누리를 연노란색으로 물들이면
삼라만상은 제 자리에서 듣기좋게 노래하네

연이어 들리는 풀벌레 애원의 소리를 귀담아 들을지니
외면일랑 하지 말게나

그대여! 그대여!
이 오월이 다 가기 전에 들판에 열려있는 푸른빛 고추를 빠알갛게 익힐 준비를 하여다오

유월의 하늘

오정선

유월의 다 지나가기 전에
유월의 하늘을 한 번 더 올려다 보노라

먹구름 걷어다오
우중충한 비 올 구름 걷어주오

벌렁벌렁 뛰던 나의 심장은 이제 차분히 가라앉은 이 기쁨을 머리 조아려
치유자님께 감사하며

머릿속은 진심어린 기도로
가득 메우려고 하네

사람들은 성명 석 자 걸고,
지위걸고, 살아감이니

인명은 재천이라 했으니,
하나 뿐인 목숨일랑 걸지도 버리지도 마세나

연동의 새벽

오 정 선

아직 아무도 밟고 지나가지 않은 새벽의 길거리를 바라보노라니,
먹물같은 눈물 쏟아내는 듯한 서글픈 어둠이 드리워지고

주차장 입구에 길게 가로 누운
붉은 전등 막대는 오래간만에 편안한 잠자리를 맞이한 듯, 가냘픈 숨소리가
들리는 듯 하여라

잠이 덜 깬 먼 나무는
앙증맞은 푸른 열매 다닥다닥 달고, 식솔들을 어거하느라, 앉을 사이도 없이
서있는 채로 선잠 자는 듯 하네

오 정 선

아호 : 시림始林
제주도 서귀포시 출생
제주시 연동 남녕로 거주
제주와 인천에서 행정직 공무원 재직, (사)문학그룹샘문 운영위원, (사)샘
문그룹문인협회 운영위원, (사)샘문학 운영위원, (사)한용운문학 회원, (주)
한국문학 회원, 이정록문학관 회원, 샘문시선 회원, 순수문학 이사, 영주문
학 감사
<수상>
샘문뉴스 신춘문예
샘문학 본상 특별창작상
2014년 한국문인 시 등단
2014년 순수문학 수필 등단

봄꽃이 좋다 외 2편

유 춘 성

봄꽃이 좋다

산 비탈
작은 언덕길에
봄 부르는
휘파람 소리 들리니

올망졸망
작은 꽃들이 활짝 웃으며
우리들 곁으로 봄은 다가온다

새벽잠을
떨쳐내는 그런 봄이
그래서 봄에 피는 봄꽃이 좋다

봄이 온다

유 춘 성

봄이 온다
봄이

아지랑이 목마 타고
들로 산으로

산모퉁이 휘돌아
휘~휘~
휘파람 소리내며
우리들 곁으로 다가온다

꽃이 핀다
봄 매화
명주빛 햇살을 등에 업고

산수유
개나리 돌담 붙잡고
노란꽃
입에 물고 꽃나비 부른다

목련을 깨운다

유 춘 성

봄 햇살이
치근거리며 유혹하는 오후

산기슭에
봄처녀
진달래 연분홍 꽃잎 물고

산빛 물들이니
꽃잎 사이로
벌 나비 모여드네

담벼락
꿈틀대는 잉태한 바람의 향기가
한 잎 한 잎 포개진
하얀 목련을 깨운다

유 춘 성
시인, 화가, 무드인, 서예가
전북 정읍시 출생
2021 한용운문학상 시 등단(샘문), 2021 한용운문학상 시조 등단(샘문)
(사)샘문학문인협회 이사, (사)문학그룹샘문 이사, (사)한용운문학 회원,
(주)한국문학 회원, (사)샘문학 이사, 이정록문학관 회원, 샘문시선 회원
<공저>
나 그렇게 당신 을 사랑합니다
추야몽秋夜夢
<한용운공동시선집/샘문시선>

고요의 탄식 외 2편

이 남 규

해도 지고 달도 지고
하늘은 검고 별빛마저 없고
바다도 잠들었나 파도소리도 들리지 않는데
바람도 지쳤는가
벌레소리 마저 끊기었구나
폭풍 전야처럼
모든 것이 침묵으로 숨소리도 없네

가슴속 심장마저 소리날까 가만가만
들숨 날숨도 끊어질 듯 말 듯 이어지고
보일 듯 보일 듯 보이질 않는
검은 그림자만 어른어른
온 세상이 멈춰 서버린 듯
이 무거운 소리없는 부르짖음에
멍멍해진 귓속에서 휘몰아 도는
고요의 탄식 소리

끝도 없이 가슴에 밀고 들어오는
천만 근 같은 무게에
탄식으로 터져 나오는 가슴 한 켠의
허무한 울림
어두운 광야에 외로이 서 있던 난

지금껏 홀로인 줄도 몰랐구나

다정도 사랑도 아무도 없는 줄 왜 몰랐을까
무섭도록 엄습해 오는
슬프도록 외로운 소리 없는 외침은
누구를 위한 고요고
누구를 위한 절규인가!
이 밤 뜬 눈으로 지새움은 또 누구를 위한 기도인가!

어버이는 역설의 대가

이 남 규

해가 뉘엿뉘엿 서산을 넘어갑니다
초가집 굴뚝에서 저녁밥 짓는 연기가 아롱아롱 피어오르고
앞바다에 불그레 석양이 비치면
들녘에도 마당에도 땅거미가 깔립니다

애야 오지마라
아이들 데리고 차도 위험하고 힘들다
애미 괜찮으니 오지마라
그래 놓고는 저 멀리 고샅길에
혹시나 막내딸 손주들 손잡고 오는지
해가 지도록 서성입니다

이제 그 딸이 칠십 고개를 넘었습니다
오지마라 바쁘고 고생스럽다
천 리서 사는 막내 딸내미
죽자해도 죽을 시간도 못 내는 큰 딸내미
오지마라 해놓고는 혹시라도 올까
냉장고 속 생선토막 이리 옮기고 저리 뒤적이고

그러다가 눈물 짓는
아 그것이 어머니입니다
별걸 다 그런다고 무뚝뚝한 척 해도
그러면서도 고개 한쪽으로 돌리는 아버지입니다

찔레꽃 순정

이 남 규

어머니의 옷고름에 새겨있던 그 무늬가
무엇인 줄 난 지금껏 몰랐습니다
단정히 메어져
살랑대던 두 가닥 옷고름에 새겨진 의미가 무엇인 줄
난 지금껏 생각해 보지도 못했습니다

내 사랑이 떠나가시고 햇수로 스물여섯,
유난히 진한 찔레꽃 향기
빤히 들여다보던 내 눈에 어디선가 눈에 익은 하얗고 빨강 무늬들
점점 커지며 다가오는 미소 띈 그 모습, 어머니
그 따스한 가슴에 달렸던 현 쌍의 옷고름

내 나이 황혼길
이제서야 어머니의 옷고름을 찔레꽃에서 봅니다
너 없이는 못 산다시던
한시도 이 자식을 못 잊으시던
영원한 나의 사랑
눈물로 얼굴을 씻고 그 향기로 마음을 씻습니다, 어머니

이 남 규

아호 : 수월水月
전남 완도군 출생, 전남 영광군 거주, 동강대학교 졸업
세계로컬타임즈 기자(현), (사)문학그룹샘문 운영위원, (사)샘문그룹문인협회 운영위원, (사)샘문학 운영위원, (사)한용운문학 회원, (주)한국문학 회원, 이정록문학곤 회원, 샘문시선 회원
<수상>
2023 샘문뉴스 신춘문예 시 당선, 2023 샘문뉴스 신춘문예 수필 당선, 2023 샘문학 시부문 신인문학상, 2023 샘문학상 수필부문 신인문학상, 제4회 모산문학상 최우수상(시부문)
<공저>
태초의 새벽처럼 아름다운 사랑
<컨버전스공동시선집/샘문시선>

그 빛 속으로 외 2편

이 순 옥

시간과 공간을 베는 땅거미 진 노을
은빛 마검처럼 날을 세워 덮쳐오고
톱날 같은 궤적이 칼날 품은
파도의 연주와 노래를 시작하는 달의 밤

사람의 삶이라는 것은 한 그루 나무와 같다고
큰 바람이 일 때마다 하나씩,
또 하나씩 잎사귀를 툭 툭 놓아야 한다고
그래서 견딜 수 없을 만큼
차갑고 혹독한 겨울이 오면
앙상한 가지의 체념만 남을지 모른다고

나는 알아야 했다
세상의 중심에서 홀로 버티다
언젠가 맨몸으로 견뎌야 할 때가 온다는 걸
그때 필요한 건 고집이나 허세가 아니라
부족함을 인정하는 용기라는 걸

책상 위에 쓸쓸하게 놓인 공책 한 권이 마치
이야기하듯 파르르 열리고
바람이 귀에 잔뜩 감겨 아직도 귓가가 먹먹했다

내 슬픔의 빛깔

이 순 옥

왜 그런 기억은 이토록 선명히 남아
질긴 미련을 넘어선 한이 될까
커튼 틈 사이로 흘러든
외등의 불빛을 닮은 그 목소리 역시도
꼭 금이 간 유리창 같아서
조금만 더 몰아붙이면 와르르
깨부숴져 버릴 것만 같아서

다시, 휘청이는 바람이 불고

그해 여름이 시작되던 그날부터
단 한 순간도 그친 적 없던 바람이었다
고요한 수면 같은 마음에 파문을 그리기 시작한
어쩌면 영원히 그치지 않을 그 초록의 물결 소리

나에게는 이생의 가장 찬란한 날들이었는데
너에게는 아름답게 빛났던 삶의 종말이었다
그 시작을 몰라 나는 끝도 알지 못하는데
너는 없다
그러면 네가 없어도 끝이 아닌 나는 이제
어떻게 해야 할까

하지만 여전히 빛바래지 않는
그 시간과 감정들이
밤이 떠나가는 색을 닮은 눈동자가 그곳에 있었다

그림자가 유독 길어질 때

이 순 옥

너의 미소는 종종 농익은 과일 같았지
속이 보드라울수록
겉을 단단하게 만들다 못해
가시까지 감쪽같이 감춰버린 달큰한 과일
껍질이 벗겨진 모습은 나만 알지
그래서 더 달고, 위험한 걸

친한 사이의 농담은 때로 위로가 되기도 해
가끔은 진실을 건드리기도 하지만
자르륵 진실이 풀리는 소리에
넋 놓고 귀를 기울이다가
토사처럼 밀려드는 먹먹함에
맥없이 웃음을 터트리기도 했어

결핍이 희망이라고 다독여
전력을 다해 뛰게 만들어
하루를 살아낼 수 있던 시절
지치고 아팠을 무렵을 추억으로
꽃잎 한 장에 눌러 간직했던
유일한 욕망의 출구였던 적도 있었으니까

분노와는 확연히 다른
슬픔이나 안타까움일 수도 없는
감정이 휘몰아칠 때 그 아득함의 끝에서
유희로 닿는 너의 웃음을
이젠 위리안치 시킬 때가 되었지

겨울산 외 2편

이 영 형

짙푸른 빛 빼앗긴 심사가 편치는 않았겠지
주름 깊이 패인 줄기 도드라져
헐벗은 등골을 드러낸 채 웅크리고 있다

발자국 찍힌 사연 몰아치는 허공에 누워 눈을 감는다
능선 따라 선을 그어가며
소멸을 사유하는 산
몸과 몸을 비비어도 시린 어깨 위로 눈보라
흰 불을 켜고 길길이 번져나간다

산과 하늘이 맞닿아 그려내는
감미로운 곡선은 교묘한 착각이다
경계에 서면 경계는 사라져
적막한 하늘 비수를 숨기고
새까맣게 달려드는 점점이 아뜩하여라

굴곡진 뼈대 맨몸 뒤틀려도
그러나 거침없이 털어내 울퉁이는 산맥
털어낸 만큼 속세가 빠져나가
가벼워진 몸으로 겨울산
또다시 수태한다
푸르른 생명

일상

이 영 형

총성은 울리지 않았다
조명이 꺼져가는 도시
어둠이 벼랑을 깎아지르고
사람은 섬이 되었다

점령군도 없이 항복의 종이 울렸다
백기가 펄럭이는 건 바람 때문이 아님을
베어진 풀은 다시 일어서지 못한다

버티지 못하고 스스로 포로가 된 그대들에게
위로보다 아픔을 던진다
아픔이 진한 눈물로 치유되는 날
섬의 포박을 풀어 길을 깨치고 돌아올 수 있으리

빛을 품은 녹슨 칼은 더 이상 빛나지 못해
일상은 일상으로 흐르고
바닷물 젖은 소금기 하얀 발길로
집으로 돌아가는 길

바짓단에 매달린 흰 별,
하나하나
사람의 빛으로 깨어나고 있다

길

이 영 형

길이 사라졌다
기억이 삭제된 그리움 여운도 없이 가벼워
녹슨 정류장,
세상이 저물도록 버스는 오지 않았다

설렘이 없는 길은 길이 아니다
지나온 길을 낱낱이 훑고 온 마른 바람이
일기장을 한 장씩 쓸어넘기면 나는
남부끄럽던 시점으로 되돌아가
헐벗은 허수아비가 된다

목이 마르는데
어째서 소리에 더 민감해지는 걸까
길이 생성되는 소리는 목마름을 해갈한다
사라지는 생명은
씨방 안에 종자를 간직하고 있으므로
그리로부터 만들어지는 소리는 태동이다
길은 길 속에 살아있다

메마른 줄기를 기어오르다
더 이상 갈 수 없는 끝에 다다른 푸른 벌레 한 마리
몸뚱어리 전부를 곧추세우더니

제 길을 버리고 작은 이파리인 듯
툭 떨어진다
끝이라는 말은 생각을 감금하여
푸른 벌레는 더 이상 보이지 않는다

넘실거리는 들판은 깊어만 가고
봉숭아 씨주머니처럼
불현듯 터뜨려지는 소리에 귀 기울이면
거친 수풀 가르며 꿈틀꿈틀 일어서는 길
남루한 발자국 당도할 그곳 아득해도
아직 빛이 비치는 이 저녁에

이 영 형
서울시 종로구 거주
자영업 대표
(사)문학그룹샘문 회원
(사)샘문그룹문인협회 회원
(사)샘문학 회원
(사)한용운문학 회원
(주)한국문학 회원
이정록문학관 회원
송설문학 회원
샘문시선 회원

만월의 추억 외 2편

이 태 복

월계수 아래 방아 찧는 토기들이
만월을 잉태하고 여기에 앉았네
언제나 포근한 보금자리 들어
알콩달콩 수많은 사연들의 산실
아파트 숲 어둔 밤을 밝혀 주었네

높다란 창가에 스며 나오는 불빛들이
공간을 차지하는 어둠과의 자리다툼하고
정원 내, 메타세콰이어 높은 가지에도
설한의 광풍이 소용돌이 치던 밤
마지막 잎새들도 제 자리 찾아 가네

어릴 적 좁은 골목 밤 늦은 시간엔
찹싸알 ~ 떠억 소리치며
떡 파는 소년들 목소리에
허기진 아련한 추억들 귓가에 맴도는데
삼동절 깊은 밤은 더욱 추억몰이 하고 있네

토벽 집 방안 우풍이 문풍지 떨게 하고
소죽 쑤던 군불에 아랫목이 데워질즈음 오붓하게 모인 가족들
홋이불 다툼이 밤새 이어지던
고향집 어린 시절 추억들이 지금 이 순간에 찾아드니

보름달 같은 행복은 멀리 있지 않으며
시간 속에 녹아 나는
지금 순간이 보름달 만큼 느넉하고
평온한 마음을 열어 주기도 하니
지나간 과거가 아련하다네

홀로서는 달맞이꽃

이 태 복

외로움에 지친 빛바랜 인생이여
홀로하는 고독의 순간들이여
그리움, 서글픔에 희망을 잃어가는 자
들판에 돋아나는 개망초 신세라지요

삶의 연을 이어주는 노력이 없던가
시기와 질투, 자기만의 사익 추구가
난무하는 오늘에 있어
나홀로 외로이 혼밥하고, 혼술하는자
그대는 어디서 왔나요?

세상에서 홀로 피어난
단아한 꽃들도
편안해도 홀로서면 외로워 지고
폭염에 짜증나도 둘이면 외롭지 않은
보름달로 태어나리니

모든 것 내 탓이 아니요
남의 탓으로 치부하는 사리사욕은
비밀의 안개 숲처럼
공유하는 자유로운 삶을 거부하며
먹구름 불러오는 그대들은

무엇을 더 바라나요?

배짱이 거문고 타는 배부른 양심들이
언제쯤 없어질까요?

한순간, 한순간 엄습해오는
외로움과 두려움의 홀로서기 인생길
힘찬 발걸음으로 발 맞추면
내일은 함박꽃이 피고
달빛이 쓰다듬는 달맞이 하지요

휴게소에서 보는 가을녘

이 태 복

높고 낮은 뜬구름은 산허리 감고 돌아
샘으로 탄생하며 수원을 만들고
저녁밥상 여는 아궁이 연기는
평온을 이야기 하지

산골짜기 아래 옹기종기 모여 있는
오색지붕들 사이로 정담이 오가고
정들었던 돌담장에는
담쟁이 넝쿨이 담소를 하지

황금들녘에 만찬을 즐기던 철새들도
마을 앞 들에 벼 베고 난 그루터기
앙상한 밥상을 한탄하며 숲속으로 숨어들고
저 앞 저수지는 온도 차를 실감하면서
희뿌연 물안개로 연막을 피지

흔들리는 쏘삭대는 갈대의 마음은
지금 어디로 가고 있을까?
삶의 영혼은 끝없이 불어오는 바람결에 휘날리는 낙엽 되어 세상을 방황하기에
세월은 꿈을 가지고 목표를 설정하고
끝없는 항해를 하고 있지?

작은 햇살 내리는 오후 시간 선산 휴게소에서 바라보니
저수지 옆 빼곡하게 주차된 열기 식은 차량이 줄지어 있는데
살기 위해 환승하는 여행객들 애마이지

담장사이로 빗대어 자란
모과나무에 매달린 탐스런 노란 열매는
긴 세월의 고통 이런가!
외로워서 주렁주렁 궁시렁거리지

이 태 복

아호: 죽송竹松, 청산靑山
대구광역시 출생
대구광역시 동구 거주
(사)샘문학 이사, (사)문학그룹샘문 이사, (사)샘문그룹문인협회 이사, (사)샘문뉴스 회원, (사)한용운문학 회원, (주)한국문학 회원, 이정록문학관 회원, 송설문학회원, 샘문시선 회원
<수상>
2022 한용운문학상 특별작품상
2022 신춘문예 샘문학상 우수상
2021 한용운문학상 특별창작상
2020 샘터문학상 최우수상(본상)
2019 샘터문학상 시 등단
<공저>
고장난 수레바퀴
태양의 하녀, 꽃
첫눈이 꿈꾸는 혼명
바람을 연모하는 꽃
라라꽃 그늘아래서
<컨버젼스시집/샨 쿤시선>
나 그렇게 당신을 사랑 합니다
추야몽
<한용운공동시집/샘문시선>

여름 즈음에 외 2편

장 복 순

바쁘게 살다 보니
봄 가는 줄도 몰랐네

어찌나 바빴던지
여름 오는 줄도 몰랐네

봄꽃의 매력도 잠시
세월의 징검다리 건너
그 어디쯤엔가
벌써 여름이 기다리고 있었네

청보리밭에 종달새는
사랑하기 바쁘고
수양버들은 바람 따라 춤추네

틈만 나면 노래하는 뒷산 뻐꾸기는
서로에게 화답하느라 바쁘다네
바야흐로 여름!

오늘을 사랑하자

장복순

어제는 이미 지난 과거요
내일은 아직 오지 않은 미래다

내가 살고 있는 날은
바로 지금 오늘 이 순간

우리가 소유할 수 있는 날도
우리가 사용할 수 있는 날도
모두 오늘 이 시간뿐이니
중요한 시간을 소중하게 쓰자

우리 삶은 오늘의 연속
오늘이 일곱 번 모여 일주일이 되고
오늘이 삼십 번 모여 한 달이 되고
오늘이 365번 모여 일 년 된다

영원 속의 오늘
해 아래서 행복을 누리며
그대 그리움처럼
오늘을 사랑하자

숲의 사계

장 복 순

봄엔
새싹들의 엄마가 되어주고
무지개의 다리가 되어준다

여름엔
소나기를 피하지 않고
울울창창한 기운으로 돌려준다

가을엔
곱게 물든 단풍잎의 아비가 되어주고
별님과 달님을 품고 자장가를 불러준다

겨울엔
낙엽으로 포근하게 감싸주고
첫눈과 봄눈을 기억하는 숲

숲의 사계는
커다란 선물이 되어주며
잠들 시간 없어 잠들지 않는다

장 복 순

아호 : 초담, 흑진주
전남 광양군 옥룡 출생
(사)문학그룹샘문 자문위원
(사)샘문그룹문인협회 운영위원
(사)샘문학 자문위원
(사)한용운문학 회원
(주)한문학 회원
대한민국 신지식인 36호 선정
가천대 명강사 프로젝트 운영교수
성공사관학교 동기부여 교수
(사)국제서비스협회 전임교수
(사)국제웃음치료협회 회장(역)

<수상>
2023 샘문뉴스 신춘문예(시)
2023 샘문학상 본상 특별창작상
참여문학 시 등단
오은문학 작가상
시문학부문 대상(스포츠서울)
한국교육산업 대상(명강사 부문)
스포츠조선교육산업 대상
미즈실버코리아선발대회 인기상

<시집>
그리움 0516
동행을 부르는 이야기(2쇄)

<수필집>
동행을 부르는 이야기
진주씨의 꿈 사용설명서
(베스트셀러, 2쇄)

<공저>
명강사 25시
별을 보며 점을 쳐다
우리집 어처구니는 시인
첫눈이 꿈꾸는 혹명
추야몽 秋夜夢
사랑하길 잘 했다
5년 후 내가 나에게 외 다수

등식의 성립 외 2편

전문구

$♀+♂=0$
$♀+♂=1$
$♀+♂=2$
$♀+♂=3$
$♀+♂=\&\infty$

$♀-♂=2$
$♀-♂=1$
$♀-♂=0$
$♀-♂=\&\infty$

$♂=0$
$♀+\infty=\infty$

왜
인간만
위의 등식이 성립할까

언제

전 문 구

밥 한 번 묵자
그래 연락하자

대명사 언제는
잘 모르는 때를 가리키는…….
과거의 어느 때
언제 부사는
잘 모르는 때를 물을 때…….
정해지지 않은 막연한…….

대명사보다 부사로 쓴다지
너와 나는 착각으로 살고
한 번이 아닌 수백 번 썼겠지
아니라고
그 거짓말은 말이야
고해는 바빠서 성사를 못 시켰을 뿐이야
끝말 이어가기도 아니지

난 부사를 좋아하지, 사과
그래서 난 지금까지 견뎠는지도 몰라

오디오

전 문 구

휘청거리는 휴일 오후
시간과의 만남
귀가 간질거린다

팔에 들린 판이 살포시 앉아
아가의 입 벌림에 이유식이 들어온다
자극 없는 순수함이 들어서
커다란 진공의 방을 만든다
뒤뚱이는 아가의 발이 엉덩이를 깔고 앉자
안정감이 내려와 천둥과 지진의 울림
태풍이 밀려와 파상공격에 대비
수줍은 저기압으로 변한 빗소리에 고요함
가느다란 진동이 몰려오고
혈관이 일어나 춤을 춘다
피부의 떨림에 밀려나 고동치는 혈전
샘솟는 붉은 샘은 맑은 샘과 교차하고
지그시 감긴 눈동자 요동을 친다

과거와 현재가 공존하고
음표의 화합에 끌려간 꿈은
새로운 세계를 점령한다

신비로운 블랙홀로 빨려든다

전 문 구

아호 : 탑전
강원도 홍천군 출생
경기도 성남시 분당 거주
춘천문인협회 정회원
강원도문인협회 정회원
(사)문학그룹샘믄 자문위원
(사)샘문그룹문단협회 자문위원
(사)샘문학 자문위원
(사)한용운문학 회원
(주)한국문학 회원
샘문시선 회원
<수상>
2021 현대시선 시 등단
2022 샘문학상 특별작품상
2022 한용운문학상 특별작품상
<저서>
1집 : 마른 대화
2집 : 저 꽃잎
3집 : 친구가 좋아 필드로 간 시

내 님 외 2편

전 봉 천

어디쯤 오시나요?

난 퍼머하고
손 흔들면서

예쁘게 화장하고
당신을 기다리는데

보고 싶은 님
사랑하는 님
어디쯤 오시나요

요즘 세상

전 봉 천

알 수 없는 세상이다
소용돌이 물 위 종이배 마냥

어지럽고 정신이 없어
중심 잡기 힘든 세상 불안하다

멀리 떠나고 싶다
커다란 독수리 되어
푸른 하늘 자유롭게 날고 싶다

하얀 뭉개구름과
푸른 하늘을 지나서

항상 같은 마음으로 대해주는
태양을 향해 날아가

태양이 터지도록
힘껏 안아주고 싶다

코스모스

전 봉 천

목과 허리가 너무 갸날파
보호 본능을 자극하네

너의 가날프고
여린 모습을 보면
첫사랑이 생각나네

갸날픈 몸매, 예쁜 얼굴
말로는 표현 할 수 없는 이미지
조용하고 순수한 도저히 꺽을 수 없는

전 봉 천

경기도 고양시 거주
요양보호사 근무, 장애인 도우미 근무
문학과예술 회원, (사)문학그룹샘문 회원, (사)샘문그룹문인협회 회원, (사)샘문학 회원, (사)한용운문학 회원, (주)한국문학 회원
<자격증>
무선산업기사 2급
사회복지사 2급
스포츠맛사지사 1급
자동차정비기능사
요양보호사
<수상>
문학과예술 시 등단
문학과예술 최우수 신인상

인디언 썸머 외 2편
— Indian summer

정 승 기

여름 햇빛처럼
뜨겁게 당신을 사랑했던
짧은 계절이 끝나고 겨울이 옵니다

인디언들은 겨울 직전 따스한 계절에
식량을 비축해 추운 계절을 이겨내겠지만
나는 아무 준비를 할 수가 없었습니다

강렬했던 사랑도
어느 날부터 낙엽처럼 떨어지고
앙상한 가지의 속살을 드러내며
하얀 눈꽃을 피울 것입니다

첫서리가 내리는 이별에 대한 대비가
애초부터 존재하지 않았기에
그대 향한 눈꽃조차 피울 수 없습니다

한 겨울이 지나고 또다시 겨울이 올 즈음
첫서리가 내리기 전
잠시 따스한 순간이 오겠지요
신들린 무녀舞女처럼 뜨겁게 사랑할 그날을

슬프듯이 춤을 출 것입니다

마치 인디언들이 겨울 직전 따스한
여름을 기다리는 것처럼
그들의 이별은 여름 기도의 종말이었습니다
그대여!
지금 부재不在의 축제는 끝나갑니다

※※※
인디언 써머 : Indian summer
　겨울 첫서리가 오기전 가을 끝에 찾아오는 여름처럼 뜨거운 날, 인디언들은 이 짧은 시기에 식량을 비축해둔다고 한다.

수족관 속의 게

정 승 기

수족관 속의 게는 다리가 길면서도
왜 도망치지 못할까

수족관 속의 게들이 서로가 상대의
다리를 붙잡기 때문이다

내가 당신의 발목을 잡는다
당신이 내 발목을 잡는다

사랑이라는 이율배반적 모순으로
발목을 잡고 움켜쥔 발이
부러질 때까지 놓지 않는다

발목 잡힌 수족관의 게들처럼
서로가 도망치지 못하는 운명이었다

찜통 속의 열기로 벌겋게 달아오른
당신과 나의 몸통과 다리는
붉은 꽃잎의 죽음조차 아름답다

우리 사랑이 언제 이토록 붉은 적이 있었던가?
붉어야 사랑이 끝나고
비로소 매듭이 풀린다

봄날 빨래를 널며

정 승 기

봄 햇살은 작심한 듯 열기를 뿜으며
이불 홑청을 건조합니다
세상에는 모두가 제 짝이 있는데
정처 없이 나풀거리는 것은
이불 홑청과 내 마음뿐입니다

마음을 기댈 곳이 없어
양지바른 빨랫줄을 세운 바지랑대에 기대어 봅니다
바지랑대 양쪽의 빨랫감들은
햇볕을 많이 쬐고 싶어 아우성 거리고
바지랑대는 여전히 이런 소음에도
아랑곳없이 고자세로 잠이 듭니다

당신 없는 계절은 어김없이 돌아오고
이제는 바지랑대와 저만 남았습니다
당신의 체취가 남은
빨지 않은 이불은 세월의 좀벌레들이
남김없이 슬픔을 갉아먹습니다

당신과 나 사이에서 잉태된
모성 결핍성 봄 아지랑이들은
무럭무럭 성장하고

이 아이들도 언젠가 겨울이 오면
당신 곁으로 떠나리란 것을 압니다

봄 햇살에 너른 빨래 밑에 떨어진
낙수落水를 먹고
삐죽삐죽 솟아난 새싹처럼
치열齒列이 고르지 못한 당신의 미소까지 그립습니다

정 승 기

경기도 안산시 거주
안산문인협회 회원
한국예술인복지재단 예술인 등재
북한강문학제 추진위원 역임
(사)문학그룹샘문 회원
(사)샘문학(구,샘터문학) 회원
(사)샘문그룹문인협회 회원
(사)한용운문학 회원
(주)한국문학 회원
샘문ㅅ선 회원
<수상>
2021 월간시사문단 시 등단
2022 빈여백동인문학상 본상
2022 경인일보 가정의달 공모전 입상
2022년 풀잎문학상

남산공원 설렌다 외 2편

정 은 석

명동 거리 도심 속
남산공원 거인 마냥
우뚝 치솟아
위용 떨치며 웅장하여라

남산타워 계절따라
허리에 안개 띠 두르고
서울의 상징 일번지
낭만으로 설렌다

그림 같이 푸르른 산
수채화 같은 산봉우리
정상서 서울 풍경 펼치니
대자연 빚은 관광명소로다

봄 누에와 꿀벌

정은석

뽕잎이 탐스러워 정성껏 먹는
곤충 번데기 네 번 탈피하여

고치를 짓고 인류를 위해
죽을 때까지 실을 토하는데

아롱다롱 실오리 꽃비단 짜내네
지구촌 몇 바퀴 돌고 돌았을가

꿀벌도 보송보송 토실토실
줄무늬 몸 맵씨 어여쁜 날개짓

파르르 붕붕
꽃가루로 꽃 수정도

꽃 속에서 꿀 즙을 채취해
하루도 몇 십 리 길을 오가며

천연 식품 꿀을 토해 내고도
보수는 한 푼도 받지 않네

사랑의 이별 앞에

정 은 석

가련다 가련다 그대 두고 떠나련다
사랑의 이별 앞에 굳은 맹세도 거짓말
무슨 소용인가 허무한 세월이 무정하지
눈물겹도록 쌓은 정도 바람결에 날린다

가져가 가져가 나만 두고 다 가져가
돈 타령 세월 앞에 맺은 언약도 거짓말
무슨 소용인가 미워라 미워라 모든 것이
눈시울 적신 아픈 사연 구름따라 띄운다

사랑의 이별 앞에 무슨 말이 필요한가
속아서 살아온 세월만이 상처로 남겨져
떨어져 떨어져 사랑의 정 떨어져
평생에 지울 수 없는 사랑의 함정이다

정 은 석
시인

모정의 길 외 2편

정한미

평화로운 한낮의 오후
산길을 걷다 우연히
작은 둥지와 눈 맞춘다

햇살은 따스하고
한자락 바람이 풀잎을 스치며
작고 여린 새 모정의 날갯짓
뱁새를 만난다

자연을 벗 삼아 떠나온 길
수풀에 가려진
고달픈 생명의 탄생을 보았다

인간의 삶이 그러하듯
새들도 우리와 닮아 있었다
분주히 먹이를 나르는 애틋한
뱁새의 숨 가쁜 모정

작은 바람의 흔들림에도
모성에 기대어서 얼마나
애쓰는 걸까

저 혼자 지키기 위해
그 낮과 어둠 너머의
하루를 애썼던 걸까

거센 폭풍우 속에서도
둥지를 품고 지켰을
작은 어미 새의 처절한
모정의 길

따스했던 작은 새의
슬픈 빛 사랑이 오래도록
내 가슴에 잔잔히 여울지 듯
머물 것이다

벚꽃잎이 흩날리면

정한미

가로수 길 위로
벚꽃잎이 흩날리면

그 꽃잎 고이 접어
꽃잎 편지 띄워볼까

봄날 가득 물들이던
벚꽃 잎이 흩날리면

그 빛 잊을까
눈에 담고 새긴 연심

고운 밤 시를 적어
가슴에 그려볼까

벚꽃 잎이 흩날리면
고운 잎 지는 자리

바람에 날리우고
비에 젖어 떨어지네

그 향기 잊을까
봄마저 간데없네

민들레꽃

정 한 미

우리 집 담장 밑에
민들레 하나가 피었다

비가 쏟아지던
먹빛 구름 아래서

어디서 날아왔는지
뿌리를 내리고 터를 잡는다

지나는 길
눈에 밟히는 노란 꽃 하나를
자꾸만 쳐다보게 된다

빗방울이 거세게
꽃잎을 적신다

햇살이 살며시
고개를 내밀 때

여러 날 만에
민들레가 웃는다

빗물 맺힌 꽃잎 위로
한 줌 햇살이 내려앉고

멀리 언젠가 사라질
인연의 길 위에서

저마다의 삶을 생각하는
하루였다

정 한 미

경남 진주시 거주
공감문학 정회원
열린동해문학 정회원
시신맥문학 정회원
한국미술역사관 기술관 관장
(사)섬문학(구,샇터문학) 회원
(사)문학그룹샘믄 회원
(사)섬문그룹문인협회 회원
(사)한용운문학 회원
(주)현국문학 회원
샘문시선 회원
<수상>
문학그을 시 등단
한류문화공헌 대상
대한민국창조문화예술 대상
이탈리아 아트페스티벌 평론가 상 (안토니오 바틀리아미술관 작품 소장)
파라과이 아트페스티벌 문인화 대상
한국미술진흥원 특별기획전 대상
한반도 평화통일 미술대축전 우수상
<저서>
풀꽃어 물들다/ 볏꽃잎 질때에
하얀 편지/ 시가 된 사랑
별이 된 사랑/ 마르지 않는 사랑
별꽃이 되어/ 하얀 그리움/ 봄편지

마지막 자존심 외 2편

현 광 락

꽃은 피어
나무를 떠날 때까지
아름다운 꽃으로 남으려 한다

황혼 빛으로
하얀 머리가 붉게 물들어도
나는 여전히 멋진 남자로 남고 싶다

반짝이는 네온 불빛
흐릿한 눈동자
황혼을 넘어 짙은 어둠이
내 곁에 길게 머물 때까지

그래, 그렇게
영혼이 떠난다 해도
나는 남자로 남고 싶다
영원히 긴 잠에 들 때까지

희망을 찾아 가는 새

현 광 락

스치는 바람이 귓가에 일고
그냥 모른 채 지나가듯이
눈앞에 흐르는 시냇물
많은 굴곡을 비켜 지나가듯이
뜻하지 않게 찾아오는 수많은 질곡
질곡으로 깊어지는 가슴속 수심
수천 리 날아가며 슬피 울어도
허망한 창공을 외로이 떠서 가는 새
그 가슴 허전 한 듯 싶어도
여전히 작은 불꽃 가슴에 품고
웃음 꽃씨 하나를 소중히 지켜

마지막 환한 웃음을 지으려고
귓가에 스치는 바람 한 점도
실개울 반짝이는 한 방울 물로도
아픔 뒤에 환하게 웃을 수 있기에
앞에 보이는 커다란 산을 넘고
길게 늘어져 노을 진 강을 건너
함께하는 대자연의 따듯한 품을 향한
힘찬 나래짓에 눈물도 수심도 버리고
오로지 가슴속 희망의 꽃씨를 지키며
마지막 웃음의 꽃씨를 피우기 위해
희망을 향한 날갯짓은 멈추지 않는다

만남 그리고

현 광 락

벗님, 당신을 만났는데
당신은 내게 환한 웃음을 주네요
서로의 소중함을 알기에
가슴속 작고 소중한 뜰에는
언제나 소중한 그리움을 피운 답니다

이제는 헤어질 시간
다시 만날 날을 기약하고
당신이 보여준 환한 웃음
내 가슴 작은 뜰에 소중히 심어놓고
홀로 떠나는 아쉬움 뒤편

그저 당신이 건강하고
아무런 탈 없기를 빌며

우리가 다시 또 만날 때
내 가슴 작은 소망의 뜰에
벗님의 건강하고 환한 웃음을
한 번 더 간직하고
돌아 설수 있게 하소서

현 광 락

충남 당신시 거주
부산문학아카데미협회 이사, 당진 시인협회 회원, (사)샘문학(구, 샘터문학) 회원, (사)문학그룹샘문 회원, (사)샘문그룹문인협회 회원, (사)한용운문학 회원, (주)한국문학 회원, 샘문시선 회원
<수상>
2019 계간 문심 시 등단, 2022 계간 문심 시조 등단, 2021 문심 가을호 작품상

결혼기념일 외 2편

황 주 석

수줍어 못다 핀 사랑의 꽃
잊지 못할 결혼식 날
언약의 정원 아래
온몸으로 피어났다

촛불을 밝히던 그날을
어찌 잊으리오
아, 순백의 장미를

첫 키스의 전율
첫날밤의 환희

그날의 애틋한 기억이
먼 옛날이 되어가도
함께한 세월들이 쌓이고 쌓여
견고한 울타리 안에서 함께 손잡고
평화로운 그림으로 마주 보고 있다

당신은 내 인생 최고 중의 최고
기억의 파노라마 속에서
행복의 순간들이 펼쳐지는 날이면
아직도 그대는 내 곁에서 꽃으로 피어난다

바람의 탑

황 주 석

하늘에 세워둔
마음의 탑이여

홀로 외로이
기웃 거리던 높다란 세월

비가오나
눈이오나
하늘 위에 얹은 꿈 하나
바람 한 점으로 세워두고

세상의 모난 돌
정 때려 다듬어 쌓아도
뚫린 바람 길엔
쓸쓸한 볕만이 스민다

미로 따라
별빛이 흐르는 곳에
인생을 맡기듯

돌탑을 세워
지키고자 하는 염원을
고요히 은하수 길로 흘려 보낸다

물음표

황 주 석

사랑하는 이를 만날 땐
보기 좋아 연모하고

미움을 껴안을 땐
마음에 안 들어 괴로워하고

슬픔이나, 즐거움도
무엇인지 잘 모르면서
그저 남들 사는 것처럼
살아도 되는 것인지

꼬인 실타래 풀어보고자
작두칼에 무당을 태우고
억울한 혼도 달래보며

장사꾼은 천도재를 모셔
돈으로 신의 화를 풀고
손이 닳도록 합장한다

교인들은 믿음으로
기도를 올려 위안 받고
고난의 역사를 털어내기도 한다

그냥 습관적으로 잘 모르면서
자신의 틀이나, 신앙의 틀에서
천신만고의 생을 덜어내고픈 것인지

고독의 문제지가 주어진 날
삶의 물음표엔
무엇을 써넣어야 할까

황 주 석

아호 : 진여 眞餘
연합TV시문학 자문위원 단장
기독교 장로회 목사
선진문학창작대학 수료
시와수상문학작가회 회원
대지문학작가회 회원
문학세상 문예지 시, 수필 연재
연합경제TV 시, 수필 연재
청소년신문 문학산책 연재
새한일보 문학산책 연재
대한민국지식포럼 시인대학 수료
(사)문학그룹샘문 회원
(사)샘문학(구,샘터문학) 회원
(사)샘문그룹문인협회 회원
(사)한용운문학 회원
(주)한국문학 회원
(사)샘문뉴스 회원
<수상>
선진문학 시 등단
문학과예술 시, 수필 등단
문학세상 시, 평론 등단
대한민국자랑스런시문학공헌대상(7회)
실내건축 공헌부문상
국회의원 홍문표 표창

한국문학상공동시선집

시조부문 선정작

연꽃 외 2편

송 규 정

물 위를 덮어버린 우산 같은 연잎 군상
진흙에 발을 묻고 꽃등을 밝혀 든 채
부처님 그리워하며 향을 피워 발원하네

수천 년 역사 안고 향기로운 불심 태워
오가는 군중에게 묵언으로 구도한다
밤새워 찬 이슬 얹고 맑은 영혼 발아한다

늦은 단풍

송 규 정

더딘 가을빛은 가을 장마 탓이었나
지난해 이맘때는 무르익던 오색단풍
아직도 파아란 잎이 떨고있네 한파에

산책하는 사람들은 겨울옷 입었는데
자연은 우왕좌왕 여름을 붙들고서
먼 하늘 ㅈㄱ을 불러 뫼빛 구며 달랜다

공허

송 규 정

영혼이 분리되어 떠나간 해변에서
빈 가슴 열어놓고 파도소리 줍는다
아득한 수평선 너머 돌아올 혼 기다리네

송 규 장

경기도 성남시 거주
한국시조협회 회원
(사)샘문학(구,샘터문학) 회원
(사)문학그룹샘문 회원
(사)샘문그룹문인협회 회원
(사)한용운문학 회원
(주)한국문학 회원
(사)샘문뉴스 회원
샘문시선 회원
<수상>
한국시조협회 시조 등단

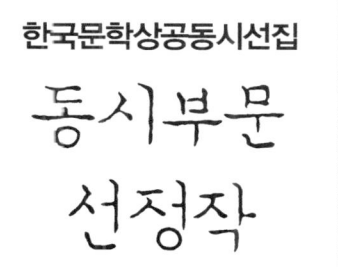

한국문학상공동시선집
동시부문 선정작

악수 외 2편

이 강 철

악수가 내립디다
누가 내리게 했을까요?
당신인가요?
나인가요?
우리 집 뒤뜰에는 좀새가 삽디다
참이라서 촉도 울어 대며 악수입디다 솜씨인가요?
발장난인가요?
아픈 장갑을 벙어리라고 놀리듯이
아다다를 백치라고 합디다
우리는 백지장입디다
당신이 놓은 넋이거나
내가 잡은 탈이거나
보리수 그늘 아래 열십자든 뼛조각이든 무엇에 죽은 지 모르겠습디다
재해인지 전쟁인지 도무지 기억나지 않아서 악수의 세례를 받고 서 있습디다
당신은 흔들리는 갈대인가요?
나는 흰 국화인가요?
우리는 흠뻑 젖었습디다

동시

엄마!

이 강 철

눈뜨다 감았습니다
몰랐습니다
안개꽃같이 뿌옇습니다.
밀물처럼 짠합니다
엄마는 아버지를 불렀지만
아빠를 잃었습니다
나는 어머니를 찾았지만
엄마를 잊었습니다
눈뜹니다
슬펐습니다 뚝,
안개 융단처럼 쓰러졌습니다
썰물같이 울었습니다
바다가 넘치도록 울었습니다

봄?

이 강 철

꿈속에서 벚꽃이 피었습니다.
새하얀 꽃잎은 엄마께 부치고 연분홍 꽃잎은 누구께 드리나
아무런 소식도 없이 꽃비가 내립니다
하늘에서 제자리걸음하는
벚나무 숲이 앙상블입니다
소복사박 무녀져내리는 계절을 물들입니다
바람 정령이 간지러운 머릿결을 새까맣게 빗어 주었습니다
텃밭에서 김치찌개의 냄새가 싹을 틔우고 있습니다
창문 밖으로 조각구름이 맛있게 익어갑니다
파티를 열고 꽃의 여왕을 초대합니다
호접란에 앉은 나비가 살랑 날아갑니다

이 강 철
대전광역시 동구 거주
남대전고등학교 졸업
청성 6사단 7연대 2대대 병장 전역
2008 Mensa Korea 합격
201? 천안직업훈련소 졸업
지필문학 회원, (사)샘문학 회원, (사)문학그룹샘문 회원, (사)샘문그룹문인
협회 회원, (사)한용운문학 회원, (주)한국문학 회원, 샘문시선 회원
<수상>
2019 지필문학 동시 등단
<민달팽이 외 2편>
<시집>
2020 마황(Emperor Of The Devil)

한국문학상공동시선집

수필부문 선정작

유언 그리고 죽음에 관한 단상 외 1편

윤 영 환

'더 살아야 할 내 인생만큼 행복해야 해. 글방을 만들어 주지 못해 미안해.'

이것이 내 아내의 유언이었고 이 말을 끝으로 숨을 거두었다. 한순간 고아가 되었고 처자식도 없는 인간으로, 친척도 형제도 없는 나락으로 떨어졌다. 내 삶의 존재 이유가 사라졌고 희망은 꺼졌다. 독신주의자를 따랐던 이 여인은 결국 나를 굴복시켰고 보살폈다. 1층 분식집에서 단무지를 꾸어 밥상에 올려놓을 때 나는 펜을 접었다. '기필코 이 여자를 굶기지 않으리라.' 이 한 생각으로 살았고 돈독이 올라 돈이 되는 건 뭐든지 했다. 의외로 돈 버는 건 쉬웠고 아파트를 분양받던 날 이 여인은 하늘로 갔다. 나는 뭔가. 그 어떤 위로의 말도 나를 흔들지 못했다. 그녀는 내 인생에 어떤 존재였던가.
잠시 살다가는 그녀의 일부? 나락으로 떨어졌고 술만 배신하지 않았다. 조건만 갖추어지면 늘 곁에 있고, 그렇게 술은 나를 외면하지 않았다. 지금 장애인으로 사는 이유는 이 술 때문이다. 가난한 글쟁이 만나봐야 별 볼 일 없다고 수도 없이 말했지만, 그리고 도망치듯 이사를 했으나 그녀는 찾아왔다. 멍청한 짓이라고 비아냥거렸지만 때 묻지 않은 그녀의 모습은 나를 감동하게 했다. 은행과 동사무소의 일들을 가르치고 사회생활을 원활히 할 수 있도록 나는 교육했다. 티끌 하나 없는 이 여인은 나만 바라봤고 언제나 상의했다. 나의 조언을 구하고 지식을 공유하며 즐거워했고 나는 아낌없이 모든 것을 주었다.
　인간의 순수함은 어디가 정점인가. 필요 이상으로 순수했고 맑은 아이였다. 나만 바라보던 그런 아이가 숨이 멎을 때 나는 기도했다. 이건 비굴한 신의 선택이라고 아무리 필요해도 지금은 아니라고 기도했으나 결과는 장례식장이었다.
그녀의 식은 입술에 내 입술을 맞추고 화장터로 향하던 버스 안에서 나는 생각에 잠겼다. 성당에서의 신부님 기도문도 수녀님의 눈물도 생각나지 않고 '너의 유언대로 사마' 하는 생각이었다. 아내의 유언은 나에게 그렇게 짐이 됐다.
어떻게 살면 아내 몫까지 행복할까? 싫어도 웃으면서 살아야 하나? 나는 외부와의 만남을 끊었다. 그것을 시작으로 죽음을 공부하기 시작했다. 읽은 책은 많아도 죽음에 관한 책은 없었음을 알았다. 탐구했고 죽음에 관한 이론을 갖게 됐다. 부모를

수필

보낼 때 딱히 슬퍼하지 않는 이유는 준비했기 때문이다. 인간은 삶을 다했을 때 우리를 떠난다. 준비하지 않은 죽음은 매우 슬프며 인생을 바꿔 놓는 계기가 된다. 우리가 가장 후회하는 것은, 나와 마주 앉은 그 사람이 영원할 것이라는 믿음이다. 그것이 깨지면 우리는 절망의 늪으로 간다. 한편 '어떻게 태연할 수 있는가?' 묻는다. 그렇지 않다. 전혀 태연하지 않으나 살아지는 것이다. 우리는 남은 삶을 살아야만 하는 모진 운명에 늘 처해있다.

누군가 말하는 저 하늘 위로 또 다른 세계가 있다면 만나서 할 말은 많겠지만 나는 묻고 싶다. '이승에서의 나의 남은 삶을 보고 있나?' 나는 아내의 죽음을 세계의 순환으로 보고 있으나 만난다면 물을 것이다. 너의 남은 삶을 난 행복하게 살았냐고. 유언대로 됐냐고. 우리가 맺고 있는 인연의 고리는 끊을 수는 없다. 어차피 맺어져야 하고 그 고리를 끌고 가야 하는 것이 우리네 삶이다.

어른이 되어 말하지만 살아지는 대로 살지 말고 살고 싶은 대로 살아야 할 것이다. 우리는 유언을 죽기 전에, 삶어 미련이 남아, 하는 말 따위로 생각한다. 이 사람이 숨이 멎기 전에 하는 말은 정말 하고 싶은 말이다. 유념해야 할 것이 있다. 그것은 바로 진심을 숨길 필요가 없기에 하는 말이다. 더 이상 가식적이거나 치장할 필요가 없는 말이 유언이다. 그것이 아무리 유치해도 정확히 듣고 마음에 새겨야만 한다.

봄이 오면 봄을 노래하는 시인들의 가사를 본다. 시인이 노래하지 않으면 봄은 오지 않는가? 자연은 돌고 돌며 인생사도 돌고 돈다. 변하지 않으며 끝없이 반복한다. 굳이 노래하는 이유는 뭔가. 순리에 따르는 것이다. 자연의 체계에 저항한다면 죽음 뿐이다. 더 이상 봄을 볼 수 없는 것이다. 유언은 자연이다. 그 자연의 순리에 적응하는 내에서 말함이 유언이다. 인간의 유언은 자연을 절대 벗어나지 못한다. 나도 자연으로 간다. 아무리 오래 살아도 우리는 죽는다. 이 죽음이 삶의 한쪽에 듬직이 있을 때 우리는 평화롭다. 번뇌는 이 죽음을 부정할 때 일어선다. 예수의 말도 공자의 말도 부처의 말도 죽음을 이해시키지 못한다. 아는 것은 '나'뿐이다. 그래서 인간은 외롭고 추하다. 틀것 아니기 때문에.

그렇다면 우리는 절망의 늪에서 늘 허우적거려야 하는가? 지구는 잠시 나를 빌어 이 세계에 온 우리들을 환영하니 조용히 왔듯 조용히 가라는 말뿐이다. 여기엔 의미도 없고 철학도 없다. 그러나 지켜야 하는 한 가지가 있다 우리는 어디에서 왔는가 하는 질문이다. 어디에서 왔길래 어디로 가는가 하는 질문이다. 이방인으로의 삶을 인정하자. 삶이 평화롭다. 니 눈에 내 지식에 걸맞지 않으면 불편해하는 심기를 접자.

인간은 공룡처럼 잠시 살다가 지구를 떠나야만 하는 운명이다. 영원할 줄 아는

한국문학상공동시선집 수필부문 선정작　593

가? 생은 멸을 동반한다. 사랑이 이별을 동반하듯이 인간의 삶은 정해져 있다. 울어야 할 필요도 없고 슬퍼할 겨를도 없다. 우리의 뼛가루가 지구 어딘가에 묻힐 때 부끄러워하지 않으면 된다. 그것이 이성을 갖춘 인간의 존엄이고 생존의 미학이리라. 우울할 시간은 없다. 인류학의 종점은 나눔의 정설만이 종점이다. 나누다 가는 삶은 유언이 없다.

    문맹이거나 문화에 적응을 못 하던 시대가 있었다. 미개인이라 불렸고 문화인이라 불리던 자들에게 죽임을 당해도 동물과 같은 취급을 당했다. 쉽게 말해 사냥감이었다. 볶아 먹기도 하고 삶아 먹기도 했다. 생명을 지닌 사람은 모두 존중받아야 하고 우주의 끝을 볼 때 우리는 존중해야만 한다. 생명을 멸시할 때 우리는 유언의 필요성을 느끼지 못한다. 다음 생을 믿든 안 믿든 상관없다. 현존하는 숨 쉬는 존재를 다시 바라보자.

유언은 그 사람의 마지막 발언이고 숨을 쉬고 있는 자에 대한 마지막 배려다. 자본주의하에 우리는 이 치장하지 않은 유언을 우습게 보고 있지 않은가. 못다 이룬 꿈들도 나오는 이 휘황찬란한 문구에 삶의 진리가 담겨 있지 않은가 생각해본다. 마지막으로 삶을 보내며 하는 이야기. 이 이야기에 우리는 귀를 기울일 때다. 유언에는 진리가 숨어있다.

방향을 잃을 때 이 유언 한마디는 힘을 준다. 반드시 행복해야 하는 이유를 주고, 건강해야 하는 이유를 설명한다. 그러나 인간은 유념하지 않는다. 그저 흔한 말이라 치부한다. 이 흔한 말이 진리임을 알아야 한다. 알지 못하기에 고통스럽게 삶을 끝낸다. 내가 사는 삶이 의미 없거나 매우 흔한 것이라 믿는다면 생각을 바꿔야 한다. 오늘은 어제 죽은 자가 그토록 살고 싶었던 날이다.

우리네 삶 속에서 한은 여기에서 출발한다. 굿에도 살풀이가 있다. 악귀인 살은 그 한을 풀어줘야 대화가 된다. 한이 맺힌 귀는 저승도 못 가고 떠돌게 된다. 우리가 믿는 토속신앙이 수천 년 이어오는 이유는 찜찜하기 때문이다. 그 사람에게 미안하고 해주지 못한 책임감에 휩싸이기 때문이다. 무엇인가 엉켜있는 것을 풀어주는 첫 단어가 유언이다. 이렇게 스스럼없이 뱉을 수 있는 것이 유언이다. 유언은 여한 즉, 남은 한이 없기를 바라는 마음에서 나온다.

    듣고 나서도 삶이 여전하다면 문제가 있다. 우린 유언을 과거와 달리 우습게 본다. 제정신이 아닌 상태에서 하는 말쯤으로 여긴다. 하나의 생명이 하나의 문장을 남기고 떠날 때 우린 집중할 필요가 있다. 그 문장을 풀어줘야 하는 게 인간이다. 그것이 살풀이다. 나는 지금 어떻게 살고 있나. 유언을 하지 못했나? 상관없다. 나의 행적을 추적해보면 유언을 예상할 수 있다. 대부분 경전이거나 바른 말이다. 지키지 않는 우리의 언행을 되돌아봄 직하다.

인간의 공전

윤 영 환

　태양 내부의 핵폭발이 험난한 과정을 거쳐 태양을 벗어나 빛으로 지구까지 오는데 8분 19초가 걸린다. 즉, 우리는 약 8분 전의 태양을 보고 있는 셈이고 태양이 지금 폭발해도 8분 뒤에나 우린 알 수 있다. 그 태양을 지구가 돌고 지구를 달이 돈다. 누가 훼방을 놓지도 않고 수십억 년을 그렇게 돌고 있다. 밟을 땅이 없는 가스행성인 목성도 태양을 도는데, 지구로 날아 들어오는 유성들과 우주의 파편을 강한 중력으로 흡수하며 위성들을 돌고 있다. 그렇다고 지구가 목성을 숭배할 필요는 없다. 공전 궤도는 정해져 있고 마땅히 그렇게들 모든 행성은 잘 살아왔다. 만약에 목성이 지구에 관심을 두고 가까이 온다면 인류는 물론 지구도 사라진다. 각자가 자기 위치에서 말없이 살아간다.
　지구의 인구는 2023년 7월 현재 80억 4만 명이 넘고 있다. 우주의 별들에 비교하면 먼지조차도 안 되는 숫자지만 공간 한계의 물리적 환경 내에서 아등바등 잘 살고 있다. 수천 년 동안 전쟁은 끊이지 않고 있고 각종 질병에 시달리고 있다. 어떤 학자는 스스로 인구 조절을 하고 있다며 변하지 않는 진리라 말하기도 한다. 그러나 살아남은 자들의 행복지수는 어떠한가. 과연 행복하기들 사는지 묻고 싶다. 왜 이리 자살인구가 증가하고 처절히 죽어가는 사람은 나날이 늘어갈까. 그것은 우주의 원리를 행하지 않았기 때문이다.
　모든 인간은 자신만의 공전 궤도를 가지고 태어난다. 각자가 그 궤도를 돌고 있고 그 궤도를 침범하면 파멸 내지는 분쟁이 일게 된다. 마치 목성이 돌던 궤도를 접고 지구로 다가오는 것과 같은 결과다. 인류 역사에 지금까지 문제가 되는 것은, 이 공전 궤도 침범이다. 내가 바라보는 한 사람의 궤도가 잘못되고 있다고 판단하는 순간, 문제는 일어나며 침범할 때 둘 다 피해 보기 일쑤다. 틀린 궤도가 아니라 다른 궤도라고 인정하면 충돌할 필요도 없고 거리를 두고 서로 도울 수 있음을 알아야 한다. 달이 왜 지구로 떨어지지 않는가를 생각해보라.
　'인간은 고쳐 못쓴다.'라는 말은 고치고자 하는 사람의 말이지 당사자가 한 말은 아니다. 그렇다면 왜 자꾸 고치려 할까? 그 이유는 욕심에서 나온다. 내가 바라보는 사람이나 세상이 내 눈에 만족해야만 하는 인간의 고질병이다. 조금이라도 고쳐지지 않으면 다시는 안 보거나 관심을 끊어버린다. 직업 때문인지 요즘 어르신들을 종종 본다. 100년을 한 길을 걸어 온 분이 내 마음에 들지 않는다고 고쳐볼 텐가? 그분들은 궤도를 정확히 잘 돌며 살았고 지금을 사는 인류에 이바지한 부분이 크다. 틀에 박힌 어르신을 공경하자는 말이 아니다. 험난했던 공전 궤도를 보고 내 궤도를 올바르게 걸어야 한다는 말이다.

궤도이탈은 두 글자를 남기게 되는데 그것은 '후회'다. 내 궤도를 잘 돌고 있다면 다른 사람의 궤도를 인정해야만 한다. 그 사람의 궤도를 수정하려 드는 행위는 파멸로 가는 길이다. 수도 없이 지켜봐도 한심할 때는 그 사람의 궤도를 생각해야 한다. 그 이유는 생명을 가지고 있기 때문이다. 생명을 품고 있는 사람에 대한 존중이 없는 한 다름보다 틀림을 주장하게 된다. 현재 정치판에서의 여야의 싸움이 인류의 역사와 함께 이어오는 이유는 여기에 있다. 광주민주화항쟁을 보더라도 뭔가 궤도이탈이 보이면 저항할 수밖에 없음을 보여 준다. 피를 얼마든지 흘려도 부끄럽지 않은 것이 인간의 공전이다. 이것은 각자의 공전이 아니라 생명을 건 공동체의 공전이다. 홀로 살지 못하기 때문이다.

동물은 나보다 강한 놈이 오면 피한다. 그러나 인간은 그렇지 않다. 인간만이 가지고 있는 공전의 힘은 부당함에 대한 항거다. 그 항거로 공전을 유지 하며 원래 돌던 궤도를 지키려 한다. 민주주의 체제든 사회주의 체제든 생명이 지닌 존엄을 유지하려는 행위는 역사적으로 존중받아 왔다. 그러나 지금은 강아지나 고양이 같은 존재가 사람보다 더 존중받고 AI를 장착한 IT 기계가 선망의 대상이 되고 있다. 과거 전화번호 열 개는 외웠지만 지금은 자기 전화번호도 잘 모르는 상황이 펼쳐지고 있다. 기계는 생명에 대해 도전장을 냈고 우리는 도전받고 있다. 어떤 학자는 시대의 흐름에 맡길 수밖에 없다고 말하고 어떤 학자는 자연을 무시한 행위로 본다. 이 재판은 간단하다. 인간은 어디에서 나왔는가를 생각하면 된다.

화가가 그림을 일 년 만에 끝냈다. 길고 긴 창작의 시간이었는데 갑자기 AI가 하늘은 파란색이 좋다고 조언한다. 그래서 파랗게 다시 칠했더니 당선이 됐다. 이 그림의 원본은 뭔가? 작가가 원래 그렸던 것인가 아니면 AI의 명령으로 수정한 작품인가. 원본은 어디에 있는가. 작품명을 짓기 전에 원본은 뭔가. 일부 강사들이 AI는 조언하는 수준이라 말하는데 웃을 수밖에 없다. 과연 원본은 어디에 있는가. 모든 창작은 인간의 자연스러움에서 나온다. 이 조언을 어길 때 공전 궤도를 이탈하는 것이다. 미국은 이미 AI의 참견을 막는 법안이 통과 됐고 세계적으로 유명한

'그래미어워드'에서도 AI의 도움을 받은 곡은 참여 못 한다고 선언했다. EU에서도 같은 법안이 상정 중이다.

　우리는 살아가며 많은 궤도이탈을 본다. 그것을 보며 안도감도 이는 예도 있지만 불안함도 있다. 그 이탈을 어떻게 바라보는가에 대한 철학이 필요하다. 이 이탈이 자연스러운 것인지 판단하는 능력을 이미 갖추고 태어났다. 우리가 자연과 가까워져야 하는 이유는 생명이 있기 때문이다. 모든 생명은 자연에서 왔고 궤도는 순리다. 80억 명이 넘어도 아니 100억 명이 넘어도 우리는 지닌 궤도의 이탈은 그만두어야 한다. 서로의 공전 궤도를 인정할 때 우리는 평화롭다. 혹자는 타고난 삶의 경로에 참여하지 말라는 말을 하는데 지구가 달을 끌어들이지 않는 이유를 생각해 보라. 서로 공존하는 것이다.

　인간은 공존의 자연스러움을 박해 해왔다. 같이 존재할 수 없고 반드시 정복해야만 하는 대상으로 약소국을 대해왔고 지금도 진행 중이다. 생명이 있든 없든 무관하다. 이 냉정함을 누가 방관했는가. 그것은 당신이다. 욕심에 절어있는 강대국을 바라보며 우상으로 여기는 당신의 비굴함이다. 같은 궤도를 돌고 있음을 파괴하고 자신의 궤도로 끌어들이려는 마음을 존경하는 것이다. 그 대표적인 것이 한글이다. 우리의 문자를 무시하고 영어로 노래하는 가수들이 해외 순위에서 우승하는 꼴을 보면 진정한 한류인지 묻고 싶다. 이것은 서로 다른 공전 궤도를 돌고 있음을 스스로 부정하는 모습이다. 창피한 줄 알라. 그러나 그들은 그들만의 궤도를 간다. 10살의 소녀가 지난밤이 그립다고 노래하는 시대다. 부모의 궤도가 우습지 않은가? 10살 된 소녀가 왜 지난밤이 외로운가. 그걸 이용하는 방송국은 뭔가. 윤리 의식이 가져오는 병폐다.

　우리는 신호를 주고받는다. 서로 다른 궤도를 도는데 잘 지내냐고 묻는다. 잘 돌고 있는데 마음에 들지 않으니 궤도를 수정하라 명한다. 수정하지 않으면 매몰차다. 가혹하리만큼 매몰차다. 지금의 인류는 수정의 달인들로 봐도 무관하다. 왜 그를 수정하려 드는가. 그것은 상대를 인정하는 순간 내가 낮아진다는 생각 때문이다. 상대는 공전 궤도를 잘 도는데 당신은 훼방을 놓고 있는 셈이다. 인정하라 그의 공전 궤도를.

　아무리 나보다 어려도 경험이 없어도 그는 그만의 궤도를 돈다. 만지면 안 된다. 손 보는 순간 당신을 보고 웃어도 혐오한다. 그 이치를 깨달아야 한다. 남의 궤도를 건드리는 순간 당신은 적이 된다. 그것이 본능이고 천성이다. 무지몽매하더라도 지켜보라. 충돌 없이 공전하라고. 자식을 키우는 사람들이 실수하는 부분이다. 지금 세대는 당신이 살던 시대보다 지식의 습득이 10배는 빠르다. 버거울 정도로 지식을 흡수하고 있다. 후대의 공전 궤도를 수정하려 하는가? 지키고 싶은 궤도는 과연 무엇인가.

교통수단과 통신수단을 빼면 지금은 고구려시대와 별반 다를 것이 없다. 인간은 태어날 때부터 자연에서 왔기에 자연스러움을 부정할 수 없다. 그러나 서로 다르다. 이 서로 다름을 인정할 때 우리는 평화롭다. 그들의 공전 궤도를 수정하려 들면 공멸이다. 인류의 비극은 서로 다른 궤도를 인정하지 않을 때 온다. 지금도 겪고 있지만 생각해볼 철학 아닌가? 나는 이것을 미래의 인류가 생각할 화두로 본다.

매일 지정된 새벽 시간에 출근하는 간호사들을 본다. 이들은 그들의 궤도를 돌고 있다. 힘든 일 접고 편안히 살자는 생각이 지배적인데 굳이 하는 이유는 뭘까? 80억 명이 넘게 살고 있는 이 지구 안에 인간은 각자의 궤도를 돈다. 해야만 하고, 하고 싶어서 하고 그렇게 우리는 살아간다. 그 끝은 죽음이지만 사는 데까지 우리는 궤도를 돈다. 그것이 자연스러운 것이고 어기면 불편하다. 각자의 삶 안에서 잘 돌고 있는 궤도를 수정하려 애쓰지 말자. 당신의 궤도는 잘 돌고 있는지 살펴볼 일이다.

인간의 공전은 존엄하며 누구나 건드려선 안 된다. 우리가 바라보는 시대 의식은 변하며 묘한 인간이 태어나 흐름을 변하게 할 수 있다. 해야 할 일은 자연에 무엇이 더 가까운가를 따지는 일이다. 자연과 멀다면 반드시 배제해야 하는 것이 공전의 운명이다. 이미 정해져 있는 것을 우리 손으로 바꾸려 할 때 학살이 일어나고 생명은 죽어 나간다. 그 오묘함을 알아차릴 때 우리는 스스로 어른이라 말할 수 있다.

윤 영 환
경기도 화성시 거주
시인, 수필가, 프로그래머
문학으로 가는 길 누리집 운영
화성의료복지사회적협동조합 누리집 운영
시사문단작가협회 회원, (사)문학그룹샘문 회원, (사)샘문그룹문인협회 회원, (사)샘문학(구,샘터문학) 회원, (사)한용운문학 회원, (주)한국문학 회원, 샘문시선 회원, 빈여백 동인
<수상>
시사문단 시 등단
시사문단 수필 등단
2023 샘문뉴스 신춘문예
2023 샘문학상 본상 특별창작상

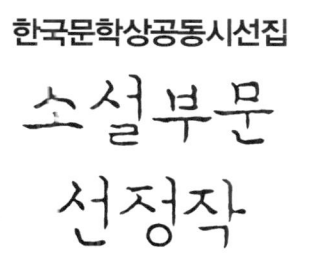

한국문학상공동시선집
소설부문
선정작

유리사슴

김 현 진

눈이 내리는 꿈을 꾸었다. 커튼을 열어보니 꿈 속에서처럼 눈이 내렸다. 창가에 세워 놓은 유리 사슴이 햇살을 받아 머리 끝을 반짝이고 있었다. 유진은 정지된 화면처럼 자신을 창문 옆에 세워두고, 오래도록 유리 사슴을 바라보았다. 저 먼 겨울 나라에서 눈 속을 날아 온 유니콘 모습처럼 머리 끝에 뿔을 내놓고 유진을 향해 요요히 빛나고 있었다. 현실에서 본 것을 꿈 속에서 자주 보았다. 꿈 속에서 본 것을 현실에서 자주 보았다. 한 여름의 오수처럼……

유진은 별 다른 망설임 없이 병원을 찾았다. 어린 시절 보았던 나뭇가지 사이로 쏟아지던 햇살처럼, 태어나는 순간부터 지금 이 순간을 예정 받은 듯, 병원을 찾는 일이 순조로웠다. 한 자리에서 한 가지 일을 오래 한 듯, 단련된 간호사가 신청서를 내밀며 이름과 주소 전화번호를 적으라고 했다. 이름 란에 '유리 사슴'이라고 적었다. 신경정신과이기에 이것도 별 문제 없었다. 잠시 후 '유리 사슴씨! 들어오세요'라는 상냥한 목소리가 들렸다. 간호사가 또 있었던 모양이었다. 진료실 안은 환자를 위해 적당히 어두운 조명을 설치해 놓았다. 의사 얼굴만 훤히 보이고 환자 얼굴을 어두컴컴하니 잘 보이지 않게 설정해 두고 있었다. 너무 환하면 환자들이 싫어하기 때문이리라. 정신 병원을 찾는 환자야 말로 환자 중 환자일 테니까……

환한 조명 속에 벙긋이 웃고 있는 의사는 무척이나 잘생긴 남자였다. 어쩐지 키에누리브스를 닮은 듯한 이 의사는 잘생긴 자기 얼굴만 보여주고 싶어서 자기 쪽만 조명을 훤히 밝혀 놓은 듯 했다. 늘 햇살이 비추이는 양지 바른 곳이 있지만 두꺼운 건물 뒤편은 늘 햇살이 미치지 못하는 그늘진 곳이 있었다…… 의사는 젊지만 다행히도 유진의 말을 이해해 주었다. 자신의 인생 중 참, 다행이다 싶은 사람을 만나는 일은 행운이었고 드문 일이었다. 흙 속에서 반짝이는 이름 모를 결정체처럼……

유진은 진료 후 유진의 마음만큼이나 무거운 유리문을 밀고 나와보니, 연극 무대 뒤편을 배정 받아 엑스트라로 출연하는 신인 배우처럼 수녀님 두 분이 잰 걸음으로 지나갔다. 걷는 연습을 많이 한 사람의 걸음걸이였다. 화장기 없는 얼굴, 가녀린 몸매, 굽 낮은 구두, 하지만 목표가 있는 회색 제복의 행진이었다. 유진도 차라리 걷고 싶었다. 똑 같은 제복을 입고 똑 같은 목표가 있는 양, 저 높은 곳을 향하여 이토록 걸어 볼 만한 이유가 있다는 듯, 일정하고 정확한 보폭을 주어 걷고 싶었다. 걷는 동안은 잊을 수 있을 것 같았다. 선택 받은 인생인 듯 앞만 보고 걷는 동안 유진의 마음 한 구석, 무엇으로도 채울 수 없는 빈 공간을 잊을 수 있을 것 같았다.

유진은 집으로 돌아 오던 중 스스로 안드로메다라고 이름 지어 준 바다로 향했다. 바다에 햇살이 내려와 유리 사슴의 뿔처럼 바닷물이 반짝이고 있었다. 바다에 내린 눈은 오자마자 모두 녹았으리라. 유진은 유리 사슴의 뿔처럼 반짝이는 바닷물을 바라보며 피식 웃음이 새어 나왔다. 자신의 인생 중 정신 병원을 찾는 일도 있다니…… 유진은 언제나처럼 바다에게 얘기했다.

"오늘은 병원에 갔었어. 좀 희한한 과에 갔었어, 몸이 아니고 마음 때문에…… 바다 속에도 빈 공간이 있니?"

바다는 그렇다고 철퍼덕철퍼덕 울어 주었다. 일정하게 바닷물이 들이쳐 쓸고 나가는 곳에 놓여져 있는 바위 한 쪽 면이 조금씩 조금씩 깎여져 나가 듯 유진도 모르는 사이에 유진의 인생이 조금씩 깎여져 나가는 느낌이었다. 바닷물 위에 반짝이는 햇살을 한 동안 바라보았다. 먼 하늘과 수평선을 번갈아 바라보던 중 작렬하는 바닷물 위에 언뜻 창가에 두고 온 유리 사슴이 보였다. 반짝임 속에 보일 수 있는 착각이겠지만 유진은 분명 유리 사슴의 모습을 보았다. 아침에 눈 덮인 창가에 두도 나온 자신을 닮은 유리 사슴의 모습이 꽤나 강렬하게 남아 있었던 모양이었다. 유진은 수평선 저 쪽 꺼질 듯, 꺼질 듯, 반짝이고 사라져 버린 유리 사슴의 모습이 반가웠다. 돌아오는 길이란 언제나 저녁 무렵이었다. 내키지 않은 마음으로 저녁거리를 위해 동네 슈퍼에 들렸다. 아파트와 조금 떨어져 있는 커다란 마트까지 가는 일이 귀찮아 동네 슈퍼에서 적당히 저녁거리를 해결했다. 거스름 돈을 건네주는 슈퍼 여직원이 넌지시 물었다.

"새댁 아직 안 들어섰수?"

"네."

유진은 짧게 대답했다.

'니가 내 시어머니라도 되니?' 유진은 쏘아 붙이고 싶었지만 여자들 특유의 싸움이 될 것 같아 그만 두었다. 수다가 근본이요 관심이 철학인 슈퍼 여자는 길 건너 조그만 아파트 반장이라도 되는 양 아파트 여자들의 집안 일을 일일이 꾀고 앉아 슈퍼를 드나드는 여자들을 상대로 하루 종일 궁금한 것을 살핀다. 슈퍼 여자는 유진이 결혼 한지 3년이 지나도록 아이가 생기지 않는다는 것을 알고 있었다. 한국인에게는 당연히 궁금한 부분이었고 노골적으로 묻고 싶은 부분이었다. 슈퍼 여자는 말없이 문을 밀고 나가는 유진의 뒤통수에 대고 그 못난 주둥이를 이죽거렸다. 멀쩡한 년이 왜 애는 못 낳고 있는지에 관한 이죽거림이었다. 유진은 슈퍼 유리를 통해 슈퍼 여자의 삐뚤어진 입 모양을 아주 잠깐 보았다.
'덜 떨어진 년!'
집에 돌아와 현관문을 열면 불을 켜기 전까지 집 안은 커다란 굴 속이었다. 3년을 살아도 내 집 같은 익숙함이 들지 않은 집에 불을 켰다. 창가에 유리 사슴이 반짝였다. 며칠 전 대 청소를 하며 집 안 장식품을 모두 버리고, 유리 사슴 하나 만을 남겨 두었다. 쓸데 없이 많았던 장식품을 모두 버리고 둘러 보니 집 안이 훤하게 넓어져 있었다. 아마도 그 이유 때문에 조명 아래 유리 사슴만 유독 반짝였으리라. 유진은 유리 사슴을 향해 맥없이 웃었다. 비실비실 웃으며 별로 하고 싶지 않은 저녁을 위해 꼼지락거렸다. 아무리 노력해 보아도 마음이 가지 않아 손이 가지 않은 시간이 이 시간이었다. 언제나 그랬다. 아무리 노력해 보아도 이 시간은 마음이 가지 않아 손도 가지 않았다. 음악을 크게 틀어 놓고 소파에 앉았다. 음악 소리가 너무 크다고 위층 아주머니로부터 품위와 교양이 넘치는 충고를 들은 적도 있지만, 유진은 이 시간이면 언제나 음악을 크게 틀어 놓았다.

유진은 다음 날도 병원을 찾았다. 진료가 끝나고 나와보니 멀쩡하게 생긴 중학생 남자 아이가 엄마에게 이끌려 병원에 온 모양인데 주사를 맞지 않겠다고 성을 부리고 있었다. 한참을 싸우고 소리 지른 끝에 욕설을 퍼부으며 주사실로 들어갔다. 유진은 또 맥없는 웃음이 새어 나왔다. 주사를 맞으라고 해서 주사를 맞았고, 약을 받아가라고 해서 약도 받았다. 참으로 말도 잘 듣는다. 언제부터 이렇게 말을 잘 들었나······ 유진은 말 잘 듣는 환자였다. 유진은 또 안드로메다라고 이름 지어 준 바다에 들려 하염없이 바다만 바라보았다. 오늘은 햇살이 나오지 않아 바다 위의 유리 사슴도 어른거리지 않았다. 돌아오는 길에 꼴 보기 싫은 슈퍼에 또 들려야 했다. 우유와 찬거리 몇 가지를 들고 나오는 유진에게 어디서 본듯한 아줌마가 아는 척을 했다.

"아까 병원에서 본 아줌마네······"
유진은 그제서야 고개를 들고 말 소리 나는 쪽을 쳐다 보았다. 말 안 듣던 중학생의 엄마였다.

"젊은 새댁이 병원엔 왜 갔수?"
말꼬리가 올라가며 궁금한 기색이 역력했다. 이 세상 모든 일에 대한 알 권리가 충만하다는 슈퍼 여자의 눈꼬리도 올라갔다. 이 여자의 아들이 신경정신과에 다니고 있다는 것을 아는 모양이었다.

"지구 온난화가 걱정돼서요"
유진은 진지한 표정으로 대답했다. 어쩐지 이 여자들에게는 이 여자들을 위해 이

여자들을 위한 이야기를 해야겠다는 느낌이 왔다. 정신병원에 다니는 것까지 알게 되었으니 그 궁금증이 오죽 춤을 추고 널을 뛰고 싶을지……
슈퍼 여자는 언뜻 무슨 소리 인지 알아 듣지 못해 거스름 돈을 건네주는 손길이 매우 맹했다. 유진은 슈퍼 문을 나서며 유리 문 쪽에 눈길을 주었다. 예상대로 두 여자는 심하게 고개 짓을 해가며 자기들끼리 심하게 쑥덕쿵을 나누고 있었다.
　'무식한 년들……'
유진은 오늘도 텅 빈 아파트에 들어가 불을 켜고 유리 사슴과 이별 한 뒤 별로 하고 싶지 않은 저녁을 위해 꼼지락거렸다. 음악을 크게 틀어 놓고 잠시 쉬었던 것도 같고 샤워를 한 후 잠이 들었던 모양이었다. 유진은 다음 날 늦잠을 자 버렸다. 10시쯤 깨어 커텐을 열어보니 햇볕이 '쨍'하고 들어왔다. 오늘은 병원에 가지 않고 바다를 먼저 찾았다. 꽁꽁 숨겨 놓은 보물을 들키기라도 하듯 병원을 다닌다는 것을 누군가 알아버린 후, 어쩐지 병원에 가는 일이 내키지 않았다. 바다는 유리 사슴의 모습을 숨겨 놓고 철퍼덕거리고 있었다. 무심했다.
병원에 도착해 보니 병원은 난데 없는 휴무었다.
　'어제도 아무 말 없었는데……'
"의사 선생님 사정으로 쉽니다"라고 조그만 쪽지가 알려주었다. 유진은 맥없이 돌아섰다.
　'미리 연락이라도 하지…… 오늘은 귀찮아도 마트에 가야겠다.' 수퍼 여자가 보기 싫었지만 남는 시간을 위해 멀리 있는 마트를 찾았다. 오랜만에 마트에 와 보니 세일도 많이 하고 살 것도 많은 듯 했다. 일주일 치를 한꺼번에 사버린 듯 커다란 봉지를 세 묶음이나 들고 아파트 주차장을 걸어 오던 중 반갑지도 않은 중학생 엄마와 또 마주쳤다. 항상 붙어 다니는 키 작은 여자와 함께.
"오늘은 마트에 갔다 오는 모양이네, 장을 많이 봤구먼, 오늘 병원 문 닫았지, 나도 우리 애 데리고 병원 갔다가 허탕치고 왔어, 그 미남 의사 이혼 남이라고 하던데 데이트라도 하나 보네……"
중학생 엄마는 유진도 자신처럼 궁금 할까 봐 묻지도 않은 말을 술술 진술 해 대고 있었다.
　"……그래요"
유진도 그 의사가 이혼남인 것은 알지 못했다. 이런 정보에 관한 재미 때문에 여자들은 그토록 모여서 쑥덕쿵을 나누는 모양이었다.
"새댁 좀 마른 것 같은데…… 애라도 들어선 것 아냐?"
옆에 있던 키 작은 여자가 물었다. 이 여자들은 왜 이토록 남의 일에 관심이 많고 궁금한 것이 많은지…… 소에게 물어 보라고 하고 싶었다. 유진이 아무 말 없는 것을 보고 중학생 엄마가 쿡쿡 찌르며 눈짓을 해댔다.

"아! 뭔 상관이유……"

그래도 키 작은 여자는 아직도 충고가 남았다는 듯, 자신 만큼 현명한 사람도 없다는 듯 지껄이고 있었다.

"우리 시누도 애가 안 생겨서 병원 다니다가 겨우 딸 하나 낳았어. 새댁도 가만 있지 말고 병원에 가 봐, 3년이나 됐는데 슬슬 신경 써야 해"

시 어머니라도 되는 양 관심이 지대하다. 참견 좋아하는 이 잘난 여자들은 애를 셋씩이나 낳은 여자들로서 여자로서는 매우 훌륭한 여자 과에 속했다. 평소의 행동과 말투로 보아 아이를 셋이나 낳을 수 있었던 자신들을 매우 자랑스러워 했고 영광스러워 했다. 중학생 밖에 안 된 아이를 벌써부터 정신병원에 데리고 다니면서도 주일이면 두꺼운 성경책을 들고 교회에 나가 아들 3형제를 주신 신께 끔찍이도 감사를 드렸다. 이래도 저래도 인생은 감사해야 할 만한 것이었던가 보다.

"아! 어련히 알아서 하겠어 저녁 때 다 됐는데 어서 가 봐요"

유진의 무표정을 보고 중학생 엄마가 키 작은 여자를 재촉하며 말했다. 끝을 얼버무리는 두 여자와 건성건성 헤어졌다. 자기들끼리 쿡쿡 찌르며 뒤가 긴 모양이다. 아이를 셋이나 빼낸 엉덩이가 자랑스러워 맹렬히 흔들며 걸어가고 있었다.

"병원 다니며 애 가질 궁리나 할 일이지 왜 빌빌대고 정신병원엔 다니는 거야? 하여간 요즘 년들은……"

영광스러운 엉덩이와 함께 바람을 타고 너울너울 들려오는 소리였다. 이 여자들의 무식한 걱정과는 달리 유진에게 아이가 생기지 않는 것은 유진의 자유 의지가 아니었다. 하지만 그것조차 조작이 가능한 인공물인양, 충분히 할 수 있는 것을 유진의 게으름과 무성의 때문에 미루며 여유를 부리고 있는 듯 유진의 인생이 아니고 왔다. 아이를 셋을 낳은 여자들은 다른 여자들도 아이를 셋을 낳아야 정상이었다. 자연 발생 설이 가능한 천연의 하부 구조를 가지고 태어난 자신들의 자궁이 그저 믿음직스러울 따름이었다. 엉덩이가 튼실한 저 여자들이 출산을 할 수 있었던 영광은 더 이상 어렴풋한 화요일 같은 열정이었다. 여자로서 완벽하게 조형된 여자라는 이름의 사람…… 사람이라는 이름의 여자…… 모범 사육에 빛나는 완전한 사육이었다. 유진은 흔들리는 엉덩이를 한동안 바라보아 주었다. 성스럽고 거룩한 두 덩어리를……

저녁을 위해 일어나야 하는 저녁 시간, 소파에 잠시 누워 있던 유진은 일어나야 한다는 생각만큼 몸이 움직여 주지 않았다. 생각 속에 갇혀 질척이는 유진에게 '너를 깨우러 왔다'는 듯, 요란한 전화벨 소리가 허공을 찢어 놓았다. 아담하게 설정해 놓은 벨 소리였건만 나팔 소리 때문에 무너지는 여리고 성처럼, 한순간 허공을 갈라 놓은 전화 벨 소리는 몸 속에 갇혀 있는 유진을 신경질적으로 끄집어 내었다. 불쾌하게 첫 마디를 시작하는 유진에게 전화 선 넘어 저쪽에서 들려오는 소리는 유진보다 더 다운 된 여인의 목소리였다. 유진의 학교 선배인 선영 언니였다. 유진보다 늦게 결혼 했지만 결혼 하자마자 아이가 생겨 돌쯤 도는 아이를 키우고 있었다. 아이를 잘 만드는 여자인 듯, 그것도 복이라면 복이겠지만 결혼 하자마자 숨 돌릴 틈도 없이 생겨버린 아이를 싫어하는 언니를 주변 사람들은 이해하지 못했다. 그리고 언니 또한 언니를 이해하지 못하는 그들의 무능성을 이해하지 않았다.

아이의 돌이니 내일 시간이 되건 잠깐 놀러 오라 하였다. 다음 날, 현관부터 수북이 쌓여 있는 신발을 상상하며 들어 선 언니의 아파트에는 아무도 없이 유진만이 초대되었다. 친구들은 다른 날 초대 할 것이냐는 유진의 질문에 언니는 아무도 부르지 않을 것이라고 짧게 대답 할 뿐이었다. 평소 유진의 성격을 보는 듯 했다.

작년 봄, 시내에서 우연히 만난 언니는 입덧이 너무도 심해 해골 같은 얼굴을 하고 있었고, 시내에서 집으로 돌아오는 중에도 토할 곳을 찾느라 몇 번이고 택시에서 내려야 했다. 언니는 동물적인 너무나 동물적인 그 순간을 싫어했다. 언니를 집까지 데려다 주고 좀 쉬라고 서둘러 돌아가려는 유진을 언니는 부득이 차 한 잔을 하고 가라며 붙들었다. 언니의 취향대로 심플하게 꾸며진 아파트 실내는 가구가 많지 않아 시원해 보였다. 집어 돌아 와서도 질곡의 역사처럼 이어지는 입덧 때문에 신경이 날카로워진 언니는, 단지 놀이터에서 노는 아이들의 노는 소리가 듣기 싫다며 거실 문을 이중으로 닫고 커튼까지 거칠게 닫아버렸다. 무척 예민하다 싶었지만 언니의 시커먼 눈동자와 어두운 얼굴이 섬뜩하기 까지 했다.

유진은 언니를 이해했다. 유진의 어린 시절 유진의 사촌 언니는 입덧이 너무도 심해, 놀이터에서 노는 아이들의 모습을 보는 것이 싫다며 놀이터를 지날 때 얼굴을 돌리고 지났던 기억이 났다. 자신이 경험 해 본 적이 없는 것은 알 수 없는 것이 몇 푼 안 되는 사람의 마음이었다. 토하는 순간 토하는 것 외에는 아무것도 생각 할 수 없다고 했다. 언니는 하고 싶은 얘기가 많아 보였지만 어쩐지 자연스럽게 말이 나오지 않은 듯, 해야 할 말을 쉽게 하지 못하는 눈치였다. 하고 싶은 일이 많았던 언니가 결혼과 임신과 함께 자신의 인생이 중단 되어버린 것을 몹시 아쉬워 했다. 언니가 계획이 많았다는 것은 유진도 알고 있었다. 하지만 여자는 결혼하여 아이를 낳고 살아야 하는 것으로만 알고 사는 언니의 주변인들은 그것만이 여자의 도리인 듯 언니의 계획을 이해하지 못했다.

사실은 아무것도 준비하지 못했다는 언니가 음식을 시키자며 서둘러 음식점 전화번호를 찾고 전화 수화기를 들었다. 언니의 옆 모습이 무척 쓸쓸했다. 순해 보이는 아들은 거실 바닥에서 혼자 잘 놀고 있었다. 여전히 하고 싶은 이야기가 많아 보였지만 오랜 세월 말을 잊고 지낸 사람처럼 해야 할 말을 쉽게 찾아내지 못하고 있었다. 학창 시절 보았던 언니는 미래를 가지고 있는 사람에게서만 뿜어져 나오는 '아우라'를 가지고 있었다. 제대로 된 꼴이 아니면 눈 뜨고 볼 수 없다는 소문난 욕쟁이였고, 술자리에서 돼먹지 못하게 구는 남학생에게 거침없이 따귀를 날리고 술상을 엎어 버렸다는 아주 가까운 전설을 가지고 있었다. 부지런한 걸음걸이와 빠른 말투 그리고 미래를 향해 반짝이던 그 시절의 그 광채는 어디로 가고, 반쪽이 되어 버린 얼굴과 한 없이 깊고 어두워져 버린 저 눈동자를 누군가에게 책임을 묻고 싶었다.

언니는 자신도 모르는 순간에 원치 않은 동굴에 빠져버린 '이상한 나라의 엘리스'처럼 출입문을 찾지 못해 굴 속을 헤매는 불안하기 짝이 없는 엉뚱한 엘리스의 얼굴의 얼굴이 되어 있었다. 잔잔한 음악을 듣는 일로 소일거리를 한다는 언니와 보조를 맞추어 잔잔한 음악을 들어주었다. 그리고 일어서려는 유진에게 언니는 이혼을 준비 중이라고 했다. 순간 시선이 멈추어진 곳은 혼자 잘 놀고 있는 아이의 모습이었다.

"아이는 어쩌고······"

문득 튀어 나온 질문이지만 참 못난 질문이다 싶었다. 아이는 고집스러운 시어머니가 키울 것이라고 했다. 성격차이가 원인이라고는 했지만, 아직은 언니가 해야 할 일이 많은 것이 이유라고 했다. 유진은 어째서 언니가 자신에게만 연락을 했는지 알 것 같았다. 언니를 이해 할 사람은 유진 뿐이었으므로······

학창 시절부터 대화가 통하지 않는 주변보다 후배인 유진이 더 말이 잘 통한다는 이야기를 여러 번 했었다. 언니의 집을 나서며 올려다 본 하늘이 냉정했다. 유진은 서둘러 돌아가야 할 이유가 없는 집 구석에 서둘러 돌아가고 싶지 않았다. 아직은 오후 시간이 길었다. 문득 옛날에 잘 다니던 골목길을 찾아보고 싶어졌다. 옛날 집이 많이 남아 있어 유진이 유독 좋아하던 골목이었다. 까마득히 올려다 보이는 전철 계단을 야금야금 올라 마지막 계단에서 깊은 심호흡을 내쉬며 둘러 본 그곳에 우주 정거장을 연상케 하는 웅장한 건물 한 채가 우뚝 솟아 있었다. 우주인이 나타나 하룻밤 사이 바벨탑이라도 쌓아 놓은 듯, 건물 꼭대기에는 구름 한 점이 멋지게 걸려 있었다. 전혀 다른 혹성에 와 있다는 착각이 들 정도로 추억의 건물들을 모두 밀어내고 현대식 건물 한 채가 미끈하게 서 있었다. 겨울 하늘 치고는 보기 드물게 맑고 쾌청한 하늘이 '이렇게 멋진 건물이 세워질 동안 넌 뭐했니?' 하며 새침을 떨고 있는 듯 했다. 은근히 유진을 조롱하며······ 하늘 배경을 그대로 반사하는 건물 창문 중 하나가 유독 겨울 햇살을 받아 유리 사슴의 뿔처럼 반짝였다. 수평선에서 반짝이던 유리 사슴이 긴 뿔을 들이대고 건물 밖으로 뛰쳐 나올 듯 했다. 유진이 그토록 좋아하던 옛날 집들과 좁고 긴 골목길은 흔적도 없이 사라졌다. 영원한 것은 아무것도 없다는 듯…‥ 변하지 않은 것은 아무것도 없다는 듯……
집으로 돌아와 거실 창문을 열어 보았다. 주섬주섬 밤 하늘이 열리고 있었다. 부엌 쪽에 아무렇게나 던져 놓은 수퍼 봉지에서 내키지 않은 동작으로 과일과 야채를 꺼냈다. 똑 같은 일을 반복해야 하는 이 시간이 싫고 싫었다. 유진의 친구 중에는 오래된 옛날 여자처럼 음식을 잘 하는 것이 자랑스러워 온 몸을 흔들며 요리를 하는 친구가 있었다. 유진 또래에도 저런 여자가 있을까 싶을 정도의 별스런 친구였다. 유진 또래의 여자들이 모두 유진 같을 것이라고 생각하고 살아 온 것이 유진의 착각이었던 모양이었다. 뉴욕에서 8년 동안 시각 디자인을 공부하고 왔다는 아래층 새댁의 입에서도 '밥 안 하면 뭐하냐?'는 발언이 튀어나온 후, 사람과 마주보는 일을 그만 두었다. 유진은 지금 이 순간을 자신을 위해 쓰고 싶었다. 자신이 아닌 것들로부터 둘러 쌓인 지금 이 순간을…… 유진에게도 분명 자신에게 승부를 걸고 하고 싶은 일이 있었다. '하면 죄지 않느냐?……'는 백지의 반문을 받아 본 적도 있었다. 하지만 '네 귀를 위한 입이 아니다'라고 반문했던 니체처럼 유진은 그들에게 답하지 않았다. 아주 잘 한 일이라 사료된다. 움직이고 싶었다. 자신을 위해 생활하고 싶었다. 하지만 이 저녁, 유진이라는 공간이 유진을 묶어 두고 있었다. 도마 위에 아무 야채나 올려 놓고 칼질부터 해야 하는 건지, 냄비에 물부터 올려 놓아야 하는 건지 도무지 뭐가 무엇인지 떠오르지 않았다. 유진의 등 뒤에서 만 가지 귀신이 혀를 낼름거리며 유진을 괴롭히는 듯 했다.

'안 되겠지! 못 하겠지! 왜 사니! 넌 쓸모 없어! 니까짓게 뭔데……'
유진은 싱크대에 등을 기대고 주저 앉아버렸다. 지금 이 순간, 유진이 할 수 있는 일은 그저 주저 앉는 일뿐이었다. 유진은 주저 앉고 나서야 비로소 오늘 하루 종일 쉬지 않고 바닷가를 걸었다는 것을 기억해 냈다. 지구 반대 편 다른 세계에 와 있는 양, 잠시도 쉬지 않고 하루 종일 걸었었다. 지금 이 순간 자신을 위해 자신을 보호하며 자신 속에 할 수 있는 일은 그저 주저 앉는 일뿐이었다. 유진은 주저 앉은 채로 주위가 온통 컴컴해질 때까지 냉장고 뒤쪽을 보며 우두커니 앉아 있었다. 우두커니…… 우두커니…… 우두…… 아무도 깨어있지 않은 밤을 홀로 움직였다. 아무도 깨어 있지 않은 새벽을 홀로 움직였다. 어쩌다 잠이 오면 반가울 지경이었다. 유진이 눈 오던 날 창가에 유리 사슴을 세워두고, 처음 병원을 찾은 이후 벌써 석 달이 지났다. 하지만 유진에게 석 달은 그다지 긴 시간이 아니었고 빠르게 지나가 버린 느낌도 아니었다. 유진은 바닷가를 걷던 중 뒤쪽에서 익숙한 목소리가 들려왔다. 의사였다. 손에 조그만 맥주 캔까지 들고 있었다. 어쩐지 걱정이 있는 듯 어두운 얼굴이었다.

"왠일이에요?"
"유진씨 여기 있는 것 알고 왔어요"
우연인 척 꾸미지 않고, 알고 왔다는 솔직한 표현이 의사다웠다. 피우던 담배를 비벼 끄고 먼저 걷기 시작했다. 유진도 따라 걸었다.
"내 이름 알아요?"
병원에서는 언제나 유리 사슴이었는데 난데없이 이름을 부르고 있었다. 하긴 이름 알아내는 것쯤이야……
"유진씨 내 친구 동창이던데, 광식이 알죠?"
의사는 손바닥을 펴 머리 위로 들며 큰 키를 표현했다.
"아! 그 멀대!"
"그래요 그 멀대 가 내 고향 친구에요. 지난 주에 병원 왔다가 유진씨 병원에서 나가는 모습 봤나 봐요. 유진씨 남편도 하나 건너 알고 있던데……"
광식은 대학동창이었고 유진의 남편도 하나 건너 친구로 알고 있었다.
"남자들도 수다가 심하네요"
"필요 할 때 만요. 어때요 세상 좁죠"
"그러네요……"
유진은 바다를 바라보며 들릴 듯 말 듯 중얼거렸다. 갑자기 광식이 튀어나와 유진과 의사는 꽤나 아는 사이가 되어버렸다.
"오늘 병원까지 쉬시고, 고민 있어요? 맥주까지 들고……"
"의사인 나도 내 병은 못 고치고 있어요. 내 병도 나 한테는 중증이네요."
아마도 이혼한 부인 얘기를 하고 있는 모양이었다.
"이혼 해 달라고 해서 해줬지만 유진씨를 보니까 그게 아니었어요……"
"그게 아니라니……"
"다시 데려와야겠어요"
"……"
어쩌면 이해 할 수도 있는 말이었다.
"부인도 원하는 모양이네요"
"아닐걸요! 아마 아닐 거예요……"
빌빌대던 유진의 모습에서 무엇을 보았단 말인가. 하긴 유진도 타인의 모습에서 엉뚱한 힌트를 얻을 때도 있었다.
"졸업하고 곧장 결혼해서 줄 곧 집에만 있었죠. 민주가 그랬어요. 하루하루를 못 견뎌 했어요. 자신이 있어야 할 곳은 이 곳이 아니라며……"
민주가 부인 이름인 모양이었다.

"나 같은 여자 진짜로 아픈 건 어떻게 알아요?"
"진짜로 아프다니?"
"꾀병인 거 들켰나 해서요……"
"유진씬 꾀병 아니에요. 진짜로 아프고 있어요"
"그러니까 그거요. 흉터도 없는데 어떻게 알아요?"
"자신의 병을 알고 있잖아요. 누구보다 정확히……"
유진은 한 동안 정지하여 표정 없이 의사를 바라 보았다.
"미친 사람 아홉하고 정상인 사람 한 명이 무인도에 떨어져 살면, 미친 사람이 정상이 되고 정상인 사람이 미친 사람이 돼요. 그래서 비로소 또 다른 정상이 성립되죠"
"그것도 그러네, 유진씨가 의사 해야겠네……"
유진은 자신은 옳고 남은 틀렸다는 식의 이론을 가지고 있는 사람들을 대체로 살짝 경멸해 왔다. 그들이 가지고 있는 이론만큼이나 유진 역시 자신이 정상이었다. 유진의 얼굴이 빠르게 굳어져 갔다. 의사는 이토록 빠르게 굳어져가는 얼굴을 알고 있었다. 정신과 의사라는 직업을 가지고도 우울증 속에 갇혀 있는 마음 속에서 꺼낼 수 없었다. 부인은 우울증이라는 병을 누구보다 이해하지 않았다. 자신이 경험 해 본적이 없이는 알 수 없는 것이 네 발 짐승과는 다른, 두 손을 사용하는 인간이기에, 의사의 부인은 자신이 경험 해 보고 나서야 남편 병원을 찾는 사람을 이해 할 수 있었다.

유진은 천연의 하부-구조를 가지고 있는 여인들과 마주 치고 싶지 않았다. 싫으면 자신이 피하는 것이 아름답다. 커다란 마트에 도착해 보니 마트 직원은 온갖 과일과 야채를 펼쳐 놓고, 세일 가격을 알리느라 마이크에 대고 꽥꽥거리고 있었다. 이 많은 과일과 야채를 보고도 무엇을 사야 하는지 무엇을 해야 하는지 알 수 없었다. 이 모든 것이 유진과는 상관없는 타인을 위한 것들인양 듯 싶었다. 진열장에 진열되어 있는 시뻘건 고기덩어리까지…….

유진은 고기 덩어리에서 연상되는 어린 시절 꿈이 있었다. 어딘가를 절실히 찾던 중, 어느 방 문을 열어 보니 그곳은 인간 도살장인 듯 싶었다. 온 몸을 털로 덮은 인간 백정이, 사람 키 만한 도마 위에 사람을 올려 놓고 토막 내는 일을 하고 있었다. 커다란 양동이 같은 곳에 토막 낸 그 무엇을 마구 집어 던지며, 인간 백정은 무언가를 위한 음모를 꾸미는 듯 싶었다. 아무것도 모르는 어린 시절, 왜 그런 꿈을 꾸는 지는 알 수 없어도 유진은 분명 그런 꿈을 꾸었었다. 어린 시절엔 누구나 그런 꿈을 꾸는 것이라며 의사는 전문용어를 써가며 설명했다. 그것은 전생과도 관련된 그 무엇이라고 했다. 유진은 아마도 중세 시대에 사람을 괴롭히는 일을 했던 모양이다. 아무리 전문적인 설명을 들어도, 아무것도 모르는 어린 아이가 어째서 그런 흉직한 꿈을 꾸는 지는 알 수 없는 부분 이었다. 보기 좋은 모습으로 조명까지 받아가며 나란히 나란히 진열되어있는 고기 덩어리는 인간 살덩이를 잘라 진열해 놓은 듯 했다. 허연 수술복을 입은 듯 한 정육점 주인의 얼굴도 도살장에 있던 인간 백정이 유리 가면 속에 자신의 얼굴을 감추고 '내 고기 사가렴!' 하며 씨익, 웃고 있는 듯 했다.

유진은 집으로 돌아와 일본 영화 한 편을 보았다. 한 쪽 눈을 심오하게 찌그러뜨린 주인공은 도무지 배우답지 않은 얼굴로 주인공을 하는 배우였다. 강력계 형사인 듯한 주인공은 오로지 인상 하나로 모든 사건을 해결하겠다는 듯, 상당히 '불편한' 얼굴을 하고 있었다. 범인 앞에서는 그토록 치밀하고 냉철하면서도 집으로 돌아오면 깊은 우울증으로 아이 같이 변해 버린 부인의 모든 행동을 받아 주었다. '죽음의 미학'이니 뭐니 하는 감독의 철학이 유진과 맞지 않아 비디오를 꺼 버렸다. 하지만 유진은 영화에서 한 가지 건진 것이 있었다. 우울증 걸린 부인의 남편도 외롭다는 것! 쓸쓸한 발견이었다.

유진에게 결혼은, 네모 난 공간에 갇히는 일이었다. 방문은 있으되 열 수 없었고, 창문은 있으되 열리지 않았다. 유진에게 결혼은, 무언가를 끝내기에 너무 이른 시간이었고, 무언가를 시작하기에 너무 늦은 시간이었다. 유진에게 결혼은 자신의 '정체성'을 잃어가는 과정이었다. '해보기 전에는 알지 못함'이라는 개념이 시작을 열어놓았다. 그것은 시간과 공간이 비켜가는 상황이었다. 특별히 싫은 것도 없지만, 특별히 좋아 질 수도 없었다. 무언가를 붙잡지 않고서는 그것을 놓아 줄 수도 없었고, 소유해 본적이 없는 사람은 제 것이 아니라고 팽개칠 수도 없었다.

한 가지 위로가 있다면 유진은 소유해 보았기에 비로소 팽개칠 것이 있었고, 한 가지 실수가 있었다면 자신의 것이 아님을 너무 늦게 발견하여 떠나 보내기에 너무 많은 시간을 썼다는 것! 그것이 실수였다. 그리고 다시는 이런 실수를 하지 않는 것이 자신에 대한 예의였다. 유진이 물 한 잔을 마시는 유리컵 속에 유리사슴의 모습이 보였다. 학창 시절 무엇이든 잘 하고 싶어했던 유진에게 친구가 했던 말이 생각났다. '넌 아주 심한 병에 걸려 있구나!' 유난히 질투가 심했던 친구가 북쪽 마녀처럼 눈썹을 찢으며 뱉어 낸 말이었다. 그랬다. 유진은 아주 심한 고질병에 걸려 있었다.

오랜 만에 슈퍼에 들러 보니, 슈퍼 여자는 유진과 의사가 하나 건너 친구 사이였다는 것을 발견 차원의 발견인양 떠들어 댄다.

'나이도 동갑인데 그것도 아니?'

유진은 슈퍼 여자의 훌러덩 벗겨진 이마를 보며 생각했다. 남자로 태어났으면 조잡

한 대머리 영감이 될만한 상이었다. 여자를 잘 모르고 생리를 모르는 의사가 모르고 떠들어 댄 것이 슈퍼 여자의 귀에도 당연히 흘러 들어온 모양이었다. 세월이 흘러도 여전히 궁금한 것이 많았다. 유진과 의사가 맥주 한 캔씩을 들고 바닷가를 걷던 모습을, 일 없이 시력만 좋은 이 여편네가 슈퍼에 앉아 내다 보고 있었던 모양이다. 그 잘생긴 의사하고 호텔에라도 가지 않았는지 궁금해서 조갈이 나는 표정이었다. 슈퍼 여자는 '비 장애인 장애자' 였다. 아무런 곳에도 장애가 없는 멀쩡한 장애인이었기에 상태가 더욱 더 한심했다.

넓은 공터에 장이 열렸다. 무슨 행사 인지는 알 수 없어도 농악 놀이까지 하고 있었다. 오늘을 위한 날씨라는 듯 햇살도 찬란하고 사람들 얼굴도 좋아 보였다. 그들은 흥겨워 보였다. 빙글빙글 돌기도 하고 펄쩍펄쩍 뛰기도 하며 앞 뒤로 덩실거리며 장단에 맞춰, 가락에 맞춰, 무척이나 흥겨운 모양이다. 반복적으로 이어지는 지루하지 않은 리듬이다. 저 리듬에 희망을 걸고 싶었다. 가장 확실한 가장 정확한 클라이막스로 이어질듯한 저 주단에 희망을 걸고 싶었다. 저들의 흥겨움을 훔치고 싶었다. 진심으로 저들의 흥겨움을 훔치고 싶었다. 즐거운 듯, 꿈이 있는 듯, 진심으로 웃고도 싶었다. 웃는 기능을 잃어버린 자신의 얼굴에게 진심으로 웃음을 지어주고 싶었다. 하지만 사물놀이패는 아직은 아니라는 듯, 동그란 원을 그리며 사라져 갔다. 반복적인 리듬도 덩달아 너울거리며 사라져갔다. 유진은 끝내 그들의 흥겨움을 훔쳐오지 못했다.

내일은 친구의 기일이었다. 1년 전 교통사고로 죽은 친구였다. 3중 추돌 사고였고 목격자 말로는 친구의 한쪽 눈동자가 계란만큼 튀어나와 있었다고 했다. 평소 자신에게 죽음이라는 순간이 온다면 웃으면서 죽겠다던 친구였다. 영화 속 여주인공이 남자친구 앞에서 웃으며 죽어가던 모습이 너무도 아름답더라며 자신도 그러겠다던 친구였다. 그 험한 사고 현장에서 한쪽 눈이 퉁겨져 나온 채, 웃을 수 있었을지…… 하지만 친구는 웃었을 것이다. 삶이 한 번이듯 죽음도 한 번이기에, 자신에게 찾아 온 단 한 번의 순간을 위해 친구는 웃었을 것이다. 사고 당한 날로부터 이틀 뒤에 만나기로 해 놓고 친구는 그렇게 저 먼 하늘, 카르간 라인으로 가버렸다. 스멀스멀 날씨가 더워지고 있었다. 햇살이 강렬할수록 수평선 끝 유리사슴도 자주 어른거렸다. 유진도 이제는 자신의 시간을 조절 할 수 있게 되었다. 그러므로 더 이상 치료를 받지 않아도 되게 되었다. 미남 의사에게 치료를 받아서인지…… 이제 병원 다니는 일을 그만 두어야겠다고 생각했다. 마지막을 알리러 병원에 와보니 언젠가처럼 난데 없는 휴무였다. 병원에 볼 일이 있어 잠깐 들렀다는 나이 어린 간호사가 선생님은 이혼한 부인과 다시 재혼 했다는 소식을 알려 주었다. 지금은 신혼여행 중이라고……. 혹시 유진씨 오면 전해 달라는 편지가 있었다며 조그만 편지 봉투를 내밀었다.
　편지라…….
참으로 오랜만에 받아보는 편지봉투였다. 정신과 의사다웠다. 편지의 내용은 유진의 치료기간 중 부인을 제대로 알게 되었고 무엇이 고민이고 갈등이고 이유인지 알게 되어 부인을 이해하게 되었다는 내용이었다. 그래서 다시 시작 할 수 있었다고, 유진에게 고맙다고 적혀있었다.
빌빌대던 자신의 모습에서 무엇을 보았다는 건가……
유진은 상담 도중 가끔씩 심각해지며 침묵하는 의사의 표정을 이제야 이해할 수 있을 것 같았다. 의사는 유진의 모습에서 부인의 모습을 읽어가고 있었다. 유진은 아무것도 한 것이 없지만 어쨌든 도움이 되었고 고맙다니 나쁘지 않았다.
자신의 병을 치료하기 위해 6개월 동안 병원에 다녔지만 6개월이라는 기간 동안 엉뚱하게도 자신의 문제를 해결 못해 쩔쩔매는 의사의 병을 고쳐준 꼴이 되어 버렸다. 어쨌든 유진도 이제는 병원에 가지 않아도 되게 되었다. 유진도 의사도 이토록 아름다운 치료를 받을 수 있었던 것은, 그토록 궁금한 것이 많았던 동네 여편네들 덕분인 듯 했다. 유진은 치료기간 중 늘 그랬던 것처럼 비실비실 웃음이 새어 나왔다. 의사는 편지 마지막 구절에 유진과 닮은 '도롱뇽'의 이야기를 들려 주었다. 출입구가 작고 좁은 동굴에 살던 도롱뇽이 자신의 몸이 커지고 난 후, 밖으로 나오려고 시도 해 보았지만 몸은 커지고 출입구는 너무도 좁아 밖으로 나오지 못하고 평생 안에 갇혀 살게 되었다는 일본 작가 '이부세 마쯔지'의 소설 내용이었다. 유진 안에 갇혀 있는 유진을 꺼내야 한다는 내용이었다.
　안드로메다는 여름 햇살을 받기 위해 긴긴 시간을 철퍼덕 대고 있었다. 햇살이 강렬할수록 수평선 위의 유리사슴도 선명하게 반짝였다. 유진은 집에 돌아와 그 동안 창가에 두었던 유리사슴을 장식장 제자리에 올려 주었다.

김 현 진
서울시 강서구 거주
현대문예사조 회원, (사)문학그룹샘문 회원, (사)샘문학 회원, (사)샘문그룹 문인협회 회원, (사)한용운문학 회원, (사)샘문뉴스 회원, (주)한국문학 회원, 샘문시선 회원
<수상>
현대문예사조 시 등단
현대문학사조 수필 등단
<시집>
길 위의 단상
Cold spring

청풍명월, 노래가사를 두고

정 은 석

1. 들어가는 말

<1절>
남한강 굽이굽이 그림같은 청풍호
물안개 핀 강물에는 억새가 춤을 추네
대나무 옥순봉아 거북이 구담봉아
붉게 물든 저녁노을 호수에 띄워 놓고

<후렴>
아름다운 꽃봉오리 청풍호에 빠져있네

<2절>
수륙길 백삼십리 그림같은 청풍호
은빛파도 황금물결 여기가 청풍일세
단풍옷 갈아입은 님맞을 청풍아가씨
석류같이 빨간 사랑 가슴에 물들이고
월악산 걸린 달빛을 그대 품에 안겨주리

<최상식 작사, 최강산 작곡 인용>

<후렴>
아름다운 꽃봉오리 청풍호에 빠져있네

청풍명월, 노래가사는 한 폭의 아름다운 남한강 자연풍경을 담아 낸 서정적이면서도 문학예술적인 우수한 노래 창작품이다. 한 마디로 명가사로 되기엔 조금도 손색이 없을 것이다.

2. 가사 여행 탐방

그럼 지금부터 가사 평론 여행 탐방을 떠나보자.

"남한강 굽이굽이 그림같은 청풍호/물안개 핀 강물에는 억새가 춤을 추네"로 첫 구절부터 남한강 자연풍경을 표현했는데 여기서 억새가 춤을 춘다고 의인화 한 문학적인 수사법을 인용했다. 그래서 자연 풍경을 더욱 실감나게 눈앞에 활짝 펼쳐주었다. 그러면서 청풍호를 에워싸인 특징적인 비경 봉우리에 아, 감탄사를 사용하여 서정성이 넘쳐 흐르게 했는데 "대나무 옥수봉아, 거북이 구담봉아"로 아주 재치있게 삽입해 넣고 이어서 "붉게 물든 저녁노을 호수에 띄워 놓고"로 노래 가사를 최고조로 승화시켰다. 이 구절은 참으로 아름다운 구상이고 문학예술적인 기교이기도 하다. '바로 띄워 놓고'로 표현함으로써 청풍호 물 위에 그림같은 아름다운 풍경을 재현시켰다. 이 구절은 작사가의 뛰어난 상상력과 글 솜씨를 남김없이 과시했는가를 보여준다.

3. 문학예술적인 이미지와 서정성

그 다음 2절은 더더욱 연상의 쌍나래를 활짝 펼친다. 마치 푸르른 바다물 위에 쌍나래를 활짝 펼치고 늘아예는 갈매기와 같아 보인다. (수륙길 백삼십리 그림같은 청풍호/ 은빛파도 황금물결 여기가 청풍일세)로 수륙길 백삼십리 청풍호 살아움직이는 실물풍경을 그려내고 (단풍옷 길아입은 님 맞을 청풍 아가씨/ 석류같이 빨간 사랑 가슴에 물들이고)로 자연모습을 인간적인 형태로 청풍 아가씨를 상징적인 주인공으로 표현했는가 하면 또 아침에 붉게 타오르는 노을을 1절 저녁노을 표현과 달리 (석류같이 빨간 사랑 가슴에 물들이고)로 표현해 문학예술적인 이미지를 부각시키고 사랑의 의미를 남다르게 강조함으로써 비유, 은유, 상징, 의인화 문학적인 수법을 운치있게 재현시켰다. 이어서

(월아산에 걸린 달빛 그대 품에 안겨주리/)로 청풍아가씨 사랑의 숭고한 헌신적인 정신을 극대화로 연결시켜 노래했는데 이 구절이야말로 가장 예술감각이 뛰어나게 잘 묘사되고 여행객들에 대한 다함없는 사랑을 조금도 아낌없이 구현시켰다. 이 얼마나 작사가의 재치있는 글솜씨에 탄복하고 극찬하고 싶어지는가!

4. 청풍호에 예술적인 재능 귀결

후렴부분은 (아름다운 꽃봉오리 청풍호에 빠져있네/)로 아름다운 청풍호에 대한 가장 예술적인 재능을 귀결시키고 돋보이게 했다. 이 묘사만 보아도 청풍호 매력을 실감나게 눈앞에 보는 듯이 그려냈다.

이처럼 (청풍명월) 노래가사는 자연풍경을 노래한 가사중에서도 최고로 우수한 노래창작품이라 하겠다.

5. 맺는말

사랑하는 독자들과 청취자 여러분! 오늘 노래가사 여행탐방이 재미있었나요?! 그대들은 기회가 된다면 (청풍명월) 금잔디 애교스런 구성진 노래소리를 들으면서 남한강 자연풍경을 유람한다면 얼마나 신나고 즐겁겠는가!!!

정은석
평론가

한국문학상 특집
시/사/칼/럼

잃지 않고 섬기는 철학

시사칼럼/ 이 정 록

길은 잃어도 사람은 잃지 말라! 세상에서 가장 중요한 때는 바로 지금이고 가장 중요한 사람은 지금 함께 있는 사람이며 가장 중요한 일은 지금 곁에 있는 사람을 위해 좋은 일을 하는 것이다.

쇠는 불에 넣어 봐야 알고 사람은 이익을 앞에 놓고 취하는 태도를 보면 안다 했다. 처음 만남은 하늘이 만들어 주는 인연이고 그 다음 만남은 인간이 만들어 가는 인연이다. 만남과 인과관계가 조화를 이루는 사람은 인생이 아름답다.

꽃밭에 수만 개의 장미꽃이 있는들 무슨 소용이 있을까. 쏟아지는 폭포수가 목마른 나에게 무슨 소용이 있을까. 내 손안에 작은 물병 내 앞에 장미 한 송이가 무엇과도 견줄 수 없는 보물이다.

세월은 누구에게나 공평하다. 그 세월의 가치는 자신이 결정하기 때문이다. 얼굴의 주름은 성형으로 숨길 수 있어도 세월을 이기는 장사는 없다. 세월은 경험이다 지혜이다. 세월은 쓰는 사람의 몫이다. 시간이 많아도 쓸 줄 모르면 무용지물이다.

세월은 흔들린다. 흔들리지 않고 피는 꽃 없고 굴곡 없이 가는 삶 없다. 행복은 건강이라는 나무에서 피어나는 꽃이다. 건강한 몸을 유지하기 위해 스스로를 단련하고 격렬한 감정의 혼란을 피하고 매사 긍정적 사고를 하고 규칙적인 운동을 해야 한다. 행복의 뿌리는 대인관계다. 원만한 대인관계 유지가 필요하다 인간은 사회적 동물이다. 외톨이 인생은 건강하지 못하며 행복이 길지 못하다.

꽃은 피어도 소리가 없고 새는 울어도 눈물이 없고 사랑은 불타도 불꽃이 없다.
장미가 좋아 꺾었더니 가시가 있고
친구가 좋아 사귀었더니 이별이 있고
세상이 좋아 태어났더니 죽음이 있다.
좋은 사람 찾지 말고 좋은 사람이 되어 주어라. 무엇인가를 바라지 말고 먼저 베풀어라. 우리 길은 잃어도 사람은 부디 잃지 말고 섬기고 아끼자.

이 정 록
칼럼리스트

편집후기

　1966년 이어령 선생을 중심으로 창간되어 4년 후 종간 되자, 재 창간되어 김동리 선생 이근배 선생을 중심으로 한국문학 문예지가 월간으로 발행하여 격월간으로, 1994년에는 계간지로 발행하였던 변천사를 문단은 가지고 있습니다. 그리고 한국문학 문예지가 그간 휴식기를 갖는 아픔이 있다가 또 재창간 되고 반년발간지로 전락하여 중앙 문단에서 잊혀져가는 슬픔을 맛보아야 했습니다.
　감축드립니다. 정체성을 이어간다는 것은 그동안 한국문학에서 등단하고 또 열정으로 창작활동을 하던 고인들과 현존하는 시인, 작가들의 명예와 정체성을 이어나가는 것이어서 축복이라 생각합니다.
　그동안 샘문그룹이 쌓아온 문학적 노력과 명성에 역사성을 부가하여 탄생한 상금과 명예를 누릴 수 있는 한국문학상, 신인문학상 수상은 부러움과 존엄한 자부심을 갖게 하는 명실공히 대한민국 문학계의 표상으로 우뚝 섰습니다.
　금번 공모전에서 역사적인 원고의 양과 질적인 수준 높은 문인들의 응모가 이어져 놀라움을 금치 못했으며 우열을 가리기 어려운 작품들로 심사위원들의 고심이 깊어졌습니다.
　샘문그룹 품에서 새롭게 태동한 한국문학공동시선집 발간과 각종 시상제도 등이 문학발전과 우수한 문인들의 발굴과 높은 작품성 글들이 생성되는 송송송 솟아나는 마중물이 되도록 최선의 노력을 경주하겠습니다.
　불철주야 노력하는 이정록 발행인 겸 회장님과 이근배 편집고문님, 손해일 편집인님, 김소엽 주간님, 그리고 부주간님들과 편집위원들께 감사의 말씀을 전하면서 한국문학상 탄생에 동승하셔서 위대한 여정을 함께하시는 모든 분들에게 축복이 함께 하기를 기원합니다. 감사합니다.

2023. 08. 26.
편집위원단 일동 拜上

◇발 행 인 : 이정록　◇편 집 인 : 손해일
◇편 집 장 : 강성범　◇주　　간 : 김소엽
◇부 주 간 : 이종식, 권숙희, 인정희
《편집위원》
　신재미, 조기홍, 오호현, 김성기, 고태화,
　표시은, 심종숙, 변화진, 장주우, 김동철,
　강성화, 오순덕, 박길동, 이동춘, 이수달,
　이남규, 이상욱, 정완식, 최용대, 정용규,
　김용식, 이태복, 이동현, 권정선, 정희오,
　김정호, 이찬억, 손영미, 김춘자, 이연수,
　유호근, 이기호, 박용환, 문창진, 신정순,
　예시원, 김종국, 김정자, 최명옥, 김미경

샘문그룹 소개

□ 문학그룹 샘문에 대하여 □

 2021년에 제정하여 올 2023년에는 한용운문학상 및 한용운전국시낭송대회가 3회째 개최되고, 한용운문학상공동시선집 제3호를 발간하게 됩니다. 한국 시문학 한류화 프로젝트 일환으로 기획된 K-문학 페스티벌 행사가 만해 한용운 선생의 유가족이 유일하게 허락한 상으로서 서울특별시와 중랑구로 부터 선정되어 후원하는 행사였기에 대의명분과 당위성이 충만한 문학상 시상 및 시낭송 경연, 공동시선집 발간이었습니다.
 그리고 2022년도인 작년에는 제2회 한용운문학상 공모전 및 제2호 한용운공동시선집 공모전에서 인격적인 소양과 덕망있는 성품, 기량까지 고루 갖추신 시인, 작가들의 수준 높은 작품들이 응모되었습니다. 더불어 독자가 늘어나고 문학사 위상과 브랜드력이 높아짐에 따라 어깨 또한 무거워집니다.
 2023 신춘문예 샘문학상은 벌써 제13회째가 올 4월에 개최되었고, 컨버전스공동시선집도 제13회를 발간하였습니다. 또한 올해는 전국에 지회, 지부가 20여 군데 설치되었고, 한국문학상 공모전, 한국문학지 공동시선집 공모전 및 발간식, 김소엽 전국시낭송대회를 개최하게 되었습니다.
 그리고 올 가을에는 도자기시화전, 샘문그룹문학예술제 개최, 문학기행 개최, 전국학생백일장, 샘문시비제막식이 거행될 예정입니다.
 올해 1월경에 설립한 샘문번역원에서는 영어, 스웨덴어, 독일어, 일어, 중국어, 블란서어가 번역되어 전 세계 만방에 수출 상담이 진행되고 있습니다.
 시인과 마음껏 시를 짓고, 작가들이 마음껏 글을 써서 발표하고, 독자들이 좋은 글들을 마음껏 찾아 읽을 수 있는 맑고 향기롭고 품격있는 문학사를 만들어야 한다는 책임감 때문이겠지요. 늘 고여있지 않고 늘 맑은 영수潢水가 넘치는 샘문그룹은 이런 곳이라고 신실하고 겸손하게 소개하고 싶습니다.

<첫 번째>
저희 샘문은 100% 문인으로 구성되어 있습니다.

<두 번째>
회원이 한국문단에서 제일 많습니다. 약 10만명에 도달하고 있습니다. 인재 풀

이 깊고 넓어 자원이 풍부합니다.

<세 번째>
초고효율, 초내실화로 SNS상에서 터를 잡아 "디지털 노마드"로 압축, 응축, 팽창, 성장하였습니다. 욕심 부리지 않고 열심히 초석을 쌓았습니다. 항상 낮은 자세로 겸손하게 진실한 마음으로 예우하고 서비스 하였습니다. 앞으로도 변함없는 신뢰로 지속적인 노력을 하겠습니다.

<네 번째>
기존의 문예지, 간행지를 혁파하여 융합하여 프로모션(promotion)을 진행하고 있습니다. 월간, 격월간, 계간, 반간, 년간, 동인지, 단행본, 잡지 등을 융합하고 아마추어부터 중견, 프로까지 한 권의 문예지에 모셨습니다. 그 결합상품 결과물이 컨버전스공동시선집, 한용운공동시선집, 한국문학공동시선집 입니다. 혁신하고 융합하여 표준화 한 융합 솔루션(Convergence Solution) 입니다. 앞으로도 문단의 새로운 역사를 여러분들과 함께 써내려가겠습니다.

<다섯 번째>
우리 문학사엔 인재가 많습니다. 석사, 박사, 교수, 교사 등 전문가들이 약 25%에 이릅니다. 대학교수님도 등단을 하시고 문학박사님도 당 문학사에서 등단을 하십니다. 저희 문학사에서는 등단 전 특별한 절차도 있습니다. 적절량에 기량 테스트 후 지도도 당사자가 원하는 경우 서비스 해드립니다. 타 문학사에서 등단하신 분도 다시 오셔서 등단을 하십니다.

<여섯 번째>
당 문학사에는 시창작을 지도하는 문예대학이 가동 중입니다. 교육부에서 공식인가를 받은 샘문사이버교육원 샘문예술대학과 샘문평생교육원 샘문예술대학입니다. 현재 시창작학과는 13기 수강생 모집 중에 있으며 시조창작학과는 제4기, 시낭송학과는 제8기 수강생 모집 중에 있습니다. 스피치학과, 가곡학과, 메타버스에이아이학과도 있습니다. 미래 동량들을 위한 문화예술인들을 위한 국가 문화산업 발전을 위한 교육대학이 되겠습니다.

또한 샘문그룹은 신한대학교, 대림대학교, 한국열린사이버대학, 대림문예대학과 공식적인 상호협력 협약을 체결하였습니다. 이는 당 문학사와 샘문예술대학의 수준 높은 문인과 낭송가들의 활동영역을 넓히고 많은 인재들을 배출할 수 있는 토대를 구축한 것입니다. 그리고 당 문학그룹 회장, 이사장 이신 이정록 시인이 대림대학교 및 대림문예대학 주임교수로 재임하고 있으며, 시창작학과와 시낭송학과 지도교수들이 파견되어 강의를 하고 있으며, 샘문예술대학의 교육시스템을 파견하여 지도하고 있습니다.

<일곱 번째>
유통구조의 혁신을 이루어 나가고 있습니다. 오프라인으로 교보, 영풍 등 그리고 온라인 서점으로서 알라딘, 예스24, 인터파크 등, 그리고 오픈마켓으로 옥션, 쿠팡, 위메프 등 총 25개 업체와 계약, 입점 등 유통, 발매를 제휴하고 있습니다. 베스트셀러 명품브랜드 샘문시선으로 전용전시매대도 런칭하고 있습니다.

<여덟 번째>
샘문 <글로벌 홈페이지>를 구축하여 <디지털 노마드>로서 모든 SNS와 연동기능, 모바일 연동기능, <샘문뉴스>와 연동기능, <샘문예술대학(평생교육원)>과 <샘문쇼핑몰>, <네이버 샘문스토어>, <네이버 한국문학스토어>와 연동기능, 카드 결재기능, 계좌 결재기능, 핸드폰 결재기능, 문학콘텐츠 출판기능, 문학상 및 신인문학상 연결 기능을 갖추고 있습니다.
국내 최초인, "샘문1.0" 코드를 가동하고 있습니다. 어느 업체나, 어느 문인이나, 어느 장르나 일정 심사를 통과하면 입점이 가능하고 샘문쇼핑몰 오픈마켓 안에서, 네이버 샘문스토어 안에서 인문학 상품 및 모든 상품이 판매 및 구매가 가능합니다.

<아홉 번째>
저희 문학사는 "샘문뉴스"를 정부로 부터 공식 인가받아 창간하여 현재는 일년에 약 800만 명에 구독자가 방문하고 있습니다. <송송송 솟아나는 샘물, 뉴스의 마중물>, <독자들의 알권리 충족, 문화적 시사적 욕구충족을 위한 보도>라는 케치프레이즈를 걸고 뉴스를 보도하고 있습니다. 한국 최고의 뉴스지로 발돋움하고 있습니다.

<열 번째>
한국문단 최초로 <검정시험시행기관> 및 <민간자격증> 발급기관으로 정부로부터 인가 받았습니다. <법률 제14397호>, <자격기본법 제17조> 및 <자격기본

법 시행령 제23조>에 따라 <자격증>을 발급하는 <민간자격증 발급기관>으로서 당 교육기관인 샘문평생교육원(이하 당, 교육기관이라 한다.)에서 초급과정(기본반), 중급과정, 고급과정, 지도자과정(심화, 특화 과정)을 거쳐 교육하고 국가 주무부처 관리 감독하에 심의하에 <검정시험>을 당 교육기관에서 출제하고 감독하여 실시하여 약 30여 가지의 표준화된 자격명에 의한 2급, 1급 자격증이 발급되어 집니다.

<시낭송가 1급, 2급>과 <시창작가 1급, 2급>, <가곡가창 1급, 2급>, <시낭송지도자 1급, 2급>, <시창작지도자 1급, 2급>, <가곡가창지도자 1급, 2급> 이론과 실기, 검정시험을 시행하여 자격증을 발급하므로서 많은 전문가를 배출하고 있습니다. 지금까지는 한국문단 및 예술계 전체가 표준화 되지 못한, 인가 받지 못한, 관리 감독 받지 못한 무허가 지도 및 무허가 자격증 발급 등으로 저질화된 교육과 불법자격으로 인해 몸살을 앓아왔던 것을 일소하는 계기가 되고 전환점이 될 것입니다.

<열한 번째>
저희 문학사는 경쟁 보다는 경쟁력을 키우겠습니다. 문화 및 교육 서비스, 미디어 서비스 그룹으로서 면모 및 시스템을 갖추고 창간, 발간, 개강, 창업, 교육, 시험, 발급, 발매, 유통, 수출, 문학상 공모전, 시선집 공모전, 당선, 등단, 문학제, 시화전, 백일장 등의 알고리즘 솔루션을 전 세계적으로 <컨버전스화> 하고 <플랫폼화> 하고 <허브>를 구축하여 프로모션을 진행해 나가겠습니다.

<열두 번째>
한국문단과 예술계에 질적 향상을 꾀함으로서 고대, 근대, 현대를 거쳐 수천 년의 역사를 가진 우리 <한민족 국화 콘텐츠>를 <한류화>함으로서 <인류의 정신적 의식함양>에 이바지하고 이 가치를 구현하기 위해 열정적으로 노를 저어 잘 순항하여 <신세계>라는 항구에 도달하여 <노벨꽃>을 꼭 피우겠습니다.

<열세 번째>
인문학을 제4차산업화, 상품화하겠습니다. 미래의 먹거리 산업으로 인문학 경제 산업으로 초석을 공고히 다지고자하는 의지와 선견력을 가지고 선재적, 선도적, 선구자적, 출입전략으로 수행전략으로, 구현전략으로 자본수지적으로 열악한 문단 및 예술계를 4차 산업화 전략으로, 상품화 전략으로 프로모션하여 경쟁력을 높이고 최

상의 목표를 달성하겠습니다.

<열네 번째>
샘문그룹은 도서출판샘문에서 <샘문시선>이란 브랜드로 회원 여러분들의 컨버전스공동시선집, 한용운공동시선집, 한국문학공동시선집 뿐만 아니라 개인시집, 시화집, 수필집, 소설집, 평설집, 희곡집, 수상집, 동화집, 꽁트집, 자서전, 교육도서 등 개인 저서 등 각종 도서를 만들어 드립니다.
전문 기획자, 에디터(편집자), 일러스트, 디자이너와 활발히 활동 중인 시인 편집자, 감수자(윤문), 번역자가 원고 교열 교정 및 퇴고, 첨삭감수까지 꼼꼼하게 작업하여 완성도 높은 저서 출간을 위해 노력하고 있으며, 동시에 유통, 발매까지 핫라인으로 운영되어 저자를 지원해 드리고 있습니다.

<열다섯 번째>
2021년 부터 한용운문학상과 한용운전국시낭송대회를 개최하였습니다. 현재 운영위원회가 가동 중이며, 제1회 행사가 2021년 11월 28일에 개최되었고 제2회 행사가 2022년 10월 29일에 개최되었고 제3회 행사가 올 2023년 가을에 개최됩니다. 그리고 오늘(8월 26일) 본 중랑문화원 소공연장에서 한국문학상 시상식, 한국문학공동시선집 출간식, 김소엽전국시낭송대회 본선 경연이 거행되고 있습니다.
<K-문학 페스티벌>이란 한류화 사업명으로 서울특별시, 중랑구 등 20여개 단체 및 기업 후원으로 제1회 한용운문학상과 한용운전국시낭송대회, 한용운공동시선집 발간식이 전 국민, 서울시민, 중랑구민들에 축제로 중랑문화원 대공연장에서 개최되었습니다. 그리고 2022년 제2차 동일 행사는 서울특별시와 포스코건설, 태성이엔씨, 정일엠이씨 등 25개 단체 및 기업 후원으로 중랑문화원 소공연장에서 성대하게 성료되었습니다.

<열여섯 번째>
충남 보령군에 샘터시비공원에 총 25기의 시비를 건립하여 제막식을 2022년 9월 25일에 치루었습니다. 당 문학사에서 문학상 본상을 수상하신 분들이나 지대한 업적을 쌓으신 분들이 시비건립에 참여하셨습니다.

<열일곱 번째>
올 2023년 1월경에 샘문번역원이 설립되어 가동 중입니다. 영어, 스웨덴어, 독

일어, 중국어, 일어, 블란서어가 번역되어 전 세계에 수출될 예정으로 해외 바이어와 상담이 활발하게 진행되고 있습니다.

<열아홉 번째>

이번에 당문학사 회장 이정록 시인에 시집 <산책로에서 만난 사랑>, <내가 꽃을 사랑하는 이유>, <양눈박이 울프>, <꽃이 바람에게>, <바람의 애인, 꽃> 서정시집이 5년 간 베스트셀러 탄진을 하고 골든존에도 전 권이 등극하였습니다.

현재 6년 사이에 <판매순위>, <평점순위>, <가격순위>를 교보문고 등에서 1위를 지속하여 <네이버>가 전국서점을 모니터링하여 <베스트셀러를 선정>하여 원형에 붉은 색상인 베스트셀러 낙관을 부여 했습니다. 그리고 출간되는 시집마다 교보문고 광화문 전시매장 시코녀 <골든존>에 전 권이 전부 등극하였습니다.

당 문학사 브랜드 <샘문시선>이 <베스트셀러 명품브랜드> 반열에 올랐습니다. 이정록 시인의 베스트셀러를 필두로 서창원 시인, 강성화 시인, 김영운 시인, 박동희 시인, 최성학 시인, 김춘자 시인, 남미숙 시인, 이수달 시인, 이종식 시인, 정완식 소설가, 이동춘 시인, 이상욱 시인, 김정호 시인 등, 연속적으로 베스트셀러가 탄생하고 있습니다.

<스무 번째>

샘문그룹에서는 추가적으로 <샘문전국시낭송대회>, <정철문학상>, <샘문예술문학상>, <이정록문학상>, <이근배문학상>, <김소엽문학상>, <손해일문학상> 등을 제정하여 공모전을 전개할 예정입니다.

저희 "샘문1.0 솔루션"은 회원님, 문우님, 독자님들의 평생가치를 지향하겠습니다. 대단히 감사합니다.

2023. 08. 26.
사단법인 문학그룹샘문 이사장
주식회사 한국문학 회장
이정록 拜上

문집 출간 안내

도서출판 샘문 에서는

베스트셀러 명품브랜드 〈샘문시선〉에서는 각종 시집, 시조집, 수필집, 동시집, 동화집, 소설집, 평론집, 칼럼집, 꽁트집, 수상록, 시화집, 도록, 이론서, 자서전 등 문집을 만들어 드립니다.
도서출판 샘문에서는 저자님의 소중한 작품집이 많은 독자님들에게 노출되고 검색되고 구매하여 읽히고 감상할 수 있도록 그 전 과정을 기획, 교정, 교열, 퇴고, 윤문(첨삭,감수), 디자인, 편집, 인쇄, 제본, 서점 등록(납품,유통), 언론홍보, SNS홍보 등, 출판부터 발매 까지의 전략을 함께해 드립니다.

📖 출판정보

샘문시선은 도서출판비를 30% 인하 하였습니다. 국제원자재값 폭등으로 인하여 문집 원자재인 종이값 등이 3번에 걸쳐 43% 상승하였으나 이를 반영하지 않았습니다.

- 저자가 필요한 수량만큼 드리고 나머지는 서점 유통
- 시집 표지는 최고급으로 제작함 - 500부 이상
- 제목은 저자 요청시 금박, 은박, 에폭시로도 제작함
- 면지는 앞뒤 4장, 또는 칼라 첨지로 구성해드림
- 본문은 100g 미색 최고급지 사용함(눈 보안용지, 탈색방지)
- 본문 200페이지 이상은 80g 사용
- 저서봉투 - 고급봉투 인쇄 무료 제공
- 출간된 책 광고(본 협회 ⇒ 홈페이지, 샘문뉴스, 내외뉴스, 페이스북 13개그룹(독자&회원 10만명), 카페 3개, 블로그 2개, 카톡단톡방 12개, 유튜브, 카카오스토리, 인스타그램, 문예지 4개, 문학신문 등)
- 견적 ▷ 인세 계약서 작성 ▷ 기획 ▷ 감수 ▷ 편집 ▷ 재감수 ▷ 재편집 ▷ 인쇄 ▷ 제본 ▷ 택배 ▷ 서점 13개업체 납품 ▷ 저자에게 납품 ▷ 유통 ▷ 홍보 ▷ 판매 ▷ 인세지급
- 출판기념회는 저자 요청시 본사 문화센터(대강의실) 무료 대여 가능(70명 수용가능) 현수막, 배너, 무대 조명, 마이크, 음향, 디지털 빔, 노트북, 줌시스템, 모니터, 컴퓨터, 석수, 커피, 차, 무료 제공
- 저자 요청시 저자의 작품 전국대회에서 수상한 시낭송가가 낭송하여 유튜브 동영상 제작 ⇒ 출판기념식 및 시답 라이브 방송
- 저자 요청시 네이버 생방송 출판기념회 가능(유튜브 연동) - 네이버 라이브 커머스쇼
- 뒷 표지에 QR코드 삽입가능 - 저자의 작품 시낭송 유튜브 동영상 등(요청시)
- 교정, 교열, 감수, 윤필(첨삭감수), 평설, 서문 등(유명한 시인, 수필가, 소설가, 문학평론가, 항시 대기)

문집 출간 안내

📖 빅뉴스

이정록 시인의 〈산책로에서 만난 사랑〉이 네이버 선정 베스트셀러로 선정 된 이후 〈내가 꽃을 사랑하는 이유〉, 〈양눈박이 울프〉, 〈꽃이 바람에게〉, 〈바람의 애인, 꽃〉시집이 연속 교보문고 베스트셀러에 선정 되고 5권 전부 출간 순서대로 골든존에 등극하였다. 평생 한 번도 어렵다는 자리를 이정록 시인은 5년 동안 5번이 오르고 현재도 이번 2022년 5월경에 출간된 [바람의 애인, 꽃] 영문판과 [담양장날]이 출간을 기다리고 있다

〈서창원 시인, 2회〉, 〈강성화 시인〉, 〈박동희 시인〉, 〈김영운 시인〉, 〈남미숙 시인〉, 〈최성학 시인〉, 〈이수달 시인〉, 〈김춘자 시인〉, 〈이춘식 시인〉 외 한용운문학상 수상 시인인 〈서창원 수필가〉, 〈정세일 시인〉, 〈김현미 시인〉가 올랐고, 2022년 올 봄에는 〈정완식 소설가〉『바람의 제국』이 소설집으로는 최초로 〈네이버 선정 베스트셀러〉 반열에 올랐고, 〈아동춘 시인〉에 『춘녀의 마법』 시집이 〈네이버 선정 베스트셀러〉 반열에 올랐다. 그리고 컨버전스공동시선집과 한용운공동시선집도 간간히 베스트셀러를 하고 옆는 〈베스트셀러 명품브랜드〉『샘문시선』이다.

〈샘문시선〉은 〈베스트셀러_명품브랜드〉로서 고객님들의 〈평생가치를 지향〉하는 〈프리미엄브랜드〉입니다. 고객이신 문인 및 독자 여러분, 단체, 기관, 학교, 기업, 기타 고객분들을 〈평생고객〉으로 모시겠습니다. 많은 사랑 부탁드립니다

📖 샘문특전

📢 교보문고, 영풍문고, 인터파크, 알라딘, 예스24시, 11번가, Gs Shop, 쿠팡, 위메프, G마켓, 옥션, 하프클럽, 샘문쇼핑몰, 네이버 책, 네이버쇼핑몰, 네이버 샘문스토어 등 주요 오프라인 서점, 온라인 서점, 오픈마켓 서점에서 공급 및 유통하고 있습니다.

📢 기획, 교정, 편집, 디자인에 최고의 시인 및 작가, 편집가, 디자이너, 평론가, 리라이팅(첨삭감수) 및 감수 전문가들이 참여하여 감성, 심상이 살아 있는 시집, 수필집, 소설집, 등 각종 도서를 만들어 드립니다.

📢 인쇄, 제본, 용지를 품질 좋은 우수한 것만 사용합니다.

📢 당 출판사 〈한용운공동시선집〉, 〈컨버전스공동시선집〉과 〈한국문학공동시선집〉, 〈샘문시선집〉을 자사 신문인 (샘문뉴스)와 제휴 신문인(내외신문), 글로벌뉴스와 홈페이지(2군데), 샘문쇼핑몰, 네이버 샘문스토어, 페이스북, 밴드 카페, 블로그를 합쳐서 10만명의 회원들이 활동하는 SNS 20개 그룹 공개 지면 및 공개 공간을 통해 홍보해 드립니다.

📢 당 출판사를 통해 국립중앙도서관 및 국회도서관 및 전국 도서관에 납본하여 영구적으로 보존해 드립니다.

📢 당 문학그룹 연회비 납부 회원은 30만원 상당에 〈표지용 작품〉을 제공 받습니다.

BestSeller Serles 베스트셀러 시리즈

샘문 시선 1009

산책로에서 만난 사랑

샘터 이정록 時集

필명이 샘터인 이정록시인(아호 : 지율, 승목)이 1993년 1월 28일에 출간한 본 시집을 2020년 7월 31일 재발행하여 오프라인 서점, 온라인 서점, 오픈마켙 서점에서 발매 되어 현재 8개월간 5쇄까지 완판되었다.
네이버에서는 전국 서점을 모니터링하여「판매순위」「평점순위」「가격순위」에서 1위를 지속한 시인의 시집을 베스트셀러로 선정하여 붉은 원형 낙관을 찍어 주었다.
「샘문시선 1009호」로 출간한 시인의 시집은 국내 내노라 하는 출판사와 저명한 시인을 제치고「베스트셀러」로 선정 된 것은 「샘문시선」의 브랜드력과 샘터 이정록 시인의 작품성과 저명성, 주지성을 말해주는 사례이며 많은 독자들 로부터 사랑 받고 있기 때문이다.

샘문 시선 9001

포에트리 파라다이스
poetry paradise

서창원 시, 시이론 저

2020년 11월 10일에 출간 된 서창원 시인의「포에트리 파라다이스」시, 시이론 집이 오프라인 서점, 온라인 서점, 오픈마켙 서점에서 발매되어 현재 4개월째 베스트셀러를 지속하고 있다.
네이버에서는 전국 서점을 모니터링하여「판매순위」「평점순위」「가격순위」에서 인문서적 부문 1위를 지속한 시인의 시집을 베스트셀러로 선정하여 붉은 원형 낙관을 찍어주었다.
저명한 출판사나 이론서들을 제치고 베스트셀러에 선정된 것은「샘문시선」의 브랜드력과 샘터 서창원 시인의 저명성과 주지성, 작품성이 최상위임을 증명하는 사례이다. 샘문시선은 요즘 현재 연속하여 여러명의 베스트셀러 시인을 배출하고 있다.

BestSeller Serles
베스트셀러 시리즈

이정록 시집

01 산책로에서 만난 사랑
1993년 (1쇄 발행)
2019년 재발행 후(6쇄 발행)
네이버, 교보문고 선정 베스트셀러
교보문고 골든존 등극

02 내가 꽃을 사랑하는 이유
2019년 (6쇄 발행)
네이버, 교보문고 선정 베스트셀러
교노문고 골든존 등극

03 양눈박이 울프
2019년 (5쇄 발행)
네이버, 교보문고선정 베스트셀러
교보문고 골든존 등극

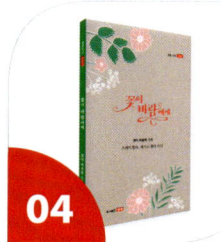

04 꽃이 바람에게
2020년 (6쇄 발행)
교보문고 선정 베스트셀러
교보문고 골든존 등극

05 바람의 애인 꽃(시화집)
2021년 (6쇄 발행)
교보문고 선정 베스트셀러
교보문고 골든존 등극

06 바람의 애인 꽃 영문(시화집)
2023년 (1쇄 발행)
교보문고 선정 베스트셀러
교보문고 골든존 등극

이정록 시집

07 담양장날
2023년 (1쇄 발행)
담양문화재단 후원

강성화 시집

01 그런 당신이 그리워 울었습니다
2020년 (2쇄 발행)
교보문고 선정 베스트셀러

02 파도의 노래, 흰 꽃
2022년 (2쇄 발행)
교보문고 선정 베스트셀러

BestSeller Serles
베스트셀러 시리즈

서창원 시집

01
포에트리 파라다이스
2020년 (1쇄 발행)
네이버, 교보문고 선정 베스트셀러

02
봄을 도적질 하다
2022년 (1쇄 발행)
네이버, 교보문고 선정 베스트셀러

03
사랑 넘 어려워
2021년 (1쇄 발행)
네이버, 교보문고 선정 베스트셀러

04
탐미(수필)
2021년 (1쇄 발행)
교보문고 선정 베스트셀러

05
풍마
2022년 (1쇄 발행)
교보문고 선정 베스트셀러

06
들에는 산에는 꽃이피네 꽃이지네
2022년 (1쇄 발행)
교보문고 선정 베스트셀러

서창원 시집

07
생각을 그리다
2023년 (1쇄 발행)
교보문고 선정 베스트셀러

이종식 시집

01
파도속에 묻힌 달
2022년 (3쇄 발행)
교보문고 선정 베스트셀러

02
아우라지 그리움
2021년 (3쇄 발행)
교보문고 선정 베스트셀러

BestSeller Series
베스트셀러 시리즈

이수달 시집

01 거목은 별이 되었네
2023년 (3쇄 발행)
교보문고 선정 베스트셀러

02 태화강 연가
2021년 (3쇄 발행)
교보문고 선정 베스트셀러

03 수달이 휘파람 소리
2023년 (1쇄 발행)
교보문고 선정 베스트셀러

남미숙 시집

01 바람의 의자
2020년 (2쇄 발행)
교보문고 선정 베스트셀러

박동희 시집

01 신께서 내게 주신 인생의 노래
2020년 (2쇄 발행)
교보문고 선정 베스트셀러

최성학 시집

01 천 개의 그리움을 보낸다
2021년 (2쇄 발행)
교보문고 선정 베스트셀러

김현미 시집

01 호수에 조약돌 하나 던졌다 나 여기 있노라고
2021년 (2쇄 발행)
교보문고 선정 베스트셀러

정완식 시집

01 바람의 제국
2022년 (4쇄 발행)
네이버, 교보문고 선정 베스트셀러

이동춘 시집

01 춘녀의 마법
2022년 (4쇄 발행)
네이버, 교보문고 선정 베스트셀러

BestSeller Series
베스트셀러 시리즈

이상욱 시집

01

인생 총량의 법칙
2022년 (2쇄 발행)
교보문고 선정 베스트셀러

김정호 시집

01

칼잡이의 전설
2023년 (2쇄 발행)
교보문고 선정 베스트셀러

이연수 시집

01

아직도 나는 초록빛 꿈을 그려요
2023년 (2쇄 발행)
교보문고 선정 베스트셀러

신정순 시집

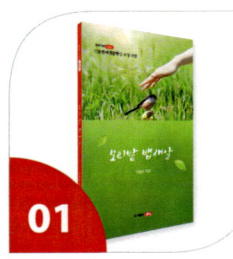

01

보리밭 뱁새알
2022년 (2쇄 발행)
교보문고 선정 베스트셀러

김춘자 시집

01

별꽃을 꿈꾸는 여자
2021년 (2쇄 발행)
교보문고 선정 베스트셀러

정세일 시집

01

달이 별빛을 사랑하는 날
2022년 (2쇄 발행)
교보문고 선정 베스트셀러

김영운 시집

01

바람이 부르는 천 년의 노래
2020년 (2쇄 발행)
교보문고 선정 베스트셀러

김광식 시집

01

풀섶에 핀 민들래 꽃
2023년 (1쇄 발행)
교보문고 선정 베스트셀러